ROLOFF BENY

Persien

Einführender Essay von Sejjed Hossein Nasr

Konzipiert und photographiert von Roloff Beny

Vorsatzblatt: Detail mit Fayencekachel- und Stuckornament vom Portal des Grabmals Scheich Bâjazîds in Bastam.

*Seite 1:
Detail des Schâhjâd-Turmes in Teherân, der zum 2500. Geburtstag der persischen Monarchie errichtet wurde.*

*Seite 2:
Tor aller Länder in Persepolis.*

Anmerkungen zu den Bildtafeln von Mitchell Crites

Die Anthologie wurde zusammengestellt von
Sejjed Hossein Nasr und ins Deutsche übertragen von J. Christoph Bürgel

Die Übersetzung der Prosatexte besorgte Käthi Dettwiler-Winter

Verlag C.J. Bucher, Luzern und Frankfurt/M

Botschaft Ihrer Kaiserlichen Majestät Farah Pahlawî, Schâhbânu des Iran

Wenn man etwas liebt, wünscht man dieses Geliebte besser zu kennen und sich mit seinen vielfältigen Aspekten vertraut zu machen. Ich liebe mein Land nicht nur als seine Kaiserin, sondern vor allem als Mitglied des iranischen Volkes und der iranischen Gesellschaft. Dieser Liebe zum Iran entspringt der Wunsch, die Kenntnis um seine Geschichte und seine Kultur, seine Landschaft und sein Kunstschaffen, seine Menschen und seine Gesellschaft und damit das Verständnis für dieses Land in der ganzen Welt zu fördern.

Persien besitzt eine reiche geistige und künstlerische Vergangenheit. Seine Philosophen, Wissenschaftler und Dichter haben weltweiten Ruhm erlangt, und ihre Werke wurden in zahlreiche Sprachen übersetzt. Wenn ich jedoch über die Schätze der persischen Kultur nachdenke, wenden sich meine Gedanken vor allem dem schöpferischen Schaffen, der Kunst in ihrem weitesten Sinne zu. Unsere Baukunst, die Städteplanung und der Gartenbau sind Juwelen, auf die wir mit Recht stolz sind und die allmählich weltweite Anerkennung finden. Die persische Kunst hat sich ebensosehr mit den Gebrauchsgegenständen des täglichen Lebens befaßt wie mit monumentalen Werken, ja man darf sagen, Kunst und Kunsthandwerk seien eins. Ein Teppich, eine Vase, ein Brokattuch oder eine Tracht sind ebenso repräsentativ für die persische Kunst wie Moscheen und Paläste.

Persien hat Avicenna und Hâfez hervorgebracht, ebenso wie die Apadâna und die Schâh-Moschee. Es blieb seiner eigenen Weltanschauung treu und war trotzdem empfänglich für die kulturellen Strömungen der Welt. Persien war nie eine abgeschlossene Welt. Seit ältester Zeit liegt es an der berühmten Handelsstraße zwischen dem Fernen Osten und Europa. Von den Ideen, Kunststilen und Denkweisen, die über seine weiten Grenzen zogen, hat es jene aufgenommen und sich zu eigen gemacht, die seiner Eigenart entsprachen. Persiens Kultur ist trotz ihrer unverkennbaren Eigenart kosmopolitisch, und seine Gesellschaft hat trotz ihrem Festhalten an der eigenen religiösen und kulturellen Ethik eine bemerkenswerte Toleranz gegenüber andern Ansichten gezeigt. Über Jahrhunderte hat das Land zahlreiche religiöse Minderheiten beherbergt.

Persien besitzt auch äußerst reiche Landschaften voller atemberaubender Szenerien und großer Kontraste. Innerhalb seiner Grenzen können die vier Jahreszeiten beinahe an jedem beliebigen Tag des Jahres erlebt werden. Wenn auch in den meisten Provinzen Wassermangel herrscht, haben die Perser doch gelernt, so zu leben, daß sie diesen Mangel durch die volle Ausnützung der andern Schätze, welche die Natur ihnen beschert hat, wettzumachen vermögen.

Kein Buch kann allein die zahlreichen landschaftlichen, kulturellen, sozialen und wirtschaftlichen Aspekte des Landes erfassen. Der vorliegende Band erhebt auch keinen solchen Anspruch. Trotzdem liegt sein entscheidender Wert darin, daß er die Seele der persischen Kultur berührt.

Ich möchte Roloff Beny, dem kanadischen Künstler und Photographen, und Sejjed Hossein Nasr, dem persischen Gelehrten, deren unermüdliche Anstrengungen und fruchtbare Zusammenarbeit diese Leistung ermöglicht haben, danken. In diesem gemeinsamen Werk werden Land und Volk sowie die Kulturgeschichte Persiens der Welt in Wort und Bild vermittelt. Ich hoffe, daß dies einem größeren Kreis von Leuten in der ganzen Welt erlauben wird, mit Persien und Persischem vertrauter zu werden. Nur besseres gegenseitiges Verständnis und Achtung der Unterschiede zwischen den verschiedenen Kulturen und Nationen vermögen die Brücken zu schlagen, die für das Überleben der Menschheit heute so wichtig sind.

Farah Pahlavy

Andere von Roloff Beny herausgegebene
Photobände in ähnlicher Ausstattung:

The Thrones of Earth and Heaven

A Time of Gods

Pleasure of Ruins

To Everything There is a Season

Japan in Colour
deutsch: *Japanische Impressionen*

India

Island

Ceylon

In Italy
deutsch: *Italienische Reise,*
Verlag C. J. Bucher, Luzern 1975

Zweite Auflage 1979

© 1975 by McClelland and Stewart Limited,
Toronto
Photographs © 1975 by Roloff Beny
© 1976 für die deutschsprachige Ausgabe
by Verlag C. J. Bucher, Luzern und
Frankfurt/M.

Alle Rechte vorbehalten

ISBN 3 7658 0224 7

Redaktion: Robert Schnieper
Typographische Bearbeitung: Edmund Amstad

Satz durch Filmsatz Stauffer + Cie, Basel

Gedruckt und gebunden in Italien durch
Arnoldo Mondadori, Verona

Der Auszug aus dem *Maßnawî* von
Rûmî auf Seite 46 ist der Nachdichtung
Hellmut Ritters entnommen.

*Das tughra, symbolisches Signet für den
Originaltitel* Persia – Bridge of Turquoise,
*schuf Narolla Afjei im Stil der von den frühen
muselmanischen Herrschern benutzten Siegel
(↑ Schutzumschlag, Haupttitel und Seite 6).*

Dieses Buch widme ich dem Volk,
den Künstlern und Baumeistern,
dem unveränderlich Persischen,
Land, Himmel und Wasser,
den wilden Blumen und Bäumen,
den Dichtern, Sängern und Denkern,
dem Geistes- und Glaubensleben
Persiens zu allen Zeiten

Roloff Beny

1 Durch die mit Rosen bestickte Gardine im Hause des Sardâr von Mâku erblickt man die Bäume der Gartenanlage.

2 Dieser Türkisstern war während Jahrhunderten mit Gips überdeckt (Soltânîjje).

3 In voller Blüte stehende Bäume umgeben das Grabmal des mystischen Dichters Attâr in Neischâpur.

Inhaltsverzeichnis

Botschaft

Vorwort

Prolog

Einführung

Thema

Erstes Kapitel

Zweites Kapitel

Drittes Kapitel

Viertes Kapitel

Epilog

Das Hintergrundmotiv dieser Doppelseite ist von der Stuckverzierung des Grabmals von Pír-e Bakrán inspiriert.

Ihre Kaiserliche Majestät Farah Pahlawî, Schâhbânu des Irans	4
Roloff Beny	12
DER PHÖNIX	16
Sejjed Hossein Nasr	21
DIE PERSISCHEN JAHRESZEITEN	45
DAS LICHT	69
Kind von Licht und Farbe	69
Licht und Raum	84
Licht, Struktur und Kalligraphie	100
DAS LEBEN	117
Stadt und Dorf	117
Die Menschen	140
Der Basar	158
DIE HEILIGEN STÄTTEN	173
Schrein, Grab und Tempel	173
Heilige Städte: Qom und Maschhad	214
Moschee und Ritus	225
DAS REICH DER KÖNIGE	245
Die Macht des Landes	245
Die Kunst	264
Paläste und Herrscherstädte	282
Das Zeremoniell	300
DIE FREUDE	307
Anmerkungen zu den Abbildungen	333
Bemerkungen zur Anthologie und Kalligraphie	357
Transkriptionstafel	357
Chronologie der persischen Geschichte	359
Register zur Anthologie	361
Ausgewählte Bibliographie	362
Dank	365
Bildregister	366

Vorwort von Roloff Beny

Mehr als zweitausend Jahre nach der Eroberung Persiens durch Alexander den Großen, der von Westen her gekommen war, erreichte ich Persien von Osten her, mit Kameras und Notizblöcken bewaffnet. Ich war auf der Suche nach erhabenen und heiligen Stätten für mein Buch Pleasure of Ruins. *Vom Fernen Osten her kommend, hatte ich ganz Asien durchquert – Japan, die chinesische Küste, Kambodscha, Burma, Indien, Ceylon und Pakistan – und «Geisterstädte» gefunden, die sich in der Wüste auflösten oder vom Urwald umschlungen wurden. Um auszuruhen und nachzudenken, kam ich schließlich in diese Hochebene, unvorbereitet auf den streng geistigen und trotzdem sinnlichen Genuß, den Persien bietet.*

Wie der Meteor von Mazedonien, war auch ich, Jahrhunderte nach des Griechen Vermählung von Ost und West, gefesselt. Neue Religionen, neue Kulturen – Schicht auf Schicht hatte das schöpferische Tun des Menschen inzwischen angehäuft, und viele der Denkmäler, die schon Alexanders Weg säumten, sind heute zerfallen. Doch diese steinige Ebene, die zum Verhängnis vieler Könige wurde, ist unverkennbar persisch geblieben. Von fünf Ländern umgeben, bildet Persien eine wichtige Brücke zwischen zwei der reichsten Gewässer – dem Kaspischen Meer und dem Persischen Golf – und kulturell, geistig und politisch eine Brücke der Freundschaft zwischen Ost und West.

Heute heißt das Land Iran, aber die Poesie und der Duft des Wortes Persien werden für mich immer glitzernde Kanäle, Obstgärten mit Granatäpfeln und Pistazien, gestutzte Pappeln, reifbedeckte Wüstenlandschaften, belebt nur durch die schwarzen Zelte der Nomaden, purpurne Panoramas von stolzen Bergen und einen sternenübersäten Himmel wachrufen. Der Horizont wird überall von Kuppeln und Minaretten unterbrochen, und der Boden ist je nach Jahreszeit ein stets wechselnder Teppich aus Sand, Salz, Meer und Stein, aus Schnee, Staub und Schlick, aus wilden Blumen und Rosen.

Persiens Vergnügen sind ebenso grenzenlos wie seine Gefahren. Am kältesten Tag des Jahres, als in Hamadân (dem alten Ekbatâna, das von Alexander im Jahre 333 v.Chr. zerstört worden war) ein Schneesturm wütete, war auch ich von den Elementen gefangen und mußte meinen fünfzigsten Geburtstag allein verbringen. Unerschrocken stapfte ich zu den gefrorenen Wasserfällen in Gandsch Nâme (Abb. 12) bei den Felsinschriften der Achämeniden, jener Könige, die dieses große Reich begründeten, nach dem den mazedonischen König gelüstete. An der Grenze zu Afghanistan und Rußland, an der goldenen Straße nach Samarkand, habe ich Asiens prächtigste Karawanserei aufgespürt: Rebât-e Scharaf (Abb. 62). Dort träumte ich auf einem Mohnteppich liegend (innerhalb der mit Befestigungsmauern umgebenen königlichen Moschee) von den herrlichen Karawanen, die auf der Seidenstraße von China her durchzogen.

Das Herz der Karawanserei ist immer der Ziehbrunnen. In schützende Gewölbe fiel ein Lichtstrahl, der die Dunkelheit und das schlafende Wasser durchbrach (Abb. 30). Unterwegs durch weglose Wüsten, ausgetrocknete Flußbetten und Korallenstrände entlang teilt man gerne die Mahlzeit der Nomaden: getrocknete Aprikosen, Pistazien und die köstlichste aller Erquickungen, den herben Saft des Granatapfels. Das größte Vergnügen ist jedoch eine Mahlzeit im Grünen – in einem Pappelhain neben einem rauschenden Bach, mit Decken und weichen Kissen sitzt man auf dem Blumenteppich unter den zum Schutz vor der Sonne mit Seidentüchern bespannten Ästen. Aus den Pfannen steigt der Geruch von Kebab und Tee auf. Gurken werden wie Früchte gegessen; man kostet Orangen, frische Minze, Geißkäse und Nougat – und dann schläft man zu Sitarklängen ein.

In den Städten der Dichter, Schiráz und Esfahân, wird ein intellektuelleres Schauspiel inszeniert. Die abstrusen Silhouetten alter Pinien ragen in den schwarzen Himmel, Bienenwachskerzen beleuchten die Kanäle und Miniaturbrunnen, und persische Musik erfüllt die Luft. Es ist ein zeitloses Ereignis wie die Parabeln von Hâfez, über dessen Grab ein Pavillon errichtet wurde, der die Dichtkunst zu beschirmen scheint (Abb. 266).

Wir im Westen fühlen uns der sinnlichen und heroischen Formenwelt unserer heidnischen, griechisch-römischen Vergangenheit verbunden. Nach den humanistischen Epochen der Achämeniden, der Parther und der Sassaniden verschwand mit dem Aufstieg des Islam die menschliche Gestalt beinahe vollständig aus der bildenden Kunst Persiens, die im Stuckornament und in der Kalligraphie (Abb. 167–168), in Backsteinen und Kacheln (Abb. 244) blühte. Naturfreunde finden einen ganzen Katalog von Blumen und Bäumen, einen ganzen Zoo von Tieren und Vögeln über mehrere Jahrhunderte der architektonischen Ausschmückung und der Manuskriptillumination. Der Bann, den Menschen in der Kunst darzustellen, wird erst im 16. Jahrhundert, in der Zeit von Schâh Abbâs dem Großen, gebrochen. Nun begegnet der Osten dem Westen, und dieser Dialog zwischen dem kulturellen Erbe des Islam und dem Abendland hält bis heute an.

Das Vorhandensein von Wasser wird stets gefeiert und erreicht symbolisch seinen Höhepunkt bei den Teppichmustern. Eifersüchtig wird das Wasser in die Gärten der Moscheen, der Häuser und der Heiligtümer geleitet, um dort einen Zitronen- oder Granatapfelbaum zu bewässern. Spiegel, besonders wenn sie facettiert und zu schwierigen organischen Mustern zusammengefügt sind, verstärken dieses unersättliche Bedürfnis eines Landes, das zu neunzig Prozent aus Bergen, Sand und Felsen besteht, Wasser zu sehen, zu hören oder darzustellen. Ich werde den Augenblick nie vergessen, als im Marmorpalast von Teherán (Abb. 230) die Leuchter gelöscht wurden und eine einzige Kerze den Diamantensaal erhellte. Ich fühlte mich in die Milchstraße versetzt. Es war, als befinde sich der ganze Himmel im Herzen eines einzigen Diamanten. Den Neuling mag dieser übermäßige Glanz erschüttern. Erst wenn man durch dieses Land reist, kann man wirklich verstehen, daß für Nomaden und Händler wie Aristokraten der eine, einzige Brunnen einer armseligen Wüstenkarawanserei ebenso verlockend war wie dem modernen Touristen die beste Gaststätte.

Wie kann ich das Tor öffnen und meine Leser über die Türkisbrücke ins Land führen?

Wir nähern uns durch den weiten Bogen des Schâhjâd-Turmes, der zum 2500. Jahrestag der Gründung des persischen Kaiserreichs gebaut wurde. Auf der nächsten Seite begegnen wir dem

Tor aller Länder auf der monumentalen Plattform in Persepolis. Abbildung 1 führt uns in einen von Spitzengardinen verhüllten Garten. Die Tore zu dieser geisterhaften Welt sind nun geöffnet. Eine blaue Kuppel, mit einer Botschaft Allâhs aus dem Koran verziert, scheint durch die blühenden Bäume. In der Ferne ragt der schneebedeckte Vulkankegel des Damâwand in den Himmel. Darunter glitzert die Wüste während Augenblicken im Morgentau, bevor ihn der Wind und die Sonne in Staub verwandeln. Eine türkisfarbene Kuppel erhebt sich über den Lehmwänden eines einfachen Dorfes, und im tiefen Süden, auf der Insel Hormoz, schaukeln Schiffsskelette, Geister vergangener portugiesischer Pracht, erwärmt von der Sonne, die sich im bronzefarbenen Wasser des Persischen Golfes spiegelt.

Nun sind wir bereit, im Buch der Jahreszeiten zu blättern: ein kristallklarer Winter, ein zarter Frühling, ein langer Sommer, ein verbrannter Herbst; rubinrote Granatäpfel, Mohnblumen, Wüstensenf, moosige Korallen, gefrorene Wasserfälle, kreideweiße Tschenârbäume und emporstrebende Feigenbäume beleben die verwitterten Berge dieser kargen Hochebene.

Dichter und ihre Gedichte, Reisende und ihre Beobachtungen, Philosophen und ihre Erkenntnisse gesellen sich zu uns und begleiten uns durch das ganze Buch, um durch einen Spruch, einen Gedanken, ein Gedicht ihre Liebe zu diesem Land auszudrücken. Der Prolog, DER PHÖNIX, schickt den flammenden mythischen Vogel hoch in die Luft empor, um zu glänzen und zu sterben und dennoch wiederzukehren. Das Wesentliche dieses Landes wurde in vier Bildern (Abb. 4, 5, 6 und 7) eingefangen, die Zeit und Raum entrückt scheinen. Vier Kapitel gliedern das Buch, und der Epilog unterstreicht auf bescheidene Weise das Gefühl, das ich während meines Aufenthaltes in Persien stets empfand – FREUDE.

Das erste Kapitel stellt das Hauptelement, DAS LICHT, vor. Bunter Papierschmuck zur Feier des Geburtstags des Kaisers verziert die luftigen Kuppeln der alten Basare (Abb. 23). In den komplizierten Spiegelgewölben von Grabmälern spiegeln sich Wüstenströme mit Algen, Schilf und Felsen wieder (Abb. 24 und 25). Durch die farbigen Glasfenster aus der Qâdschârenzeit bilden die einfallenden Lichtstrahlen schöne Muster auf den Freskenwänden und Teppichen der Wintergebetshalle in der Moschee von Schirâz. Die Reisbauern der kaspischen Küste fahren dicht gedrängt in ihren Booten nach Hause (Abb. 33). In den endlosen Weiten zwischen Lehmdörfern und reichen Städten versilbert das Licht die neuen Asphaltbänder, die die legendären Karawanenstraßen verstümmeln (Abb. 35). Dies ist das Wesen des Lichtes und der Farbe in Persien.

Vielleicht sollte der Leser nun im zweiten Kapitel, DAS LEBEN, das Volk auf eigene Faust entdecken gehen, zum Nomaden werden und die überfüllten Basare und Dörfer besuchen. Das dritte Kapitel, DIE HEILIGEN STÄTTEN, erlaubt uns, bei einem Heiligengrab am Wege zu meditieren oder die vergangene Vollkommenheit einer verfallenen Moschee zu bewundern. DAS REICH DER KÖNIGE, das Thema des vierten Kapitels, ist nur ein Abglanz der unermeßlichen Schätze, die die Archäologen zutage förderten und die in den neuen Museen untergebracht sind.

Die Straßen von Norden nach Süden werden gesäumt von Denkmälern der untergegangenen Truppen Alexanders, der Parther, der Sassaniden, der Seldschuken und der Mongolen, die in das Land eindrangen, es besetzten, um schließlich damit zu verschmelzen und Jahrtausende seiner Geschichte zu bereichern. Ihre künstlerischen und geistigen Beiträge bleiben lebendige Urkunden. Eine der wunderbarsten scheint mir das Grabmal des Sultans Oldschâitu in Soltânîje (Abb. 2 und 139) zu sein, welches in einsamem Glanz an der Straße von Teherân nach Tabriz steht.

Dieser Traum aus Backsteinen, Kacheln und Stuck, der während sechs Jahrhunderten vernachlässigt worden ist und nun restauriert wird, nimmt im räumlichen Konzept den Tadsch Mahal vorweg und bereitet uns auf die Grabstätten von Mahân, Qom und Ardabîl vor. Auf den überwältigenden geistigen und irdischen Eindruck der heiligsten Stadt des Iran, Maschhad, kann uns jedoch nichts vorbereiten.

Am 11. Mai 1974 hielt ich in meinem Tagebuch fest:

« Meine Geduld ist erschöpft nach einem tagelangen Papierkram für die Bewilligung. Freudentränen und Überraschung, als mir erlaubt wurde, den heiligen Hof zu betreten und sogar meine Nikon mitzunehmen. Heute kamen schließlich Tausende von Gläubigen. Pilger in stets wechselnden Gruppen, herumrennende Kinder, Sufis, verschleierte Frauen, die Kranken, die Elenden der ganzen islamischen Welt, alle sind sie von dieser drückenden Atmosphäre gefangen, jeder für sich allein nachsinnend, den Koran lesend, singend, kniend, betend. Und all dies ist nur das Vorspiel zum Heiligsten, um das sich alles bewegt: das große, mit goldenen und silbernen Gittern umgebene Grab von Emâm Rezâ (Abb. 173–177). Zuerst knien sie und berühren mit der Stirn die marmorne Schwelle bei jedem Eingang; sie küssen die großen Tore aus Silber, Gold und Email, dann drängen sie sich vorwärts, berühren die glitzernden Gitter mit jedem Glied ihres Körpers, sie heben ihre Kinder hoch hinauf, um sie mit dem wertvollen Metall und dem göttlichen Geist, der darin wohnt, in Berührung zu bringen. So kreist diese Menge in der Hoffnung aufs Paradies in einem spontanen Ballett von monumentalem Ausmaß und unerhörter Intensität.

Keiner der weiten Räume, kein Erker der Juwelensäle ist frei von Erregung, und doch scheint jeder Gläubige eine Insel der Ruhe, verbunden mit der Gemeinschaft allein durch die gleichen Bewegungen.

Ein überirdisches Summen füllt das Vakuum zwischen der schillernden Kuppel, den mit safawidischen Kacheln verkleideten Wänden und dem mit wertvollen Teppichen bedeckten Marmorboden, und man fühlt das Unerklärliche, das Wunder, fühlt, daß auf jedem Zentimeter dieser heiligsten Grabstätte des Iran persönliche Wege ins Paradies gefunden werden.

Erleuchtet, vielleicht etwas beängstigt, betäubt von dieser reichen Feier verläßt man die Moschee...»

Ein einziges Buch vermag die Mysterien meiner Begegnung mit Persien nicht zu fassen. Aber es ist wie bei gutem Wein: Mäßigung regt an, das Übermaß benebelt. Es wird immer noch mehr zu sagen, zu tun und zu sehen geben. Sind nicht gerade deshalb die Buchhandlungen auf der ganzen Welt voll der Gedichte, der Philosophie, der Wissenschaft, der Archäologie und der Mystik dieses Landes? Die Gefahr liegt darin, daß die Schönheit dem Wissen, das Geheimnisvolle der Zeittafel geopfert wird, in der Gefährdung der Vergangenheit durch den unaufhörlichen Zwang zum Fortschritt. Das Trauerspiel des Überlebens.

Diese vier Zeilen von Bâbâ Tâher weisen meisterhaft darauf hin:

> *Blutet auch das Herz dem Gärtner,*
> *Zweige, die die Gartenmauer*
> *überhängen, muß er stutzen,*
> *trügen sie auch Perlenfrüchte.*

Rom, 1975

PROLOG: Der Phönix

Der Phönix kam vom Wunderberg, mich wieder zu umschweben.
Der Vogel meines Herzens flog empor mit neuem Streben.
Ein Vogel, der um Körner nur bislang im Taumel lebte –
Jetzt hat die Körner er verbrannt, von neuem zu erbeben.
Mein Auge, das in Tränen schwamm heut' nacht vom Weh der
    Trennung –
Der Tag brach an, und es begann, zum Licht sich aufzuheben.

Rûmî (13. Jahrhundert)

Den Kammerdiener Morgenwind hieß Er einen smaragdgrünen Teppich ausbreiten, der Amme Frühlingswolke befahl Er, die noch in der Erdenwiege ruhenden Kräuterfräulein zu säugen, den Bäumen hing Er zum Neujahrsfest ein prachtvolles grünes Gewand um, und ihren Kindern, den Ästen, setzte Er beim Nahen des Lenzes eine Blütenkrone aufs Haupt. Der Saft des Zuckerrohrs wurde durch Seine Gewalt zu köstlichem Honig; der Dattelkern durch Sein Planen zur mächtigen Palme.

    Wolken, Winde, Sonne und Mond und die Sphären
    Wirken im Dienst, Dir Herrscher, zu Lust und zu Ehren.
    Stets Deines Winkes gewärtig, gefügig dem höchsten Gebot;
    Nur wenn Du je nicht gebötest, dann litten sie Not!

Sa'dî (13. Jahrhundert)

4 Flugaufnahme des schneebedeckten Damâwand, des höchsten Berges Persiens.

5 Mit Reif bedeckter Sand in der Dascht-e Lut bei Sonnenaufgang.

6 Sterben und Werden persischer Architektur: Über zerfallenden Erdmauern erhebt sich die strahlende Fayencekuppel des Emâm-zâde Jahjâ in Semnân.

Einführung
von Sejjed Hossein Nasr

Das Wort Persien ruft gleichzeitig das Bild eines weitentfernten Landes der Vergangenheit und jenes einer heutigen Realität hervor, eines Landes, das geographisch und geistig die Welt des Mittelmeeres und das Universum Abrahams mit dem indischen Subkontinent, der Welt Wischnus und Rischis, verbindet. Und Persien ist tatsächlich eine solche Realität, eine alte und zeitgenössische Welt zugleich, verbunden mit dem Herzen Asiens und der Mittelmeerwelt, eine Brücke zwischen Ost und West. Zudem war es durch seine traditionelle Kultur immer auch eine Brücke zwischen Himmel und Erde; spiegelt sich doch die Farbe seines leuchtenden Himmels in seinem berühmtesten Edelstein wider, dem Türkis, dem Stein, durch den Persien in der ganzen Welt bekannt geworden ist.

Begrenzt im Norden und im Süden durch zwei Gewässer, das Kaspische Meer und den Persischen Golf, hat sich Persien traditionell gegen Osten nach Indien und Zentralasien und gegen Westen nach Anatolien und dem Nahen Osten ausgeweitet, wenn auch seine politischen Grenzen sich mit der Ebbe und Flut der Geschichte oft veränderten. Sein kultureller Einfluß jedenfalls reichte meist weit über seine politischen Grenzen hinaus, die sich über die Jahrhunderte auf der persischen Hochebene festigten. Dieses weite Plateau, das Herzland der persischen Kultur, verbindet die asiatische Landmasse mit dem ganzen Nahen Osten bis hin zur afrikanischen Welt. Es ist gekennzeichnet durch hohe Bergketten, die wie von Himmelshand auf endlose Wüsten gesetzt zu sein scheinen. Durch die persische Hochebene zu reisen bedeutet endlose Horizonte, weite Flächen, leuchtendes und intensives Licht – charakteristisch für alle Hochebenen Asiens –, Bergketten, deren stets wechselnde Farben von der Gegenwart des Transzendenten in einmaliger Erscheinung künden und die Quellen des Heils und des Lebens sind. Denn von den Bergen fließen die lebenspendenden Bäche, die ihr Wasser den Ebenen zuführen und grüne Oasen inmitten einer kargen und majestätischen Umgebung schaffen.

7 Die Insel Hormoz im Persischen Golf, wegen ihrer sagenhaften Reichtümer einst «Juwel des Orients» genannt, bei Sonnenuntergang.

Persiens klimatische und topographische Vielfalt ist erstaunlich. Auf wenigen Kilometern erfährt der Reisende jahreszeitliche Wechsel. Oft findet er auf einer Seite der Bergkette Schnee und auf der andern eine drückende Hitze. Zwischen der heißesten und der kältesten Gegend kann der Temperaturunterschied am gleichen Tag dreißig bis vierzig Grad Celsius betragen. Groß sind auch die Unterschiede in der

Vegetation und der Landschaft zwischen den Küstenprovinzen am Kaspischen Meer und den trockenen Gegenden der Zentralwüste sowie zwischen den östlichen und den westlichen Provinzen, die die beiden charakteristischen Elemente der persischen Kultur hervorgebracht haben und die traditionell als die östliche und die westliche bekannt sind. Doch diese Vielfalt mit oft ausgesprochen lokaler Prägung wird geeint durch den blauen Himmel, der sich zur Erde herabzusenken scheint, um für die Menschen, die zu ihm aufblicken, erreichbar zu werden, und durch seine Berge, Wüsten und Gewässer. Zusammen haben diese Elemente ein ausgewogenes ökologisches System geschaffen, das den natürlichen Hintergrund für eine der traditionsreichsten und dauerhaftesten Kulturen der Welt bildet.

Wirtschaftlich ist Persien reich bedacht worden. Wenn auch das Wasser in den meisten Provinzen knapp ist, so ist die Erde doch äußerst fruchtbar. Dafür zeugen die berühmten persischen Gärten, aus denen manche Blume und Frucht stammt. So haben sich Rosen, Tulpen, Lilien, verschiedene Melonenarten und Pfirsiche von Persien aus in der ganzen Welt verbreitet. Seine nördlichen und südlichen Provinzen wurden zudem mit zwei reichen Meeren gesegnet, in welchen es alle Arten von Meertieren, von den Garnelen des Persischen Golfes bis zum weltberühmten Stör (Kaviar) des Kaspischen Meeres, im Überfluß gibt.

Die steinigen und sandigen Landstriche der persischen Wüsten bergen in ihren Tiefen einige der reichsten Mineralvorkommen der Welt, besonders Eisen, Kupfer und Erdöl, die in der nationalen Wirtschaft wie auch auf internationaler Ebene eine wichtige Rolle gespielt haben und heute noch spielen. Trotz der Rückschläge in seiner Geschichte – meist durch fremde Besetzer verursacht – ist Persien seit jeher als ein von der Natur reich beschenktes Land bekannt. Dies spiegelt sich auch in seinem blühenden, vielfältigen künstlerischen Schaffen wider.

Zahlreich und verschiedenartig waren die Völker und Rassen, die das persische Plateau bevölkert und die Substanz für seine Kultur geliefert haben. Ursprünglich von Rassen bewohnt, die weit zurück in unbekannte prähistorische Jahrtausende reichen, wurde die Hochebene das Heim der arischen Nomaden, die sich dort nach mehreren Invasionswellen zwischen ungefähr 2000 und 1000 v.Chr. niederließen. Sie assimilierten die Ureinwohner und führten auf dem Plateau die arische Sprache und Kultur ein. Von da her stammt der Name Iran, der seit Beginn der überlieferten Geschichte besteht. Diese neugebildete homogene ethnische Einheit wurde zum Meer, in das sich über die Jahrhunderte Ströme ergossen, ohne jedoch merkliche ethnische Veränderungen zu verursachen: die Griechen, die Alexander begleiteten, die arabischen Nomaden, die sich während der Islamisierung zahlreich in gewissen Gegenden ansiedelten, die türkischen Nomaden, die von Zentralasien her westwärts gegen Persien vordrängten und schließlich Anatolien eroberten, und die Mongolen, die Holâkû (den Enkel Tschingis Châns) auf seinem triumphalen Zug durch Westasien begleiteten. Sie alle hinterließen ihre Spuren im persischen Volk und wurden auch in seine Kultur einbezogen. Bis heute besitzt Persien trotz seiner Lage als Brücke zwischen Ost und West und trotz der unzähligen Invasionen eine der homogensten und charakteristischsten Kulturen überhaupt. Es ist eine Kultur, die ihr ganzes Volk scharf kennzeichnet, ob es nun

◁ *Stuckdecke des Grabmals von Oldschäitu in Soltânijje.*

von den grünen Ebenen von Gilân oder den ausgedörrten Wüstengebieten um Kermân herum, von der Wildnis Balutschestâns oder den Städten von Azarbâidschân sei.

Der Perser selbst sieht seine Geschichte als eine Reihe von unterschiedlichen Zeitabschnitten, die durch besondere Ereignisse voneinander getrennt sind, und als einen kontinuierlichen Prozeß, dessen Phasen alle dazu beigetragen haben, aus ihm das zu machen, was er heute ist. Er schaut auf eine weite prähistorische Vergangenheit, die durch die archäologischen Ausgrabungen immer weiter zurück verfolgt werden kann. In die Geschichte tritt der Iran mit der Gründung des persischen Kaiserreichs durch Kyros ein. Der Perser sieht eine zweite Periode, die durch die großen Kaiserreiche der Achämeniden, Seleukiden, Parther und Sassaniden gekennzeichnet ist und die mit dem Aufkommen des Islam, seiner Ausbreitung nach Persien und den Veränderungen, die er brachte, endet. Die letzten vierzehn Jahrhunderte der islamischen Geschichte Persiens sind durch gewaltige Ereignisse wie die Eroberung Zentralasiens und Anatoliens durch die Türken, den Mongoleneinfall und die Wiederherstellung der Ordnung durch die Safawiden, die Vorherrschaft des Westens während der Regierungszeit der Qâdschâren und schließlich die Gründung des modernen Persiens durch Schâh Rezâ den Großen geprägt. Diese führte zur bemerkenswerten Regierungszeit des Mohammad Rezâ Schâh Arjamehr, während der sich Persien veränderte, aber gleichzeitig sein kulturelles Erbe wiedererweckt und gefördert wurde. Für den heutigen Perser sind die vorislamische Vergangenheit der mazdäischen Zeit und sogar die prähistorischen Zeitalter als Geschichte und Mythos in eine transhistorische Wirklichkeit verschmolzen, in die er das *Schâhnâme* von Ferdausî und die *Theosophie des östlichen Lichtes* von Sohrawardî integriert hat.

Dieses Geschichtsbild der charakteristischen historischen Phasen, die in einem Ganzen miteinander verbunden sind, spiegelt sich in der Religion wider, dem Rückgrat der persischen Kultur in jedem Zeitabschnitt. Die große Mehrheit der Perser sind Mohammedaner, heute meist Schiiten. Vor der Islamisierung Persiens jedoch waren sie während etwa tausendfünfhundert Jahren Zoroastrier oder Manichäer oder Anhänger einer andern iranischen Religion. Und vor dem Aufkommen der zoroastrischen Lehre befolgten sie frühe arische Kulte, die wahrscheinlich dem vedischen Hinduismus ähnlich waren. Der gebildete Perser kennt diese geschichtlichen Perioden und die verschiedenen geistigen Welten, und sogar das Volk ist sich bewußt, daß es durch und durch muselmanisch ist. Dennoch betrachten die Perser die ältere Vergangenheit nie als etwas durch die heutige islamische Kultur vollständig Ausgelöschtes. Anstatt sie zurückzuweisen, ist es ihnen gelungen, die tiefsten Elemente der Vergangenheit in ihre islamische Kultur aufzunehmen. Sie schlugen dadurch eine Brücke zu ihrem geistigen Erbe und vereinen in der Literatur und der Kunst Gajomarth mit Adam, Dschamschîd mit Salomo und sogar den Sohrâb mit der Tragödie von Karbalâ.

Wegen seiner Lage zwischen den Kulturen des Ostens und des Westens besitzt Persien außergewöhnliche synthetische Kräfte, die durch den Islam noch verstärkt wurden. Dadurch veränderten sich die verschiedenen ethnischen Elemente, künstlerischen Motive, Ideen und Temperamente gründlich. Das Ergebnis dieses Vorganges ist eine einmalige Kultur, die sich über Jahrhunderte hinweg erneuerte und während ihrer ganzen Geschichte nicht nur die Rolle einer Brücke spielte, sondern auch ein Zentrum war, von dem tiefe religiöse, intellektuelle und künstlerische Anstöße ausgingen, die das geistige Leben vieler Völker in Ost und West auffrischten und wiederbelebten.

Gewisse Grundzüge der persischen Kultur finden sich in all ihren Ausdrucksmitteln, vom Teppich bis zum Gedicht, ähnlich den Bergzügen, die das ganze Land durchziehen. Das wichtigste Merkmal der persischen Kultur – wie jeder traditionellen Kultur – ist vielleicht das Bewußtsein, daß das Transzendente in jedem Aspekt des Lebens gegenwärtig ist, was sich nicht nur in sublimen Werken über Metaphysisches und Gotterkenntnis zeigt, sondern auch im alltäglichen Gespräch, bei dem unweigerlich auf Grundsätzlichstes Bezug genommen wird, auf Transzendentes, dessen Allgegenwart stets hervorgehoben wird. Das Unsichtbare, das die Gegenwart des Göttlichen im irdischen Bereich symbolisiert, bildet den allgegenwärtigen Hintergrund, in den alles Sichtbare entschwindet, wie auch das Nichts – das Symbol der «Leere», das die göttliche Fülle darstellt und das Symbol alles Seins bedeutet – alles Körperliche und Erstarrte in der bildenden Kunst auflöst und die Schwere der Materie überwindet.

Das mächtigste Symbol der überirdischen Welt in der persischen Kultur ist das Licht, das Zarathustra, der Prophet des alten Persien, als unmittelbare Gegenwart des Göttlichen auf der Erde verehrte. Auch im erhabenen «Vers des Lichtes» im Koran wird das Licht als göttliches Wesen angesprochen. Es ist nicht nur ein physikalisches Phänomen, sondern behält seine geistige, göttliche Dimension für jene, die in der Welt der traditionellen persischen Kultur leben. Sogar die sinnliche Freude, die der Betrachter eines erleuchteten Raumes empfindet, ist für den traditionsgebundenen Perser untrennbar von der geistigen Freude und dem Bewußtsein der Anwesenheit Gottes und des Transzendenten. Ob es sich um die Verse der *Gathas,* die Abhandlungen von Sohrawardî – dessen theosophische Schule die Schule der Erleuchtung *(eschrâq)* genannt wird – oder um die architektonischen Meisterwerke von Esfahân oder Kâschân handelt, das Licht ist überall der wichtigste Hinweis auf die Anwesenheit des Göttlichen in der materiellen Welt. Die leuchtende Sonne des persischen Plateaus, die die Festigkeit der Dinge schmelzen läßt, bestätigt diese geistige Perspektive und schafft den Zusammenhang zwischen Natur und Kosmos.

Desgleichen bedeuten die Farben, die aus der Polarisierung des Lichtes entstehen, in der farbenreichen persischen Kunst die Wiedergabe vielfältiger Formen himmlischer Wesen. Jede Farbe offenbart eine Eigenschaft des Geistigen, des Göttlichen, und ist von ihrem himmlischen Archetyp nicht abzutrennen.

Die persische Kultur verbindet die Betonung des Transzendenten mit dem Bewußtsein um die Welt der Engel und die Beziehung aller Dinge «hier unten» mit ihren Urformen «dort oben». Die Ausdrücke *getik* und *menok* der alten Perser, die sich auf die körperliche und auf die geistige Dimension jedes irdischen Wesens beziehen, zeugen für den klaren Unterschied, der schon von alters her zwischen den erdgebundenen und den himmlischen Aspekten der Dinge gemacht wurde. Die zoroastrische Lehre bestand eigentlich vor allem aus der Zelebrierung von Riten, die mit verschiedenen Engelskräften verbunden waren. Bis heute tragen die Monate des persischen Sonnenkalenders, der mit dem islamischen Datum der *hedschrat* – der Flucht des Propheten von Mekka nach Medina – beginnt, die Namen von mazdäischen Engeln aus dem zoroastrischen Kalender. Auch im islamischen Zeitalter war die Engelswelt im täglichen Leben wie auch in der Kunst und in der Metaphysik von Bedeutung. Die großen sufitischen Gelehrten wie Rûmî haben immer wieder betont, daß jede Form *(sûrat)* oder jeder Gegenstand der materiellen Welt eine göttliche Dimension besitzt, wörtlich «Bedeutung» *(ma'nâ)*, die dem Aspekt des Engelhaften, des *malakût* des Korans, entspricht.

Die Betonung des Engelhaften in jedem Ding ist in der persischen Sprache so groß, daß in der traditionellen islamischen Zivilisation gesagt wird, das Arabische sei die Sprache Gottes, das Persische die der Engel. Die geistige Transparenz der Dinge in der traditionellen persischen Kultur kann nicht verstanden werden, ohne die Bedeutung des Transzendenten und der engelhaften Welt – von der alles, was den Menschen auf der Erde umgibt, nur ein schwacher Abglanz ist – zu kennen. Sohrawardî nennt die Welt, in der wir leben, einen Teil des «Liedes vom Flügel Gabriels» *(âwâz-e par-e Dschebrâ'il)*, während Rûmî diese Wahrheit auf höchster Stufe in seinem *Maßnawî* ausdrückt:

> Der Schöpfer goß aus himmlischem Pokal
> In unseren Staub des Gottesweines Strahl.
> Davon sind schön die Locken und die Wangen,
> Daran des Königs Lippen trunken hangen.
> Der schöne Staub, den du so selig küßt,
> Von Gottes Schönheitsglanz durchdrungen ist.
> Kann staubvermischt Sein Glanz uns so entzücken –
> Wie erst, wenn wir ihn unverhüllt erblicken?!

Die Basis für die Heiligung des menschlichen Lebens besteht darin, die Gegenwart des Transzendenten durch Symbole, die den Menschen umgeben, zu sehen, und zu fühlen, daß alles, was den Hintergrund zu seinem Leben bildet, ein Widerschein der geistigen Welt ist. Die kosmischen Elemente, die Erde und der Himmel, die Luft, die der Mensch einatmet, und die Berge und Flüsse, von welchen sie ihre Substanz erhalten, sind physikalische Elemente, aber wie das Licht sind sie nicht nur physisch. Im Universum der zoroastrischen Lehre und des Islams werden diese Elemente als Handwerk Gottes und «Omen» *(âjât)* Gottes über dem materiellen «Horizont» des menschlichen Lebens auf der Erde angesehen. Auf diese Weise wird der Nährboden, auf welchem sich das menschliche Leben abspielt, geweiht, und gewisse Stätten, Berge, Bäume und Heiligtümer werden zu besonders geheiligten Brennpunkten der religiösen Gemeinde, so etwa der Kûh-e Chwâdsche und Bibi Schahrbânu oder auf einer andern Stufe Maschhad und Qom – Stätten, die über Jahrhunderte Zentren des religiösen Lebens blieben und dazu beitrugen, den Einfluß des Heiligen im täglichen Leben zu vergrößern.

Auch das menschliche Leben, besonders im Zusammenhang mit seinem Handeln und Wollen, ist vollständig sakralisiert worden. Jede Handlung erhält eine Bedeutung, die über ihr äußeres Ergebnis hinausgeht. Die alten Perser waren in der ganzen Welt als Meister in der dualistischen Betrachtungsweise bekannt. Der Dualismus stellte – ohne die Einheit des höchsten Prinzips zu verneinen – die gesamte kosmische Geschichte wie auch das individuelle Leben als einen steten Kampf zwischen dem Guten und dem Bösen dar, der das Schicksal des Menschen im Jenseits bestimmt. Auch der Islam betonte die Bedeutung des menschlichen Handelns für das Wohlergehen der Seele im Jenseits, wenn er auch das kosmische Drama vom Einheitsprinzip her auslegt. Zudem heiligte sein allumfassendes göttliches Gesetz *(scharî'at)* das ganze menschliche Leben, indem es jede menschliche Handlung auf die göttliche Norm bezog. Dies hatte zur Folge, daß der Perser über Jahrhunderte gelernt hat, die Realität des Guten und des Bösen zu erkennen und jeden Aspekt des Lebens auf seine moralische und religiöse Bedeutung zu beziehen. Im traditionellen Bereich – und nicht in westlichen Kreisen, wo einige Verwirrung über die Bedeutung menschlicher Verhaltensmuster herrscht – ist das Verdienen des täglichen Brotes eine ebenso religiöse Handlung wie der Besuch der Moschee. Sakralisierung des Lebens bedeutet, alles im Leben auf das Grundmaß der Existenz zu beziehen, auf die Normen, die vom Himmel bestimmt werden. Der Mensch ist ein Bevollmächtigter, der frei für sein Handeln und Denken verantwortlich ist. Der «orientalische Fatalismus», der von vielen westlichen Beobachtern beschrieben worden ist, verwechselt das Wissen um den bestimmenden göttlichen Willen im menschlichen Leben mit der Leugnung der menschlichen Freiheit, verantwortlich zu handeln.

Interessanterweise hat im traditionellen Persien und sogar in der modernen Welt selten jemand die Existenz der Stimme des Himmels bestritten, wenn auch einige es abgelehnt haben, diese Stimme zu beachten. In den meisten Abschnitten der persischen Geschichte hat es in gewissen Kreisen verschiedene Grade der Verweltlichung gegeben. Nie gab es jedoch eine Säkularisierung, die einen Teil des menschlichen Lebens vollständig von den erleuchtenden Strahlen des Heiligen getrennt und den kosmischen Kampf zwischen Gut und Böse zu einem sinnlosen Spiel blinder Kräfte erniedrigt hätte.

Die Sakralisierung des Lebens bezieht sich nicht nur auf das Handeln, sondern auch auf die Kunst, denn der Mensch handelt nicht nur, er erschafft auch. Die traditionelle persische Kultur hat das Leben nicht nur durch religiöse Befehle, die sich auf das Handeln und Wollen beziehen, sondern auch durch Prinzipien und Regeln für das künstlerische Schaffen in seinem weitesten Sinne sakralisiert. Mit der Veredelung der Materie durch die Prinzipien der traditionellen Kunst hat die persische Kultur eine homogene Atmosphäre von unvergleichlicher Schönheit geschaffen, in der die göttliche Gegenwart in jeder Kunstform vom Teppichknüpfen bis zur Baukunst widerspiegelt wird. So wurde das vom Menschen Gestaltete zu einem Gegenstück der Natur, ein Mosaik von «göttlichem Omen», das überall das Werk des Menschen als Statthalter Gottes *(chalîfe)* offenbart. Der Mensch war ein «Schöpfer», der, seiner Natur treu bleibend, eine heilige Kunst schuf, indem er sich auf die Möglichkeiten verließ, die ihm als theomorphem Wesen zur Verfügung standen. Denn der Mensch kann nur heilige Kunst schaffen, weil er «das Ebenbild Gottes ist», und nur unter der Bedingung, daß er dieser Rolle treu bleibt.

Gesegnet mit einem feinen Kunstgefühl und der himmlischen Botschaft, die die göttliche Natur des menschlichen Lebens und den göttlichen Ursprung alles Bestehenden betont, waren die Perser fähig, eine umfassende Ordnung zu schaffen, in der das ganze menschliche Leben geheiligt wurde und an der Harmonie des Ganzen teilnahm. Wird irgendein Aspekt der persischen Kultur untersucht, stößt man auf dieses allumfassende Muster, das jeden Teil mit dem Ganzen verbindet und aus dem Leben etwas Gesundes und Schönes macht, das wert ist, dem Göttlichen dargeboten zu werden.

Der für die Perser so bezeichnende Sinn für das Schöne bildet das Fundament für die kreativen Impulse im Bereich der Künste. Die persische Kunst zeugt von der Neigung der Perser zum Zierlichen, zur Präzision, zur Klarheit der Formen, zur Harmonie in den Farben, vor ihrer Liebe zu einer Ästhetik, die, wenn auch zerbrechlich und zierlich, einzigartig und bleibend ist. Durch ihre ganze Geschichte hindurch haben es die Perser abgelehnt, sinnliche Schönheit vom geistigen, göttlichen Urbild zu trennen. Für sie bedeutet sinnliche Schönheit das Tor zur Schönheit der erfaßbaren göttlichen Ordnung. Auf der obersten Stufe der *fedeli d'amore* (der Gläubigen in der Liebe) des islamischen Persien haben Männer wie Rûzbahân Baqlî, der Schutzheilige von Schirâz, der Lehre, nach der sich die weltliche Schönheit auf die göttliche bezieht und das weltlich Geliebte die Anziehung der göttlichen Namen und Tugenden bedeutet, metaphysischen Ausdruck verliehen. Die Würdigung der Schönheit in jedem Lebensbereich hat nicht zu Sinnlichkeit und Weltlichkeit geführt, sondern hat für den Perser, der nie gegen Asketismus und Selbstdisziplin war, eine positive geistige Funktion gehabt. Nur die strengste Form der Selbstdisziplin konnte die Seele eines Mannes wie Hâfez der göttlichen Gnade öffnen und seine Zunge zum Instrument einer Engelsstimme machen, die von der weltlichen und der göttlichen Schönheit sprach, von einer Lebensfreude, die sich der Heiligkeit immer bewußt ist, von der Vision einer einzigartigen Wirklichkeit, deren Bild vom Spiegel des Vergänglichen zurückgeworfen wird.

Um zu verstehen, welche Bedeutung das Leben für den traditionellen Perser hat, muß man den tieferen Sinn der Freude *(farah)*, die im menschlichen Bereich durch den Kummer *(hozn)* ergänzt wird, verstehen. Die Perser besitzen ein tiefes Verständnis für das Leben, und sie nehmen an allem teil, was es bietet. Ihre Antwort auf die Geschenke des Lebens spiegelt sich in ihrer Lebensweise und in ihrer Literatur wider und ist sprichwörtlich bei den orientalischen Nachbarn. Fröhlichkeit kennzeichnet den größten Teil des persischen Lebens und zeigt sich sogar auf dem Marktplatz. Die Freude ist aber von Kummer und Betrübnis durchwoben, die nicht auf den griechischen Sinn der Tragik zurückzuführen sind, sondern auf ein tiefes Gefühl des Heimwehs nach dem ursprünglichen Wohnsitz des Menschen. Im Osten, und besonders in Persien, hat der Mensch nie dem Himmel das Feuer geraubt. Es gibt keine prometheische Natur im persischen Konzept des *anthropos,* und besonders im islamischen Persien hat das strahlende Licht der höchsten göttlichen Majestät jede andere Größe ausgelöscht. Das Element des Kummers bezieht sich auf die Erinnerung an die ursprüngliche Heimat des Menschen und seine Verbannung auf Erden, denn wie Hâfez sagt:

> Ich war ein Engel, wohnte im höchsten Paradies;
> Doch Adam zog mich nieder in dies verfallne Kloster.

Das Leben erhält eine tiefere Bedeutung durch das Gefühl des Kummers, verstärkt noch durch die schiitische Frömmigkeit, deren Mittelpunkt die Leiden des Emâm Hossein in Karbalâ und das Ethos des Schiismus bilden, das auf einer religiösen Vollkommenheit begründet ist, die auf der Erde nie vollständig verwirklicht werden kann, außer zur Zeit der Gründung der Religion und am Ende unserer Zeit durch den Mahdi. Das Leben des Persers wechselt ab zwischen Freude und Kummer, *farah* und *hozn* (oder *schâdî* und *ghamm*). Jeder Augenblick der Freude enthält auch Kummer, das Bewußtsein, daß der Augenblick vergänglich ist. Und jeder Augenblick des Kummers enthält das Versprechen, daß der Mensch zum Zentrum, von dem er abgeirrt ist, zurückgeführt werden wird. Diese Verschweißung von *farah* und *hozn,* die für die islamische Geisteswelt so bezeichnend ist, wird jedem bewußt, der die persische Musik und Dichtkunst kennt.

Die Verflechtung der Freude und des Kummers rührt von dem Bewußtsein her, daß das Leben reich und doch vergänglich ist, wie der Gesang der Nachtigall, der in der persischen Dichtkunst gepriesen wird und gleichzeitig die Schönheit und Zerbrechlichkeit des Lebens auf dieser Welt symbolisiert. Dieser Gesang ist wie eine Paradiesesstimme, die die Botschaft der Freude und des Friedens überbringt. Wenige Themen werden in der persischen Dichtkunst öfter wiederholt als die Würdigung der Schönheit jedes Augenblicks, verbunden mit dem Bewußtsein um seine Vergänglichkeit. Dies ist das Thema, das dem *rubâ'i* (Vierzeiler) Chajjâms – ein Werk der persischen Literatur, das sehr bekannt ist, aber auch oft mißverstanden wird – zugrunde liegt.

Achtung für die Heiligkeit des Lebens und eine positive Einstellung gegenüber den Schätzen der Schöpfung werden so in der persischen Kultur mit einem tiefen Verständnis für das Vorübergehende des menschlichen Lebens verbunden, und dem Bedürfnis, dieses als eine von fernen Horizonten kommende Karawane zu betrachten, die sich in der Karawanserei dieser Welt kurz niederläßt, um in den endlosen Weiten des Jenseits zu verschwinden.

Diese Auffassung der Wanderung, die der Idee vom Weg zur geistigen Verwirklichung zugrunde liegt – im Islam *tarîqat* (Weg) genannt –, bedeutet aber nicht Gleichgültigkeit dem Leben gegenüber. Denn die Freude, die in der persischen Gesellschaft so offensichtlich ist, die riesigen Anstrengungen über Jahrhunderte auf wirtschaftlichem, architektonischem und landwirtschaftlichem Gebiet, wie auch die Gründung von Kaiserreichen und andern politischen und gesellschaftlichen Ordnungen, die von den Persern in vorislamischer und islamischer Zeit geschaffen worden sind, wären nicht denkbar, stünde man dem Leben gleichgültig gegenüber.

Das Bild vom menschlichen Leben als einer Karawane kann durch die Worte Alîs, des Schwiegervaters des Propheten Mohammad und ersten schiitischen Emâm, am besten verstanden werden, wenn er sagt, daß sich der Mensch benehmen solle, als lebe er tausend Jahre, aber auch, als sterbe er morgen. Die Liebe zum Leben, verbunden mit einem gewissen Maß an Asketismus und Selbstverneinung, äußert sich in zahlreichen Formen der persischen Kultur und bildet einen ihrer kräftigsten Züge, ersichtlich in reinster Form im Leben der persischen Heiligen, gegenwärtig aber auch im täglichen Leben und in den verschiedenen Kunstformen.

Eng verbunden mit dieser Haltung ist die Art und Weise, in welcher Verstand und Gefühl sich ergänzen. Der Widerspruch zwischen Geist und Fleisch und auch zwischen Gemüt und Materie, der im Westen so tief empfunden wird, besteht in der traditionellen persischen Welt nicht. Die persische Weltanschauung, ob zur zoroastrischen oder zur islamischen Zeit, basierte auf der vielstufigen Hierarchie der Seinsformen und nicht auf dem rationalistischen Dualismus, den der Cartesianismus dem modernen westlichen Menschen aufgeprägt hat. Das Gefühl war immer das Tor zum Verstehen und zum Intellekt, der sowohl das Prinzip des Rationalen wie des Gefühls ist. Besonders in der islamischen Zeit wurde die Welt der Zahlen und der geometrischen Formen als Folge der Eingliederung der pythagoreisch-platonischen Tradition in den islamischen Esoterismus zur Leiter vom Körperlichen zum Geistigen und so zum angemessensten «Ornament» der Moschee, in der das göttliche Wort widerhallt.

In gleicher Weise wurden Farben wegen ihrer alchimistischen Symbolik zu Mitteln der alchimistischen Umwandlung von materiellen Dingen in Spiegelungen geistiger Zustände. Farben, kombiniert mit Nummern und geometrischen Formen, sind die Grundlage der Meisterwerke der sakralen Kunst, wie etwa die mit Kacheln verkleideten Moscheen von Esfahân und Maschhad, für die Persien mit Recht berühmt ist. Die Vereinigung des Sinnlichen, des Gefühls, mit dem Intellektuellen findet sich auch in der Dichtkunst, in der Musik und in beinahe allen andern Formen der Kunst. Die sinnliche Schönheit ist nie getrennt von der geistigen Schönheit, sondern führt zu ihr hin. Die größten Meisterwerke der persischen Kunst, wie die Schâh-Moschee von Esfahân oder der *Diwân* von Hâfez, beweisen die Möglichkeit dieser Verwandlung: Die sinnliche Empfindung der Farben, Formen, Geräusche und Melodien verwandelt sich in das «Lied von Gabriels Flügel» und führt die Menschen und alle Dinge, die ontologisch dieses «Lied» bilden, zu ihrer ursprünglichen Heimat zurück. In diesem Sinne bedeutet das Erlebnis des fließenden Wassers, der untergehenden Sonne, einer Blume im Garten oder das Gezwitscher eines Vogels eine Erinnerung im platonischen Sinne und ist mit einer gänzlich intellektuellen Vorstellung gepaart.

Diese charakteristische Eigenschaft der persischen Kunst und Kultur ist eng verbunden mit der dichterischen Begabung des persischen Volkes. Sie zeigt sich nicht nur in den zahlreichen Gedichten in Persisch und sogar Arabisch (die ersten Sûfî-Dichter waren Perser), sondern auch in der Poesie der Gärten und der Wohnräume. Einige Perser haben sogar behauptet, ihr Volk habe sich übermäßig mit Dichtung befaßt. Dichterisch begabt zu sein bedeutet nicht, sich auf das Schreiben von Gedichten zu beschränken, wenn auch zweifellos die persische Dichtkunst, besonders die sufitische, zu den wertvollsten Schöpfungen der persischen Kultur gehört und das geistige und literarische Leben in großen Teilen Asiens verändert hat. Den poetischen Gehalt und den Bilderreichtum der persischen Kultur finden wir auch in der Prosa und sogar im täglichen Gespräch. Sie entsprechen dem «intellektuellen Stil» seiner Philosophen und Denker.

Die meisten persischen Metaphysiker und Philosophen, von Ibn Sînâ bis zu Sabzewârî, haben auch Gedichte geschrieben. Persien hat die einzige Persönlichkeit der Geschichte hervorgebracht, die gleichzeitig ein großer Mathematiker und ein Dichter war, Omar Chajjâm. Aber Chajjâm war nicht der einzige persische Mathematiker, der Gedichte schrieb; er war jedoch der einzige gefeierte Mathematiker, der auch als Dichter Weltruhm erlangte. Andere Mathematiker und Astronomen wie etwa Nasîr ad-Din Tûsî verfaßten ebenfalls gute Gedichte. Die gnostische Eigenschaft der islamischen Spiritualität, die allein eine solche Verbindung zwischen Mathematik und Dichtung ermöglicht, hat sogar den strengsten mathematischen und logischen Denkern Gedichte eingegeben.

In den Versen von Dichtern wie Rûmî, Attâr, Schabestarî und Hâfez fanden Metaphysik und Gnosis gültigste und stärkste poetische Form. Dem Volke wurde die Dichtung durch Erzähler und fahrende Sänger vermittelt, wie es sie noch heute in den meisten persischen Städten und Dörfern gibt. Die Verschmelzung des Gefühlsmäßigen und des Erfaßbaren, die Liebe zur Natur und zu Gott und das Bewußtsein, daß das Leben wertvoll, aber vergänglich ist, haben sich in der Dichtung der persischen Philosophen vereint. Gleichzeitig fließt die Poesie ununterbrochen aus der Seele des Volkes und bildet einen wichtigen Bestandteil seines Lebens. Zahlreiche alte Meister haben die traditionelle Dichtung mit ihren geordneten Reimen und Rhythmen die Brücke zwischen Erde und Himmel, zwischen der Natur und der Welt der Engel, genannt. Und tatsächlich hat in der persischen Kultur die Dichtung weitgehend zur Verschmelzung des natürlichen mit dem übernatürlichen Bereich beigetragen. Im Kosmosbild des traditionellen Persers sind die beiden Bereiche nicht vollständig getrennt, sondern ergänzend miteinander verbunden. Das Übernatürliche hat auch eine natürliche Seite, die es dem Menschen ermöglicht, das Geistige im Garten der Natur und sogar in den vom Menschen gestalteten Gärten, den Nachbildungen der Paradiesesgärten, zu erkennen. Und auch der natürliche Bereich besitzt übernatürliche Aspekte. Diese spiegeln nach der traditionellen Auffassung die Stufe des universellen Seins wider, das über uns liegt. Und wie im Traditionellen kein Unterschied zwischen Religion und Leben besteht, so bilden der übernatürliche und der natürliche Bereich die Totalität, deren Teile die göttliche Erscheinung (Epiphanie) des Alleinigen reflektieren. Ein Dichter wie Hâfez kann die reinste Metaphysik ebenso durch den Bezug auf eine Rose, eine Nachtigall oder den verschleierten Blick einer schönen Frau wie mit Versen aus dem Koran auslegen. Beide, der Kosmos und das heilige Buch, sind Offenbarungen Gottes. Die Natur spiegelt in all ihren Formen und Farben die geistige Welt, das Übernatürliche, wider, und das Übernatürliche offenbart und übermittelt sich durch die Natur.

In einer solchen Weltordnung ist kein Platz für die scharfe Abgrenzung zwischen Heiligem und Profanem, Religiösem und Weltlichem, an die sich der moderne Mensch so gewöhnt hat. Ein vollständig weltlicher Bereich hat keine Existenzberechtigung, denn das Leben ist ein Strahl von der Sonne des Seins, die die Quelle für alles Heilige ist. Was im Westen allgemein als Religion verstanden wird, fließt deshalb im traditionellen persischen Bereich über auf Gebiete, die so fern liegen wie die Wirtschaft und die Astronomie, die Organisation von Kaiserreichen und die Nahrungsmittelbeschaffung durch Landwirtschaft und Viehzucht.

Trotzdem wurde in Persien wie im restlichen Orient immer zwischen den dem Geistigen und den dem Weltlichen Zugewandten unterschieden, zwischen Menschen mit intellektuellen und religiösen Neigungen und jenen, die kaum nach Höherem streben und sich auf weltliche Wünsche und Ambitionen beschränken. Diese Differenzierung findet man im Osten wie im Westen. Wenn, wie hier, eine Kultur beschrieben wird, kann dies natürlich am besten von der Warte des ersteren aus geschehen, dem Reflexion über ein solches Thema näher liegen muß.

Die Unterscheidung zwischen geistig und weltlich Interessierten ist jedoch sehr verschieden von der Unterscheidung zwischen dem Heiligen und dem Profanen oder dem Religiösen und dem Säkularen. Besonders in der ganzheitlichen Sicht des Islams, die die persische Kultur so stark gekennzeichnet hat, ist es nicht leicht, zu unterscheiden, ob das Leben im Basar oder das Teppichknüpfen mit Kunst, Wirtschaft oder Religion verbunden ist oder mit allen dreien zusammen. Das religiöse und geistige Element ist immer zugegen. Wie im Kosmos das Übernatürliche und das Natürliche ineinanderfließen, so sind auch im menschlichen Leben, in der Gesellschaft und der Wirtschaft das Religiöse und das Weltliche nie getrennt, und es gibt kein Gebiet, das als vollständig weltlich bezeichnet werden könnte.

Die enge Beziehung zwischen der Tätigkeit im Diesseits und der Hinwendung zum Jenseits, die für das traditionelle Persien so bezeichnend ist, steht im Zusammenhang mit dem Bild, das sich der Perser vom Menschen und seiner Rolle im Kosmos und in der Gesellschaft, der Widerspiegelung des Kosmos, macht. Die Perser der vorislamischen und der islamischen Zeit, wie die alten Völker des Nahen Ostens, Indiens und Chinas, sehen den Menschen als Mikrokosmos, der in seinem Sein den Kosmos zusammenfaßt und wiederholt. Der Mensch ist aber Herr der Welt und der Vermittler zwischen Gott und der Natur, ein himmlisches Teilchen von Licht und Staub, ein Wesen, das im Zentrum des irdischen Lebenskreises steht und in dem Himmel und Erde zusammentreffen und sich vereinen. Der *anthropos* wurde immer als Nachkomme Gajomarths, des «Adams» der iranischen Mythologie, aufgefaßt, aus dessen Opfer die Welt erschaffen wurde, oder als der Universalmensch (der *ansân-e kâmel* der islamischen Esoterik), der Gottes Namen und Eigenschaften genau widerspiegelt und wiederum Vorbild für den Makrokosmos ist. Die Folgerungen aus dieser Lehre haben die Ansicht der Perser über die Bedeutung des Menschen und seiner Rolle in der Welt tiefgreifend beeinflußt.

Dieser Auffassung gemäß hat der Mensch die Macht, seine Umgebung zu verändern, neu zu gestalten, zu erschaffen und zu bilden, die Naturschätze um ihn herum zu verwenden und zu verbrauchen. Seine Rechte sind jedoch nicht unbegrenzt; er hat auch Pflichten. Denn der Mensch ist als Gottes Zeuge auf Erden gezwungen, seinen Blick über den Horizont der materiellen Welt zu richten. Das Recht, über die Naturschätze zu verfügen, folgt der Bereitschaft des Menschen, seiner Pflicht als Statthalter Gottes auf Erden und Beschützer der Natur nachzukommen. Über Jahrtausende war es den Persern – wie so manchem andern alten Volk – möglich, auf einer Hochebene mit einem empfindlichen ökologischen Gleichgewicht zu leben, ohne eine Katastrophe im Haushalt der Natur anzurichten, wie wir dies in gewissen Teilen der Welt beobachten können. Der Grund dafür liegt gerade in diesem der persischen Kultur eigenen Gleichgewicht zwischen Geist und Materie. Die persische Kultur hat den Menschen immer als Herrscher und Beschützer der Natur aufgefaßt, als Kreatur der Erde und Vertreter des Himmels auf Erden, als Geschöpf, das berechtigt ist, die Schätze Gottes für sein Wohlbefinden zu nutzen. Er ist jedoch gleichzeitig verantwortlich für den Schutz seiner Mitmenschen und der Umwelt, die er nur dann zerstört, wenn er vergessen hat, wer er ist, und wenn er das Gleichgewicht zwischen Materie und Geist verloren hat; denn er ist die Brücke zwischen Himmel und Erde.

Das richtige Gleichgewicht zwischen dem Geistigen und dem Materiellen herzustellen ist weiterhin die Basis für das Entwicklungsprogramm des heutigen Persien. Es setzt voraus, daß die Lebensfreude durch Selbstdisziplin und Asketismus beschränkt wird. Tatsächlich wurden im traditionellen persischen Lebensmodell Einschränkung und Genuß, Teilnahme am Leben und Beschränkung der Beziehung zwischen Mensch und Leben, verbunden. Dies wird im täglichen Leben vieler Leute bestätigt. Perioden der Selbstdisziplin und Askese werden von Augenblicken des Genusses der Schätze der Erde abgelöst. Dieses Modell kann auf höchster Stufe im Leben der Heiligen beobachtet werden, deren äußeres Leben oft aus Fastenzeiten und Festzeiten besteht, aus Einsamkeit und Geselligkeit, aus Ehrfurcht und heiligem Schauer vor dem Höchsten und inbrünstiger Liebe für ihn. In gleicher Weise werden in der Kunst oft prachtvolle Farben und sinnliche Formen mit Strenge gepaart; und die Substanz der körperlichen Existenz wird wiederholt unterbrochen durch die Leere, die die göttliche Gegenwart zur höchsten Bewußtseinsstufe bringt. Durch diese Wechselwirkung zwischen Strenge und Milde, Erhabenheit und Schönheit, Askese und Lebensfreude gewinnt der gewöhnliche Mensch eine Ehrfurcht für das Leben und seinen Wert, während der kontemplative Mensch überall Gott erkennen kann und über die göttliche Wahrheit als etwas Transzendentes und Immanentes nachsinnt.

Diese Wechselwirkung steht im Zusammenhang mit der Unterscheidung zwischen dem Einen und dem Mannigfaltigen einerseits und der Einheit der beiden. Die persische Kunst, wie die gesamte islamische Kunst, spiegelt unmittelbar die Offenbarung des Einen im Mannigfaltigen und die Rückkehr des Mannigfaltigen zum Einen wider. Die persischen Künstler und Sänger haben unermüdlich die Einheit und ihre Offenbarung in der Vielfalt beschrieben und gepriesen. Sogar in den kulturellen Beziehungen zwischen Ländern des Ostens und des Westens hat dieses metaphysische Prinzip eine Rolle gespielt. Durch seine ganze Geschichte hindurch bestand das kulturelle Grundmuster Persiens, ähnlich den Mustern seiner Teppiche und Kuppeln, darin, eine reiche Formenvielfalt in einem ordnenden und einigenden Rahmen aufzufangen. Auch ausländische Impulse wurden aufgenommen, verändert und in einem Muster von unverwechselbar persischem Charakter vereinigt. Seit Urzeiten hat Persien diese Rolle gespielt und aus den Ideen, Formen und Motiven, die von Ost und West nach Persien kamen, etwas Neues, etwas durch und durch Persisches, geschaffen. Diese traditionelle Fähigkeit zur Aufnahme und Synthese wurde durch den Islam noch verstärkt und ist bis heute ein Hauptzug des persischen Geistes. So war Persien gleichzeitig Vermittler und Speicher, besaß es doch eine eigene ausgeprägte und gewaltige Kultur, die fähig war, alles, was es von andern Völkern übernahm, zu vereinen und ihm seinen eigenen Stempel aufzudrücken; ebenso wie seine Weisen Einheit und Ordnung in der Vielfalt des Universums sahen. Persien hielt den starken Winden aus Ost und West stand und erstarkte daran. Es ist sich bewußt, nicht eine gewöhnliche Brücke zu sein, sondern eine Brücke aus Türkisen, eine Brücke von himmlischer Farbe mit geistigen Grundsätzen, die sein Überleben sicherten und ihm erlaubten, Werke von erlesener Schönheit und Größe zu schaffen, durch die es in der ganzen Welt berühmt wurde.

Kern der persischen Kultur ist ihr geistiger Aspekt. Wir müssen deshalb unsere kurze Reise durch die persische Kulturgeschichte mit der Religions- und Geistesgeschichte des persischen Volkes beginnen. Die Religionsgeschichte kann in drei Abschnitte aufgeteilt werden: die Zeit der alten arischen Religionen und der örtlichen nichtarischen Kulte, die Zeit der überwiegend iranischen Religionen und endlich die islamische Epoche. Die erste Periode ist gekennzeichnet einerseits durch örtliche Kulte, die denen in andern Teilen Westasiens glichen, und andererseits durch die arischen Religionen, mit den Gottheiten Mithra und Anâhitâ und mit Kulthandlungen, die denen des frühen Hinduismus ähnelten.

Die ausgeprägt iranischen Religionen beginnen mit dem berühmtesten Propheten des alten Persien, mit Zarathustra. Über sein Leben und sogar seinen Geburts- und Todestag wird unter den führenden Gelehrten in Ost und West immer noch diskutiert. Es bestehen jedoch keine Zweifel darüber, daß er eine neue Religion mit einer eigenen metaphysischen, kosmologischen und eschatologischen Doktrin und eigenen Bräuchen eingeführt hat. Die wichtigsten Lehren dieser Religion sind in ihrem heiligen Buch, der *Awesta,* enthalten, und die Gesänge oder *Gathas* bilden in einem gewissen Sinn den Kern.

Das Ausmaß des zoroastrischen Einflusses auf die Gestaltung der Gesellschaft, des Geisteslebens und der Religion über vierzehn Jahrhunderte ist so tiefgreifend, daß er in keiner Abhandlung über die persische Geschichte vom Beginn der achämenidischen Zeit bis zum Aufkommen des Islams übersehen werden kann. Die zoroastrische Lehre lieferte die Grundlage für den hierarchischen Aufbau der achämenidischen wie der sassanidischen Gesellschaft. Sie war die Basis für die individuelle und die kollektive Ethik und das weltanschauliche Gerüst für die Mehrheit der Perser; sie war der Ursprung ihres Glaubens über Anfang und Ende der Dinge und die Beschaffenheit des Universums.

Kein Volk, das zwischen dem 6. Jahrhundert v.Chr. und dem 7. Jahrhundert n.Chr. mit Persien in Berührung kam, konnte sich dem Einfluß der zoroastrischen Lehre entziehen. Besonders das Bild der Engelswelt und des kosmischen Kampfes zwischen Gut und Böse sowie die lebendige Beschreibung von eschatologischen Begebenheiten prägten Theologen und Philosophen anderer Religionen und Weltanschauungen nachhaltig. Im griechisch-hellenistischen Altertum war Zarathustra als Weiser und Philosoph, ja sogar als Mathematiker und Alchimist bekannt, wie dies aus einer Vielzahl von griechischen Abhandlungen über die okkulten Wissenschaften, die ihm zugeschrieben worden waren, hervorgeht. Noch im 15. Jahrhundert betrachtete sich der byzantinische Philosoph Gemistos Plethon, der in der Renaissance als erster im Namen Platos Aristoteles kritisiert hatte, als Jünger Zarathustras.

Zudem wurde die Verknüpfung der Gestalt Zarathustras mit den philosophischen und esoterischen Wissenschaften im Westen noch gefestigt durch die Rolle, die persische Magier für die Verbreitung gewisser traditioneller Wissenschaften gespielt haben sollen, indem sie diese den Juden in babylonischer Gefangenschaft weitergaben. Die Magier waren im Besitz wundertätiger Kräfte, Zeitgenossen Zarathustras und nach Ansicht gewisser Sachverständiger die Repräsentanten jener Tradition, aus der Zarathustra hervorgegangen war. Jedes christliche Kind kennt die drei Weisen aus dem Morgenland, die bei Christi Geburt zugegen waren und die, vom Begriff für die persischen Magier abgeleitet, im Französischen *les Rois mages*, im Englischen *the three Magi* genannt werden.

Trotz der weiten Verbreitung im persischen Kaiserreich und der führenden Rolle in der achämenidischen und der sassanidischen Zeit war die zoroastrische Lehre nicht die einzige Religion des Iran. Sie war vielmehr die erste einer Reihe von religiösen Bewegungen, die eng mit ihr verbunden sind, so wie das Judentum, das Christentum und der Islam alle Mitglieder der Familie Abrahams sind. Mit der Eroberung Persiens durch Alexander und dem dadurch geschaffenen eklektischen Kulturklima fegte eine neue und doch alte religiöse Bewegung, der Mithraskult, durch Persien. Diese Religion war schon vor Zarathustra weit verbreitet, aber in seiner Lehre wurde Mithras, der Sonnengott, auf den Platz eines «Halbengels» verwiesen. In der neuen Welle des Mithraskultes wurde er wieder zum Sonnengott erklärt, wobei zu den rein iranischen Grundelementen jetzt noch die babylonische Astrologie, das olympische Pantheon und sogar lokale Elemente aus Anatolien, wo er zuerst aufkam, hinzutreten. Neben ihrer Bedeutung in Persien als neuer religiös-kultureller Kraft unter den Seleukiden und frühen Parthern übte die Mithrasreligion auch weltweit einen großen Einfluß aus, weil sie sich schnell über die Grenzen der traditionellen persischen Welt ausbreitete. Die zoroastrische Lehre war eine autochthone und «nicht-wandernde» Religion, die nicht danach trachtete, Leute außerhalb Persiens zu konvertieren. Der Mithraskult hingegen war eine Wanderreligion, wenn auch nur esoterischen Charakters. Das Gewicht, das diese Bewegung auf Mut und Ritterlichkeit legte, zog viele römische Soldaten der östlichen Mittelmeerwelt an, und die Neukonvertierten brachten die Mysterienreligion zu den entlegensten Gebieten Europas. Gemeinden entstanden als Geheimgesellschaften in verschiedenen Teilen des Römischen Reiches; es wurden Mithraskultstätten, meist unterirdisch, bis ins ferne Skandinavien gebaut. Der Mithrasglaube, als erste «Mysterienreligion», die ins Römische Reich vordrang, genoß eine gewisse Freiheit und wurde nicht verfolgt, bis zwei oder drei Jahrhunderte nach seiner ersten Ausbreitung im Westen eine allgemeine Opposition gegen orientalische Kulte, mit eingeschlossen das Christentum, einsetzte.

In Persien überlebte die neue Form des Mithraskultes nicht lange. Die älteren zoroastrischen Normen konnten sich bald wieder behaupten, und mit der Thronbesteigung der Sassaniden wurde der Zoroastrismus wieder, wie bereits unter den Achämeniden, zur Staatsreligion erklärt. Diese herrschende Stellung war aber bald wieder dahin, als die neue religiöse Bewegung, die Mani im 3. Jahrhundert gegründet hatte, an Stärke gewann. Mani, nicht nur religiöser Visionär und politischer Führer, sondern auch ein begnadeter Maler, fand bei den mit der sozialen und kirchlichen Hierarchie der zoroastrischen Lehre Unzufriedenen schnell Gehör. Anfänglich von einem sassanidischen König unterstützt, mußte er später ins Exil gehen und verbrachte längere Zeit in Zentralasien und im Tibet. Nach seiner Rückkehr nach Persien wurde er hingerichtet, seine Bewegung jedoch, der Manichäismus, entwickelte sich zu einer der stärksten religiösen Kräfte der Welt. Sie stellte sich gegen die etablierten religiösen Organisationen und verband revolutionäre soziale Ideale mit esoterisch-kosmologischen und kosmogonischen Lehren. Obwohl sich die Bewegung als Erbe Zarathustras, Buddhas und Jesu verstand, bestand doch ein starker Widerspruch sowohl zum zoroastrischen Glauben wie zu Christentum und Buddhismus. Es ist bezeichnend, daß ein großer Teil der Bemühungen der frühen Kirchenväter in der Bekämpfung des Manichäismus bestand, während der größte Lehrer der westlichen Kirche, Augustinus, während vieler Jahre Manichäer war, bevor er endgültig den christlichen Glauben annahm.

Trotz großen Widerstandes bestand der Manichäismus in Persien bis in die islamische Zeit. Er war nie eine offizielle Kirche, sondern immer eine «Mysterienreligion» und eine geheime Glaubensgemeinde. In Europa lebte der manichäische Einfluß bis beinahe in die Neuzeit hinein in so unterschiedlichen Bewegungen wie den Albigensern und den Bogomilen weiter, im Osten in isolierten Religionsgruppen, deren letzte sich in Westchina, im Turfan, befand. Sie hinterließ wertvolle Dokumente über die manichäischen Religionslehren. Während über tausend Jahren also beeinflußte diese iranische Religionsbewegung das Leben von Menschen und ihre Gesellschaft in Welten, die einander so fern liegen wie China und Frankreich.

Die sassanidische Zeit erlebte die Geburt einer weiteren religiösen Bewegung mit, die das Ende der zoroastrischen Herrschaft über die persische Gesellschaft ankündigte. Die streng asketische und doch «kommunistische» Bewegung des Mazdak erschütterte im 6. Jahrhundert die persische Gesellschaft bis in ihre Wurzeln. Zur gleichen Zeit durften sich gewisse christliche Kirchen – wie etwa die nestorianische, die sich wegen Glaubensfragen von der Hauptkirche abgespalten hatte – in Persien niederlassen. Ebenso bedeutend waren in der sassanidischen Epoche die jüdischen Gemeinden, die sich seit dem babylonischen Exil in Persien zu behaupten vermocht hatten.

Und schließlich herrschte in den östlichen Gebieten des persischen Kaiserreiches der Buddhismus vor; von diesen Provinzen aus gelangte die Botschaft Buddhas nach Tibet und China und veränderte das Leben und die Kultur der Völker des Fernen Ostens. Auch im zoroastrischen Gedankengut finden sich in dieser Zeit fremde Einflüsse, die zu einer Neuauslegung des klassischen zoroastrischen Dualismus in jener sonderbaren religiösen Schule führten, die als Zurvanismus bekannt ist. Die Wurzeln des Zurvanismus reichen bis ins Altertum zurück; unter den Sassaniden jedoch wurde er zu einer eigenständigen religiösen Bewegung.

In diesem heterogenen religiösen Klima, das zwar noch von der zoroastrischen Lehre beherrscht, aber durch die massiven sozialen Forderungen des Manichäismus und des Mazdakismus beeinträchtigt wurde, entstanden ein tiefes Verlangen nach einem neuen religiösen Leben und sogar eschatologische Erwartungen, erweckt durch neue Interpretation traditioneller Texte. Dieses Verlangen sollte durch die Gnade des

Himmels erfüllt werden, durch die Botschaft des in Mekka geborenen Propheten. Das geistige Schicksal des persischen Volkes wird sinnbildlich dargestellt durch Salmân, der Persien verließ, um den wahren Propheten zu suchen, und diesen schließlich in Arabien fand. Er wurde sein engster Begleiter und ein Mitglied seines «Haushalts» *(ahl-e bajt)*. Entgegen der Ansicht vieler Orientalisten wurden die Perser nicht Muselmanen aus Angst vor dem Schwert; denn wie hätte eine Armee von fünfzig- oder höchstens hunderttausend Soldaten ein Land, das von Mesopotamien bis Transoxanien reichte, zwingen können, seine Religion zu wechseln und dazu noch in dieser aufgezwungenen Religion große Gelehrte, Theologen und Heilige hervorzubringen? Die Ausbreitung des Islams in Persien war ein allmählicher Vorgang, der nicht auf Zwang, sondern eher auf einem tiefen geistigen Bedürfnis des Volkes beruhte. Damit begann ein neues Kapitel in der Geistesgeschichte des persischen Volkes, das nicht nur zur Entwicklung der islamischen Zivilisation einen großen Beitrag leistete, sondern auch die positiven Elemente seiner alten Erbschaft in das neugegründete geistige Universum zu integrieren und die Eigenart seiner eigenen Kultur innerhalb der islamischen Welt zu erhalten wußte.

Die Ausbreitung des Islams in Persien brachte sehr schnell eine kulturelle Blütezeit, deren blendende Errungenschaften noch heute beeindrucken; gekennzeichnet ist sie auch durch den raschen Aufstieg von Religionsgelehrten, die zahlreiche Beiträge zu den Islamwissenschaften, wie etwa den Korankommentaren und den *Hadîth,* leisteten. Wenn der Islam durch die Araber nach Persien gebracht worden war, so waren es die Perser, die ihn weiter nach Asien hineintrugen. Die persische Literatur spielte dabei eine wichtige Rolle, besonders jene Schriften, in welchen der Sufismus die Essenz islamischer Spiritualität konzentriert hatte.

Die Ausbreitung des Sufismus – der mystischen Dimension des Islams – in Persien ist für das Verständnis der islamischen Geschichte und der persischen Kultur im besonderen von größter Bedeutung. Keine ethnische Gruppe innerhalb der islamischen Welt kann den Sufismus für sich allein beanspruchen. In den frühen Jahrhunderten jedoch spielten die persischen Sûfîs wie Bâjazîd, Tostarî, Dschonajd und Hallâdsch eine besondere Rolle in der Ausbreitung der sufitischen Lehren und vor allem ihrer Niederschrift. Sogar ein großer Teil der schönsten sufitischen Dichtung in arabischer Sprache wurde von Persern geschrieben, die sich erst im 11. Jahrhundert der neugeschaffenen persischen Sprache zuwandten und diese in eines der reichsten Ausdrucksmittel der Geisteswelt verwandelten.

Während der frühen islamischen Jahrhunderte brachte Persien einige der hervorragendsten muselmanischen Gelehrten und Theologen hervor, Männer wie Bochârî, Tabarî, Ghazzâlî und Fachr ad-Dîn Râzî, deren Werke heute noch von Tanger bis zu den Philippinen gelesen werden. Es ist auch das Geburtsland der Heiligen Abd al-Qâder Gîlânî, Abu Hafs Omar Sohrawardî, Mo'în ad-Dîn Tschestî und Dschalâl ad-Dîn Rûmî, die das geistige Leben in Ost und West immer noch bestimmen.

Persien war im Mittelalter vor allem sunnitisch, wenn auch gewisse Zentren wie Qom und Sabzewar beinahe vollständig der schiitischen Richtung anhingen. Nach dem Einfall der Mongolen im 13. Jahrhundert nahm der Einfluß des Schiismus allmählich zu. Nach der Thronbesteigung der Safawiden wurde er zur Staatsreligion erklärt. Bis zum heutigen Tag ist er eine besondere Form des Islams geblieben und wird von den meisten Persern befolgt. Zudem geht die Gründung des persischen Staates als selbständige nationale Einheit zurück auf die Einführung des Schiismus als Staatsreligion durch die Safawiden. Trotz der engen Bande zwischen der persischen Seele und dem Schiismus leisteten die Perser doch wertvolle Beiträge zum sunnitischen Islam, dem sie ja auch während eines großen Teils ihrer Geschichte angehörten. Die Beziehung Persiens zum Islam sollte nicht auf die vordergründige Gleichung Sunnismus gleich Araber und Türken, Schiismus gleich Perser reduziert werden.

Das reiche religiöse Panorama der persischen Geschichte zeigt einen bemerkenswerten Sinn für Toleranz, der mit einem intensiven Religionsleben verbunden war. Durch seine ganze Geschichte hindurch war Persien ein Zufluchtsort für religiöse Minderheiten. Einige der seltensten Formen christlicher Messen und jüdischer Gottesdienste, die andernorts schon lange verschwunden sind, können in Persien heute noch vorgefunden werden. Der Respekt für die Religion anderer Menschen, wie er durch Kyros, den ersten persischen Kaiser, verkündet und durch Meister wie Rûmî in Gedichten erläutert worden war, bildete einen wichtigen Zug des religiösen Lebens der Perser. Die nachfolgenden Verse Rûmîs haben in der innersten Seele des gläubigen Persers durch die Jahrhunderte widerhallt:

> Durch ihre äußern Namen nur
> > sind Menschen unterschieden;
> Doch findest du den innern Sinn,
> > kommst du vom Streit zum Frieden.
> Muslime, Juden, Parsen trennt
> > das Spektrum nur des Scheines;
> Jedoch das Mark der Existenz,
> > der Wesenskern ist Eines.

Die Philosophie war in Persien eng mit der Religion verbunden. In vorislamischer Zeit waren die Perser durch ihre Weisheit berühmt, und Pythagoras, Plautus und andere Gelehrte reisten nach Persien, um diese Weisheit zu erlangen. Als Justinian 529 die Akademie von Athen schließen ließ, fanden einige der letzten griechischen Philosophen in Persien ein Asyl. Im vorislamischen Persien war aber die Philosophie nichts anderes als *sophia* – das Wissen von den göttlichen Ideen, die in ihrer Reinheit nur von der körperlosen Seele geschaut werden –, blieb also immer in der religiösen Tradition geborgen. Persien hat keinen Plato und keinen Aristoteles hervorgebracht; es schuf jedoch eine Metaphysik und eine Kosmologie, die zu den tiefgründigsten gehören und nicht nur die Philosophie der alexandrinischen Welt befruchteten, sondern auch noch die islamische Philosophie prägten, die sich vor allem in Persien drei Jahrhunderte nach dem Aufstieg des Islams entwickelte.

Die Verbindung der islamischen Spiritualität mit dem persischen Geist setzte intellektuelle Kräfte frei, die Persien bald zum philosophischen und wissenschaftlichen

Zentrum der mittelalterlichen Welt machten. Wenn auch die islamische Philosophie die Beiträge verschiedener muselmanischer Völker vereinigt, waren doch die meisten islamischen Philosophen Perser, und Persien ist bis heute die Heimstätte der islamischen Philosophie geblieben. Obwohl Persien in den Anfängen islamischer Philosophie nur eines unter vielen Zentren in der islamischen Welt war, brachte es doch den berühmtesten Philosophen jener Zeit hervor: Ibn Sînâ (980–1037) – der Avicenna der lateinischen Welt –, der Persönlichkeiten wie Thomas von Aquin und Duns Scotus stark beeinflußte. Als die Philosophie als selbständige Wissenschaft nach Ibn Ruschd oder Averroes (1126–1198) in der westislamischen Welt ausstarb, trugen hauptsächlich zwei Persönlichkeiten zu seiner Wiederbelebung in Persien bei: Sohrawardî, der Meister der Aufklärung *(eschrâq)*, der das Erbe Zarathustras und Platos im Licht der islamischen Gnosis verband, und Chwâdsche Nasîr ad-Dîn Tûsî (1201–1274), der intellektuelle Riese der mongolischen Zeit, der Philosoph, Mathematiker und Theologe war. Die traditionelle Philosophie wurde auch in der nachmongolischen Zeit entwickelt und führte zur intellektuellen Renaissance unter den Safawiden und zum Aufstieg des Mollâ Sadrâ, dessen Schule bis ins heutige Persien weiterlebt und auch im intellektuellen Leben des indischen Subkontinents eine wichtige Rolle gespielt hatte. Leider ist dieser Aspekt der persischen Kultur im Westen nur ungenügend bekannt, und die islamische Philosophie wird beinahe überall in verstümmelter Form gelehrt, die der ungebrochenen philosophischen Tradition Persiens kaum Rechnung trägt.

Die vorislamischen Perser, besonders in der sassanidischen Zeit, beschäftigten sich mit Astronomie und Medizin und waren in der Antike vor allem wegen ihrer pharmakologischen Kenntnisse berühmt. Schon zur Zeit der Sassaniden war in Dschondischapur eine Schule gegründet worden, die zum Erben des griechisch-alexandrinischen Wissens von Zentren wie Alexandrien, Antiochia und Edessa und denen der indischen Wissenschaften werden sollte. In Dschondischapur, das zur Zeit des Aufstiegs des Islams die bedeutendste medizinische Schule der Welt beherbergte, begegneten sich Vertreter der wissenschaftlichen Traditionen der griechisch-alexandrinischen Welt, Indiens und Persiens in einer geradezu kosmopolitischen Atmosphäre, die wie eine Hauptprobe für die bald darauf einsetzende Blüte der islamischen Wissenschaften und der großen islamischen Universitäten anmutet.

Der Aufstieg der islamischen Wissenschaft begann etwa ein Jahrhundert nach der Ausbreitung des Islams. Diese Verzögerung war das Ergebnis eines Übersetzungsprozesses, in dem die Perser als Wesire und Förderer, wie die Barmakiden, und als Gelehrte, wie Ibn al-Moqaffa, eine hervorragende Rolle spielten. Die islamische Wissenschaft war auf dem Fundament der spätsassanidischen wie auch der griechischen und indischen Wissenschaft aufgebaut. Aus dieser Synthese ging eine der reichsten wissenschaftlichen Traditionen der Welt hervor. Den persischen Beitrag dazu leisteten Mohammad ibn Musa al-Chwârizmi (gest. in Bagdad nach 846), der Verfasser der ältesten bekannten mathematischen Abhandlungen, dessen Name im Westen bis heute in dem Fachausdruck «Algorithmus» weiterlebt («Algebra» ist vom Titel seines Lehrbuches über Rechnen mit Gleichungen abgeleitet), sowie Mohammad ibn Zakarijjâ Râzî (um 865 bis nach 921), lateinisch Rhazes genannt, dessen Werke über Medizin in

Europa bis ins 18. Jahrhundert gelehrt wurden. Persien brachte auch jene Universalgenies des 10. bis 12. Jahrhunderts hervor – Männer wie Fârâbi, Ibn Sînâ, Bîrûnî und Chajjâm –, deren Errungenschaften die Geschichte der Wissenschaft im Westen wie im Osten bestimmten.

Diese wissenschaftliche Tradition erreichte einen zweiten Höhepunkt mit Nasîr ad-Dîn Tûsî, wie auch mit Qotb ad-Dîn Schîrâzi, dem Philosophen, Arzt und Physiker, und Raschîd ad-Dîn Fazl Allâh, dem bemerkenswerten Ilchanenwesir, der bei Tabriz eine wichtige Universitätsstadt gebaut und dadurch das frühe Hochschulwesen Persiens entscheidend gefördert hatte. Dies dauerte bis in die Safawidenzeit an. Unter den Safawiden erlebten die Medizin und die Pharmakologie noch einmal einen Höhepunkt; sie konnten sich bis zum indischen Subkontinent ausbreiten, wo die von den Meistern Ibn Sînâ, Ahwâzî und Dschordschânî gegründete traditionelle islamische Medizin teilweise noch heute praktiziert wird.

Der Einfluß der Wissenschaft, die sich in ihrer traditionellen Form auf die Kosmologie oder die Kenntnis der gesamten kosmischen Ordnung stützt, zeigt sich in Persien in den verschiedensten Kunstformen, von der Baukunst bis zur Teppichknüpferei, in Künsten also, die besser bekannt sind als die persische Religion und Philosophie, die jene erst ermöglichten.

Die persische Baukunst übernahm die mesopotamische, die anatolische und indirekt sogar die ägyptische Tradition, entwickelte aber unter den Achämeniden bald eine eigene Schule. Kraft, Nüchternheit und Würde, verbunden mit zarter Schönheit, kennzeichnen die Architektur jener Zeit. Persepolis, eines der architektonischen Wunder der Alten Welt, war ihr Höhepunkt. Auch das Konzept des Gartens als Abbild des Paradieses, eines der Hauptelemente der persischen Architektur, entstand in der Achämenidenzeit und wurde zum integralen Bestandteil der Baukunst und der Städteplanung. Der Einfluß der persischen Gartengestaltung reichte bis zu den mogulischen Gärten von Delhi und Lahore und den spanischen Gärten von Sevilla und Granada.

Unter den Sassaniden wurden Form und Technik der persischen Architektur verändert. Die neuen Verfahren im Gewölbe- und Kuppelbau sowie im Bau von *iwâns* beeinflußten in den folgenden Jahrhunderten die Architektur des Byzantinischen Reiches und der ganzen islamischen Welt. Neue Techniken für den Straßen- und Brückenbau ermöglichten die Errichtung einiger der schönsten und dauerhaftesten Brücken des Ostens. In jeder Beziehung war die Sassanidenzeit ein Höhepunkt in der Geschichte der persischen Architektur.

Auf der Grundlage dieses Erbes schuf der Geist des Islams den Baustil des islamischen Persien, der einen hohen Grad an Vollkommenheit erreichte und vom 8. Jahrhundert bis zum Beginn der Neuzeit andauerte. Die von den Sassaniden entwickelte Technik nutzend und von der islamischen Spiritualität beseelt, wurde diese Architektur zum vollkommenen Ausdruck der Vernunft und Würde, der Ordnung und Harmonie, der Verbindung von Nützlichem und Schönem, von Wissenschaft und Kunst. Aus dieser Tradition gingen Meisterwerke wie die Moschee von Dâmghân, die Moscheen der Seldschuken und Mongolen von Warâmin, Nâ'in und Esfahân, die Privathäuser und Basare von Kâschân, die Gowhar-Schâd-Moschee von Maschhad und die Scheich-Lotf-ollâh- und die Schâh-Moschee von Esfahân hervor. Diese Juwelen der Baukunst drücken die Harmonie der Elemente und die weise Nutzung der Naturkräfte aus und sind zierlichste Symbole des Unaussprechlichen und Unbeschreiblichen. Aus Backsteinen und Lehm werden, veredelt durch eine «transzendente Geometrie» und oft auch durch die Alchimie der Farben, Räume geschaffen, in denen der Mensch wahrhaftig das Echo jenes Friedens, der «den Verstand übersteigt», finden kann. Es erstaunt wenig, daß der Einfluß dieser Baukunst im Osten bis nach Delhi und Lakhnau und im Westen bis nach Spanien und sogar Frankreich vorgedrungen ist und daß die esoterischen Wissenschaften, die Grundlage dieser Architektur, in einigen Rosetten der großen mittelalterlichen Kathedralen Europas ein Abbild finden.

Auch die andern bildenden Künste haben seit der vorislamischen Zeit eine ununterbrochene Entwicklung erlebt. Diese Künste, die im Westen als «nebensächlich», als Kunstgewerbe, gelten, waren in Persien immer wichtig; denn es sind gerade diese Künste, das Teppichknüpfen, die Metall- und Emailbearbeitung, ganz zu schweigen von der Schneiderkunst, die Gegenstände hervorbringen, die den Menschen im täglichen Leben am engsten umgeben und deshalb auf seine Seele den tiefsten Eindruck machen. Die traditionellen persischen Teppiche, schon in der Achämenidenzeit bekannt, sind immer eine Widerspiegelung des Paradieses. Die Muster der Teppiche wurden mit Nomadenmustern und religiösen Motiven aus Zentralasien bereichert. Während der islamischen Zeit kamen zudem kristallartige und geometrische Formen hinzu.

Auch die Webkunst entwickelte in der vorislamischen Zeit einen hohen Grad an Vollkommenheit und erreichte ihren Höhepunkt unter den Sassaniden, deren Produkte in der ganzen Alten Welt geschätzt wurden. Bis heute befindet sich eine der besten Sammlungen von sassanidischen Textilien in der kaiserlichen Sammlung von Schosoin in Japan. Geometrische und kristallartige Muster wurden unter den Safawiden wieder stärker verwendet und führten zu einem erstaunlichen Reichtum in den Farben und den Formen.

Es gibt zu viele «dreidimensional schöpferische» Künste, von der Metallbearbeitung über die Töpferei bis zur Glasbläserei, um sie hier alle zu erwähnen. Es muß jedoch daran erinnert werden, daß in Persien die Technologie nie von der Kunst getrennt wurde. Manche wichtige technische Neuerung war auch von kultureller und künstlerischer Bedeutung; so führte beispielsweise die Stahlproduktion zur Entwicklung von metallurgischen Verfahren, die in islamischer Zeit mit den Klingen von Damaskus und Toledo geradezu identifiziert wurden.

Auf dem Gebiet der Musik und der Literatur hat die persische Kultur eine tiefe und vielfältige Tradition, die durch die Kulturen anderer Völker und Nationen bereichert worden ist. Die persische Musik ist die einzige noch bestehende Musiktradition, die mit dem heute verlorenen klassischen griechischen System, auf dem Pythagoras seine Philosophie aufbaute, verwandt ist. Die persische Musik geht auf die alte ägyptische Musik zurück, von der sie gewisse Instrumente übernommen hatte. In der sassanidischen Zeit konnte sich die Musik stark ausbreiten. Es wurden Systeme entwikkelt, die nicht nur bis in die islamische Epoche bestanden, sondern wegen der Rolle der persischen Musiker am abbasidischen Hof in Bagdad auch die arabische Musik beeinflußten. Im Sudan und in gewissen Gegenden Nord- und Ostafrikas finden sich in der Musikterminologie persische Namen: Die Verwandtschaft zwischen dem Flamenco und der persischen Musik kann auch von einem ungeübten Ohr erkannt werden. Im Osten erreichte diese Musik Indien und den Mogulenhof, und manches nordindische Musikinstrument, etwa die *sarangi* und die *schahnai*, besitzt einen persischen Namen.

Doch die indische und die arabische Welt bereicherten auch die persische Musik, dies jedoch nicht so sehr durch bestimmte Melodien oder Rhythmen, sondern durch den alles überwiegenden Einfluß der islamischen Spiritualität. Sie verlieh der persischen Musik einen stark besinnlichen Ausdruck und machte aus ihr eine Leiter, auf der die Seele zu Gott aufsteigen kann. In Verbindung mit der Sûfî-Dichtung wurde die Musik zu einer kräftigen Hilfe für die geistige Selbstverwirklichung und zu einem Spiegel, der die zartesten Regungen der persischen Seele widergibt. Freude und Sorgen sind darin eng verflochten, und in ihrem tiefsten Grund sehnt sie sich nach dem Ursprung, von dem sie getrennt worden ist, zurück, wie es Rûmî in den ersten Versen des *Maßnawî* sagt (siehe Seite 46).

Die Literatur, wie die Musik, mit der sie eng verbunden ist, bestand schon in der Achämeniden- und besonders in der Sassanidenzeit, als Prosa und Poesie sich entwikkelten. Übersetzungen aus andern Sprachen, besonders die *Erzählungen von Bidpaj,* die aus dem Sanskrit ins Pahlawî übersetzt wurden, bereicherten sie. Erst in der islamischen Zeit jedoch wurde die persische Sprache geboren und durch den Gebrauch der Ausdrücke aus dem Koran und arabischer Wörter gefestigt. In dieser äußerst differenzierten und vielseitigen Sprache entstand bald eine breite Literatur, und es gingen Meister, die voneinander so verschieden sind wie der epische Dichter Ferdausî und der Mystiker Maulâna Dschalâl ad-Dîn Rûmî, wie auch philosophische, wissenschaftliche und historische Meisterwerke hervor. Und besonders durch die Verbindung mit dem Sufismus entstanden die unvergleichlichen Meisterwerke der Sûfî-Dichtung, die die persische Sprache bis zu den entferntesten Grenzen Indiens und Westchinas und bis zum Ottomanenreich und Albanien bekanntmachten. Für viele Jahrhunderte wurde Persisch zur *lingua franca* in großen Teilen Asiens und ist bis heute eine wichtige Sprache dieses Kontinents geblieben, eine Sprache, deren Krönung die Sûfî-Dichtung ist. Sûfî-Verse werden von Türken, Sindhis, Gudschratis und Bengalen wie von Persern, Afghanen und Tadschiken, deren Muttersprache Persisch ist, oft zitiert.

Diese große Literatur läßt vielleicht besser als jede andere Kunstform die Rolle Persiens als Brücke erkennen, als Land, in dem die Einflüsse, die über Jahrtausende aus Ost und West eindrangen, vom Genius eines Volkes in ein Abbild des türkisfarbenen Empyreums, des höchsten Himmels, verwandelt wurden. Das Bewußtsein des Transzendenten, verbunden mit Schönheitssinn und Lebensfreude, bildet den Inhalt der persischen Literatur. Die persische Spiritualität kommt in der Musik, der Baukunst, den Gärten zum Ausdruck. Sie spiegelt sich auch in der Seele seines Volkes. Heute, inmitten großer materieller Veränderungen, trachtet es danach, die dauernden Werte und Traditionen zu bewahren, die seine Identität erhalten haben und aus ihm einen Kreuzpunkt der Welten, eine Brücke zwischen Ost und West, machten.

Durchbrochene Steinwand der oberen Bogenhalle des Grabmals von Oldschâitu in Soltânijje.

THEMA:
Die persischen Jahreszeiten

بنشین بر لب جوی و گذر عمر ببین

کاین اشارت ز جهان گذران ما را بس

Setz dich an des Baches Rand,
sieh die Wellen gehen!
Dieser Wink ist uns genug
von der Welt Vergehen.

Hâfez (14. Jahrhundert)

ABBILDUNGEN 8 BIS 22

Ausführliche Anmerkungen zu diesen Abbildungen auf den Seiten 334 und 335

8 Schmale, von Bäumen gesäumte Kanäle dienen zur Bewässerung der Felder in Westazarbâidschân.

9 Reisanbau im Frühling längs der Ufer des Tadschân-Flusses in Mâzanderân.

10 Sanddünen beschützen dieses kleine Grabmal des Propheten Chezr in der felsigen Küstenlandschaft bei Tschâh Bahâr.

11 Backsteingrabturm aus dem 11. Jahrhundert in der Nähe der kleinen Stadt Damâwand.

12 Gefrorener Wasserfall in Gandsch-Nâme bei Hamadân. In der Nähe befinden sich Felsinschriften von Dareios I. und Xerxes I.

13 Silbrig glänzen die Äste des königlichen Tschenârs.

14 Die Paßstraße zwischen Karadsch und Tschâlus windet sich durch die winterliche Bergwelt des Elburs.

15 Ein Teppich aus rotem Mohn überzieht die Ebene von Soltânîjje, wo die mongolischen Truppen einst ihre Pferde weideten.

16 Reife Granatäpfel platzen noch am Baum und bieten ihre rubinroten Kerne an.

17 Die Dolde der *Ferula galbaniflua*, einer Wüstenpflanze im Chorâsân.

18 Saftige Zitrusfrüchte reifen in Dschiroft, der Oasenstadt im Südosten Persiens.

19 Ein einzelner Banjan-Baum erhebt sich in der Wüste des persischen Balutschestân.

20 Stratigraphische Struktur der Berge im Südosten des Iran.

21 Qahrmanlu, ein Bauerndorf in der Nähe des Rezâijje-Sees.

22 Ein Schafhirt kehrt mit seiner Herde ins Dorf zurück (Schâhâbâd, Chuzestân).

Hör auf der Flöte Rohr, was es erzählt,
Hör, wie es klagt, von Abschiedsschmerz gequält:

Seit man mich aus der Heimat Röhricht schnitt,
Weint alle Welt bei meinem Tönen mit.

Ich such ein Herz, von Trennungsleid zerschlagen,
Von meiner Sehnsucht Schmerzen ihm zu sagen.

Dem Urgrund fern, strebt jeder immerdar
Zurück der Zeit, da er vereint ihm war.

An jedes Ohr schlug meines Tones Welle,
Ward Frohen bald, Betrübten bald Geselle,

Ein jeder dünkte sich mein Freund zu sein,
Doch keiner drang in mein Geheimnis ein.

Und doch, so fern ist's meiner Klage nicht,
Dem Aug und Ohre fehlet nur das Licht,

Es ist der Leib dem Geist, der Geist dem Leibe klar,
Doch keinem Auge stellt der Geist sich dar.

Kein Hauch, nein, Feuer sich dem Rohr entwindet.
Verderben dem, den diese Glut nicht zündet!

Der Liebe Glut ist's, die im Rohre saust,
Der Liebe Gären, das im Weine braust.

Dem Liebeskranken steht die Flöte bei,
Ihr Tönen riß die Schleier uns entzwei.

Rûmî (13. Jahrhundert)

Iran

Maschhad
Nejschâpur
Torbat-e Dschâm
Kaschmar
CHORÂSÂN
Birdschand
AFGHANISTAN
DASCHT-E LUT
Zâbol
SISTÂN
Zâhedân
Bâm
BALUTSCHESTÂN
PAKISTAN
Tschâh Bahâr

Karte des Nordostens   Seite 49
Karte des Südostens   Seite 50
Karte des Südwestens   Seite 63
Karte des Nordwestens   Seite 64

Iran

Map of Iran showing provinces, cities, and physical features

TÜRKEI · **UdSSR** · **UNION DER SOZIALISTISCHEN SOWJETREPUBLIKEN**

- Bâzargân
- *Rezâijje-See*
- **OST-AZARBÂIDSCHÂN** — TÂBRIZ
- *Kûh-e Sahand*
- REZÂIJJE
- Marâghe
- **WEST-AZARBÂIDSCHÂN**
- *Kaspisches Meer*
- Bandar-e Pahlawî
- RASCHT
- **ZANDSCHÂN** — **GILÂN**
- Schâhsawâr
- Gonbad-e Qâbus
- Bandar-e Schâh
- Gorgân
- SÂRI
- **MAZANDERÂN**
- *Schâhbânu-Farah-Damm*
- Qazwîn
- **ZANDSCHÂN**
- **KORDESTÂN**
- Karadsch
- TEHERÂN
- *Kûh-e Damâwand*
- Semnân
- *ELBURSGEBIRGE*
- SANANDADSCH
- **HAMADÂN**
- HAMADÂN
- **KERMÂNSCHÂH**
- Qasr-e Schirin
- KERMÂNSCHÂH
- Qom
- **ILÂM**
- **LORESTÂN**
- ILÂM
- CHORRAMÂBÂD
- Kâschân
- **DASCHT-E KAWÎR**
- *Mohammad Reza Schâh-Damm*
- Dezful
- **ESFAHÂN**
- ESFAHÂN
- Nâ'in
- **JAZD**
- SCHAHR-E KORD
- JAZD
- Bafq
- AHWÂZ
- **CHUZESTÂN**
- Chorramschahr
- Âbâdân
- Jâsudsch
- *ZAGROSGEBIRGE*
- **KERMÂN**
- **FÂRS**
- KERMÂN
- SCHIRÂZ
- Dârâb
- Borasdschân
- **BUSCHEHR**
- BUSCHEHR
- **BANDAR-E ABBÂS**
- Bandar-e Lenge
- Mînâb

IRAK · **KUWAIT** · **SAUDI-ARABIEN** · **QATAR** · *Persischer Golf*

0 — 100 — 200 km

8

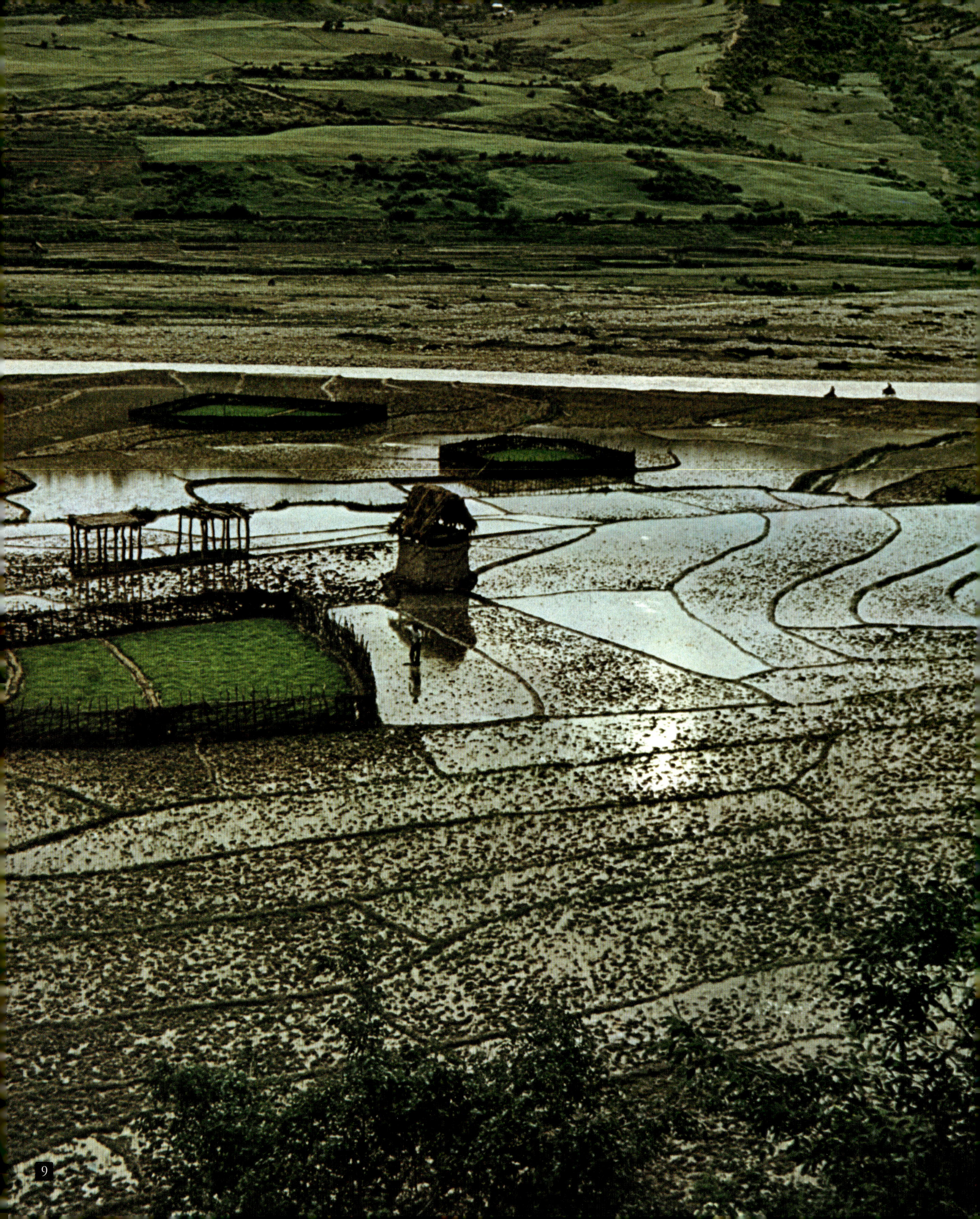

9

Der Nordosten

UNION DER SOZIALISTISCHEN SOWJETREPUBLIKEN

Kaspisches Meer

Rud-e Gorgân

Pahlawi Dezh
Gonbad-e Qâbus
MÂZANDERÂN
Esfarajen
Gorgân
SÂRI
Bandar-e Schâh
Bastam
Tûs
Farûmad
Rebât-e Scharaf
Schâhrud
Mijândascht
MASCHHAD
CHORÂSÂN
Tadschân
Dâmghân
Mehr
Nejschâpur
Sangbast

SEMNÂN

Kâschmar
Torbat-e Dschâm
Tâjebâd
Chwâf
DASCHT-E KAWÎR
Naschtifân

AFGHANISTAN

N

0 50 100 km

Nâ'in
Birdschand

Der Südosten

0 50 100 km

- Bafq
- Birdschand
- Rafsandschān
- KERMĀN
  - Mahān
- Zābol
- Zahak
- Qale je Sām
- Gazme
- Kūh-e Chwādsche
- DASCHT-E LŪT
- SISTĀN
- KERMĀN
- Rājen
- ZĀHEDĀN
- Baft
- Bām
- Dschiroft
- Chāsch
- Karewandar
- Halīl Rūd
- Rūd-e Bāmpūr
- BANDAR-E ABBĀS
- Mināb
- Iranschahr
- BALUTSCHESTĀN
- Hormoz
- Straße von Hormoz
- Pischin
- Torbat
- Bahukalat
- Tschah Bahar
- MASQAT UND OMAN
- Golf von Oman
- AFGHANISTAN
- PAKISTAN

10

11

12

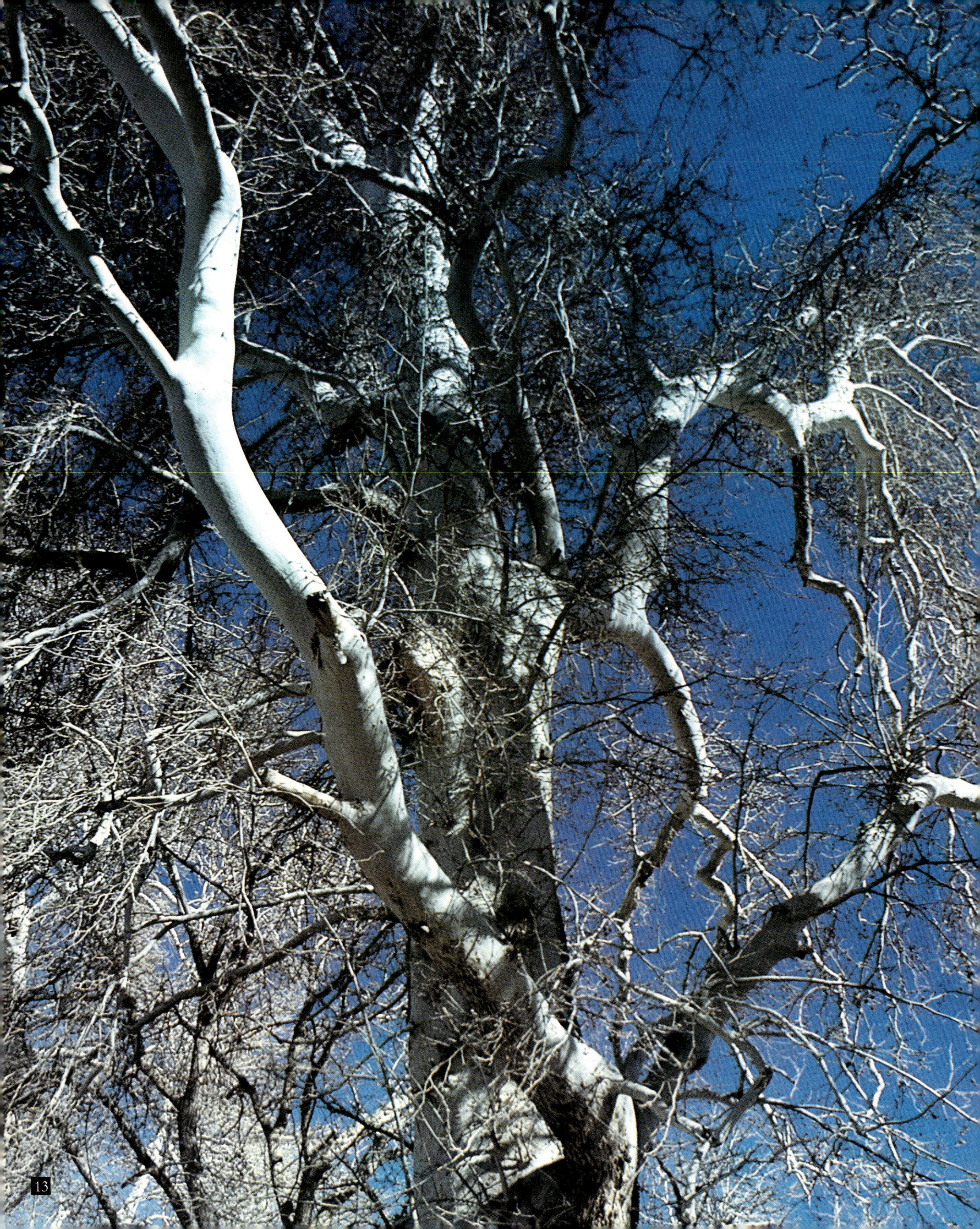
13

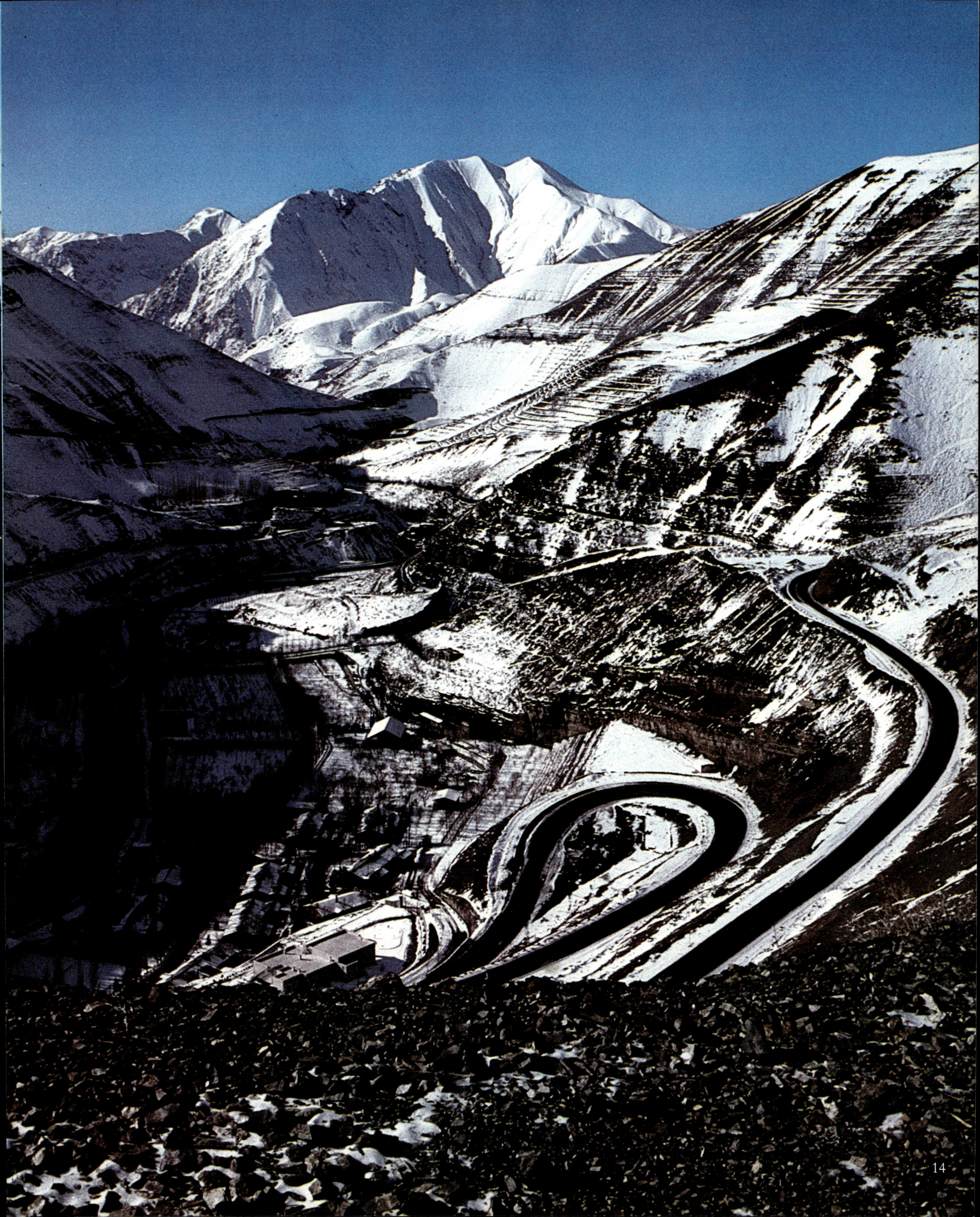

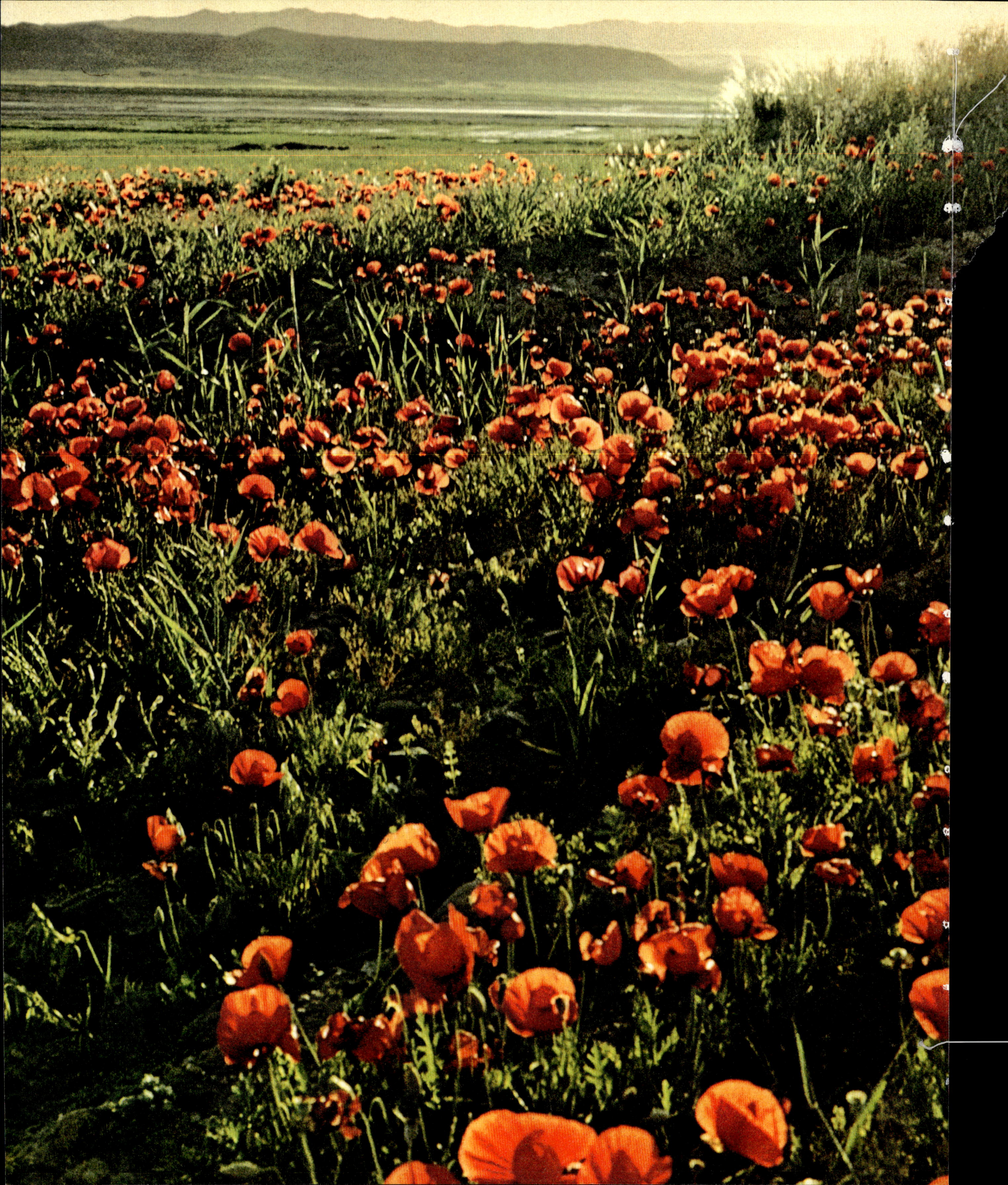

15

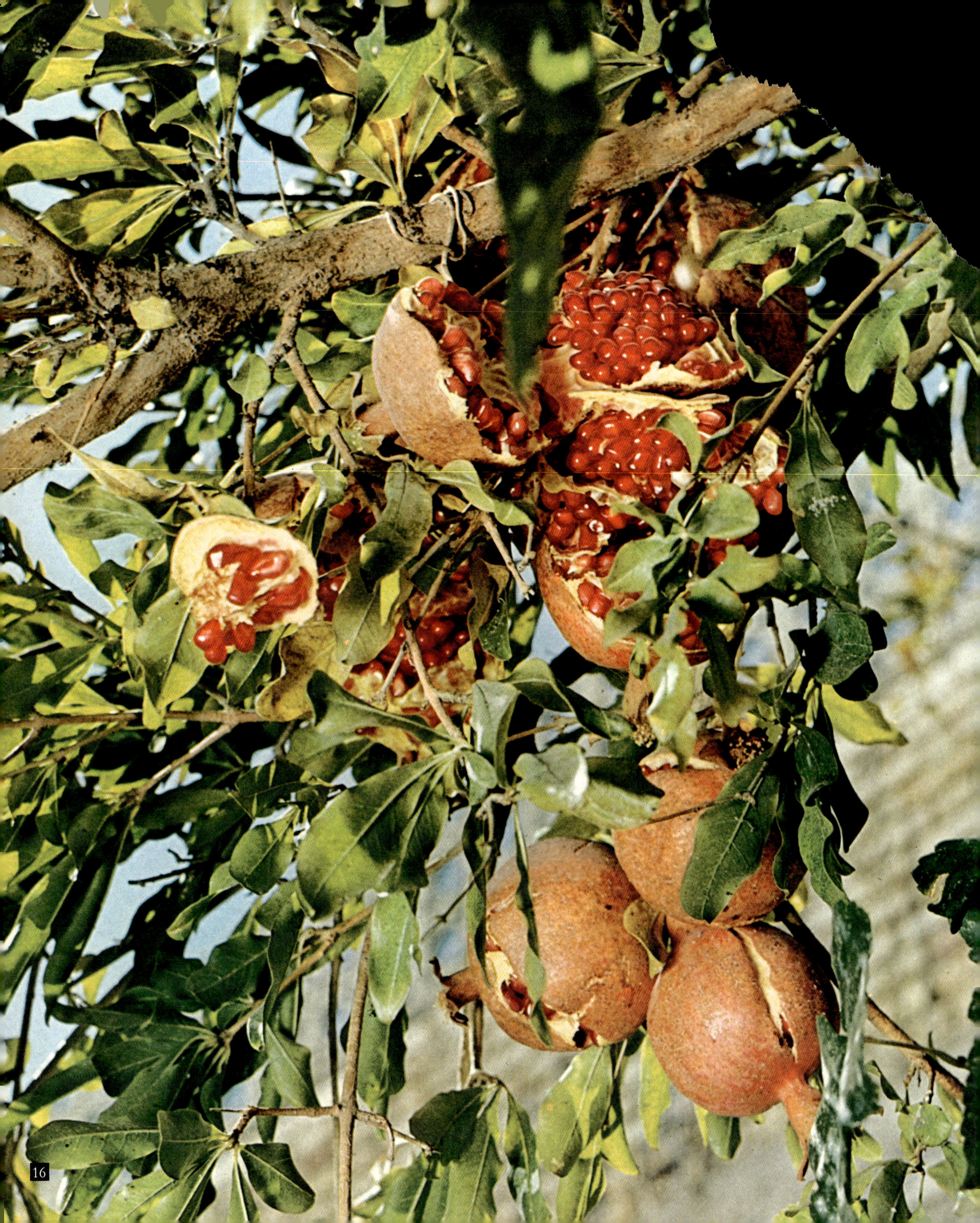

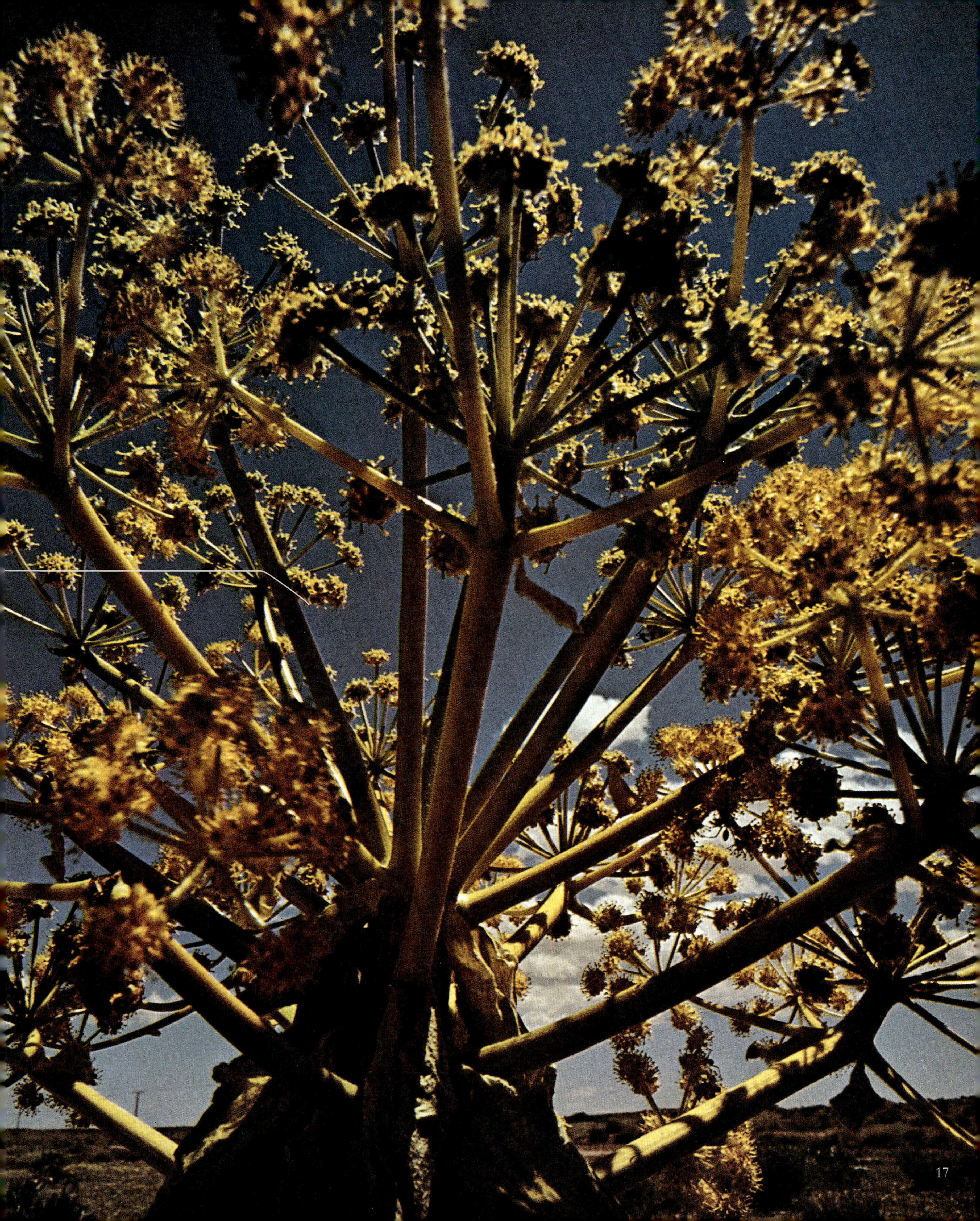

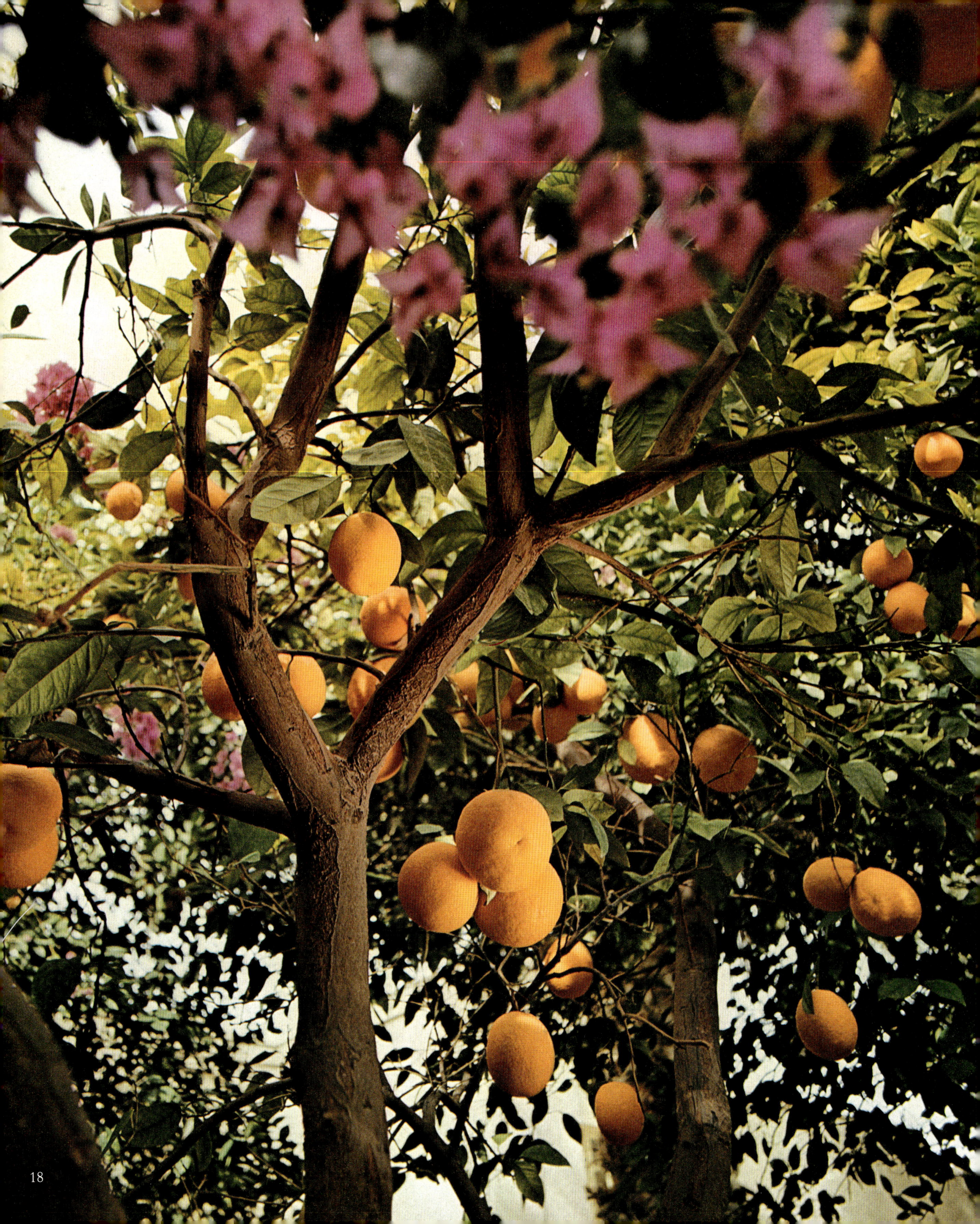

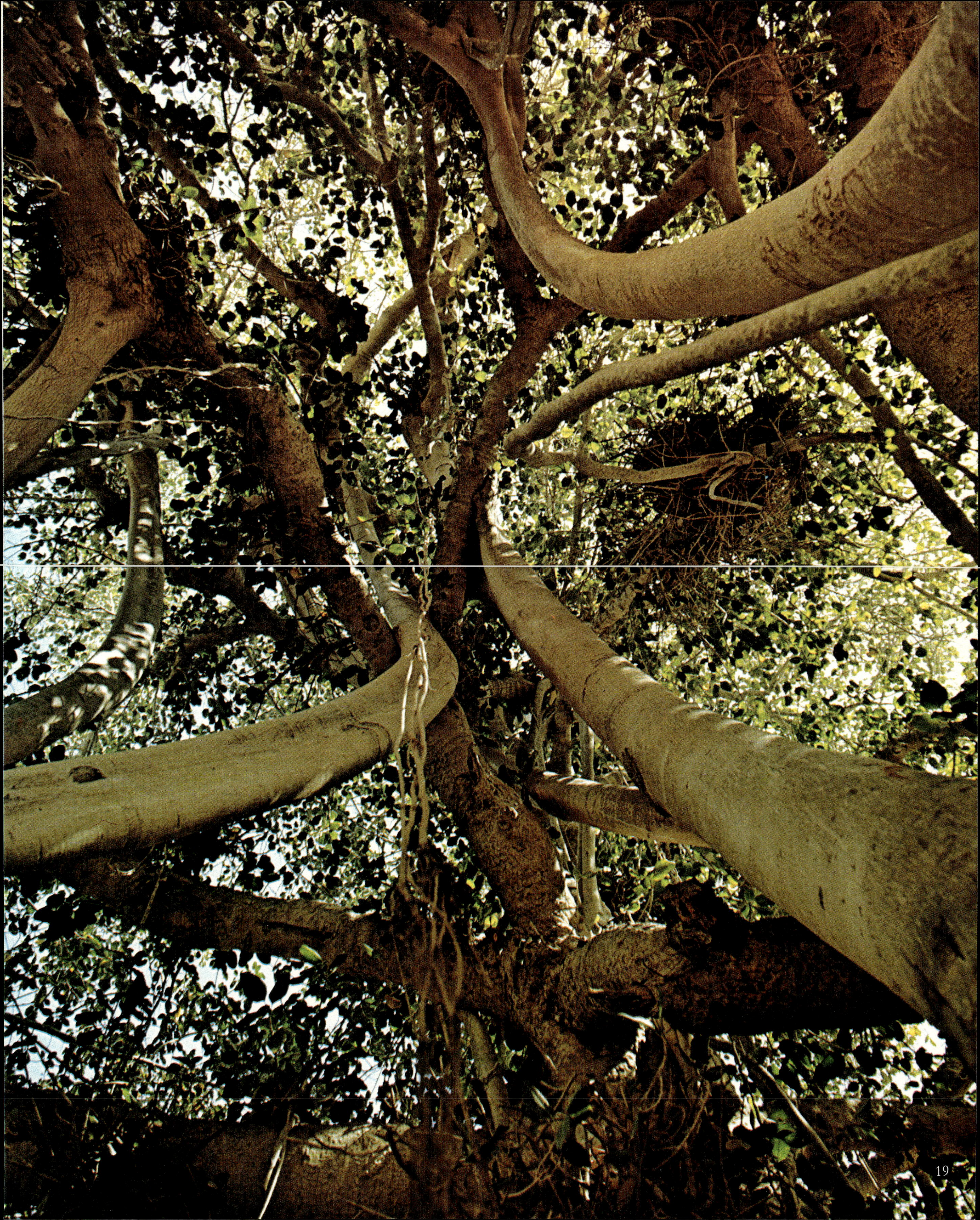

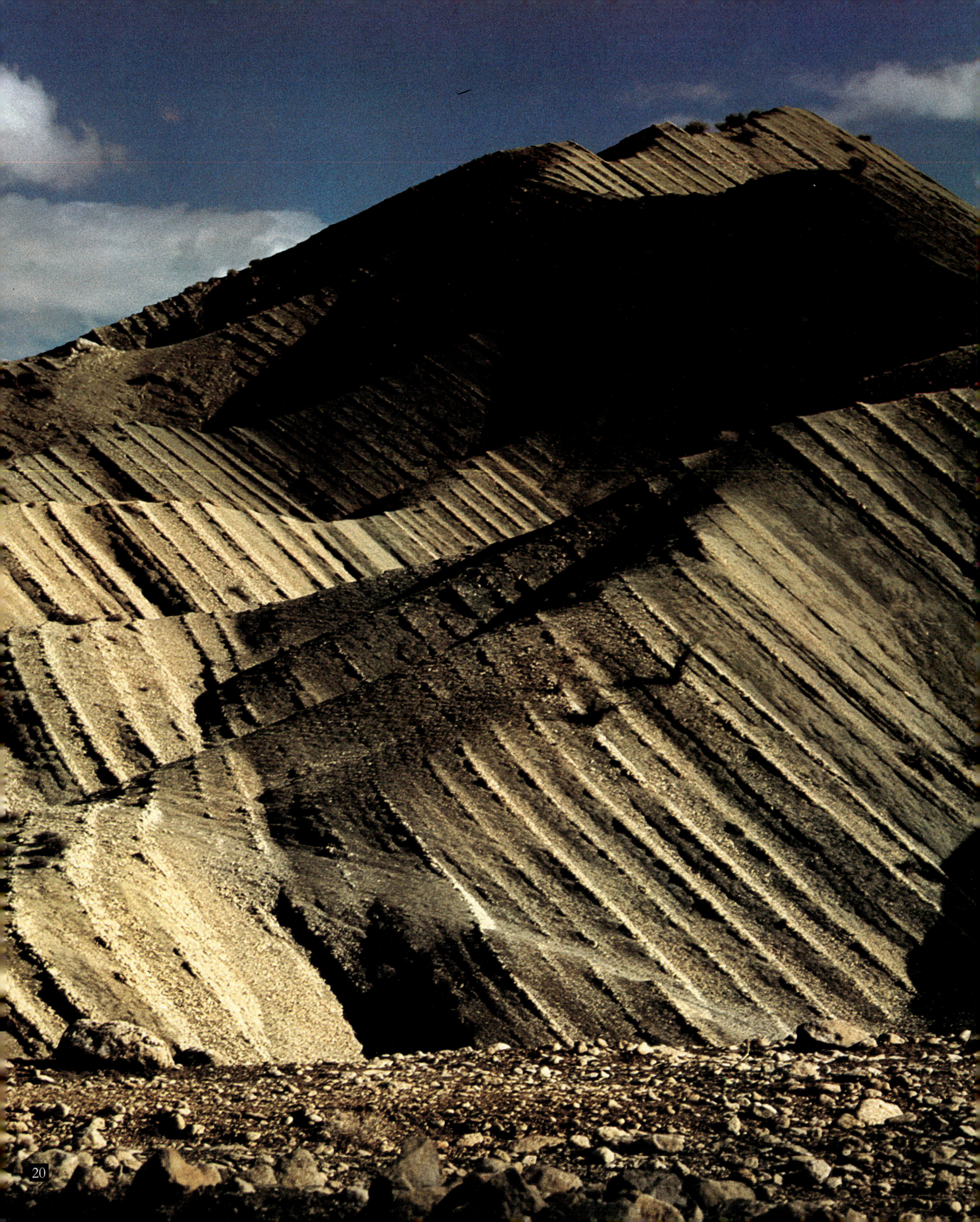

Der Südwesten

50 100 km

Länder/Regionen: IRAK, KUWAIT, SAUDI-ARABIEN, QATAR, CHUZESTÂN, ESFAHÂN, SCHAHR-E KORD, JAZD, FÂRS, BUSCHEHR

Orte und geografische Bezeichnungen:
- Mohammad-Rezâ Schâh-Damm
- Dez R.
- Rud-e Dez
- Deztul
- Schûsch
- Haft Tappe
- Schâhâbâd
- Tschogha Zanbil
- Schûschtar
- Rud-e Karun
- Ahwâz
- Chorramschahr
- Abadân
- Murtschechort
- Pir-e Bakran
- Mahjâr
- Zâjendehrud
- Nâ'in
- Mohammadijje
- Schâhrezâ
- Zagrosgebirge
- Abarqu
- Jâsudsch
- Naqsch-e Radschab
- Pazârgâd
- Naqsch-e Rostam
- Persepolis
- Schirâz
- Chark
- Borazdschân
- Buschehr
- Firuzâbâd
- Fasâ
- Dârâb
- Sirâf
- Persischer Golf
- Kîsch
- Bandar-e Kong
- Bandar-e Lenge

63

Der Nordwesten

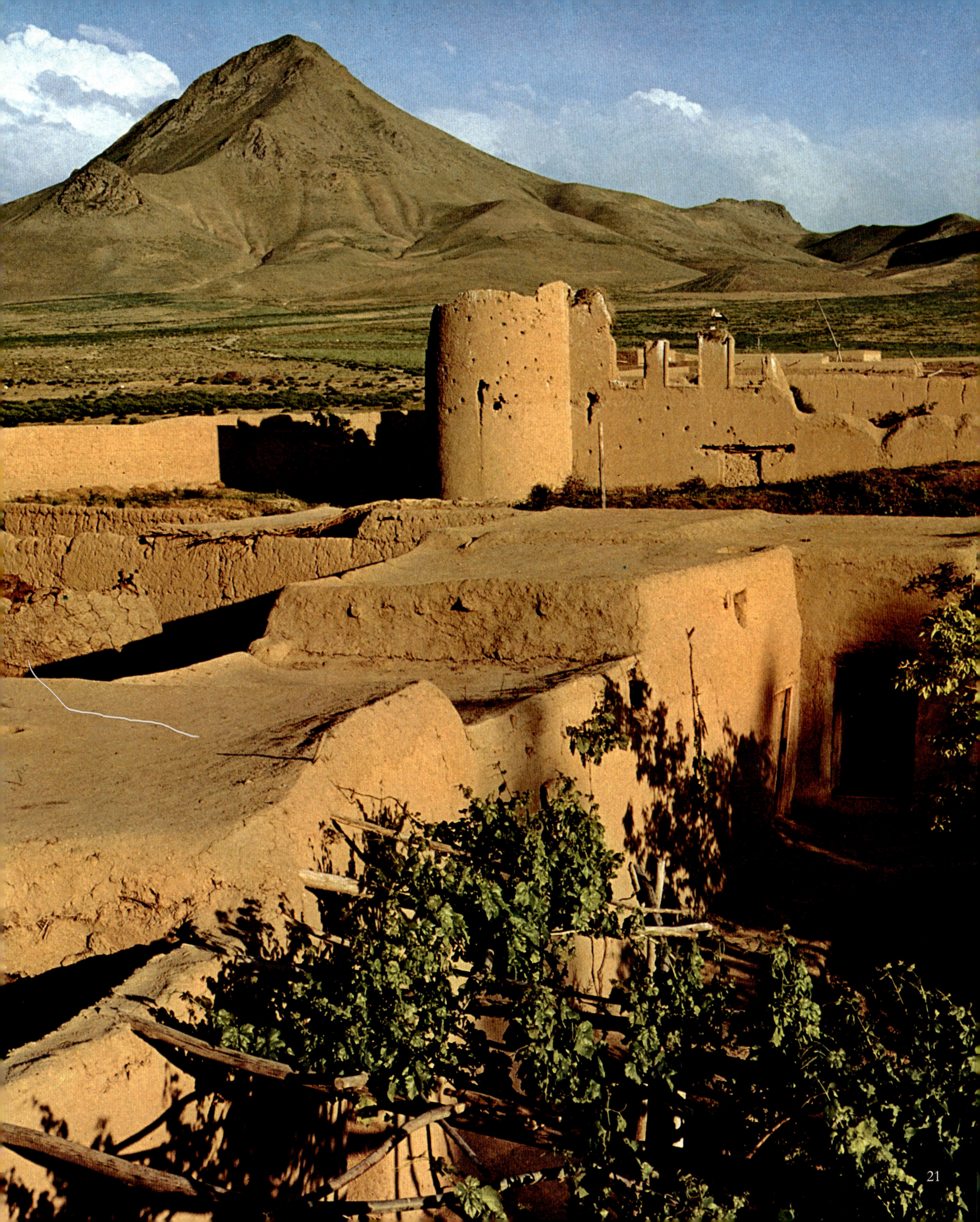

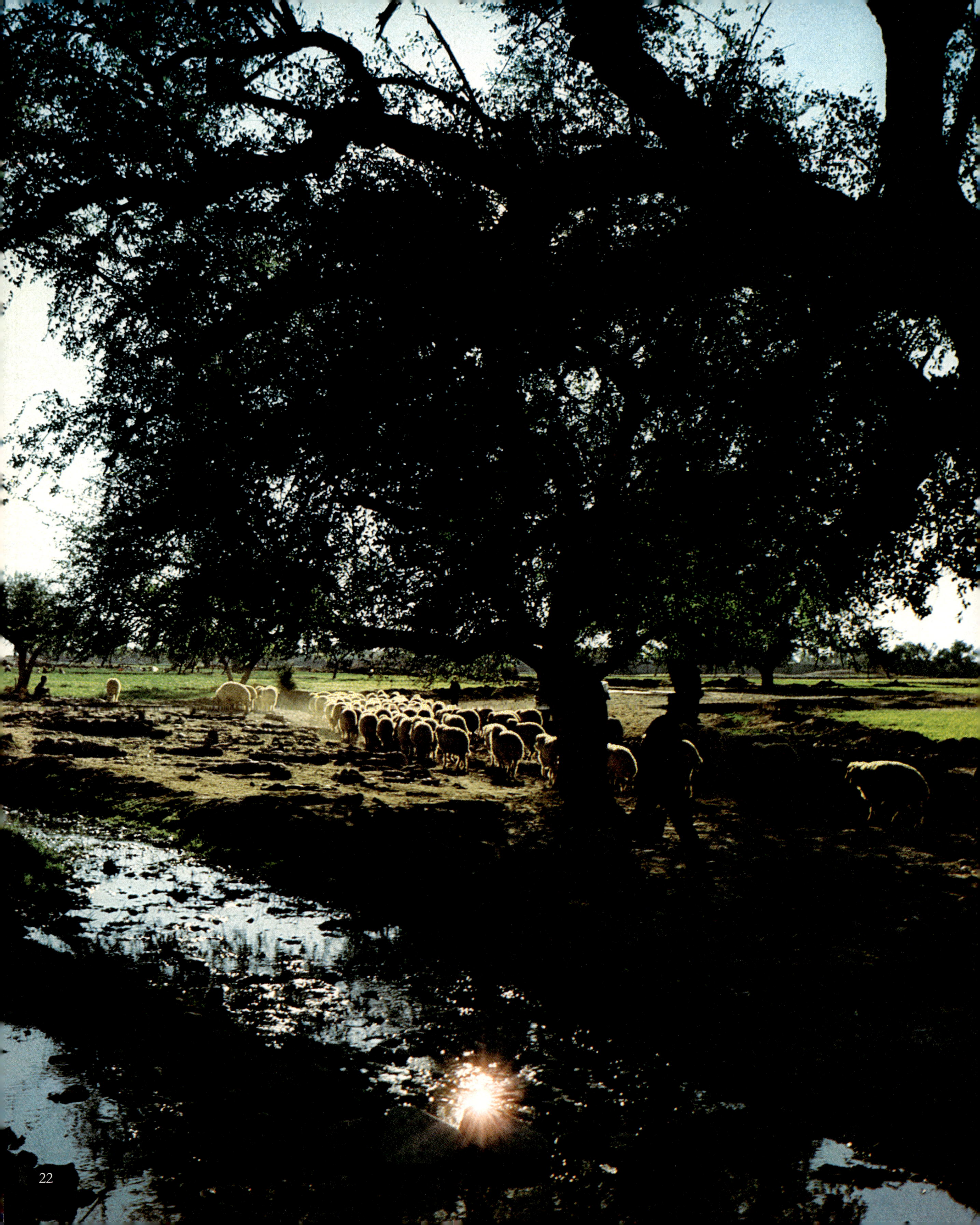

Früh im ersten Morgendämmer,
                wenn sich gleichen Tag und Nacht,
Schön ist dann der Saum der Steppe
                in der Frühlingsblütenpracht!
Sufi, tritt aus deiner Zelle
                in die Blumenau hinaus!
Schlag ein Zelt auf, jetzt ist Zeit nicht,
                tatenlos zu ruhn im Haus!
Nachtigallen, Rosenzeit ist's:
                schluchzet nun mit süßem Schall!
Schluchz auch du, nicht minder trunken,
                Kluger, als die Nachtigall!
Herr der Herzen, auf Dich deutet
                das Erschaffne nah und fern.
Herzlos ist, wer nicht bereit ist,
                zu erkennen diesen Herrn!

Sa'di (13. Jahrhundert)

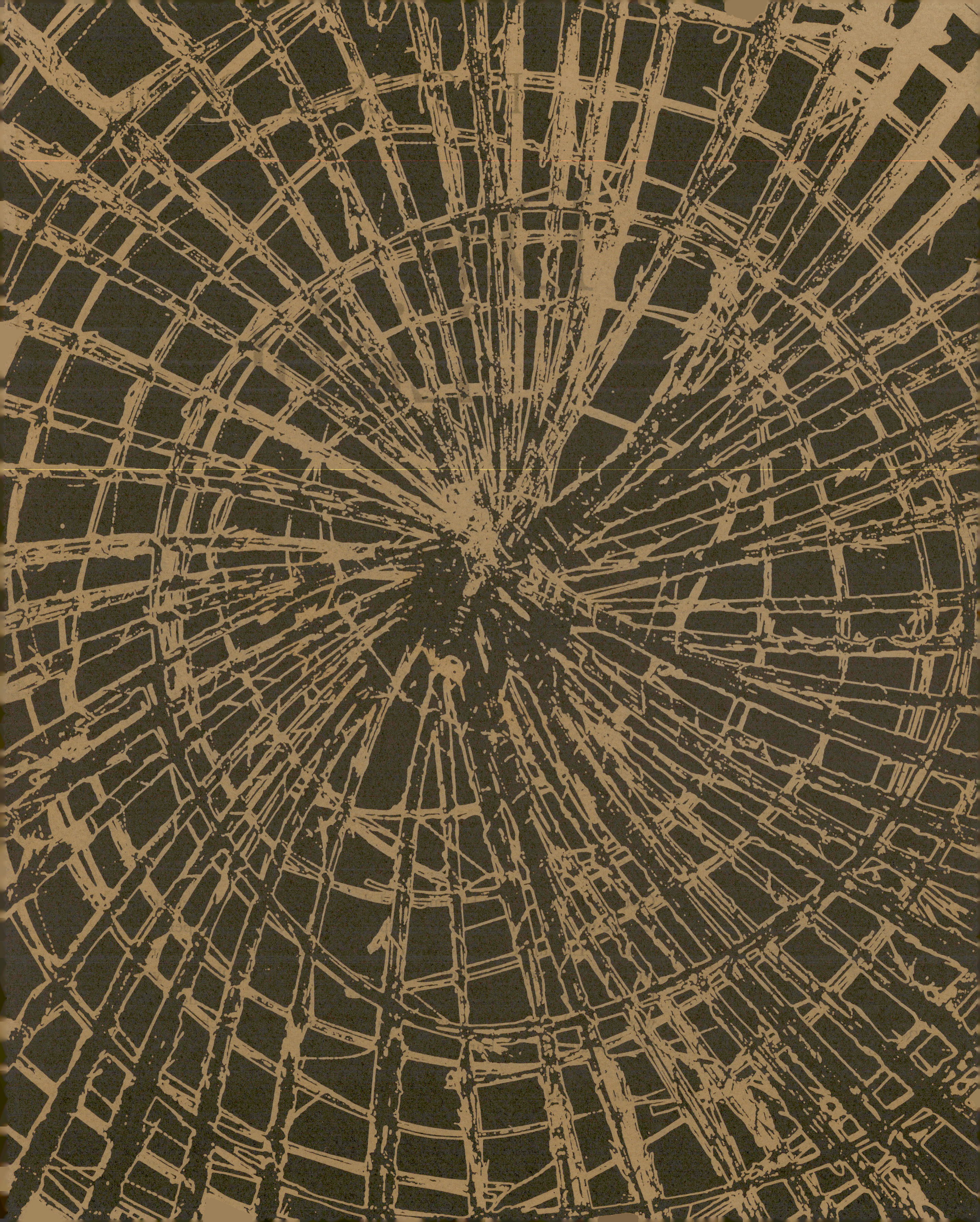

ERSTES KAPITEL:
Das Licht

نور

◁ *Die Kuppelkonstruktion eines im Bau befindlichen Bauernhauses in Pischin (↑ Abb. 34).*

Gott ist das Licht der Himmel und der Erde. Sein Licht gleicht einer Lampe in einer Nische, einer Lampe aus Glas, Glas gleich perligen Sternen. Entzündet wird sie von einem gesegneten Ölbaum, der weder östlich noch westlich; fast leuchtet schon sein Öl, ohne von Feuer berührt zu sein. Licht über Licht! Gott leitet zu Seinem Lichte, wen Er will. Und Gott schafft Gleichnisse für die Menschen; und Gott ist aller Dinge kundig.

Koran, Sure 24, 35

ABBILDUNGEN 23 BIS 63

Ausführliche Anmerkungen zu diesen Abbildungen auf den Seiten 335 bis 338

23 Zu Ehren des Geburtstags von Schâh Rezâ Pahlavî mit Kreppapierstreifen geschmückte Kuppel im Basar von Esfahân.

24, Der Natur abgelauscht – rechts der mit
25 Spiegeln besetzte Innenraum des Grabmals von Schâh Tscherâgh, dem «König des Lichts», in Schirâz.

26 Im Museum von Qazwin, einem einstigen safawidischen Palast, malen Sonne und bunte Glasfenster die Ausstellungsräume neu.

27 Perserteppiche spiegeln die Pracht der Decke in der Gebetshalle der Nasîr-al-Molk-Moschee in Schirâz.

28 Das Hosseinijje Amînî in Qazwin besitzt wunderschöne durchbrochene Fenster aus Holz.

29 Die letzten Strahlen der untergehenden Sonne lassen die mit Fayencekacheln verzierte Kuppel der Scheich-Lotfollâh-Moschee in Esfahân erglänzen.

30 Brunnenkammer einer verlassenen Karawanserei.

31 Ein mit Fayencekacheln belegtes Stalaktitengewölbe erhebt sich über einem zentralen Raum des Basars von Kâschân.

32 Ein Handwerker bei Restaurationsarbeiten in der Blauen Moschee von Tabriz.

33 Beim Sonnenuntergang überqueren Dorfbewohner den Sefid Rud in der Nähe von Rascht.

34 Licht und Schatten weben ihr Muster in einem Haus in Balutschestân, dessen Dach noch gedeckt werden muß.

35 Das silberne Band einer Landstraße verschwindet in den Bergen südlich von Esfahân.

36, Details der schön gearbeiteten Decken
37 des Basars in Qom.

38 Photomontage zweier safawidischer Paläste in Esfahân, des Hascht Behescht und des Alî Qâpû.

39 Eingangstor zur safawidischen Karawanserei von Mahjâr.

40 Das in Ruinen stehende Eishaus der mittelalterlichen Stadt Bâm von innen gesehen.

41 Die kassettierte Decke des Schâh-Ne'matallâh-Walî-Grabraumes in Mahân.

42 Kamelhöcker, Lehmkuppeln und der Kegel des Damâwand an einem Wintertag.

43 Silhouette von Störchen vor einem stürmischen Himmel.

44 Indische Matrosen prüfen die Takelage vor der Heimfahrt nach Bombay.

45 Drei Männer an der Küste von Hormoz.

46 Lehmziegelfabrikation in Mahjâr.

47 Stehende Schilfmatten in einem Dorf des Sistân.

48 Backsteinkuppel des Grabmals von Arslân Dschazib in Sangbast.

49 Die eigenartig strukturierte Steilwand der Dez-Schlucht in Chuzestân.

50 Detail einer Wand der Maulânâ-Moschee in Tâjebâd.

51 Zarte Fayencemuster zieren das Eingangsportal der Blauen Moschee in Tabriz.

52 Das «Allâh-Haus» in Ardabîl glüht in einem warmen Rot.

Spiel mit Licht und Strukturen in der Natur und in den von Menschenhand gefertigten Kunstwerken (53–60):

53 Seemöwen an der Küste bei Tschâh Bâhâr.

54 Spiegelarbeit im Nârendschestân-Palast in Schirâz.

55 Schmuck in einem Basarladen von Tabriz.

56 Mit Fayencekacheln eingelegtes Stalaktitengewölbe des sufitischen Chânaqâh in Natanz.

57 Sand mit auskristallisiertem Salz in der Dascht-e Lut.

58 Schlickbank im Sistân.

59 Angeschwemmte Muscheln an der Küste der Insel Kîsch.

60 Handgeschmiedete Nägel, Bandar-e Kong.

61 Felsstruktur in einer Schlucht im Balutschestân.

62 Wind, Sand und Wasser haben die Kalligraphie-Reliefs dieser Gebetsnische abgeschliffen.

63 Stränge gefärbter Wolle hängen zum Trocknen auf den Dächern des Gemüsebasars in Esfahân.

Kind von Licht und Farbe

اعیان همه شیشه های گوناگون بود

کافتاد در آن پرتو خورشید وجود

هر شیشه که بود زرد یا سُرخ و کبود

خورشید در آن هم بهمان رنگ نمود

Die Individuen sind lauter bunte Gläser,
    in die das Licht der Sonne fällt des Seins.
Und wie des Glases Ton – gelb, rot, azuren –
    vielfarbig scheint das Licht, und ist doch Eins.

Dschâmî (15. Jahrhundert)

AUSKLAPPEN

23

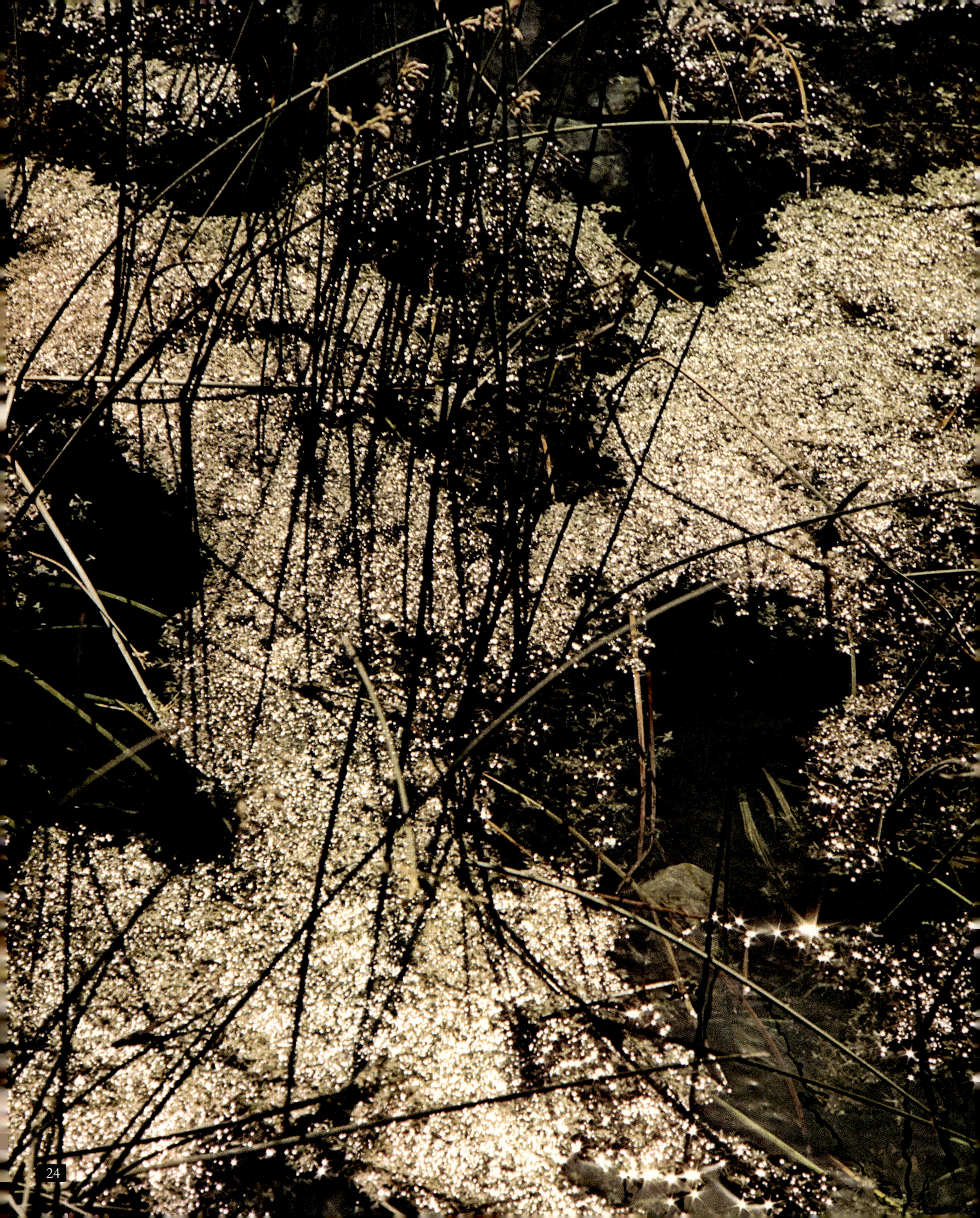

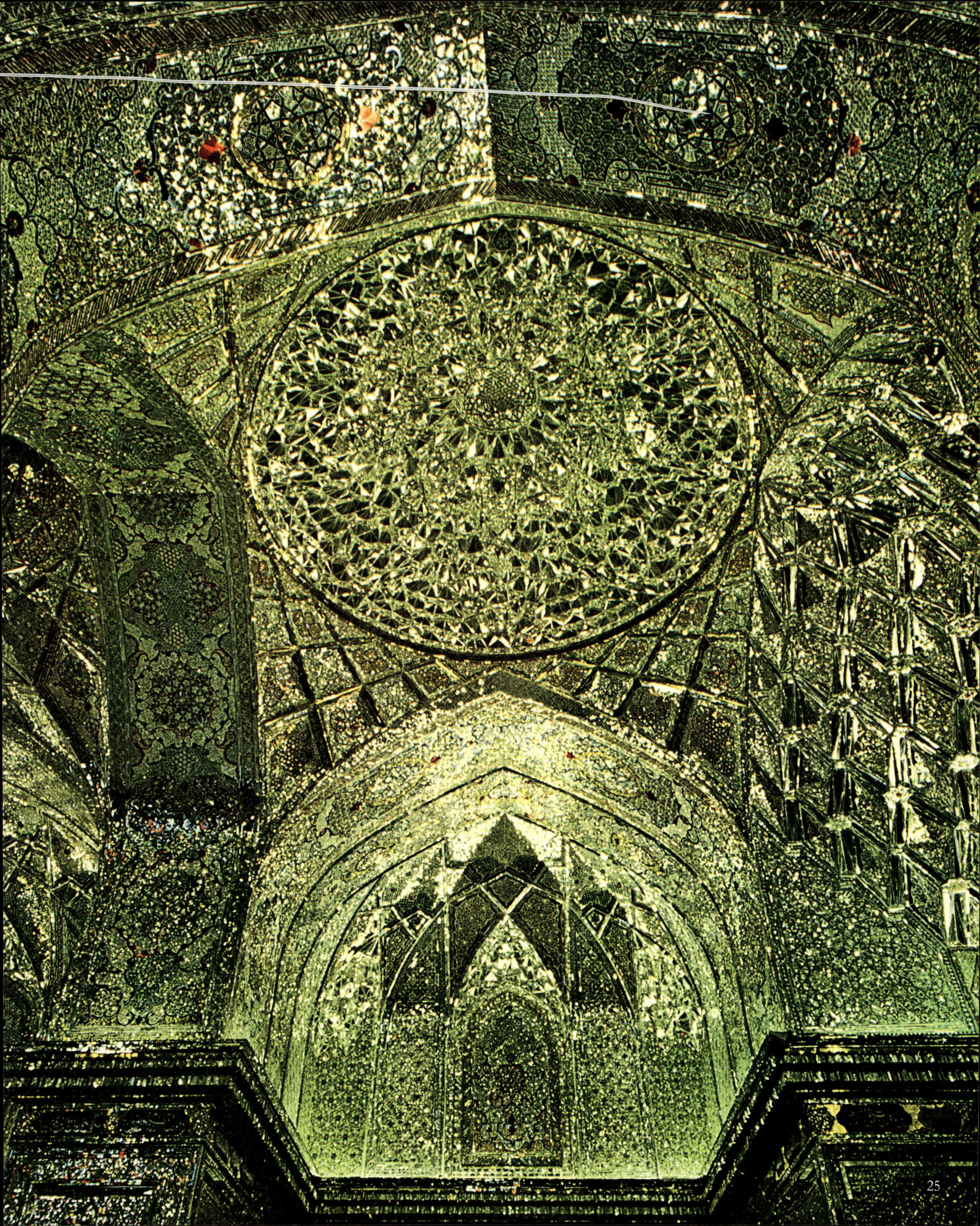

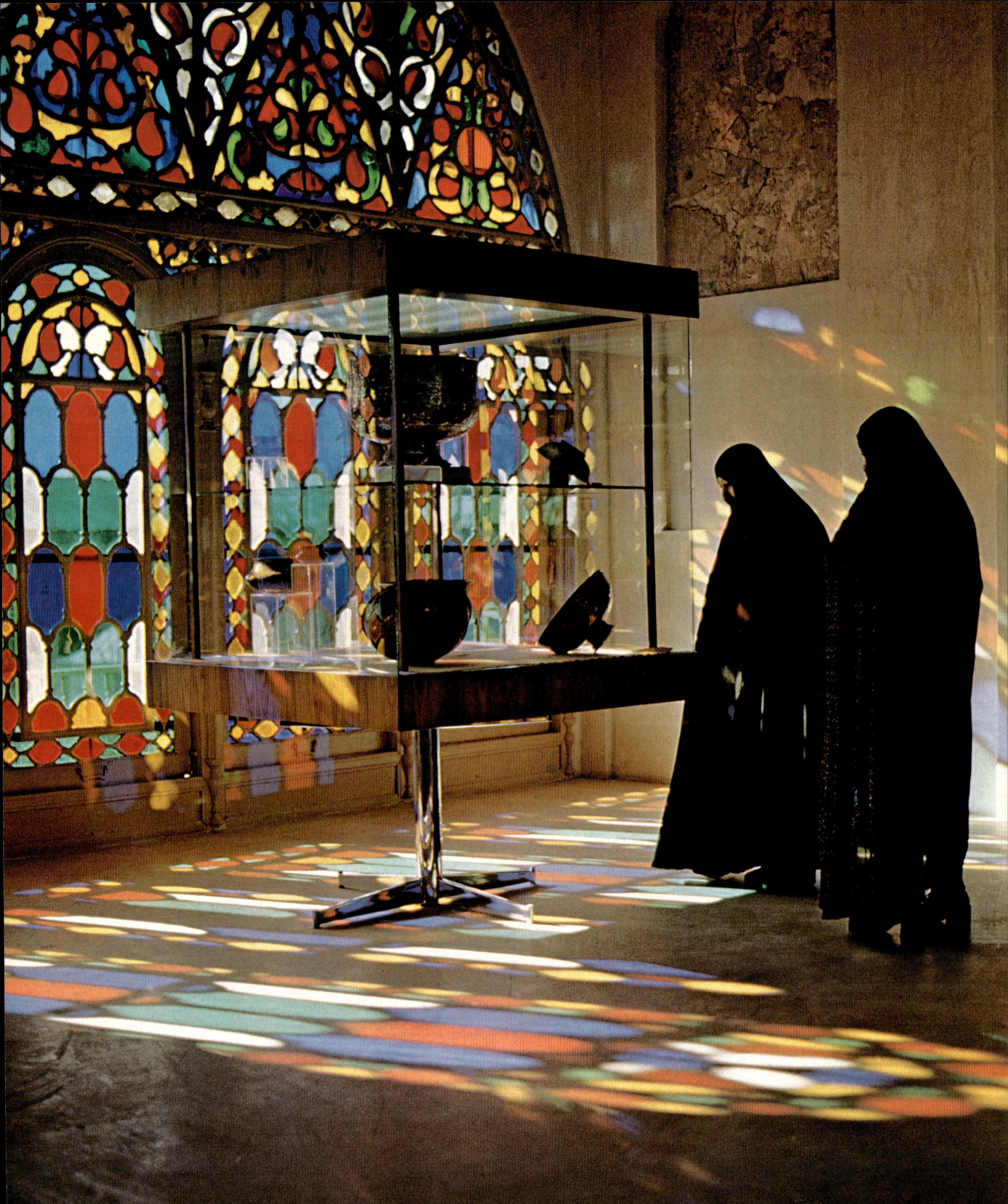

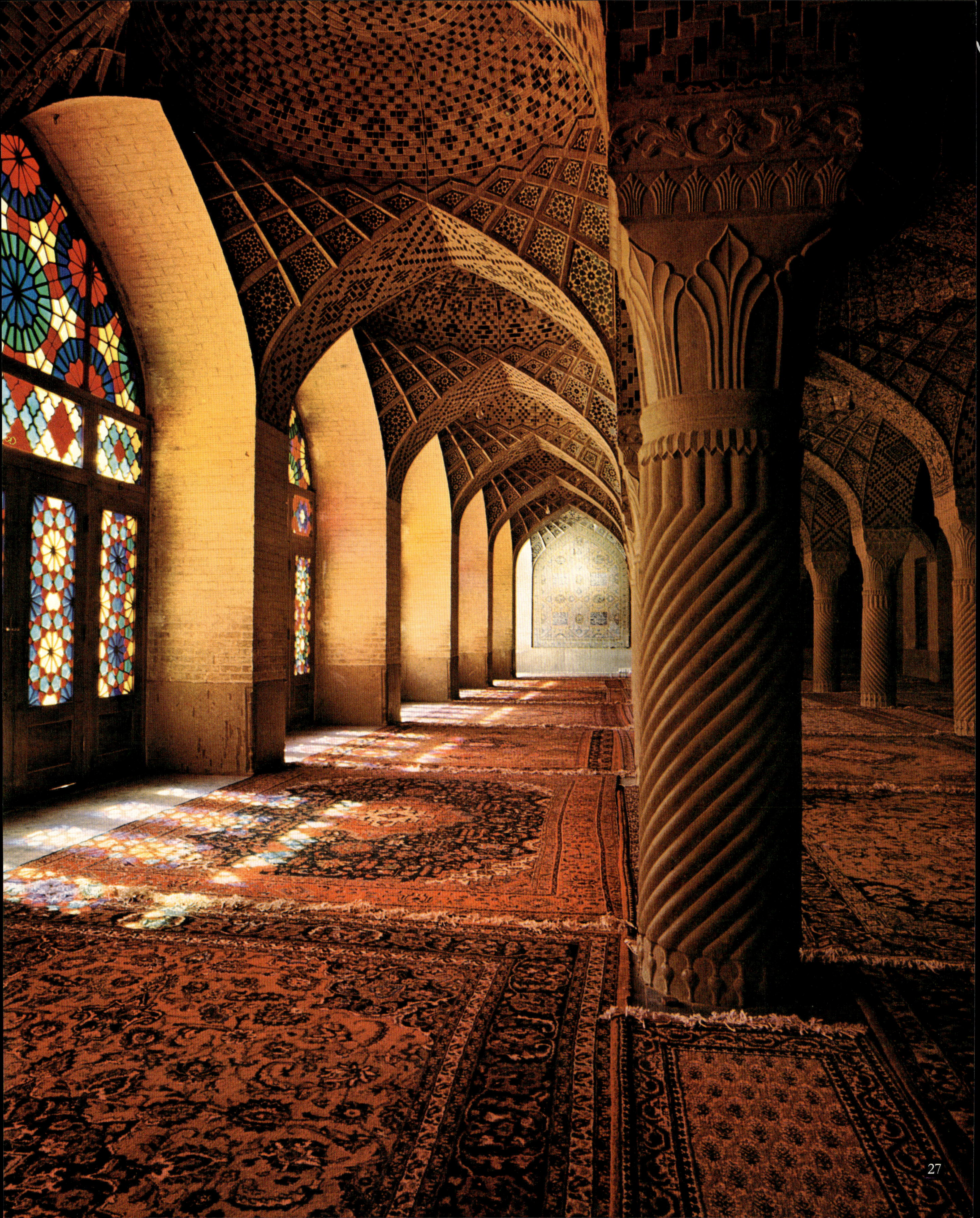

28

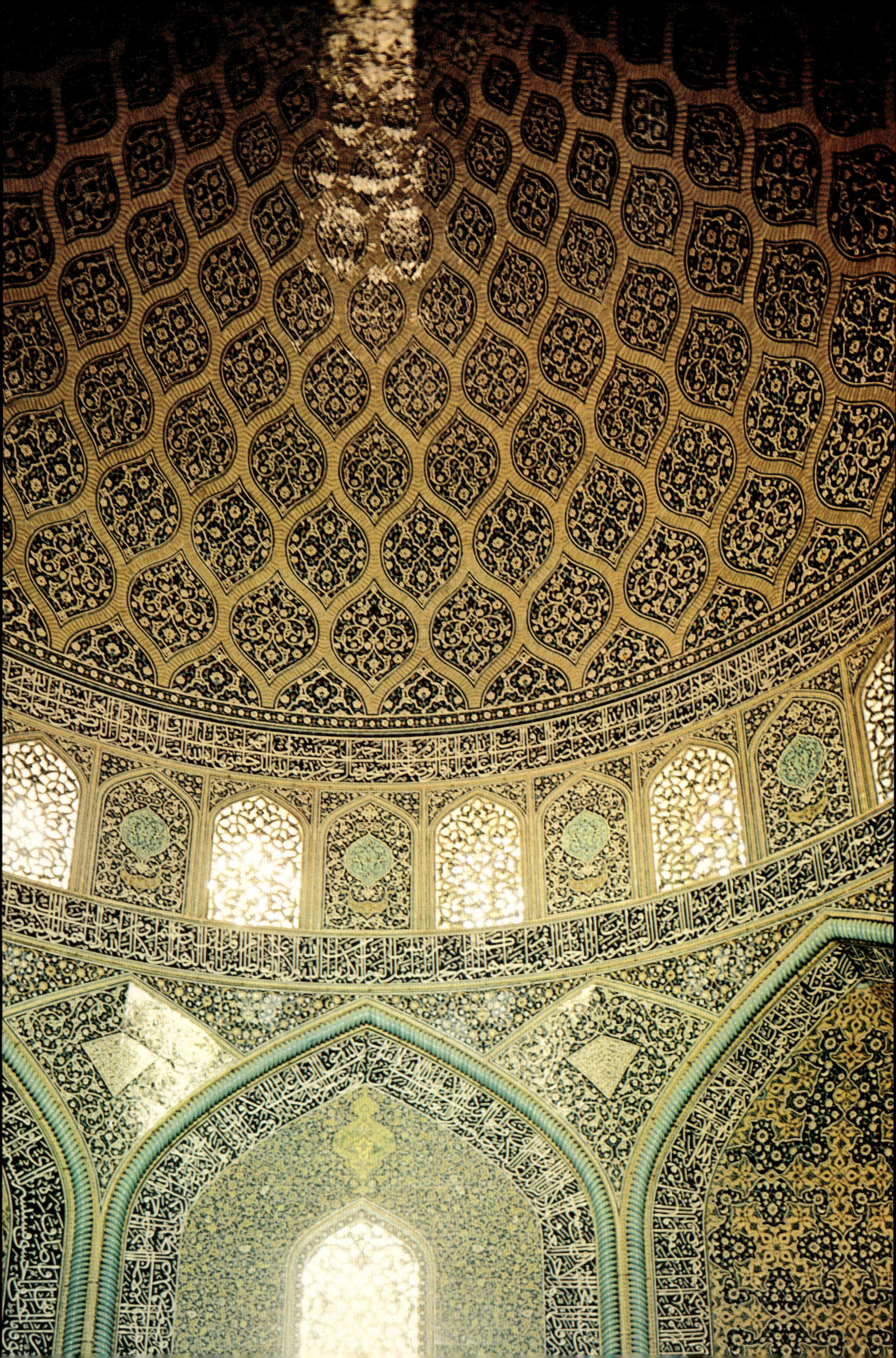

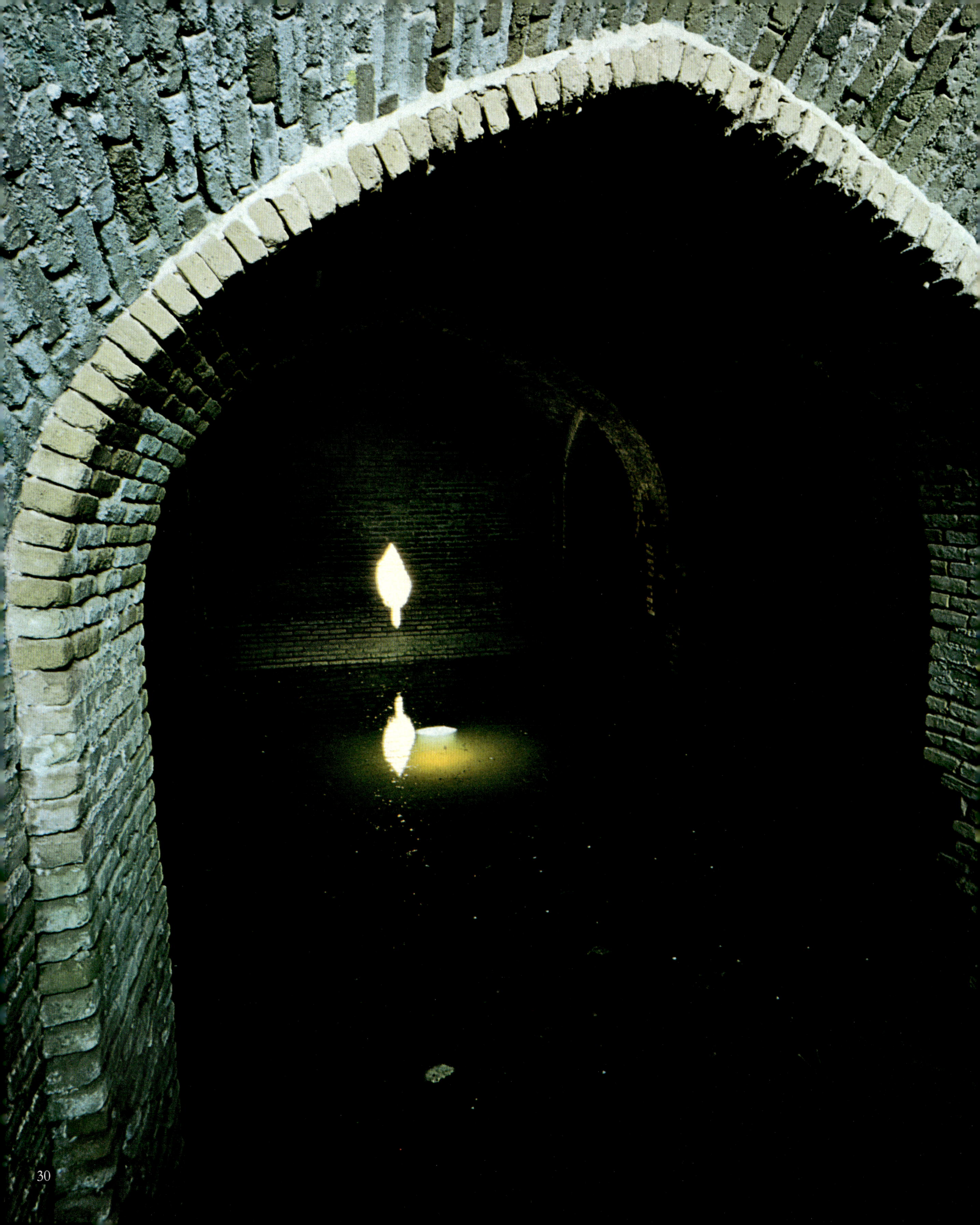

31

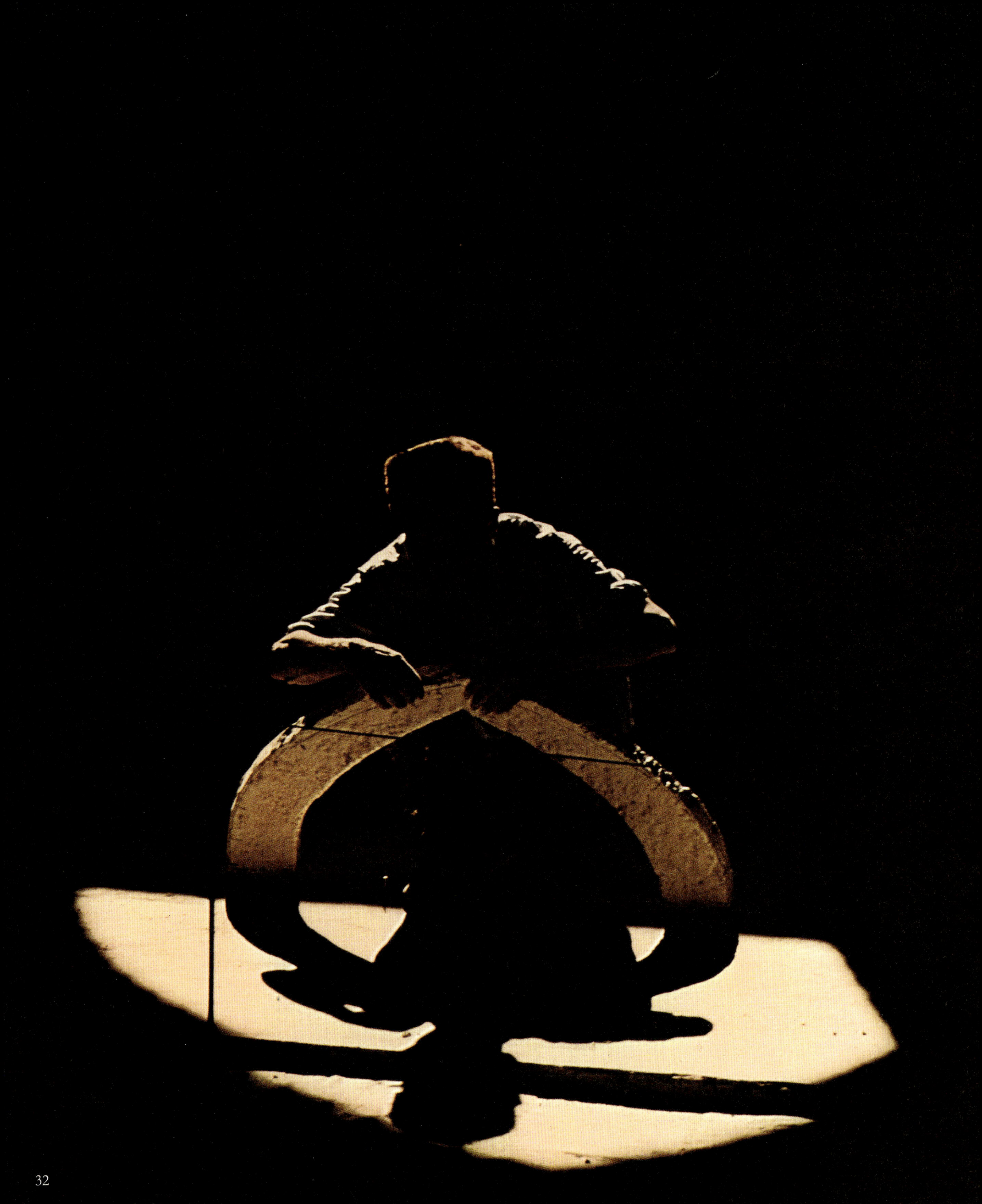

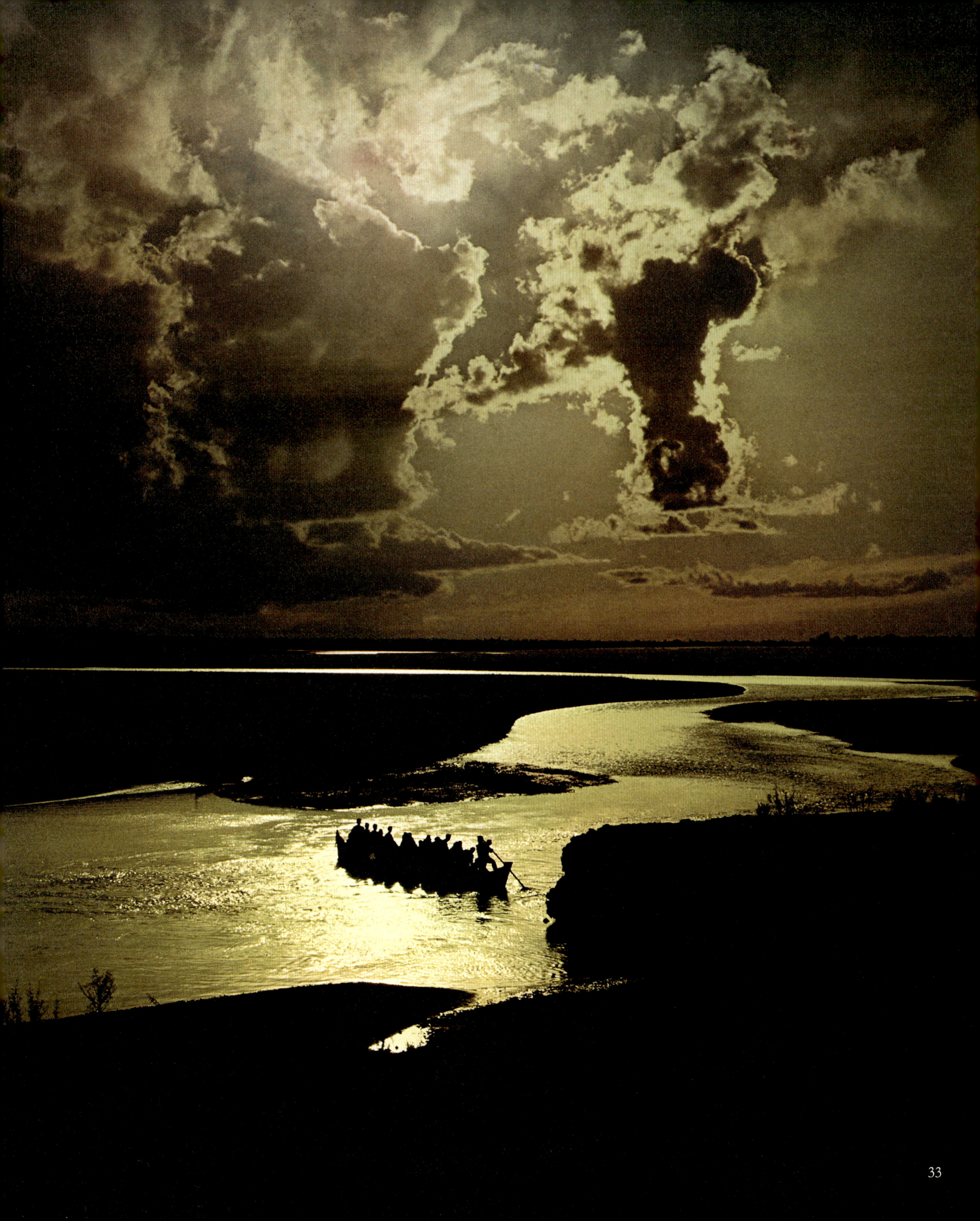

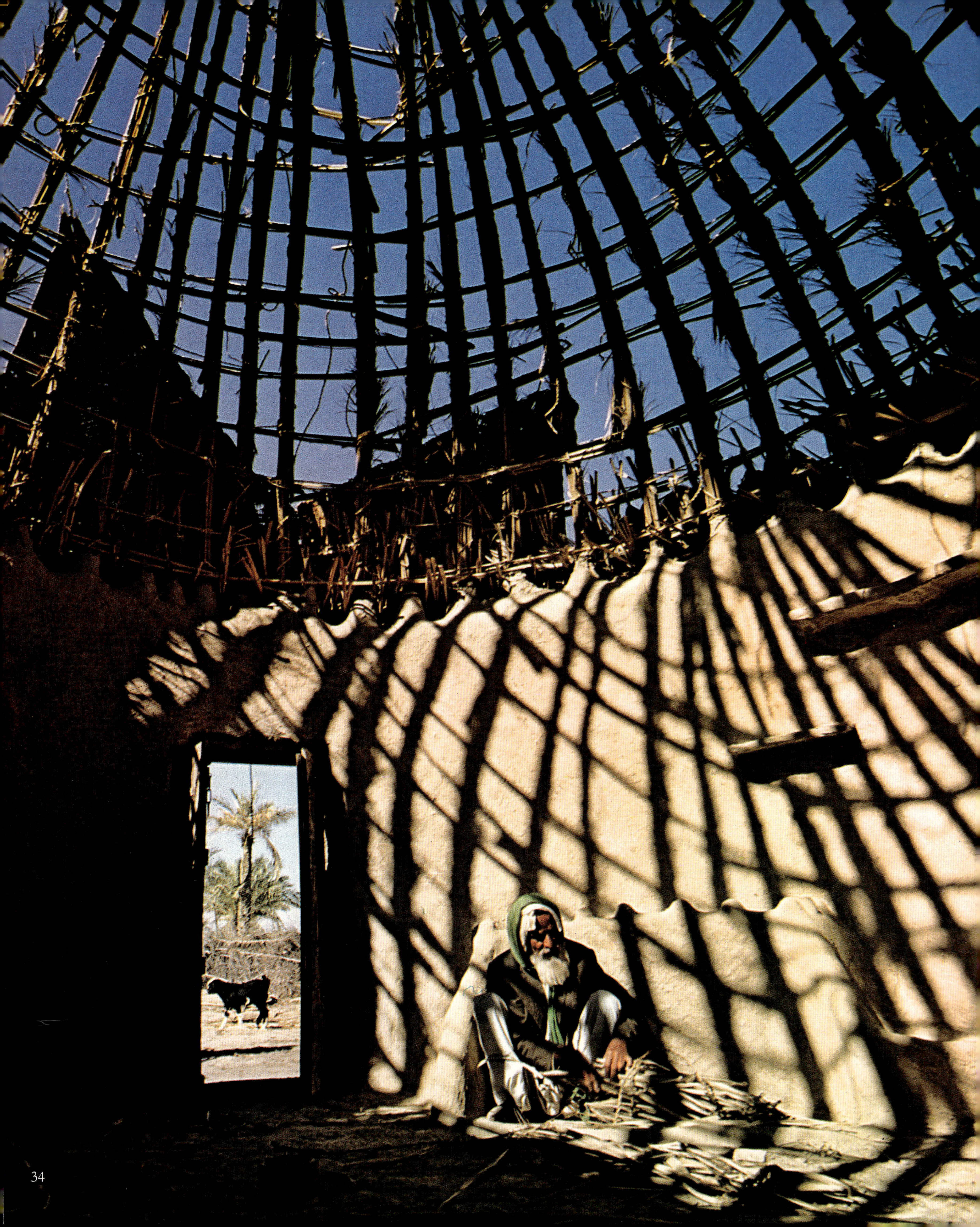

Wie von der Sonne ist getrennt
　　　　　　　　und nicht getrennt das Licht,
So ist die Welt voll Gottes Glanz,
　　　　　　　　Gott aber ist sie nicht.
Wir sind ein Strahl der Wesenheit,
　　　　　　　　sind Er und doch nicht Er,
Wie von der Sonne ist getrennt
　　　　　　　　und nicht getrennt das Licht.
Wohin du blickst, erscheinen dir
　　　　　　　　die Zeugen Seines Seins.
Wer nach Ihm fragt, der frage nie:
　　　　　　　　Wo ist Er und wo nicht?

Ebrat-e Nâ'înî (20. Jahrhundert)

Licht und Raum

نوری است که آن نور به آن نور توان دید

هر دیده که آن دید یقین دان که چنان دید

Es ist ein Licht in deinem Aug,
    mit dem siehst du das Licht.
Das innre faßt das äußre Licht.
    Dies glaub und zweifle nicht!

Schâh Ne'matallâh Walî (15. Jahrhundert)

با مه نو زهره تابان شد ز چرخ چنبری   چون نگین دانی جدا از حلقه انگشتری

راست چون بنیلوفرشگفته بر سطح غدیر   سر زدند انجم ز سطح گنبد نیلوفری

گفتی از بنگه برون جستند رب النوعها   با کمرهای مرصع، با قباهای زری

آسمان تا بنگری ملکست و آفاقت و نفس   حیف باشد گر برین آفاق و نفس ننگری

Die Venus bei des Neumonds Sichel
    am kreisenden Gerüste hing,
Wie manchmal eine schöne Perle
    getrennt liegt neben ihrem Ring.
Wie auf des Weihers Oberfläche
    die Wasserlilien erblühn,
So funkelten hervor Gestirne
    am dunkelblauen Baldachin,
Als tauchten die Ideenhüter
    aus jenem Grund, der sie verbirgt,
Mit edelsteinbesetzten Gürteln,
    gehüllt in Mäntel golddurchwirkt.
So weit du blicken kannst, der Himmel
    ist Gottesreich und Seelenland.
O arm, wer solchen Horizonten
    der Seelenwelt sich abgewandt!

Bahâr (20. Jahrhundert)

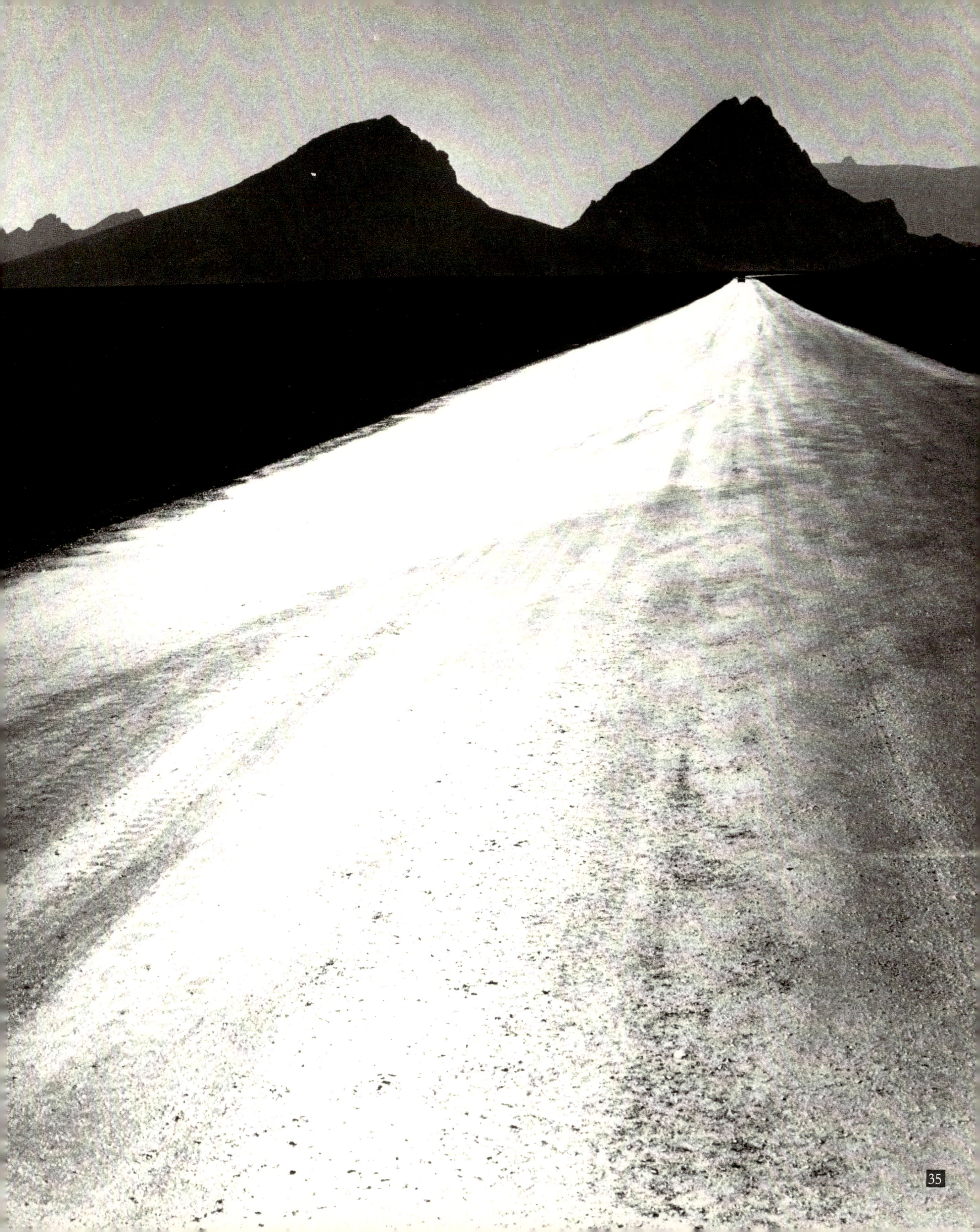

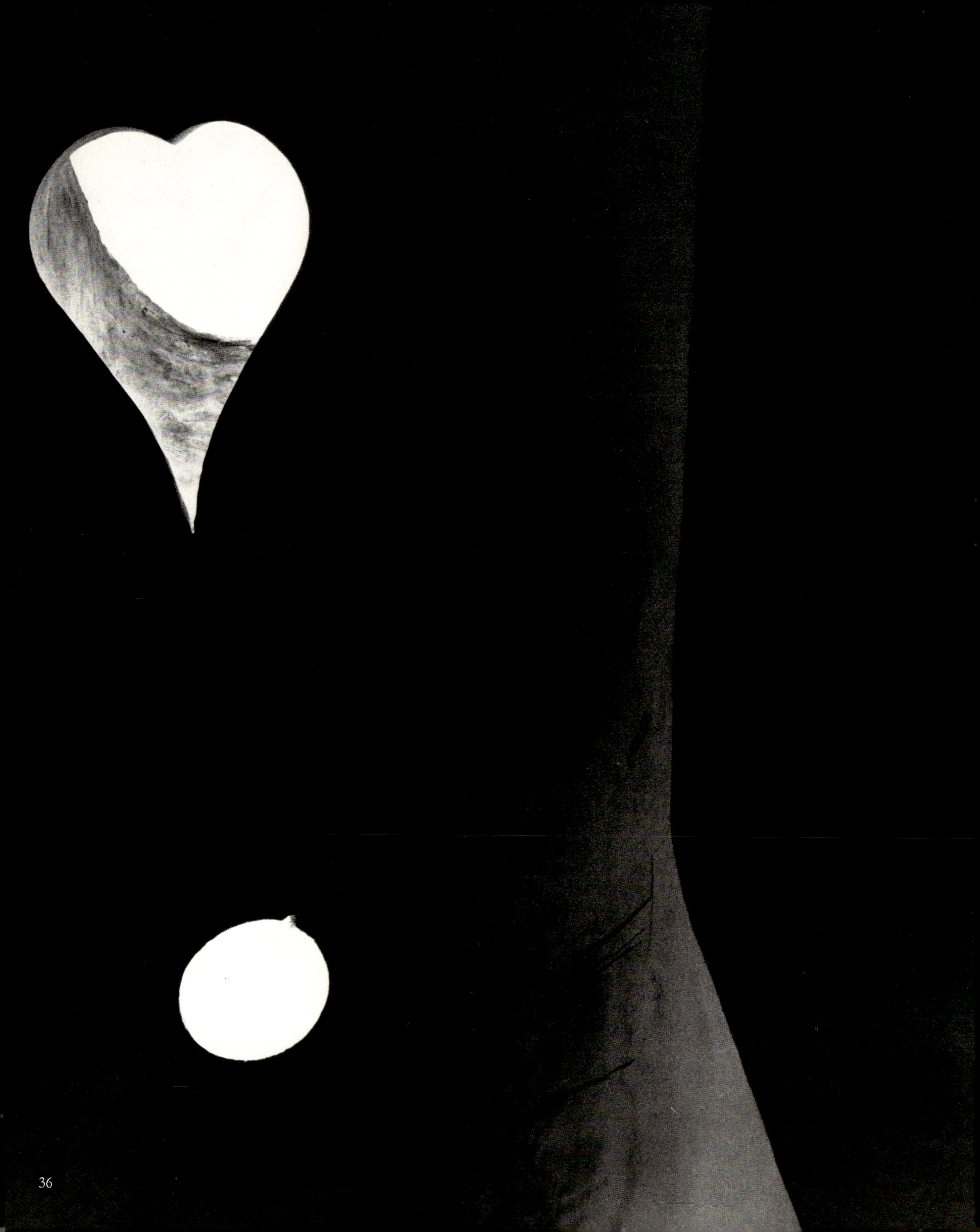

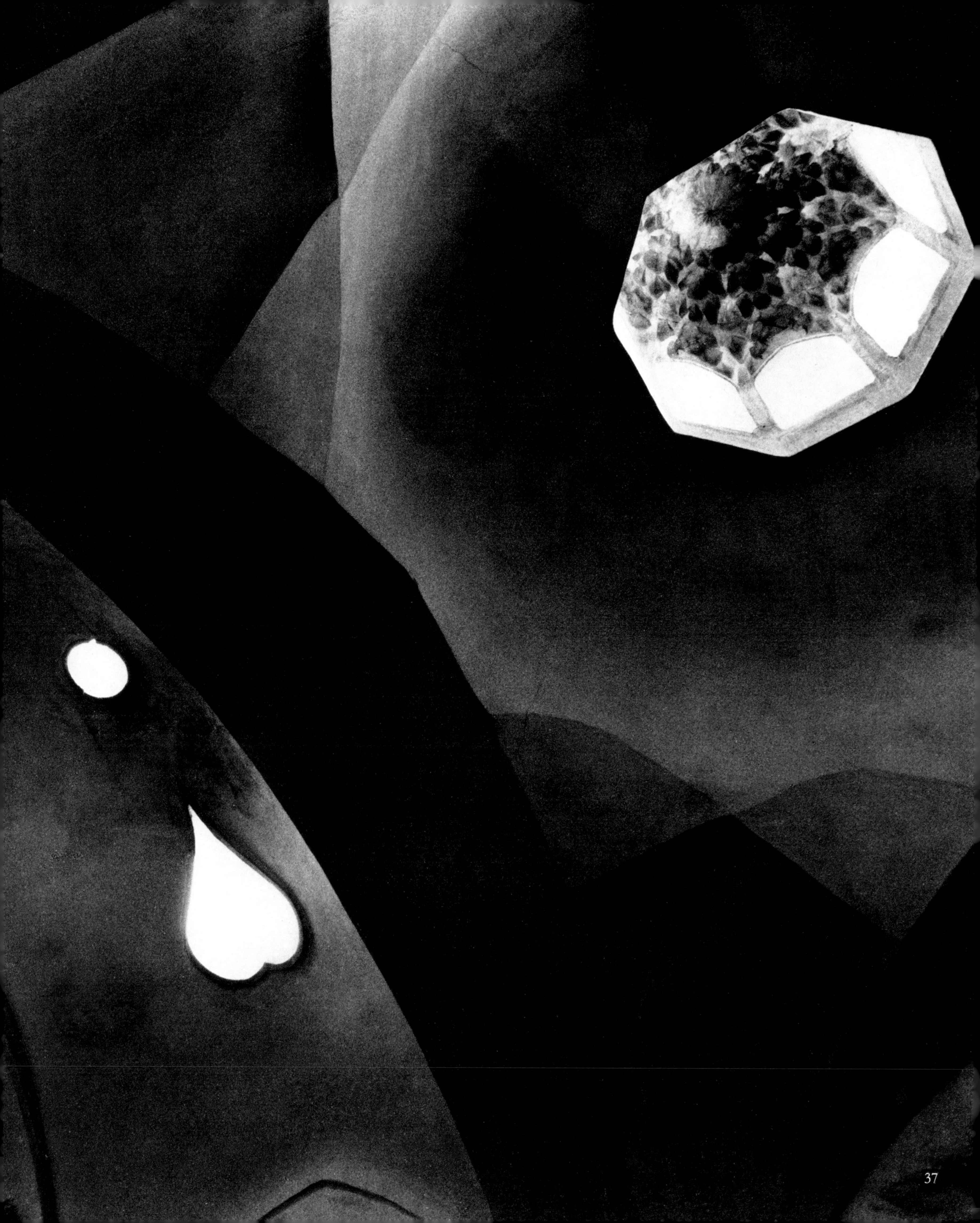

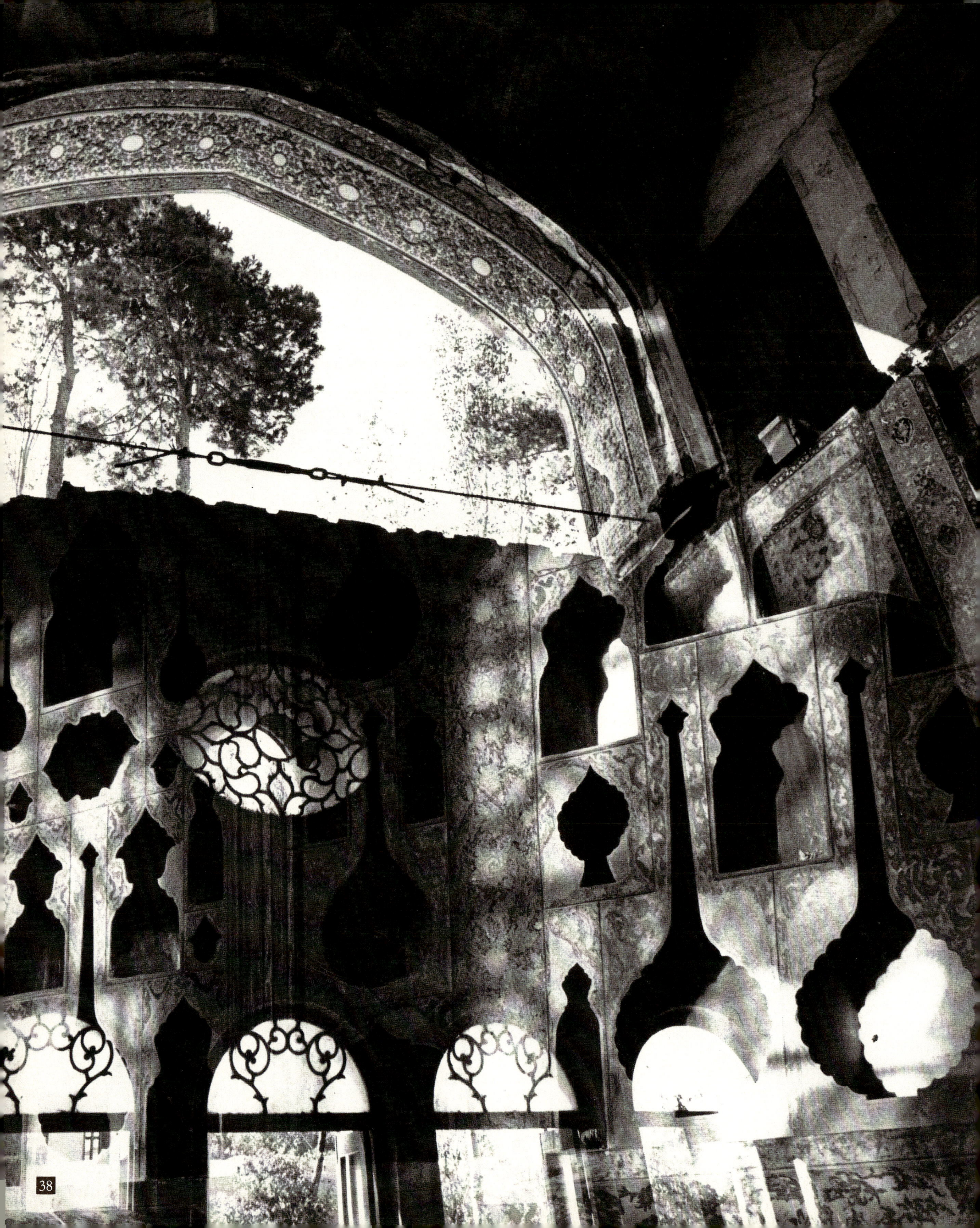

Ich muß gestehen, wenn man dieses eigens für die
Freuden der Liebe errichtete Gebäude durchwandert,
von Kabinett zu Kabinett, von Kammer zu Kammer
streifend, erwachen in einem so zarte Gefühle, daß,
frei herausgesagt, man immer höchst ungern davon
Abschied nimmt.

J. Chardin (17. Jahrhundert)

Die Welt ist gerade auch da, wo der Mensch sie für unbewegt hält, in ständigem Flusse. So mag etwa einer, der, während Sonnenglut auf ihn niederbrennt, von fern einen schattigen Baum erblickt und unter ihm zu rasten gedenkt, den Schatten für dauerhaft und beständig halten, obwohl man doch seine Bewegung mit den Sinnen wahrnehmen kann. Wenn er nun nämlich einen guten Schlaf tut, bewegt sich der Schatten von ihm fort, und wie er erwacht, findet er sich in der Hitze der Sonne. Just so ergeht es den Kindern der Welt mit der Welt. Kommt ein Tor zu irdischem Glück und Wohlstand, so macht er die Welt sich zum Ruhort und gibt sich Genuß und Wohlleben hin und hält dies alles für dauerhaft und beständig. Plötzlich aber kehrt sich die Welt von ihm ab und läßt ihn in Qual und Verlangen zurück.

Nasîr ad-Dîn Tûsî (13. Jahrhundert)

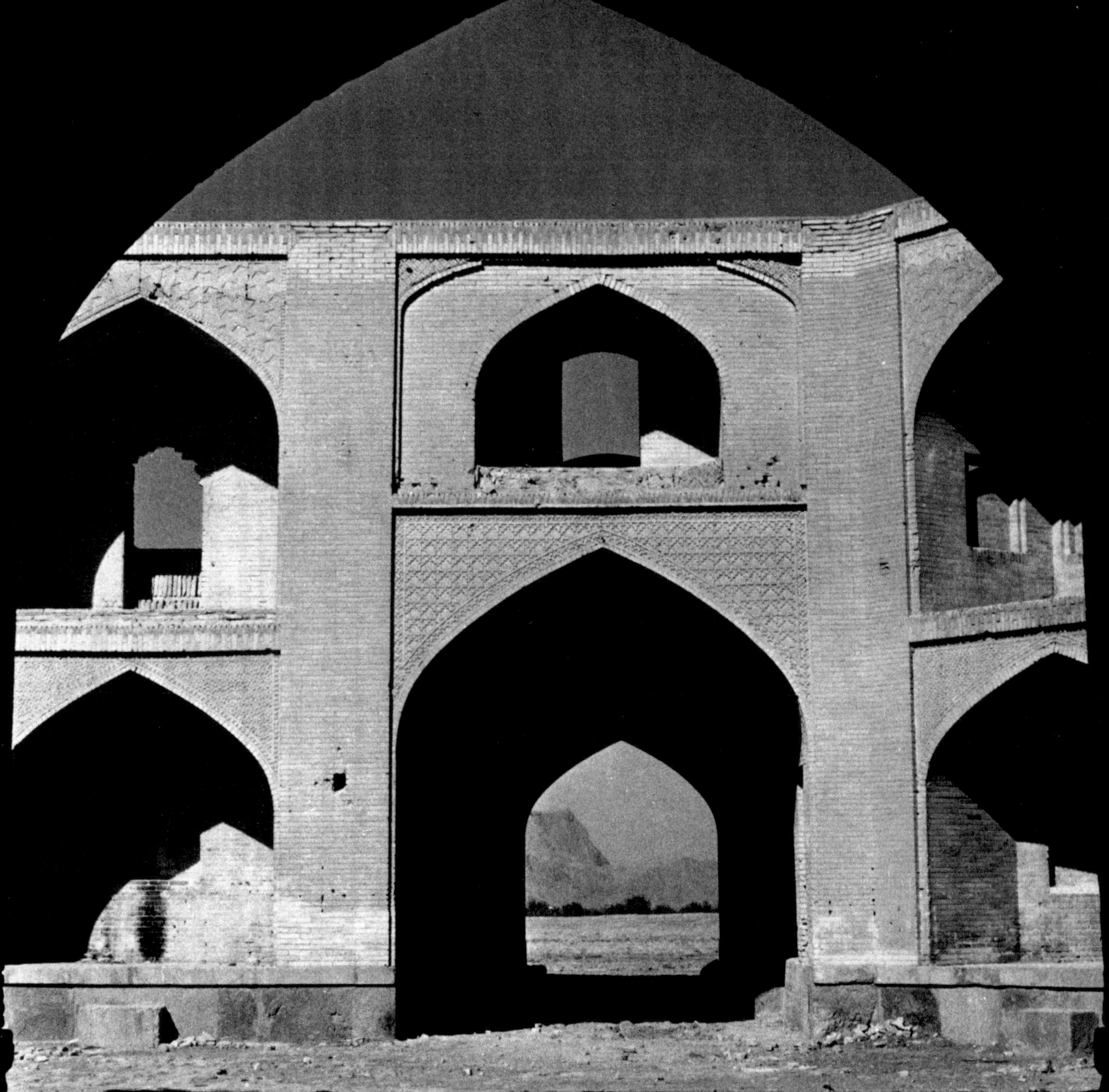

40

41

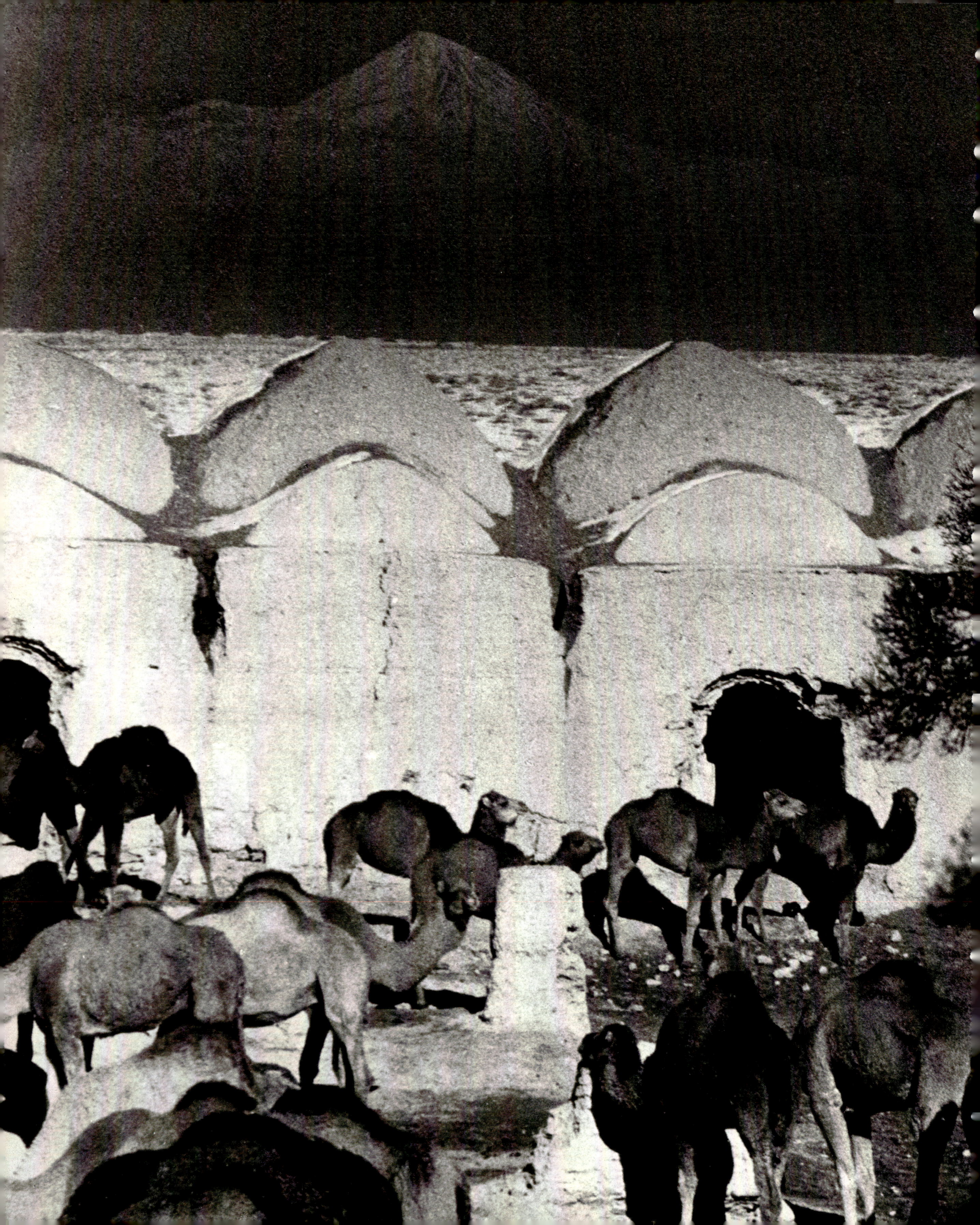

42

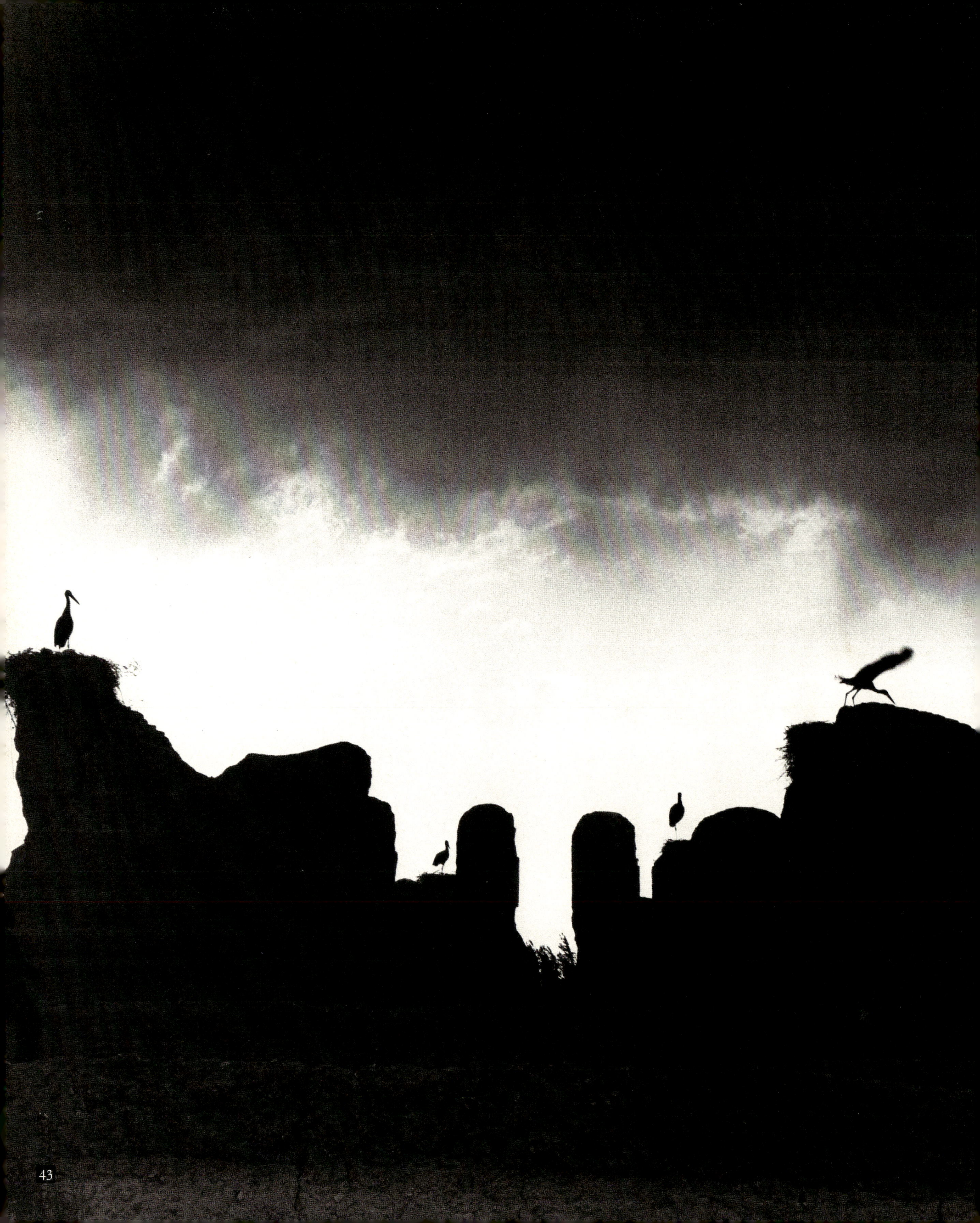

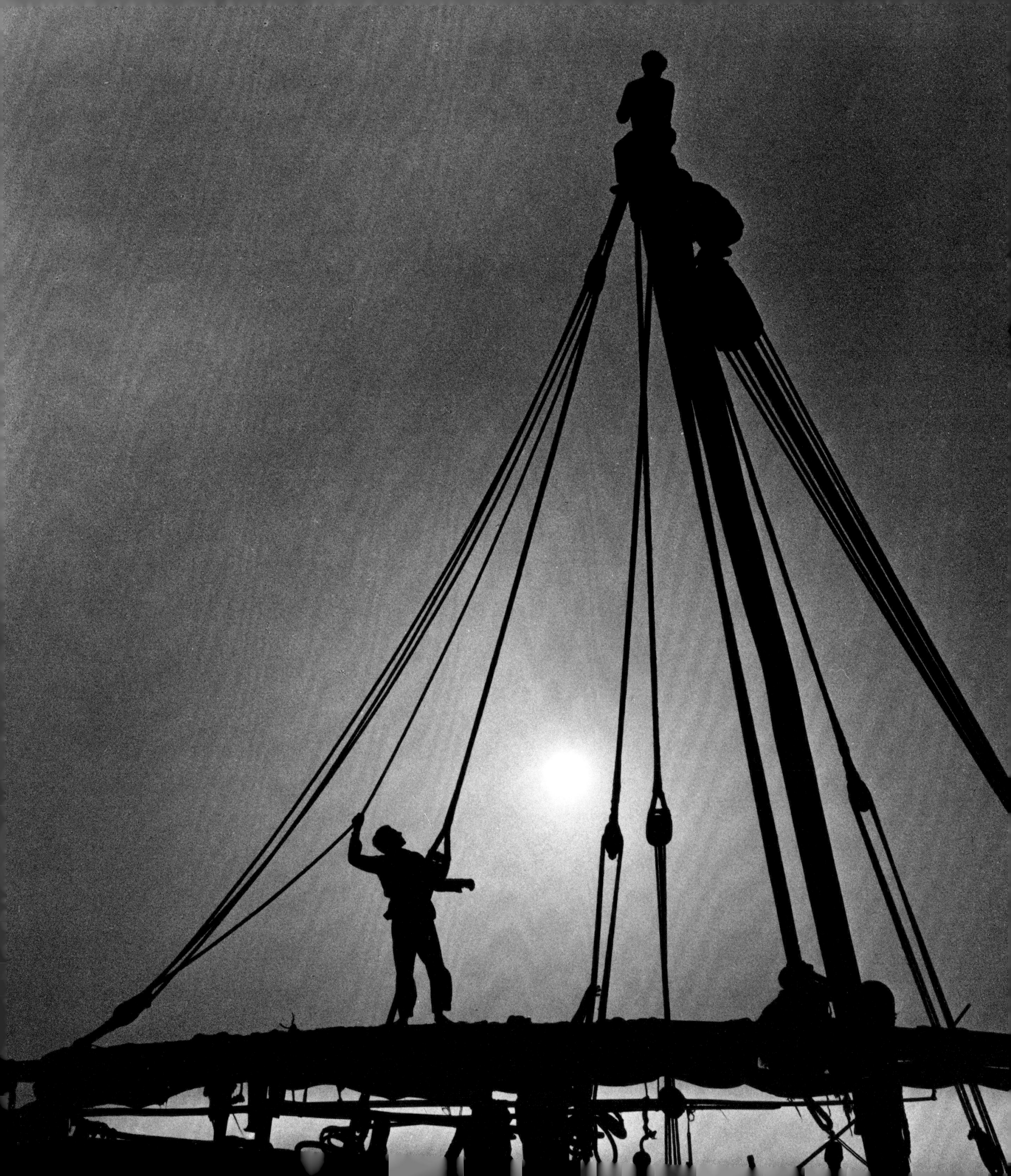

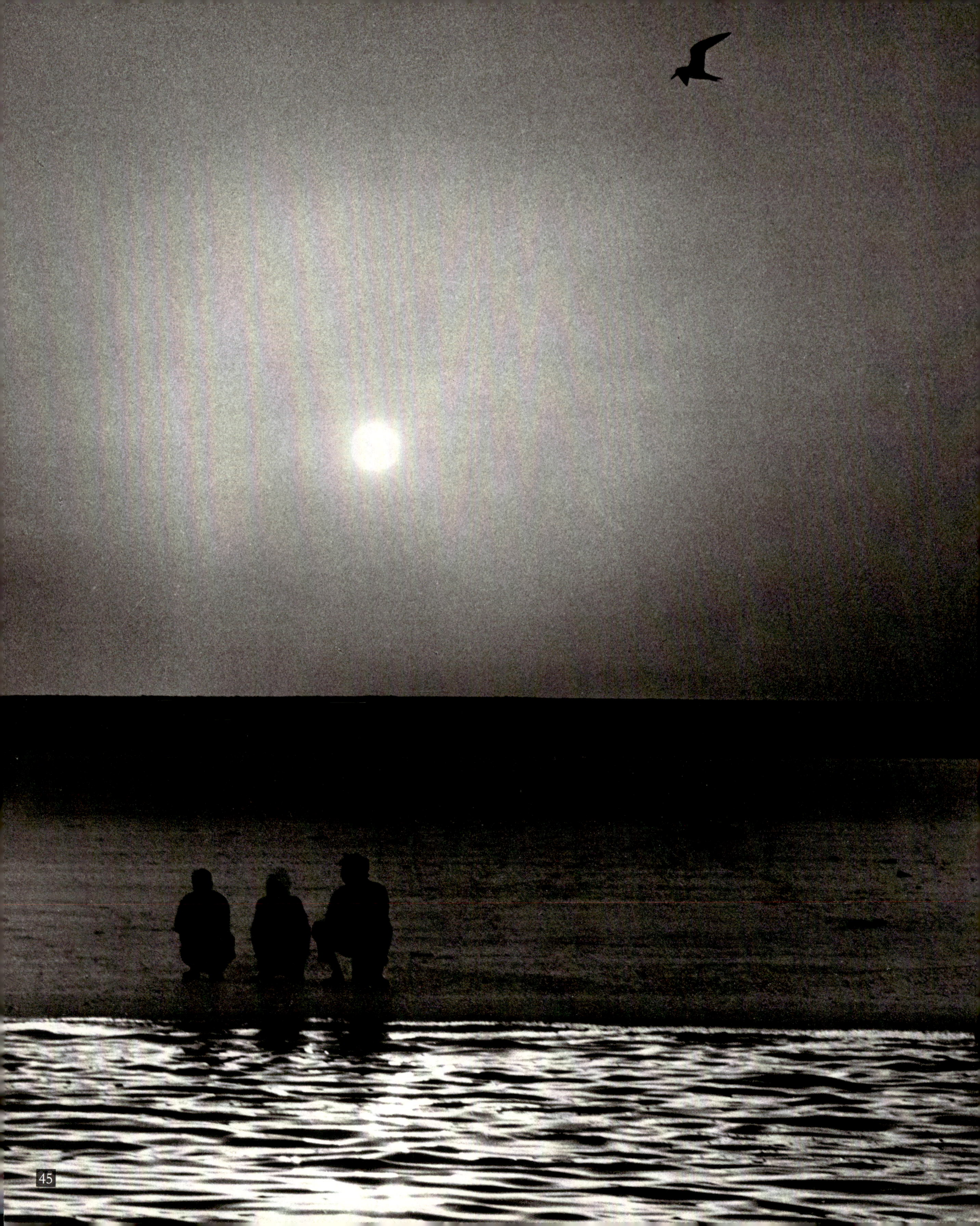

Der du in dieser Werkstatt sinnbetörend
      Bei Tag und Nacht nicht sehend bist noch hörend,
In dessen Aug von Sehen keine Spur,
      Und dessen Ohr durch Hören nichts erfuhr:
Wie lange willst du hören nicht noch sehen,
      Wie lang so taub und blind am Wege stehen?
Folg jenen, die des Weges sich bewußt sind!
      Viel Ängste in der Wegelosen Brust sind!
Den Schleier heb vom weltenweiten Blick,
      Sieh hoch und tief, blick vorwärts und zurück!
Erkenne, was es ist, dies Weltenkreisen,
      Das dich, o Mensch, umkreist in ewgen Gleisen!
Wer hat dies Zelt voll Schimmer aufgeschlagen?
      Wer auf dies Bild den Flimmer aufgetragen?
Die Sonne wer zum Taggeleucht gemacht?
      Und wer den Mond zum Fackellicht der Nacht?

Dschâmi (15. Jahrhundert)

Licht, Struktur und Kalligraphie

Die schnelle Pferde besitzende Sonne, die unsterbliche Pracht, verehren wir. Dann, wenn die lichte Sonne brennt, dann, wenn die leuchtende Sonne brennt, stehen die geistig Verehrungswürdigen da zu hundert und tausend. Diesen Glanz sammeln sie, diesen Glanz tragen sie herunter, diesen Glanz teilen sie aus über die gottgeschaffene Erde hin, zu fördern die Welt der Wahrheit, zu fördern die leibliche Gestalt der Wahrheit.

Awesta (Chôrsched Yast)

Die Wesenheit des Ersten, Absoluten Lichtes, Gott, bringt ständige Erleuchtung hervor, wodurch sie sich manifestiert und allen Dingen Existenz verleiht, indem sie sie durch ihre Strahlen zum Leben erweckt. Alles in der Welt ist vom Lichte Seiner Wesenheit abgeleitet. Alle Schönheit und Vollkommenheit sind Gaben Seiner Fülle. Dieser Erleuchtung gänzlich teilhaftig zu werden – das ist Erlösung.

Sohrawardi (12. Jahrhundert)

46

47

48

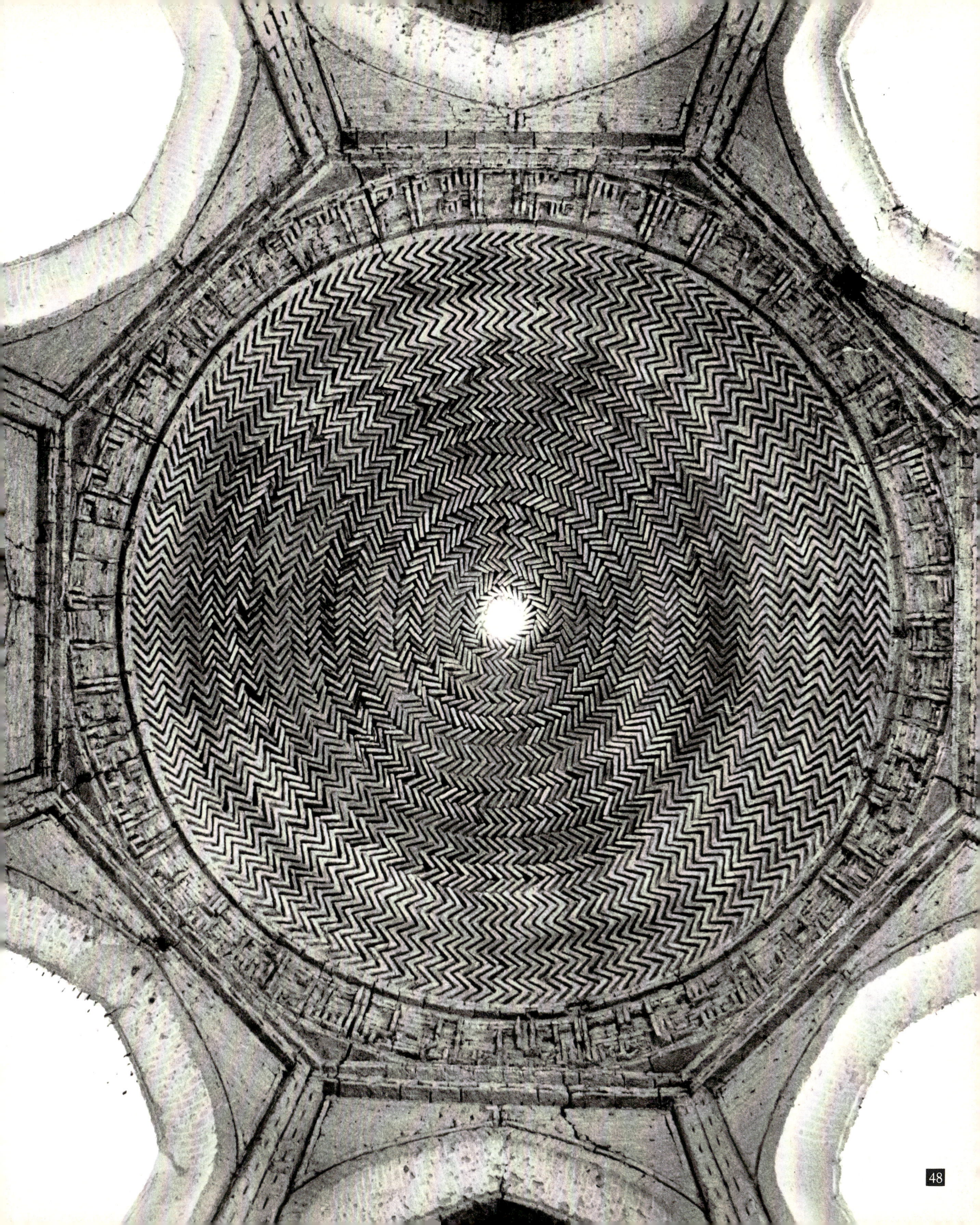

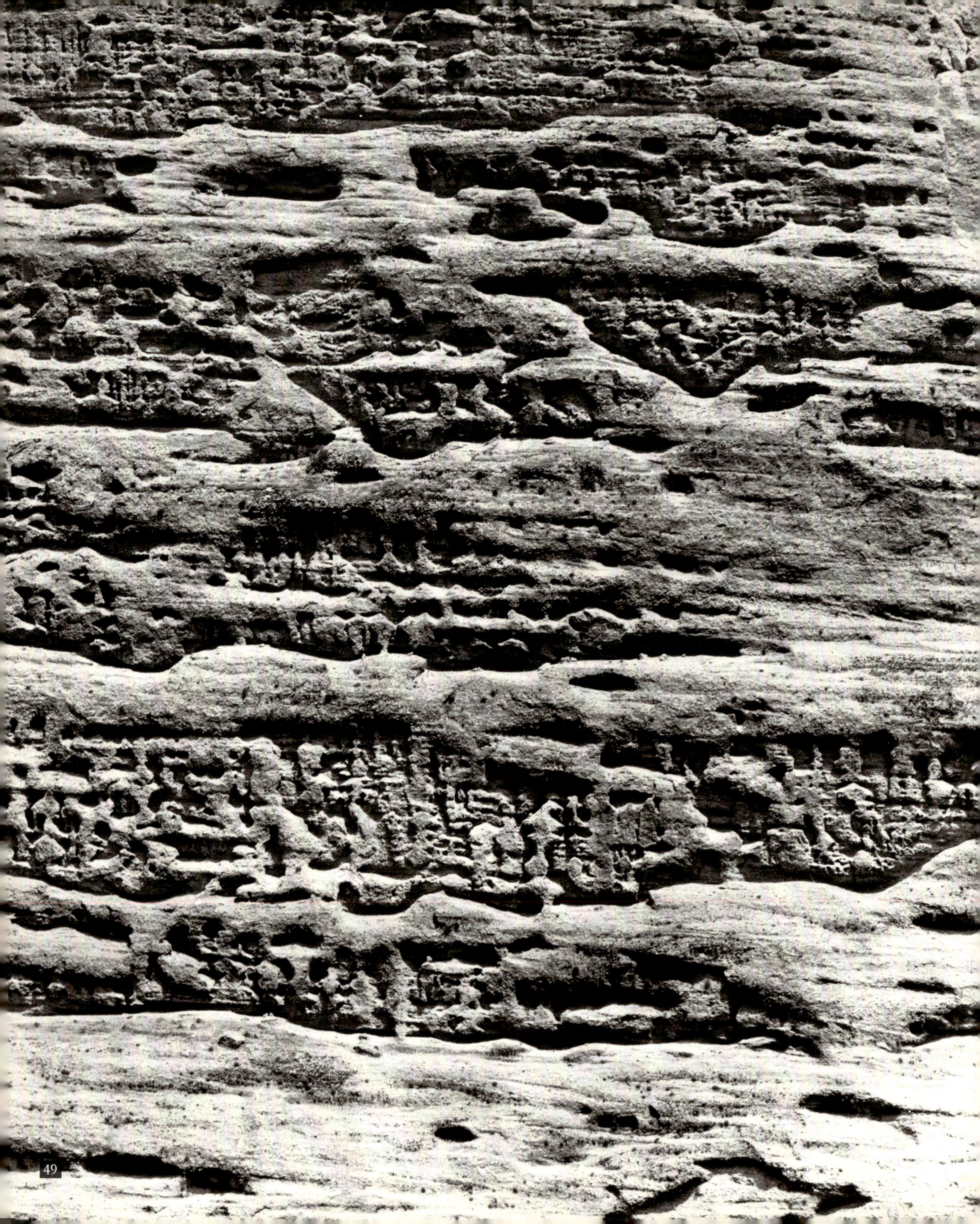

Geschrieben ist auf jedes Blatt
    des Himmels und der Erde
mit Gottesschrift: Wer Augen hat,
    der nehme dies zur Lehre!

Mir Mo'ezzi (12. Jahrhundert)

In der Erschaffung von Himmel und Erde, im
Wechsel von Nacht und Tag und in den Schiffen, die
hinfahren auf dem Meer mit für den Menschen
nützlicher Ware, und in dem Wasser, das Gott vom
Himmel herabschickt und mit ihm die Erde belebt
nach ihrem Ersterben, und in allem Getier, das Er
zerstreut hat auf ihr, und in der Lenkung von Winden
und Wolken, die unterworfen sind zwischen
Himmel und Erde, sind wahrlich Wunderzeichen für
Menschen, die es begreifen.

Koran, Sure 2, 164/159

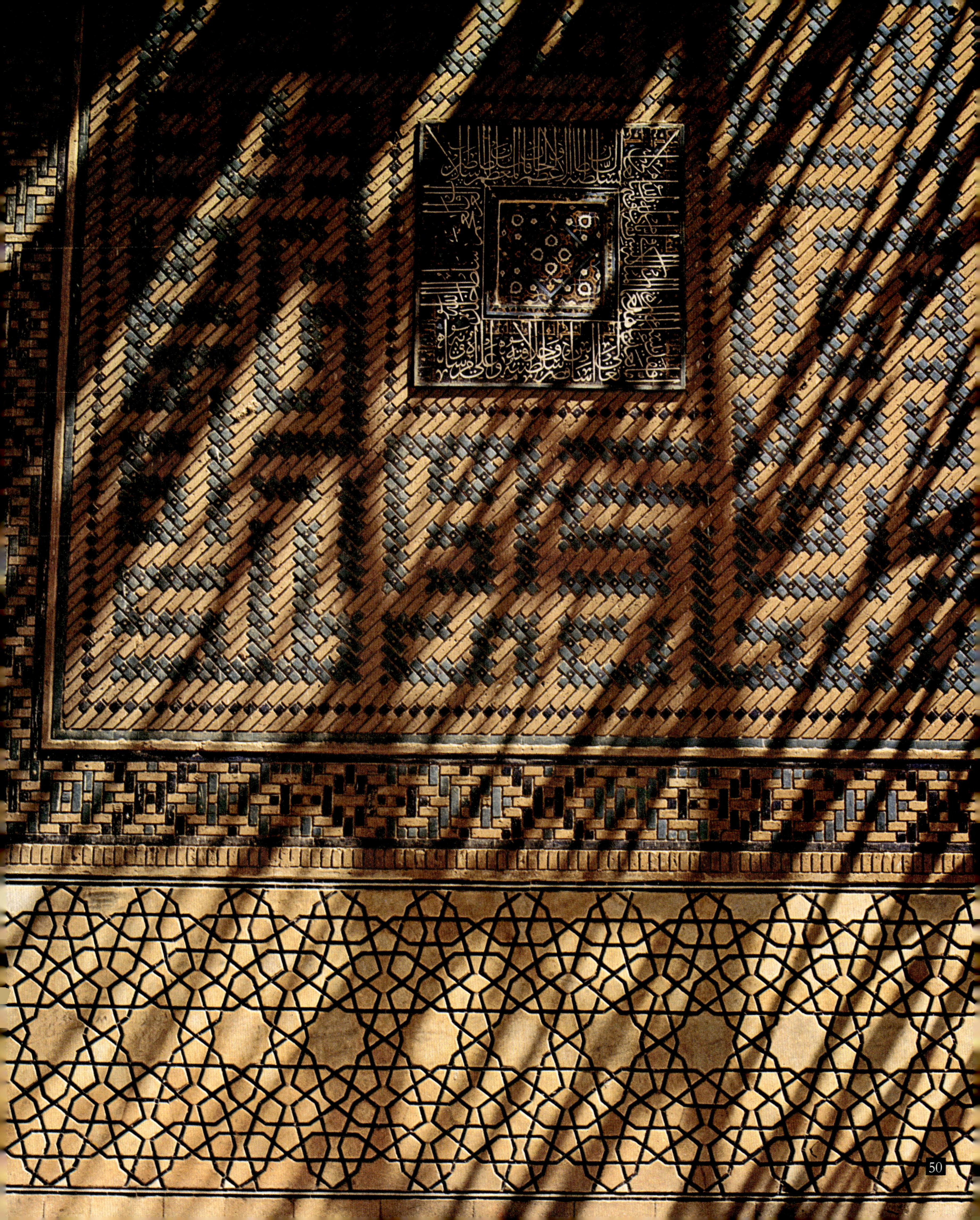

51

بسم الله العلم قائماً بالقسط لا اله الا هو العزيز الحكيم رب الدين عبد السلام

53

54

55

56

57

58

59

60

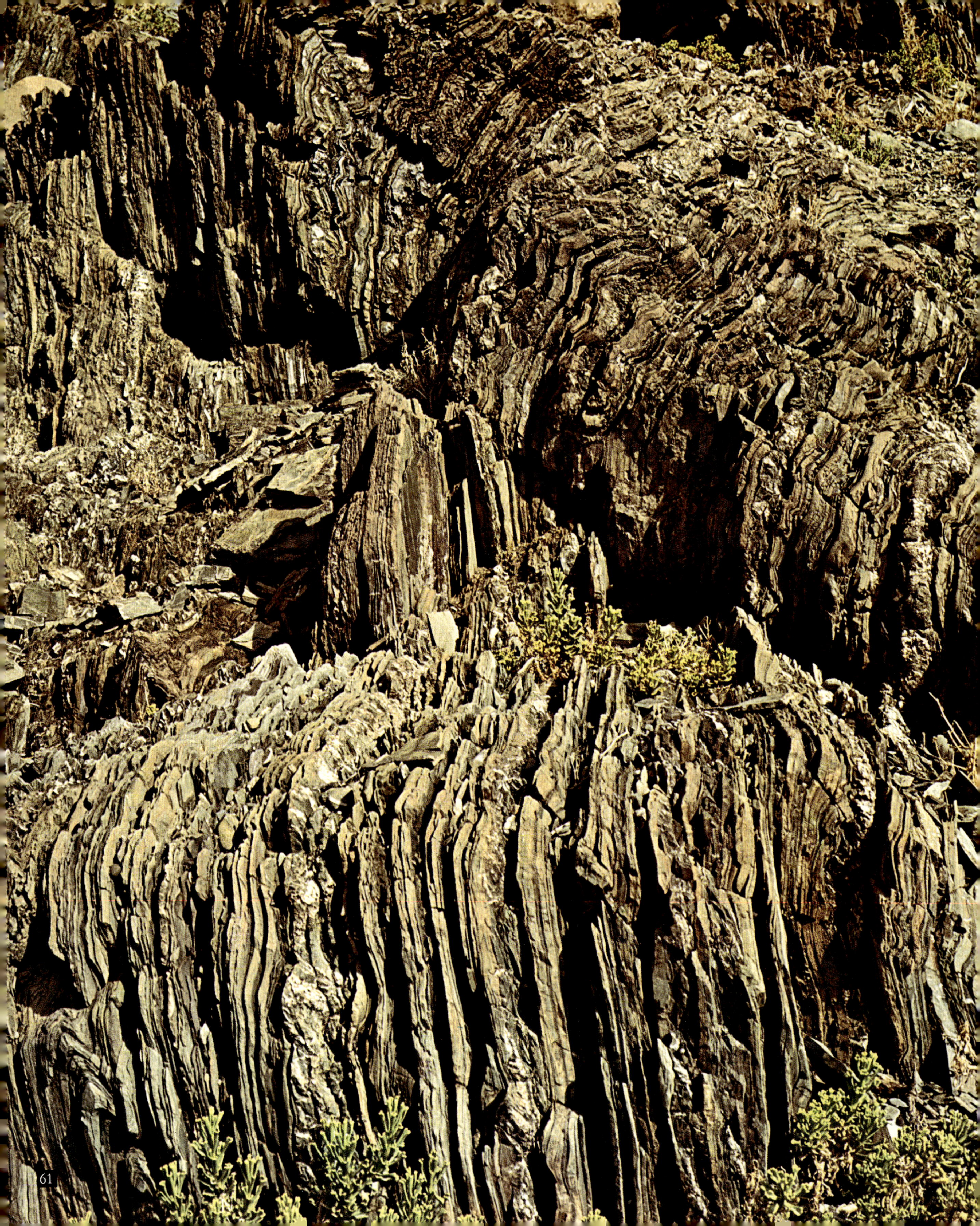

62

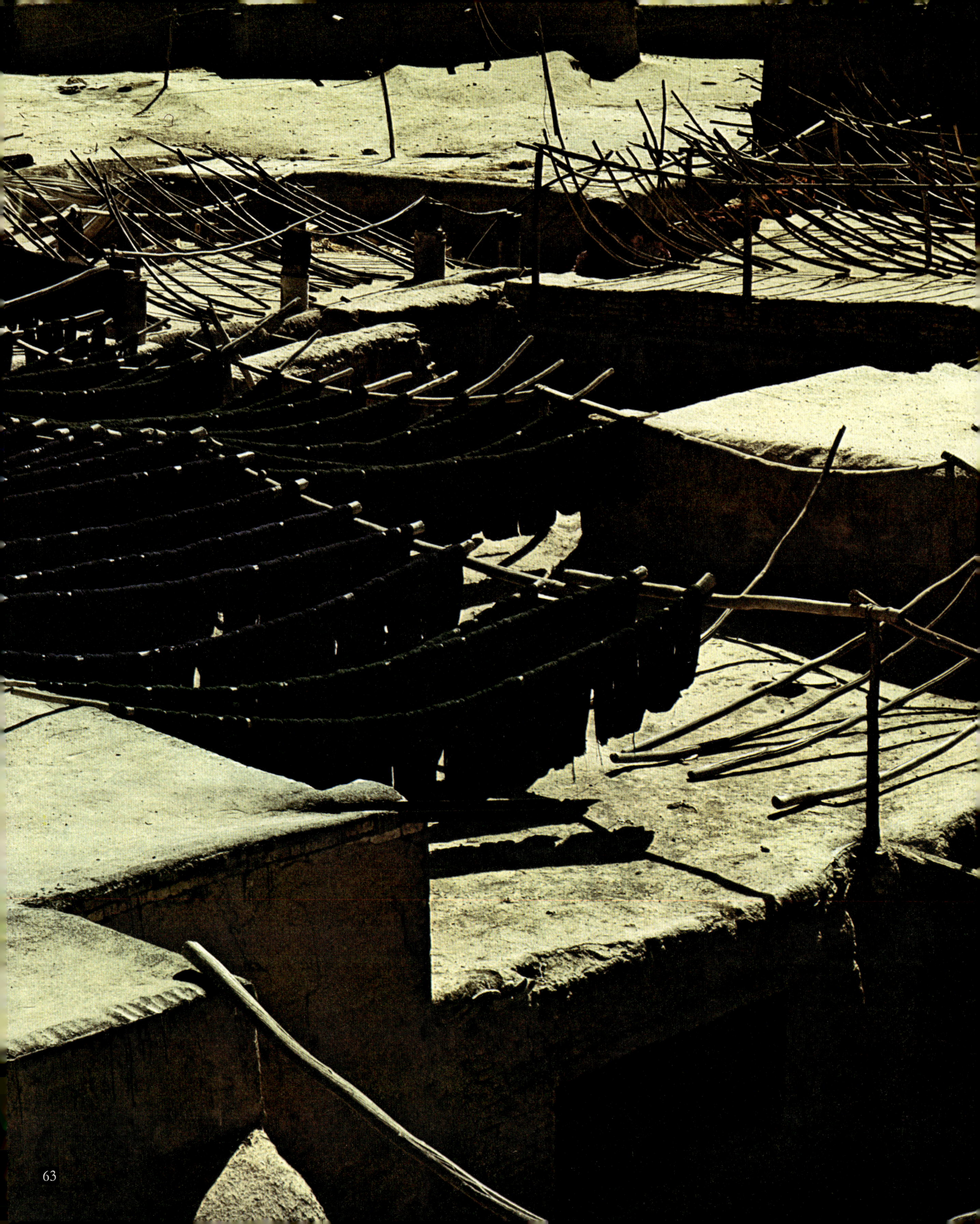

Siehst Finsternis,
    und ist des Wesens Helle –
Im Dunkel strömt
    des Lebenswassers Quelle!

Schabestari (14. Jahrhundert)

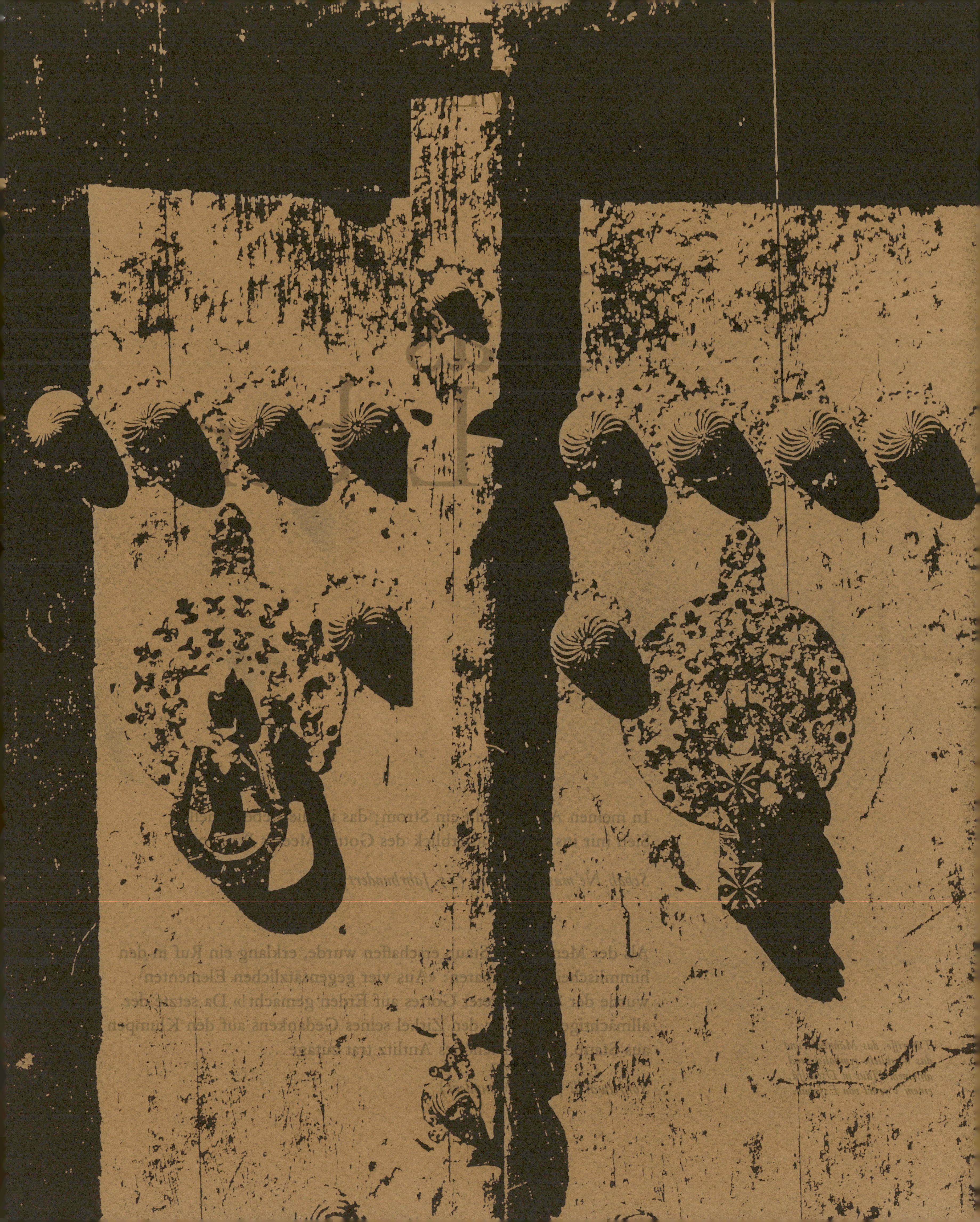

ZWEITES KAPITEL:

Das Leben

زندگی

In meinen Augen quillt ein Strom; das ist die Lebensquelle.
Sieh mir ins Auge und erblick des Gottes-Meeres Wogen!

Schâh Ne'matallâh Walî (15. Jahrhundert)

Als der Mensch aus Staub erschaffen wurde, erklang ein Ruf in den himmlischen Heerscharen: «Aus vier gegensätzlichen Elementen wurde der Stellvertreter Gottes auf Erden gemacht!» Da setzte der allmächtige Schöpfer den Zirkel seines Gedankens auf den Klumpen aus Staub, und ein schönes Antlitz trat zutage...

Sohrawardî (12. Jahrhundert)

◁ *Türgriffe, das Männliche und das Weibliche symbolisierend, an einem Haus in Dscholfâ, einem Vorort von Esfahân.*

ABBILDUNGEN 64 BIS 132

Ausführliche Anmerkungen zu diesen Abbildungen auf den Seiten 338 bis 343

64 Vom Schâhjâd-Turm aus durchquert die von Bäumen gesäumte Eisenhower-Allee Teherân, die Hauptstadt des Iran.

65 Hinter der mit Zinnen versehenen Lehmmauer erheben sich die Skelette des alten Bâm.

66 Der Hofgarten des Schâh-Abbâs-Hotels, einer umgebauten Karawanserei.

67 Die Wüstenwinde des Chorâsân werden durch diese Windmühlen von Chwâf in Energie umgewandelt.

68 Nebel umhüllt den Emâm-zâde Roqijje Bânû bei Natanz.

69 Das ruhige Wüstendorf Murtschechort mit seinen Lehmbauten überlebte die einst so häufigen Raubzüge der Nomaden.

70 Bâm mit seiner Festung und den zinnengekrönten Mauern.

71 Lehmziegelhäuser mit Kuppeldächern und schnabelähnlichen Kaminen im Sistân.

72 Ein wunderbares Beispiel für Monumentalbaukunst in einem Dorf: Pischin im Balutschestân.

73- Drei Ansichten von Bandar-e Kong am
75 Persischen Golf: Fischerboote, Knabe mit Seemöwe und ein Schiffszimmermann beim Ausarbeiten eines Ornaments.

76 Sicht auf die Dächer der «guten und vornehmen Stadt Jazd».

77 Die Königsmoschee krönt die südlichen Bogengänge des Meidân-e Schâh in Esfahân.

78 Die befestigte «Schwarze Burg» überragt das moderne Chorramâbâd.

79 Luftansicht von Tabriz mit der berühmten Festung im Zentrum.

80 Die Dächer des in den Bergen Gilâns versteckten Terrassendorfes Mâsule dienen den Bewohnern auch als Gehwege.

81 Râjen, das «Musterdorf» in der Provinz Kermân.

82 Seidenraupenzucht in Bandar-e Pahlawî.

83 Römische Kriegsgefangene halfen einst beim Bau der Dammbrücken über den Rud-e Karun bei Schûschtar.

84 Hohe Lehmmauern umschließen das halb verlassene Dorf Mahjâr.

85 Messingteller und farbenfrohe Stoffe zieren die Wohnräume dieses Hauses in Pischin.

86 Elegante Säulenhalle mit eingelegten Spiegeln im Nârendschestân, Schirâz.

87 Decke in einem Kaufmannshaus des 19. Jahrhunderts im Barockstil der Qâdschârenzeit (Esfahân).

88 Haupthalle des Nasîr-al-Molk-Hauses in Schirâz.

89 Horzechun, ein Dorf in der Nähe von Tabriz, mit dem Berg Sahand im Hintergrund.

90 Eselreiterin mit der typischen Gesichtsmaske der Frauen am Persischen Golf.

91 Sandschâbî-Kurden in der Nähe von Qasr-e Schîrîn.

92 Bäuerin vor ihrer «Schilfburg» am Fuß des Kûh-e Chwâdsche.

93 Ein Balutsche befindet sich mit seiner Frau und Kamelen auf dem Zug durch die Wüsten des nördlichen Sistân.

94 Wasserpfeifenraucher vor einem Teehaus.

95 Dieses eingewickelte Kind scheint aus dem Schleier seiner Mutter zu wachsen.

96 Spielende Kinder in einem Park von Süd-Teherân.

97 Kind aus Osku, auf Seidentüchern sitzend, die sein Vater gewoben und gefärbt hat.

98 Mädchen in einer Leihbibliothek Teherâns.

99 Einige der feinsten Seidenteppiche werden in den Häusern von Mohammadijje gewoben.

100 Eine Frau aus Mâsule beim Stricken.

101 Eine Familie beim Aufwickeln von Wolle (Marâghe).

102 Qaschqâ'î-Mädchen in der Schule für Teppichweberei (Schirâz).

103 Die rituellen Freiübungen nach dem Rhythmus von Ferdausîs *Schâhnâme* haben sich im *zûrchâne* erhalten.

104 Wache vor dem Golestân-Palast am Nau Rûz.

105 Fischer in einem Mordâb (Totwasser) bei Bandar-e Pahlawî.

106 Heimkehr mit dem Viehfutter.

107 Persischer Knabe.

108 Alltagsszene im Basar von Teherân.

109 Antike und moderne Messingwaren füllen die zwei Stöcke dieses Basarladens von Teherân.

110 Halle der Teppichhändler, Basar von Qom.

Vier Stimmungsbilder aus dem winterlichen Basar von Kermânschâh (111–114):

111 Zwei Männer wärmen sich die Hände in einem Laden mit Satteltaschen, Zaumzeug, Türkisschmuckketten für Esel und Seilen.

112 Gemüseladen.

113 Ein Stoffhändler benutzt den Zählrahmen zum Rechnen.

114 Auf einem fahrbaren Ofen werden im kalten Basar Zuckerrüben geröstet.

115 In dieser Kunsttöpferei von Schâhrezâ wird noch nach traditioneller Art gearbeitet.

116 «Mixed-Pickles»-Laden in Schirâz.

117 Laden und Werkstatt eines Kupferschmieds in der Nähe von Rascht.

118 Granatapfelverkäufer in den Straßen von Schirâz.

119- Früchte und Gemüse des Frühsom-
121 mers: ein Kirschenverkäufer von Ahar, ein Wassermelonenstand in Rascht und ein Bauer, der eine Wagenladung voll Radieschen auf den Basar von Rezâijje bringt.

Schnappschüsse in iranischen Basars (122–129):

122 Frisch gebackenes Brot wird nach Gewicht verkauft (Rascht).

123 Ein Porträt aus viktorianischer Zeit ziert diesen Apfelverkaufsstand in Qazwin.

124 Getrockneter Fisch vor mit Rosen bemalten Kacheln, Âmol.

125 Turkmenen verhandeln über den Preis eines Lammes, Donnerstagmarkt in Pahlawî Dezh.

126 Junge mit Wollsträngen, Jazd.

127 Hülsenfrüchte und Getreide, Basar von Tabriz.

128 Bäuerin mit roten Rüben, Basar von Minâb.

129 Zwei Kurden suchen in einem Basarladen von Rezâijje Kochgeschirr aus.

130 Die Turkmeninnen auf dem Basar von Pahlawî Dezh tragen bunte, mit Blumen bedruckte Kopftücher.

131 Teppichverkäufer in Pahlawî Dezh. Hat er wohl im Feilschen je seinen Meister gefunden?

132 Stoffläden unter den Backsteinbogen des Wakil-Basars in Schirâz.

Stadt und Dorf

چون اشخاص نوع انسان در بقای شخص و نوع بیکدیگر محتاج اند، و وصول ایشان بکمال بی تقامتمتع،

پس در وصول بکمال محتاج بیکدیگر باشند. و چون چنین بود کمال و تمام هر شخصی بدیگر اشخاص نوع او

منوط بود. پس بر او واجب بود که معاشرت و مخالطت ابنای خود کند بر وجه تعاون. والا از

قاعدهٔ عدالت منحرف گشته باشد و بسمت جور متصف شده.

Da die Individuen der menschlichen Gattung für das Fortleben sowohl des Individuums als auch der Gattung einander bedürftig sind und sie ohne dieses Fortleben Vollkommenheit nicht erreichen können, sind sie mithin auch für die Erreichung der Vollkommenheit einander bedürftig. Das heißt aber, daß Vollendung und Vollkommenheit jedes einzelnen Individuums von anderen Individuen abhängt. Der Mensch hat also die Pflicht, mit seinen Artgenossen Verkehr und geselligen Umgang zu pflegen auf der Grundlage gegenseitiger Hilfe. Andernfalls weicht er vom Pfad der Gerechtigkeit ab und verdient, als Übeltäter gebrandmarkt zu werden.

Nasîr ad-Dîn Tûsî (13. Jahrhundert)

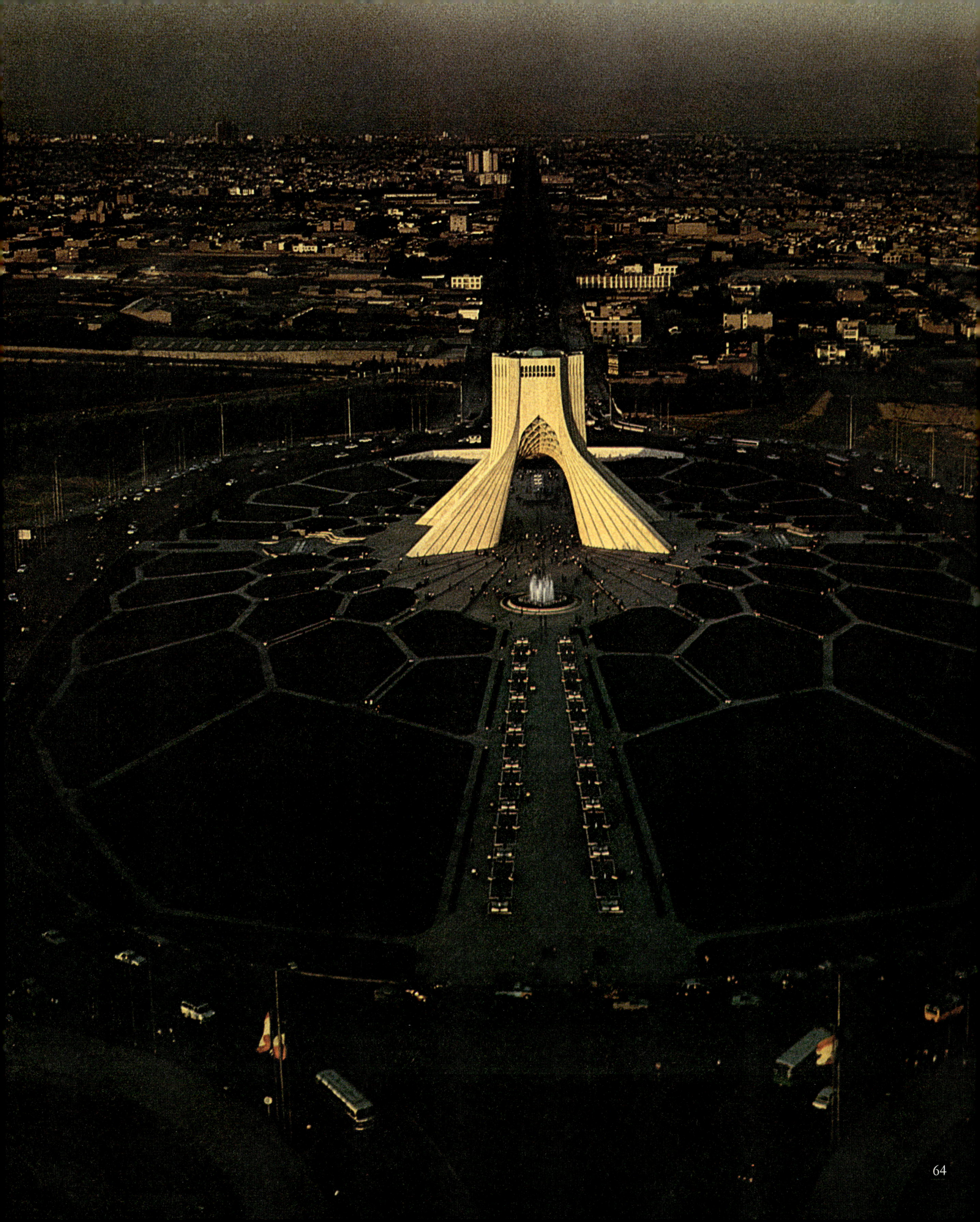

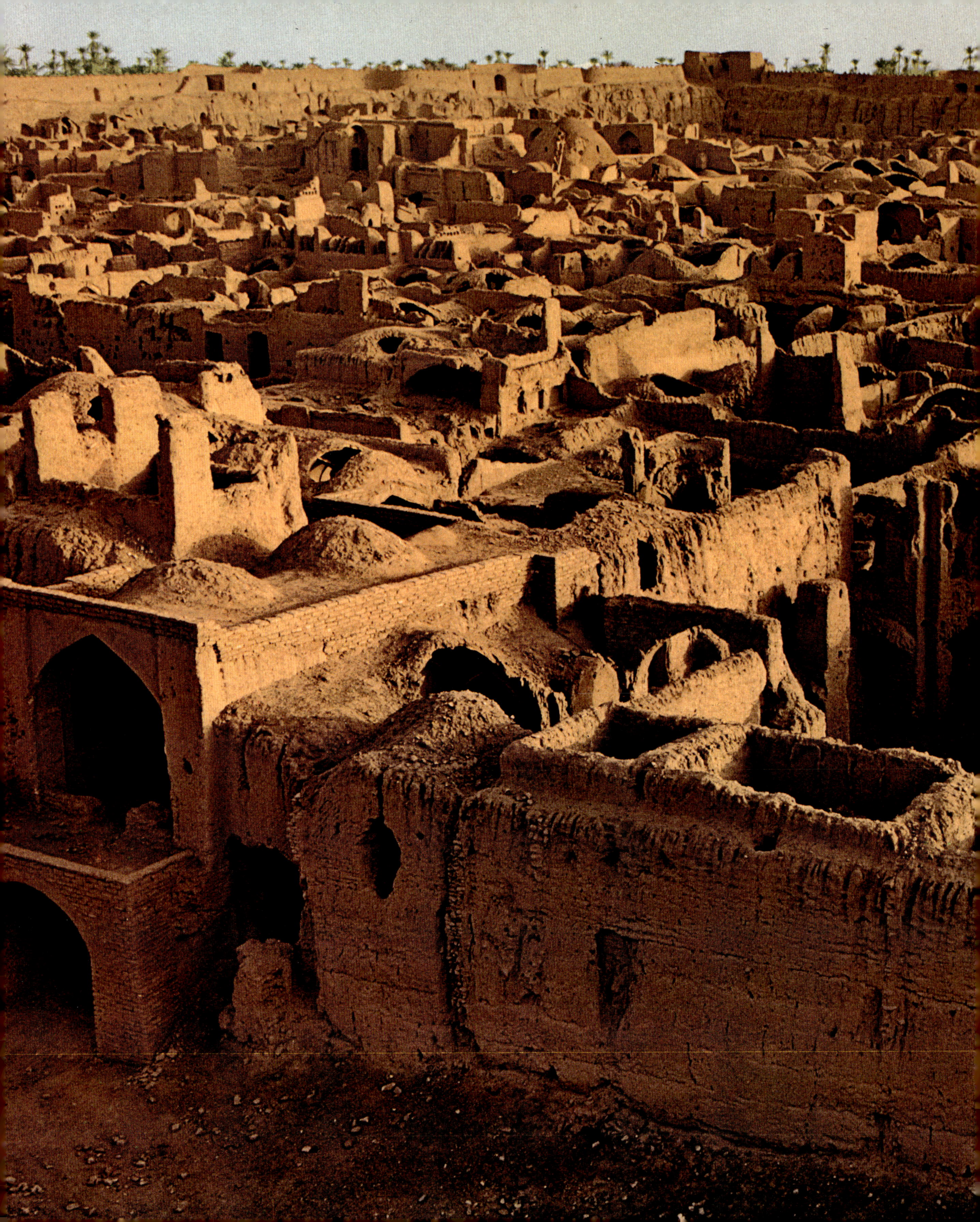

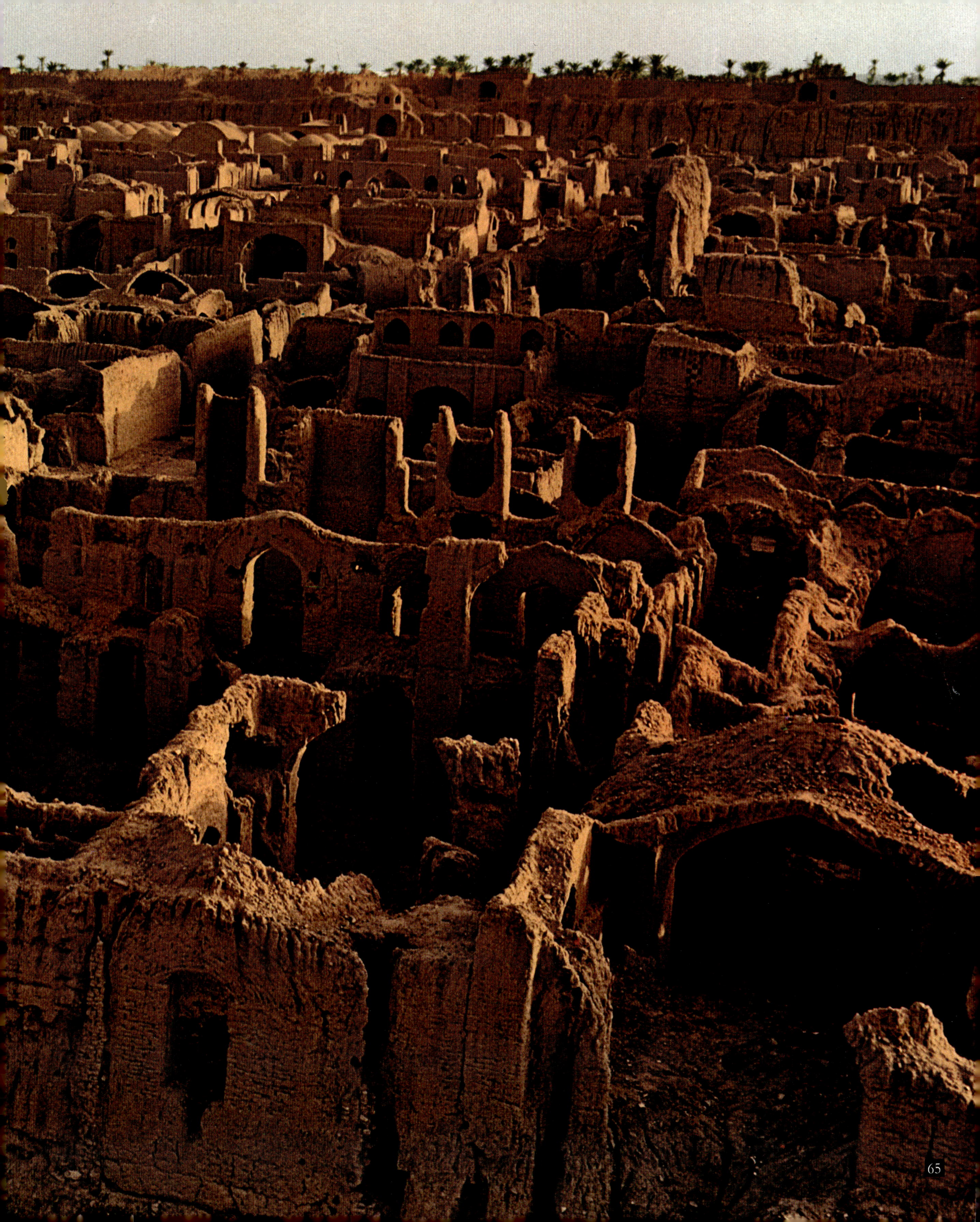

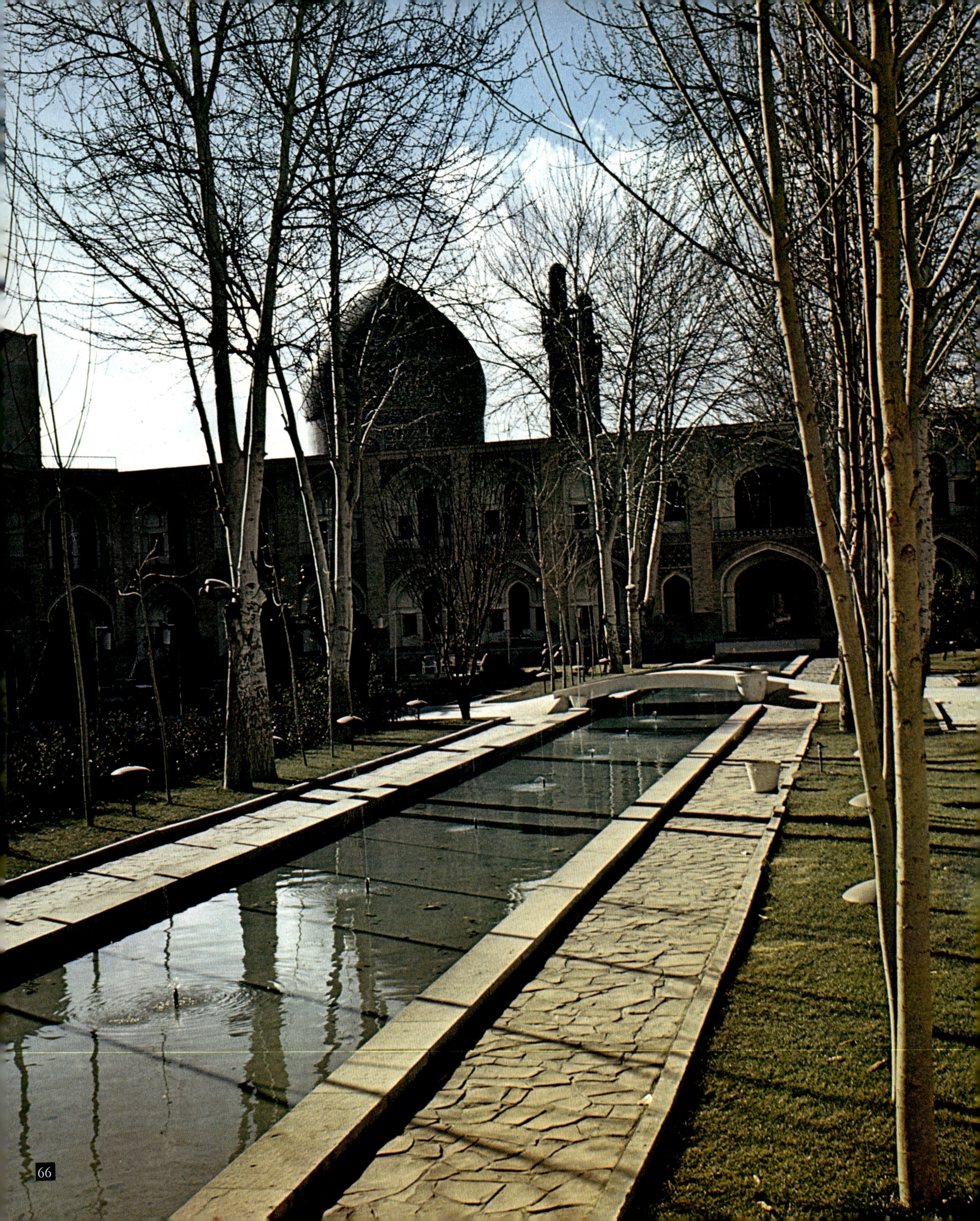

Wunderfarben hier das Auge spendet,
Ganz verzaubert vom erhabnen Bild,
Wo der Bann von Ruhm und Schande endet,
Sorgen sind und Sehnen mild gestillt.

Am Mehrab, in blauen Säulengängen:
Alles ist von Gottesfurcht umhüllt,
Und von Stämmen, Zweigen, Laubgehängen
Wie ein Himmelsgarten rings es quillt.

In den Stalaktiten der Iwane,
In der türkisfarbnen Kuppel Kranz,
Wie viel Tränensalz vergeßner Ahnen,
Heitern Lächelns hundertjährger Glanz!

Jede Säule, ihre Last verwaltend,
In der Jahre Wechsel unbeirrt;
Diese mit Vergangnem Zwiesprach haltend,
Jene zugewandt dem Tag, der wird.

Schön geschraubt die blauen Minarette
Ragen in den Himmel hoch empor;
Hier von Tod und Leben die Palette,
Dort von Leid und Jubel ein Dekor.

Wurde schon an diesem Liebestempel
Zu Smaragden manches Tränenpaar;
Vor dem unbegreiflichen Exempel
Mancher Weise ward zum Gottesnarr.

Wer an diesem Ort der Schau und Fülle
Weilt voll innerm ungeheuerm Brand,
Dessen Herz erkennt, bar jeder Hülle,
Spuren dort von Gottes Fuß und Hand.

Arbâb Schîrânî (20. Jahrhundert)

Chwâf:
An Obst gedeihen dort Reben, Melonen,
Granatäpfel und sehr gute Feigen.
Seine Bewohner sind fremdenfreundlich,
geneigt zu guten Werken und zur
Pilgerfahrt.
Man stellt dort auch viel Seide her.

Hamdallâh Mostaufî (14. Jahrhundert)

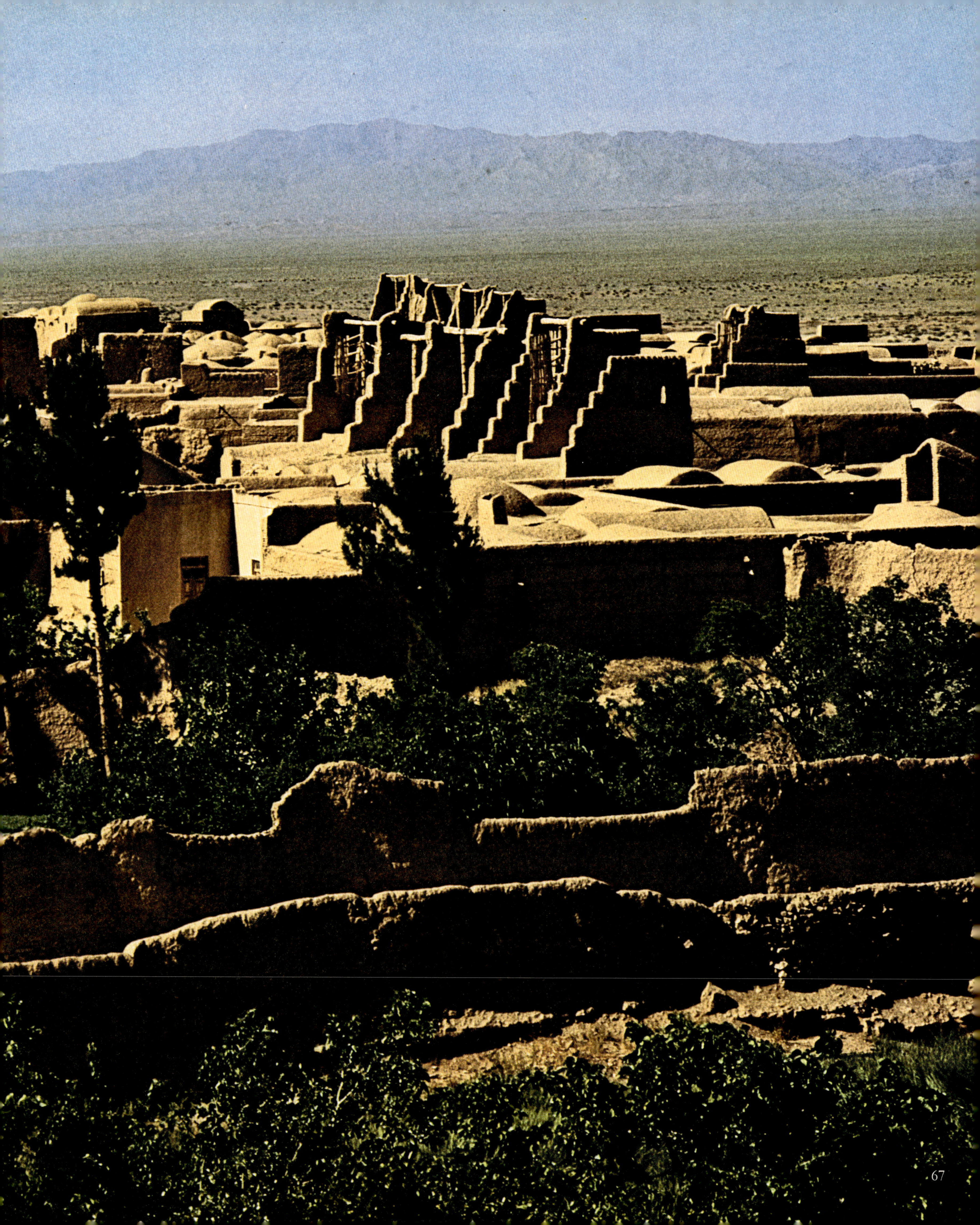

68

69

70

71

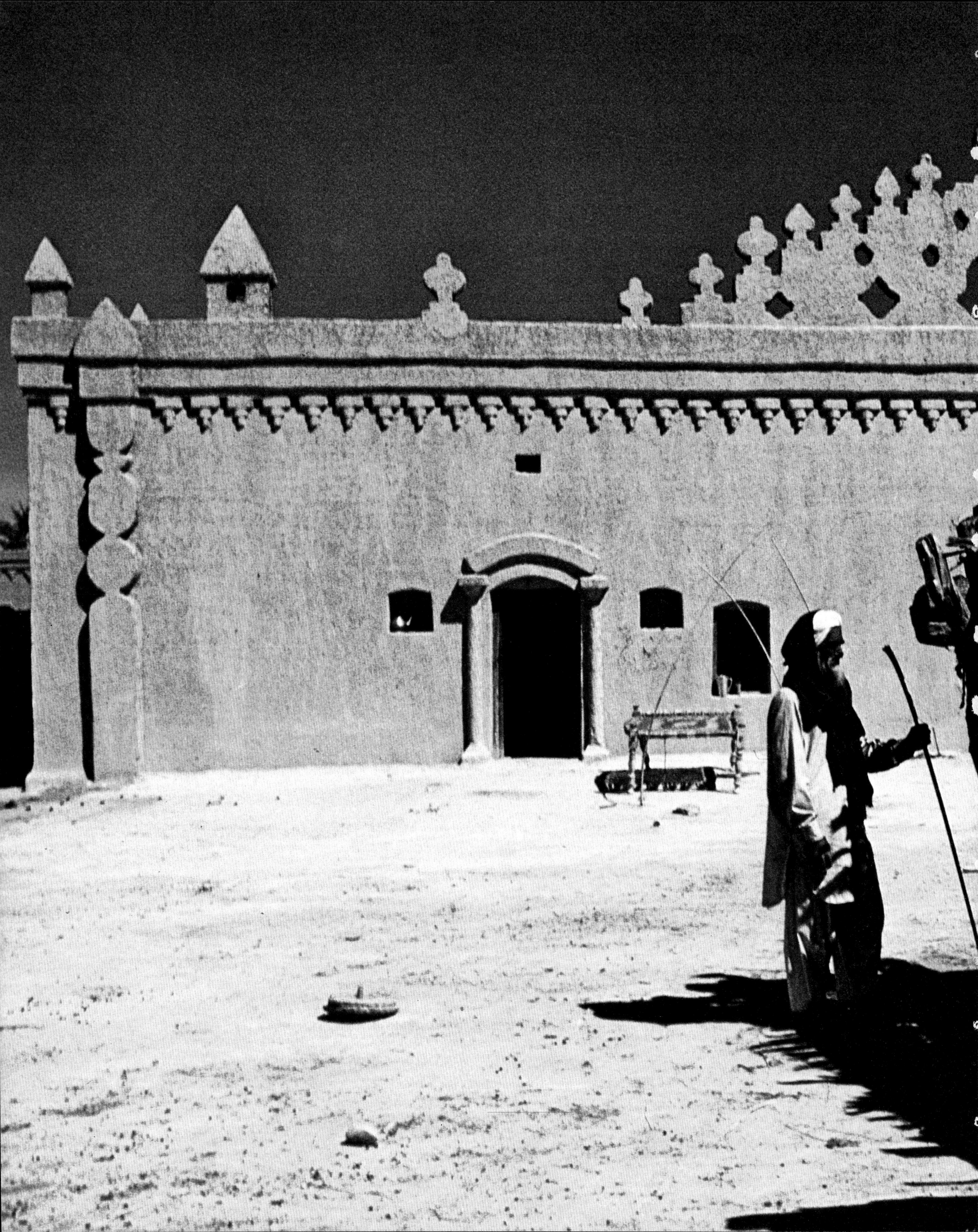

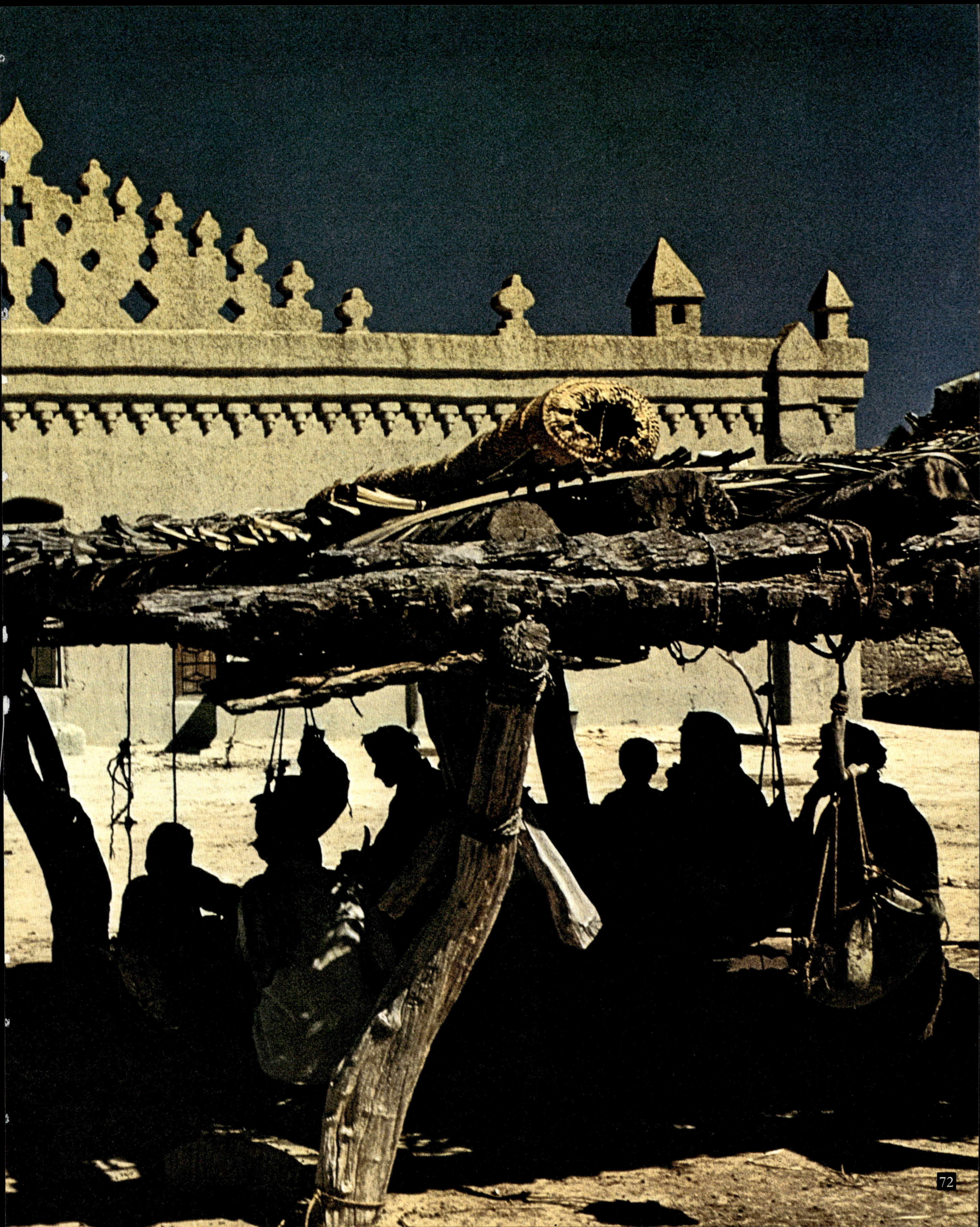

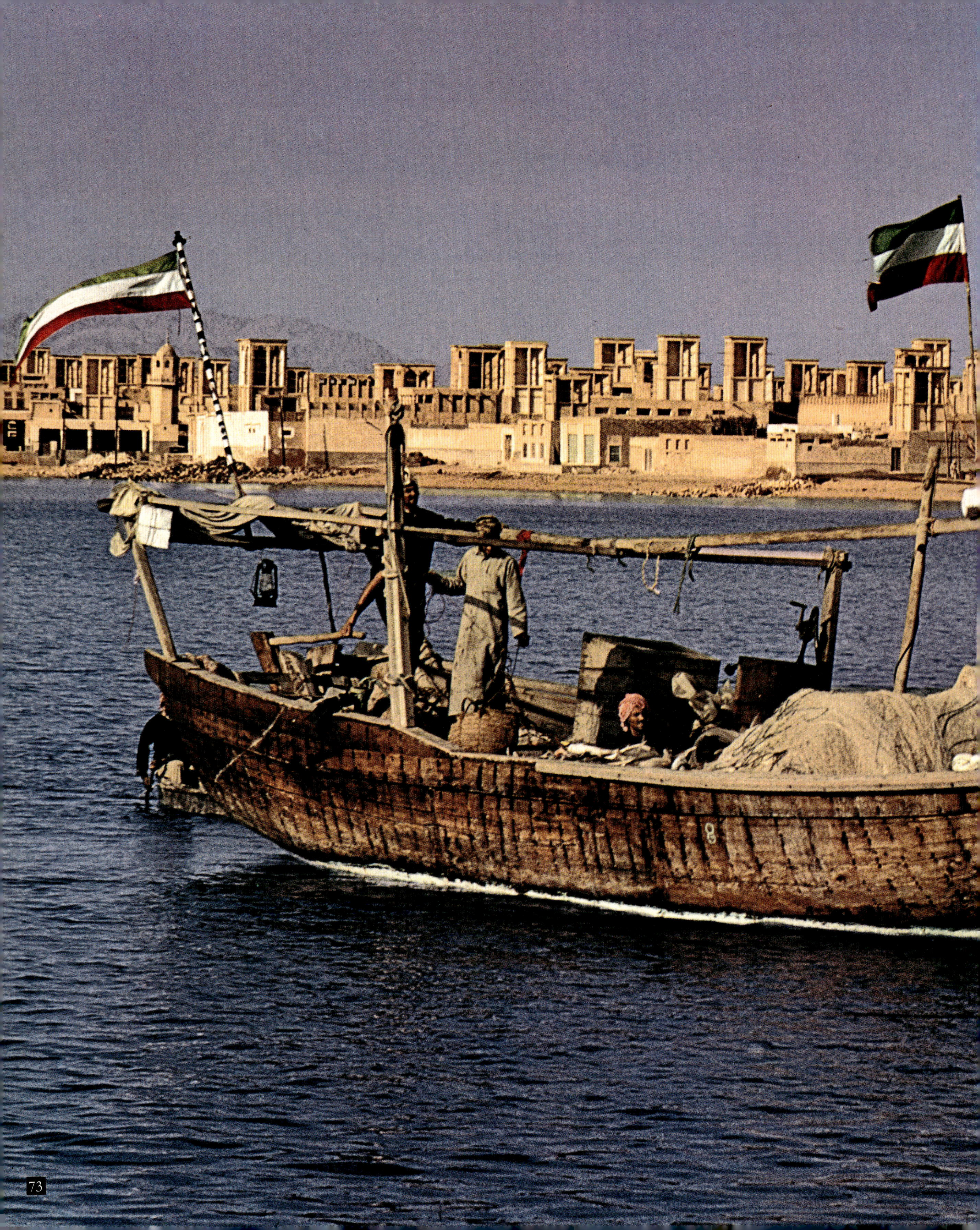

74

75

76

77

78

79

Der Mensch erstrebt zunächst nur das Notwendige und erst später, wenn die elementaren Bedürfnisse gestillt sind, Bequemlichkeiten und Luxus. Daher muß die Rauheit des Landlebens der Raffinesse des Stadtlebens vorausgehen. Daher auch sehen wir, daß Menschen vom Lande nach dem städtischen Leben trachten und danach streben, sich in der Stadt niederzulassen, sobald sie zu einem gewissen Lebensstandard gelangt und an einen gewissen Wohlstand gewöhnt sind. Das ist zu bestimmten Zeiten allen Nomadenstämmen zugestoßen.

Der Städter dagegen sehnt sich nicht nach dem Landleben, es sei denn unter außergewöhnlichen Umständen oder wenn er in der Stadt keinen hinreichenden Erwerb zu finden vermag.

Unsere Behauptung, daß die Landkultur der Stadtkultur vorausgeht, wird noch durch den Umstand bestätigt, daß, wie die Nachforschung ergibt, die Vorfahren der Einwohner jeder beliebigen Stadt größtenteils aus dem sie umgebenden Land stammen und von dort dereinst in sie übergesiedelt sind.

Ibn Chaldûn (14. Jahrhundert)

Mâzanderân, mein Land, ich denke dein.
    Mög immerdar dir Frucht und Duft gedeihn!
Dein Garten ist von Blumen immer schön,
    Tulpen blühn und Narzissen auf den Höhn.
Die Luft ist klar, die Erde wohlgestalt,
    Ein steter Frühling, nie zu warm, zu kalt.
Im Garten schluchzt ihr Lied die Nachtigall,
    Gazelle steigt vom hohen Hang zu Tal.
Wie Rosenwasser ist der Flüsse Flut
    So frisch, das gibt der Seele frohen Mut.
Ob Winter, Lenz, ob Sommer, Erntezeit,
    Stets prangt voll Blüten alles weit und breit.
Und Jahr um Jahr der Flüsse Ufer lachen;
    Jagdfalken überall auf Beute wachen.
Von Rand zu Rande ist das Land geschmückt:
    Brokat, Dinare – alles, was beglückt!

Ferdausî (11. Jahrhundert)

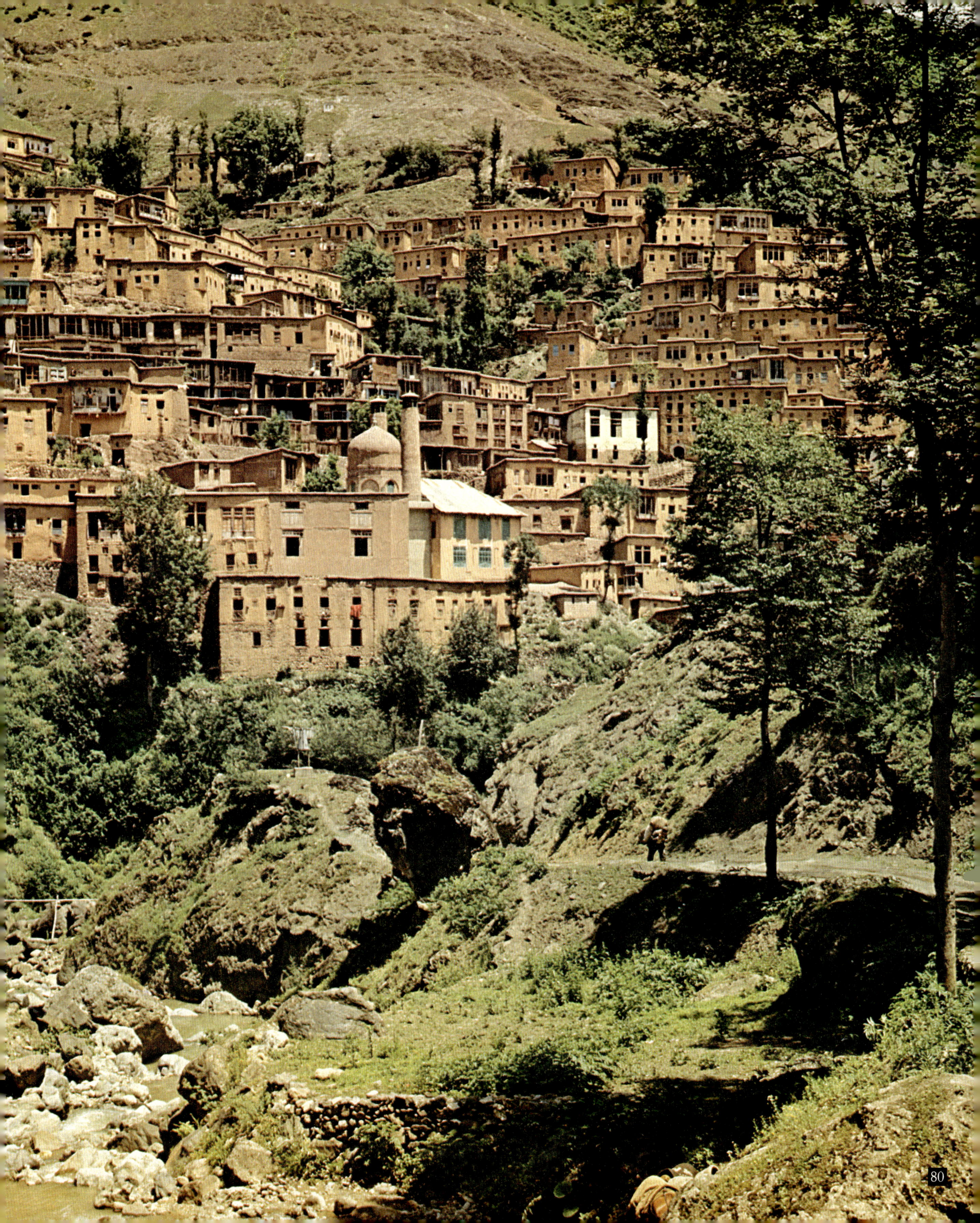

81

82

83

84

85

86

87

88

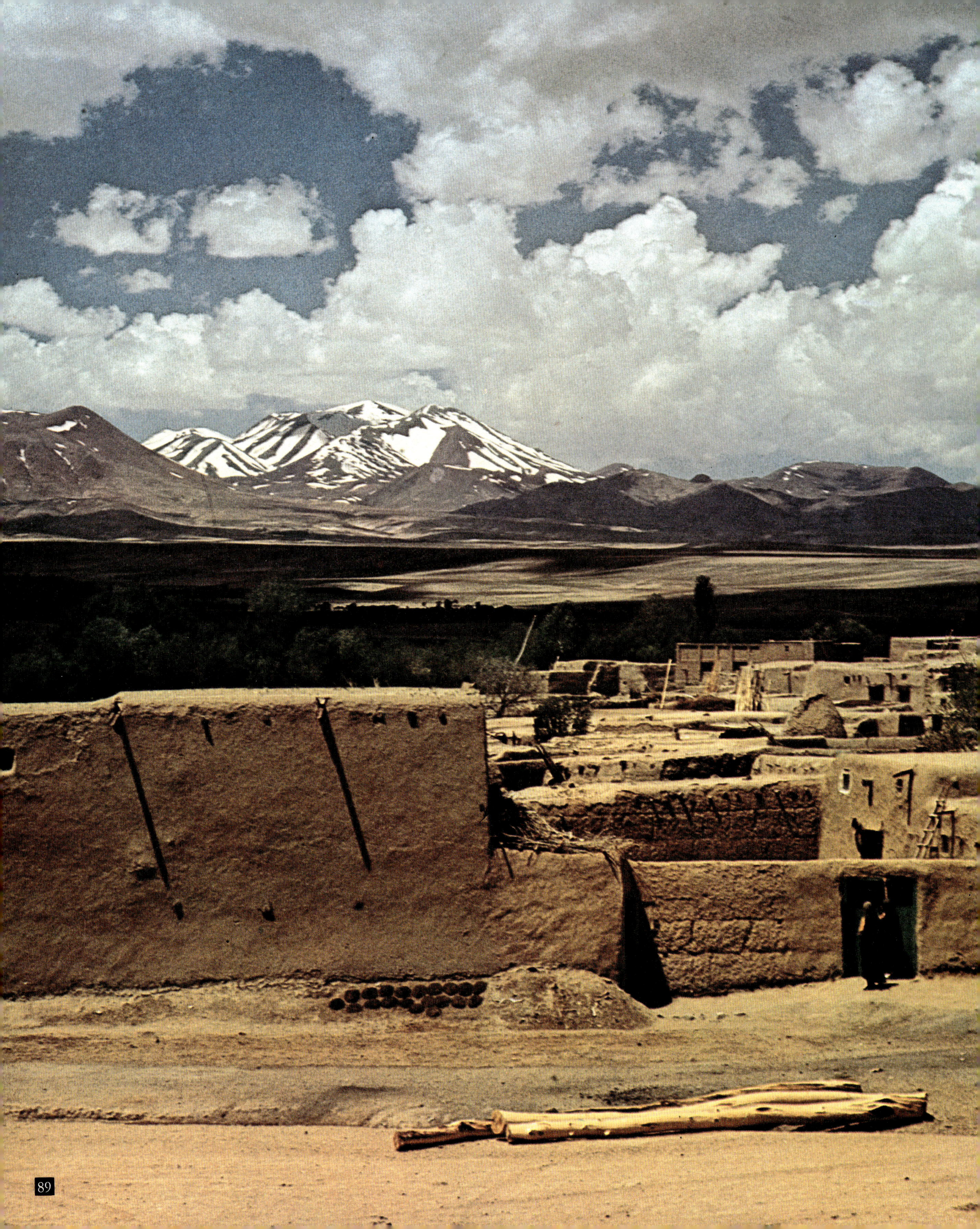

So wurde Hoschang zum Herrscher über die ganze
Erde und brachte der Welt Gedeihen. Er war der
erste, der Bretter aus Bäumen schneiden und die
Häuser mit Türen versehen ließ. Erze, Gold, Silber
und Eisen förderte er zutage, Städte erbaute er. Er
lenkte den Lauf der Flüsse, schuf Ackerland aus den
Wüsten und vertrieb die Dämonen. So gab er der
Welt Gedeihen und verbreitete Gerechtigkeit unter
den Menschen.

Bal'amî (10. Jahrhundert)

Die Menschen

چو فرجام شد مردم آمد پدید   شد این بندها را سراسر کلید

به بالا چو سرو بلند   به گفتار خوب خرد، کاربند

پذیرنده هوش و رای خرد   مر او را دد و دام فرمان برد

ز راه خرد بنگرد اندکی   که مردم بمعنی چه باشد یکی

مگر مردم خیره خوانده همی   جز اینش نشانی ندانده همی

ترا از دو گیتی برآورده اند   به چندین میانجی بپرورده اند

نخستین فطرت، پسین شمار   تویی، خویشتن را به بازی مدار

Als dies vollendet, trat der Mensch zutag,
    Ward Schlüssel allem, das verschlossen lag.
Wuchs schlank empor an Leib zypressenschäftig,
    Durch Sprache und Vernunft zu Taten kräftig.
Erkenntnis ward ihm, Einsicht und Entschluß,
    Daß jedes Tier ihm untertan sein muß.
Brauch den Verstand und schau ein wenig hin,
    Daß du begreifst der Menschheit tiefen Sinn!
Glaubst du denn, alle Menschen seien Narren?
    Hast du an ihnen andres nicht erfahren?
Entstammst du dieser nicht und jener Welt,
    Als Mittler zwischen beiden hingestellt?
Zuletzt erschaffen, doch das erste Ziel
    Der Schöpfung –: Mensch, verlier dich nicht im Spiel!

Ferdausî (11. Jahrhundert)

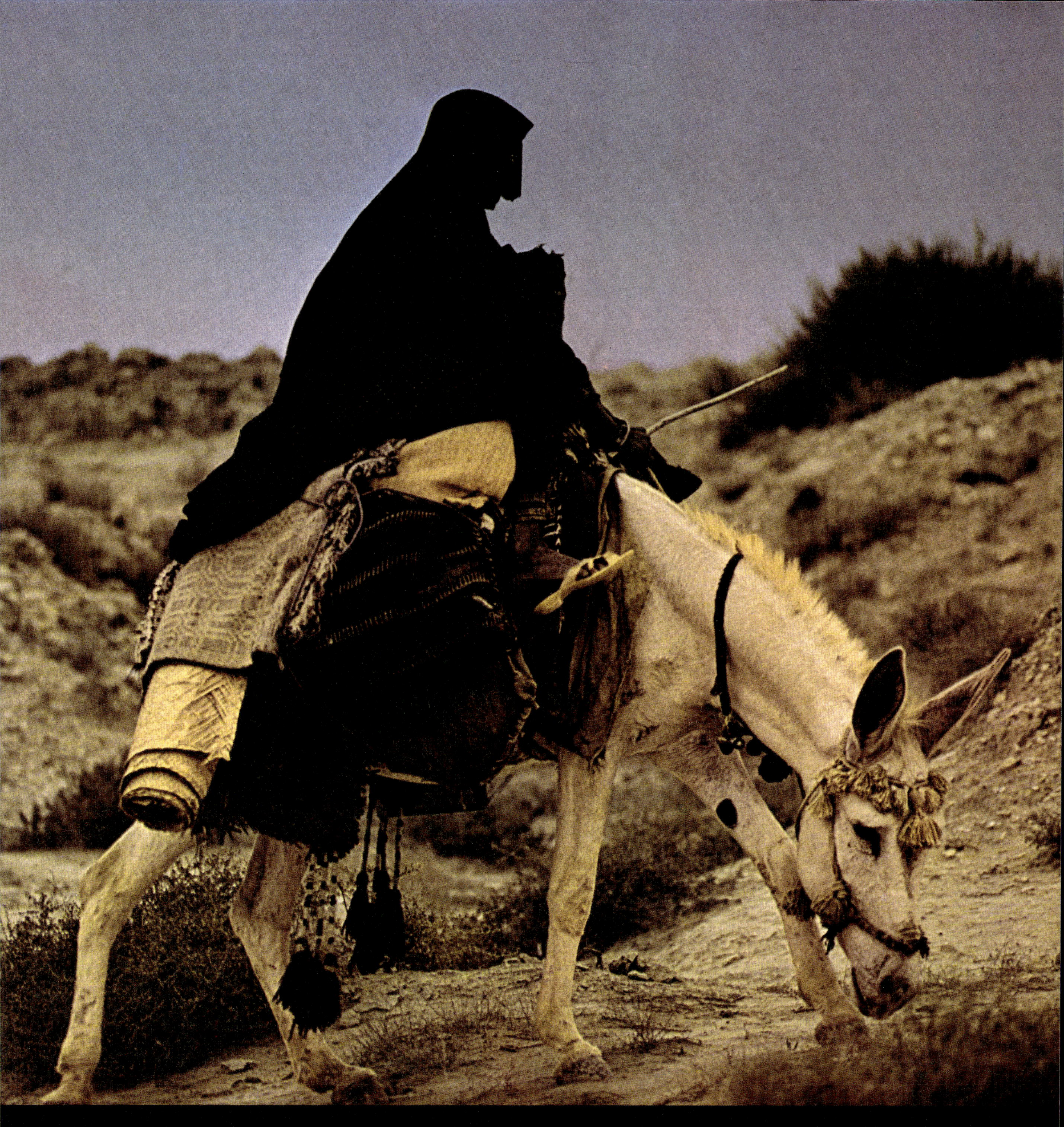

91

92

93

Zeltmeister, eil dich, brich die Zelte ab!
　　　Der Späher schon sich auf den Weg begab.
Der Trommler hat den ersten Ruf geschlagen;
　　　Auf den Kamelen hoch die Sänften ragen.

Manûtschehrî (11. Jahrhundert)

Reisen ist des Manns Erzieher
　　　　　　und des Ruhmes Schwelle.
Reisen ist der Künste Meister
　　　　　　und Besitzes Quelle.
Dem, der nur in seiner Stadt bleibt,
　　　　　　wird's an Ehren fehlen;
Denn es sind im eignen Schacht drin
　　　　　　wertlos die Juwelen.

Anwarî (12. Jahrhundert)

Die Huka wird ein Teil von deinen Lippen,
    zu Zucker wird das Rohr im Mund beim Nippen.
Nicht Tabakschwaden sind's, die dich umgeben,
    nein, Wolken zart, die um den Vollmond schweben!

Anonym

Die Weise der Liebe mußt du von der Wasserpfeife erlernen:
Feuer im Kopf, Rausch im Herzen und Tränen am Saum.

Anonym

کافهٔ برادران

95

96

97

98

99

100

101

102

103

Wisse, daß der Ringkampf eine den Königen und Herrschern gefällige, angenehme Kunst ist, und daß, die sie betreiben, zumeist Leute sind, die ihre Tage in Reinheit und Redlichkeit verbringen...

Wenn man dich fragt, wie es sich mit der Stärke verhält, so sage: Stärke allein hat kein Verdienst; denn es gibt ja Lebewesen, die sehr stark, dabei aber unwissend und infolgedessen ohne Adel sind.

Fragt man dich: Wie steht es mit Wissen und Stärke? So sage: Vortrefflich! Ein großer Mann hat gesagt: Stärke ohne Wissen ist wie ein König ohne Gerechtigkeit, Wissen ohne Stärke wie ein König ohne Heer. Verbinden sich aber Wissen und Stärke, gelingen die Dinge nach Wunsch und Willen.

Wâ'ez-e Kâschefî (15. Jahrhundert)

Wenn du uns fragen solltest: «Wie viele Länder sind
es, die König Darius beherrschte?» So betrachte die
Skulpturen [jener], die den Thron tragen. Dann wirst
du wissen, dann wird es dir kund werden: Der Speer
eines persischen Mannes ist fernehin geflogen. Dann
wird es dir kund werden: Ein persischer Mann
hat wahrlich fern von Persien Schlachten geschlagen!

Inschrift von Bîsotûn

104

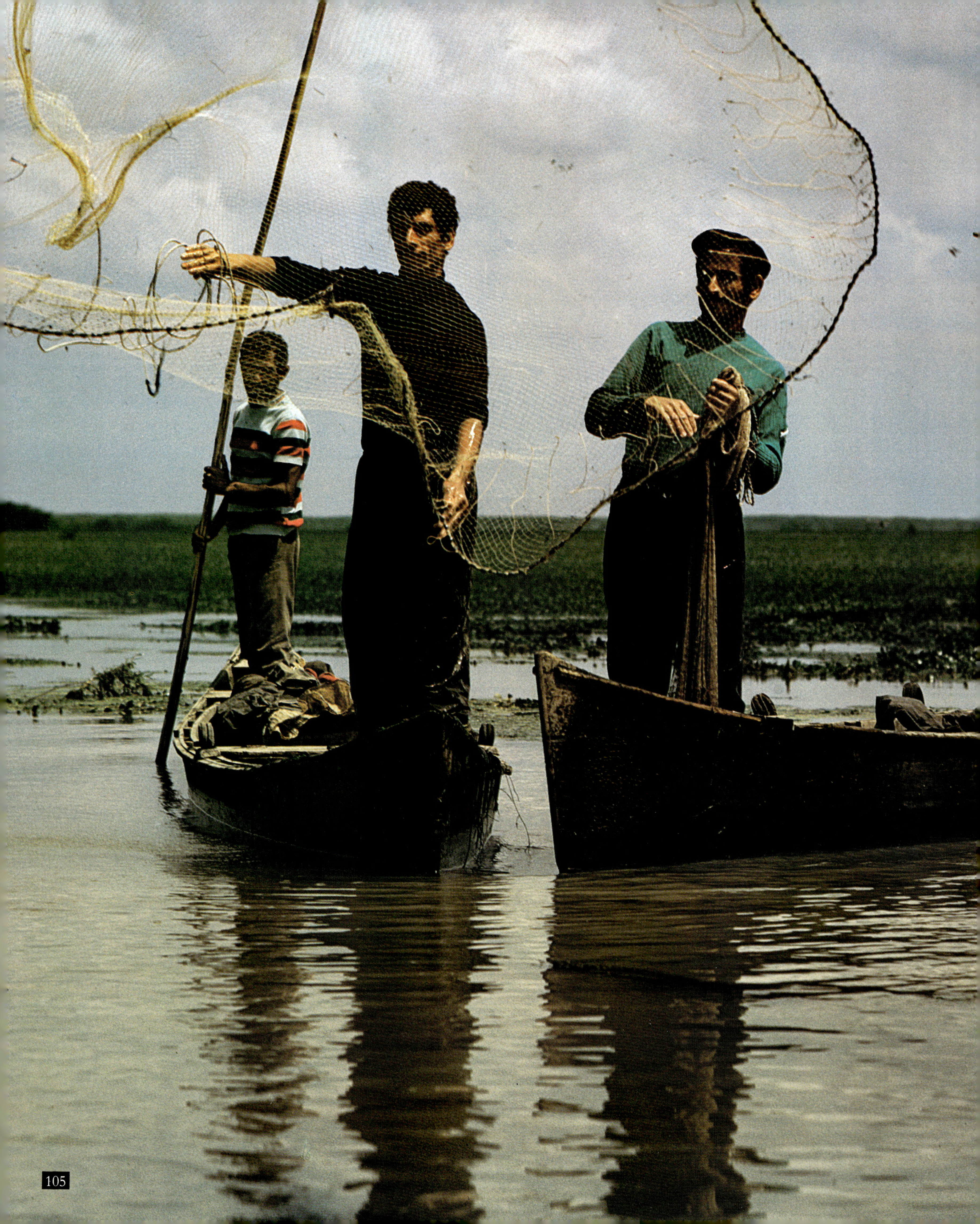

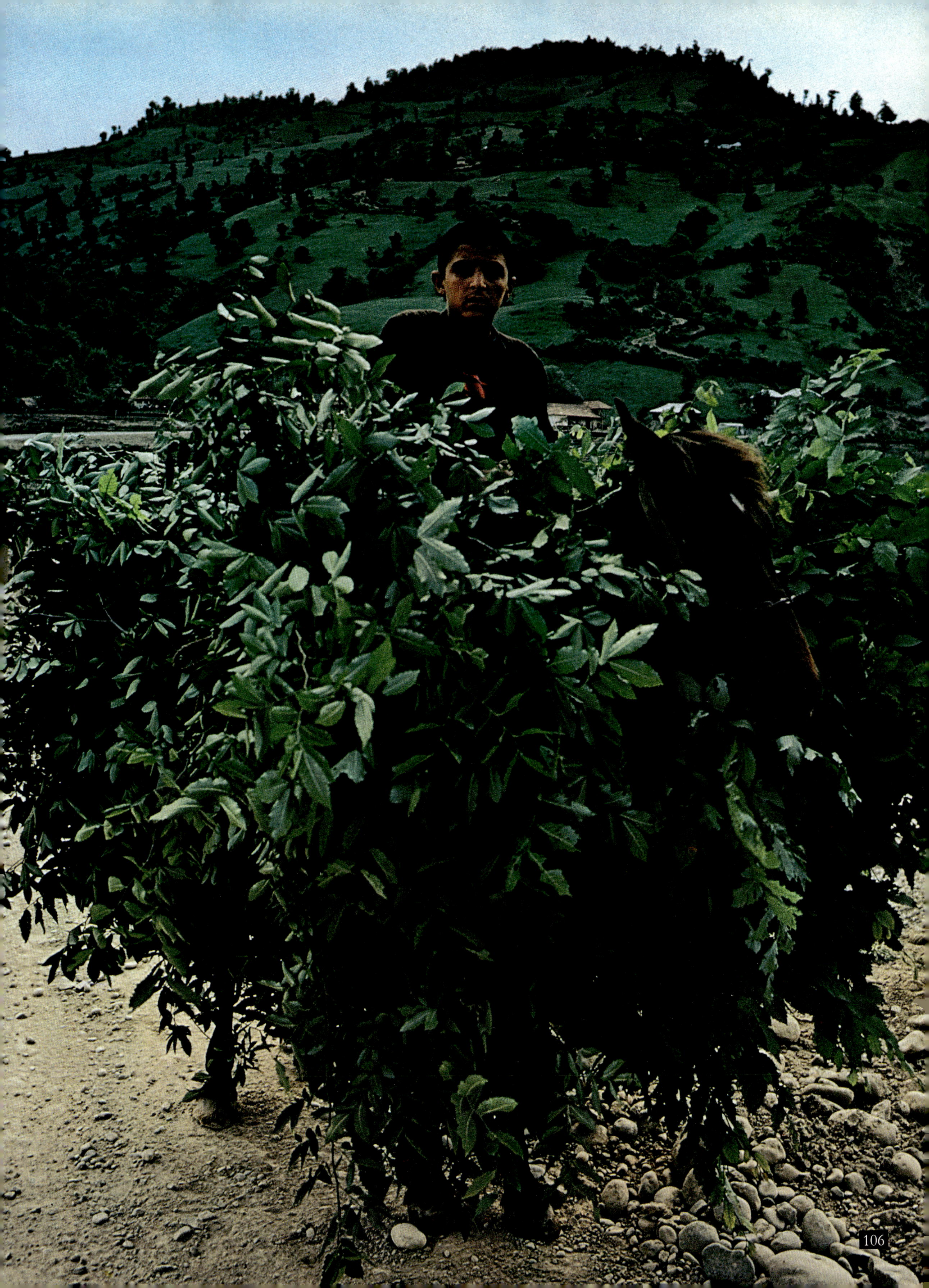

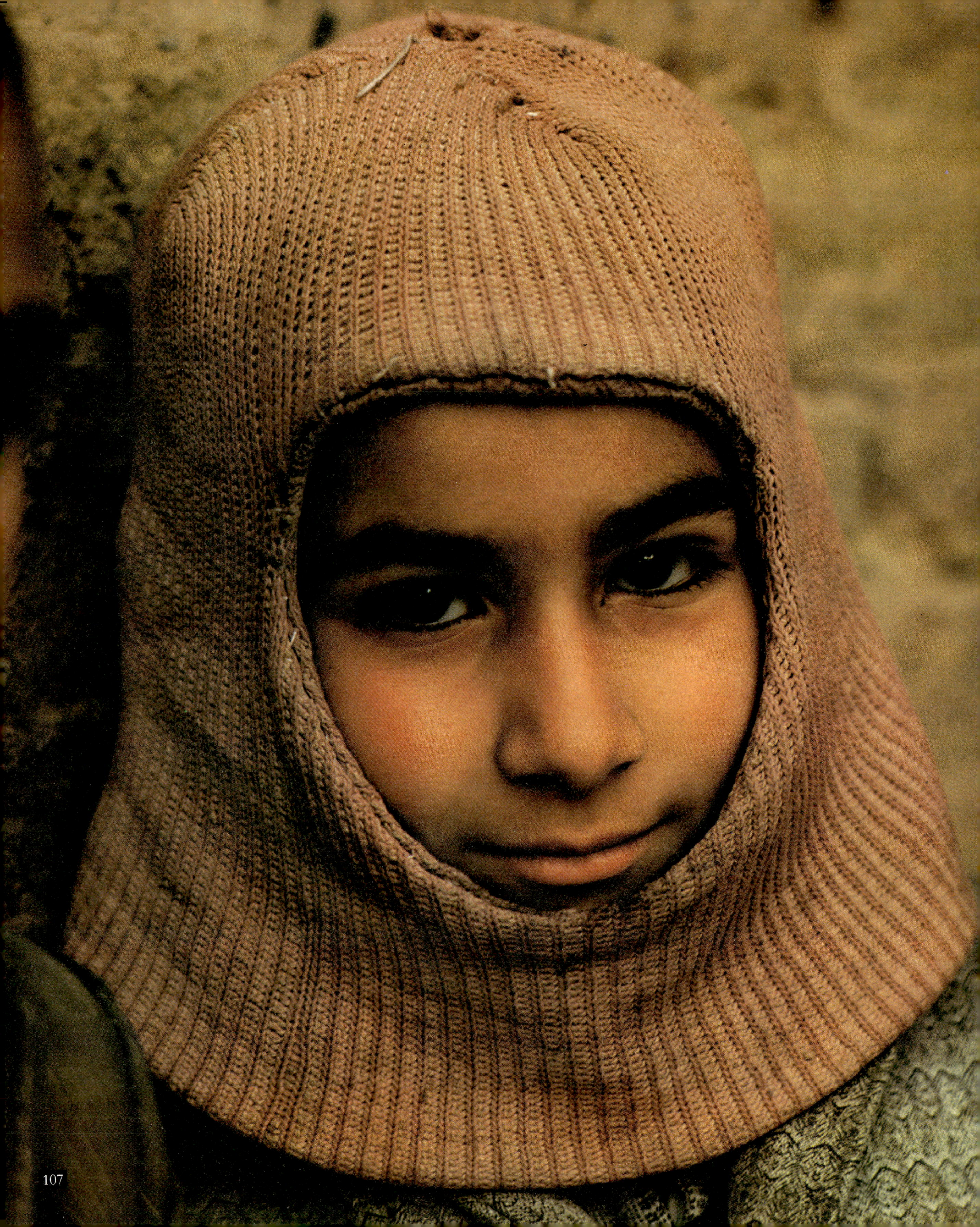

Deine Augen – sind sie Rehe,
 oder Räuber oder Zaubrer?
Oder sind's zwei schwarze Mandeln,
 dunkelglänzende Narzissen?

Dschâmî (15. Jahrhundert)

Lebe froh mit frohen Schwarzgeäugten,
 denn die Welt ist nichts
 als Märchen und Geschrei!

Rûdakî (10. Jahrhundert)

Der Basar

خود را و عیال خود را از روی خلق بی نیاز داشتن و کفایت ایشان از حلال کسب کردن از جمله جهاد است در راه دین ، و از بسیاری عبادات فاضلتر است ، روزی رسول علیه السّلام با اصحاب نشسته بود بُرنائی با قوّت بامداد پگاه برایشان بگذشت و بدکان می شد ، صحابه گفتند دریغا اگر این پگاه خاستن در راه دین بودی . رسول علیه السّلام گفت که چنین مگوئید که اگر از برای آن می رود تا خود را از روی خلق بی نیاز دارد یا پدر و مادر خود را یا فرزند و اهل خود را ، وی در راه خدای تعالی است و اگر برای تفاخر و لاف و توانگری می شود در راه شیطان ست.

Sich und seine Familie so erhalten, daß man nicht von den Almosen anderer abhängt, den Unterhalt der Seinen auf rechtliche Weise verdienen, das gehört zum täglichen Heiligen Krieg und ist besser als manche fromme Verrichtung.

Als nämlich der Prophet eines Morgens früh mit Gefährten beisammen saß und ein kräftiger junger Mann an ihnen vorüber zu seinem Laden lief, riefen jene: «Wie schrecklich! Der tut ja, als wenn das Frühaufstehen zu den religiösen Pflichten gehörte!» Da sprach er: «Sagt das nicht! Wenn er nämlich hinläuft, um sich von den Almosen anderer unabhängig zu machen oder auch seine Eltern, Kinder oder Verwandten, so ist er auf dem Wege Gottes. Tut er es aber aus Ruhmsucht und Eitelkeit und Geltungsdrang, so auf dem Wege des Teufels!»

Ghazzâlî (11. Jahrhundert)

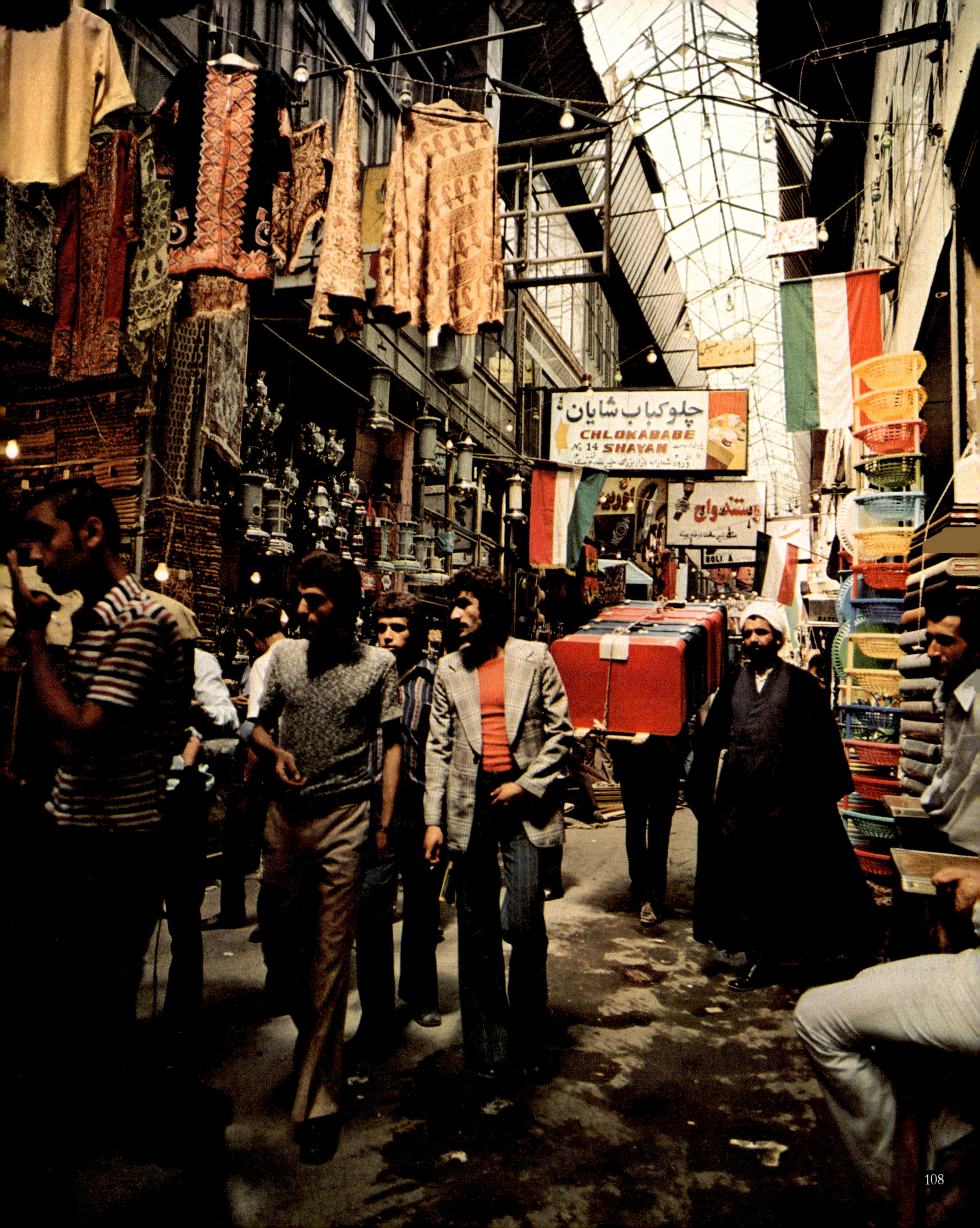

چلوکباب شایان
CHLOKABABE
№ 14 SHAYAN

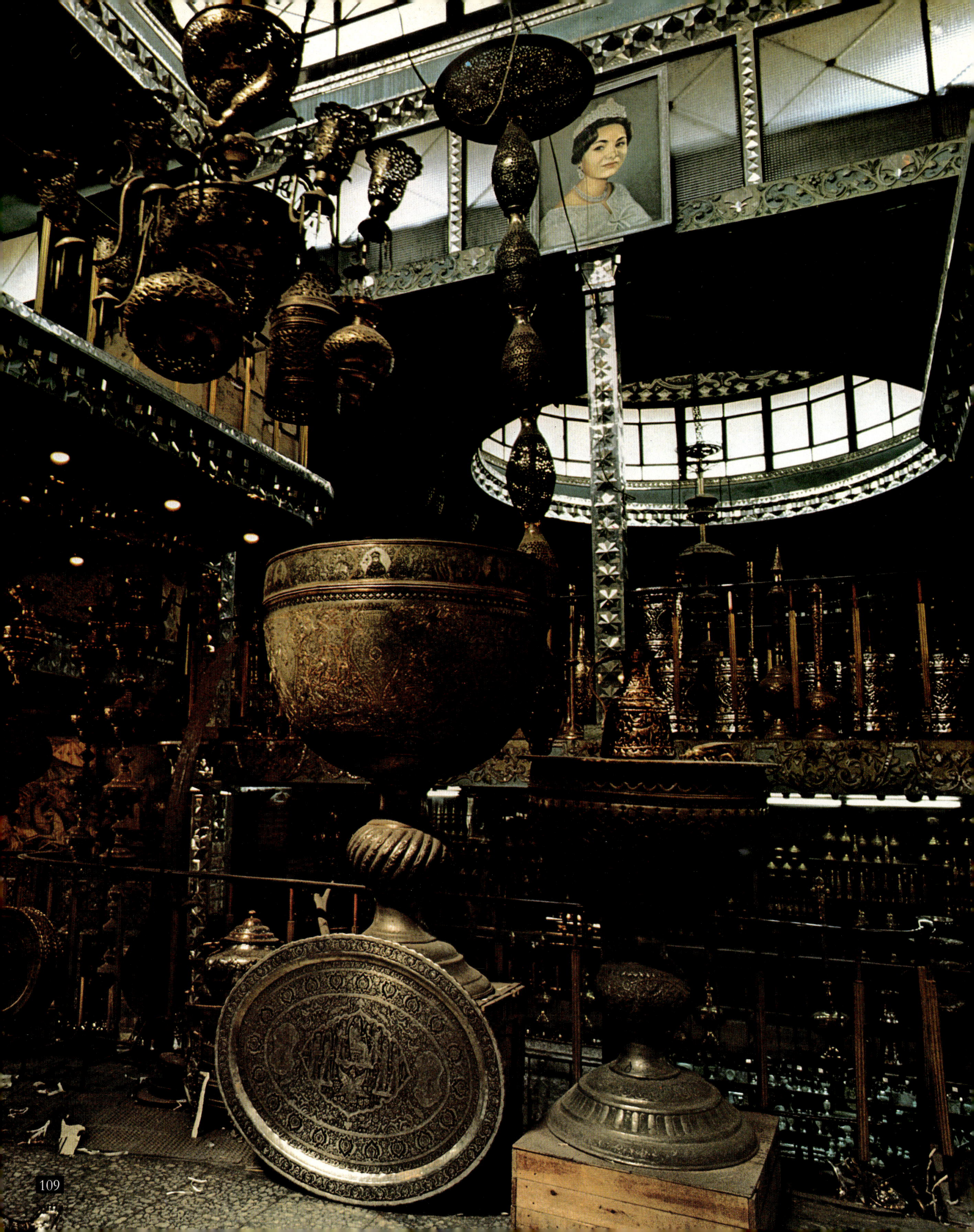

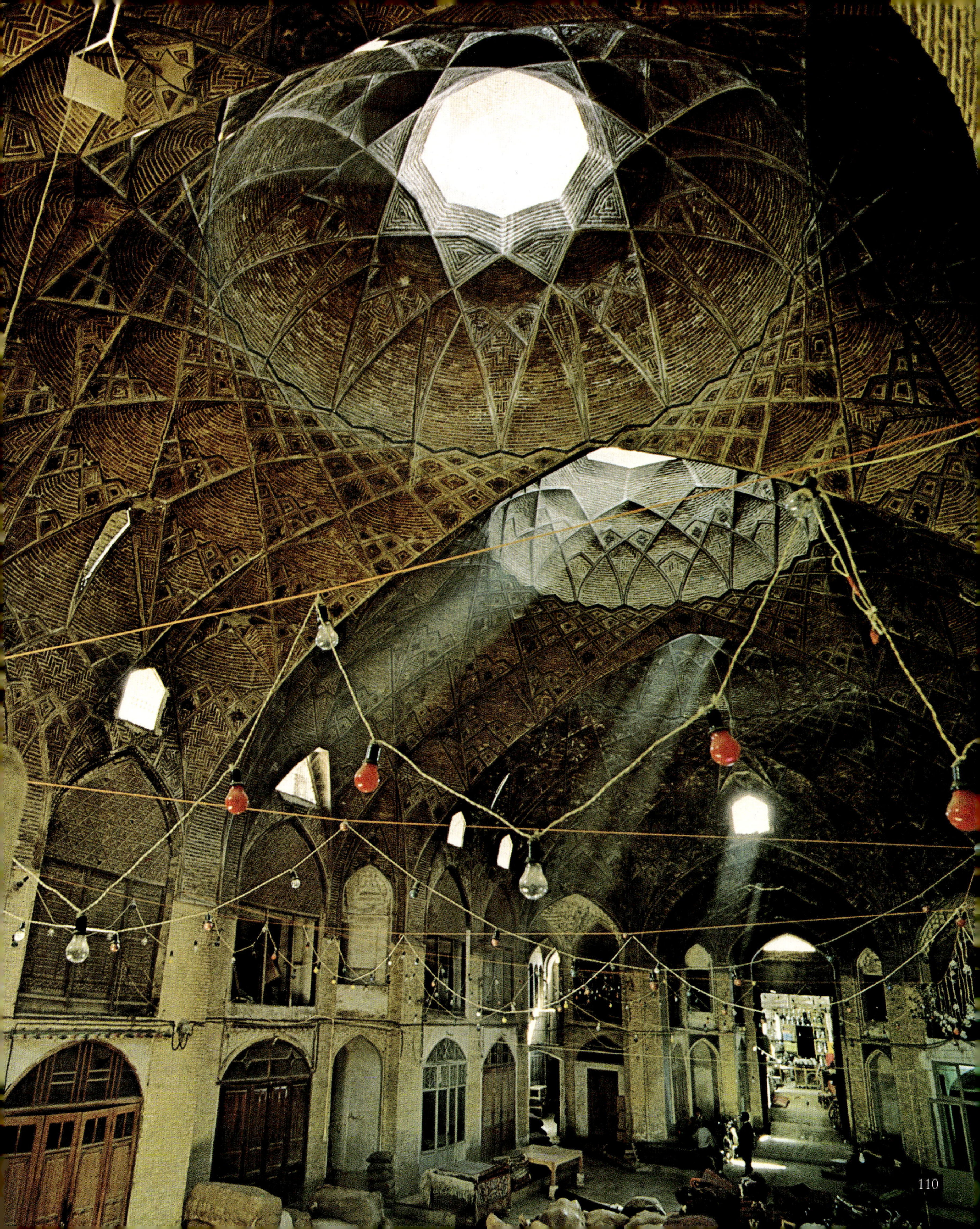

111

112

113

114

دولت به هنر است نه بزر
بزرگی به عقل است نه بسال

115

116

117

118

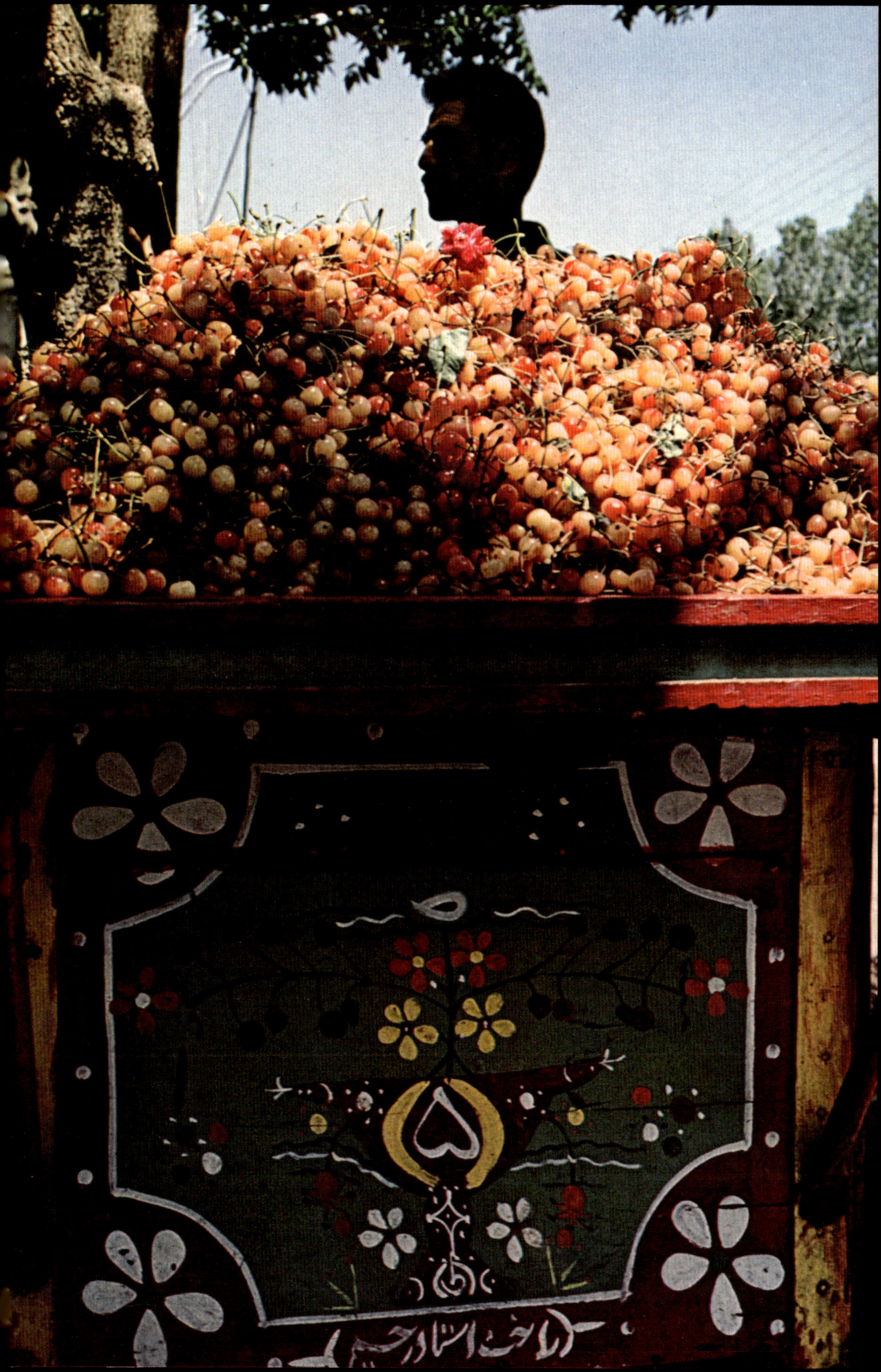

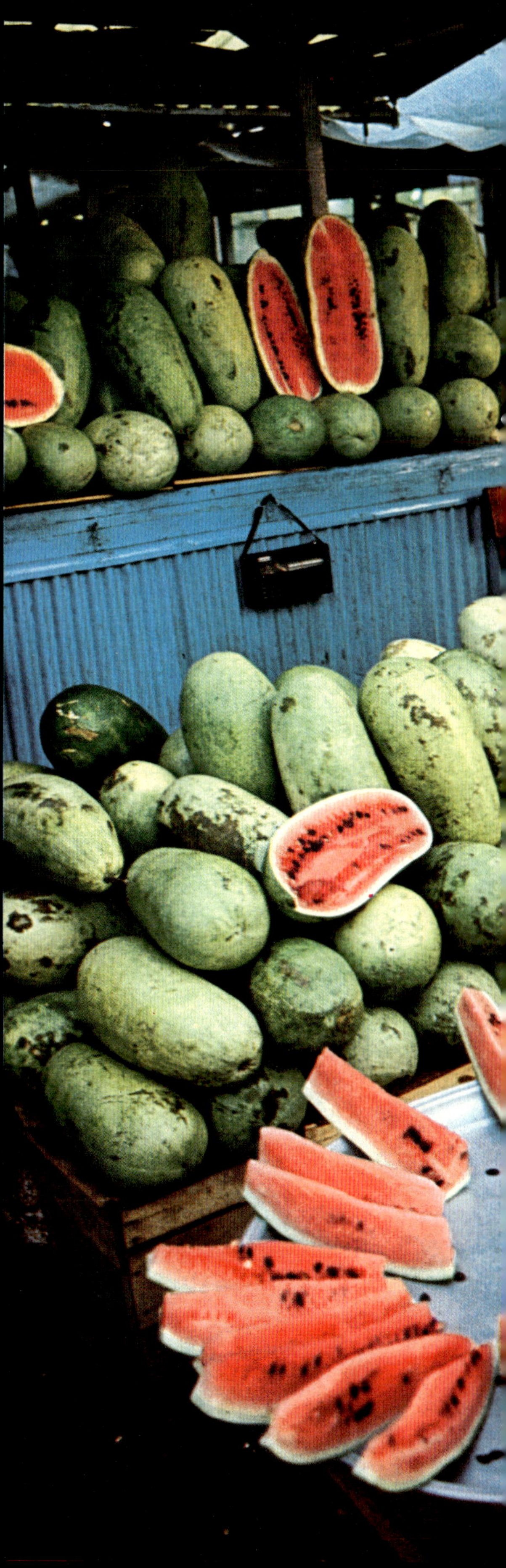

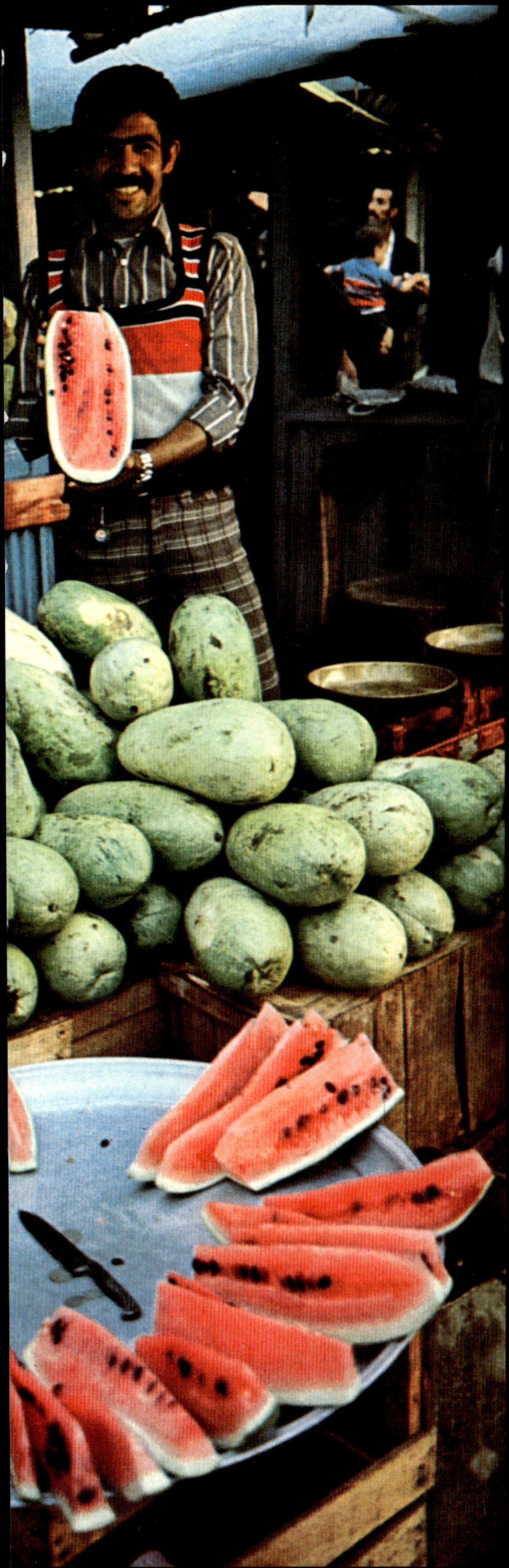

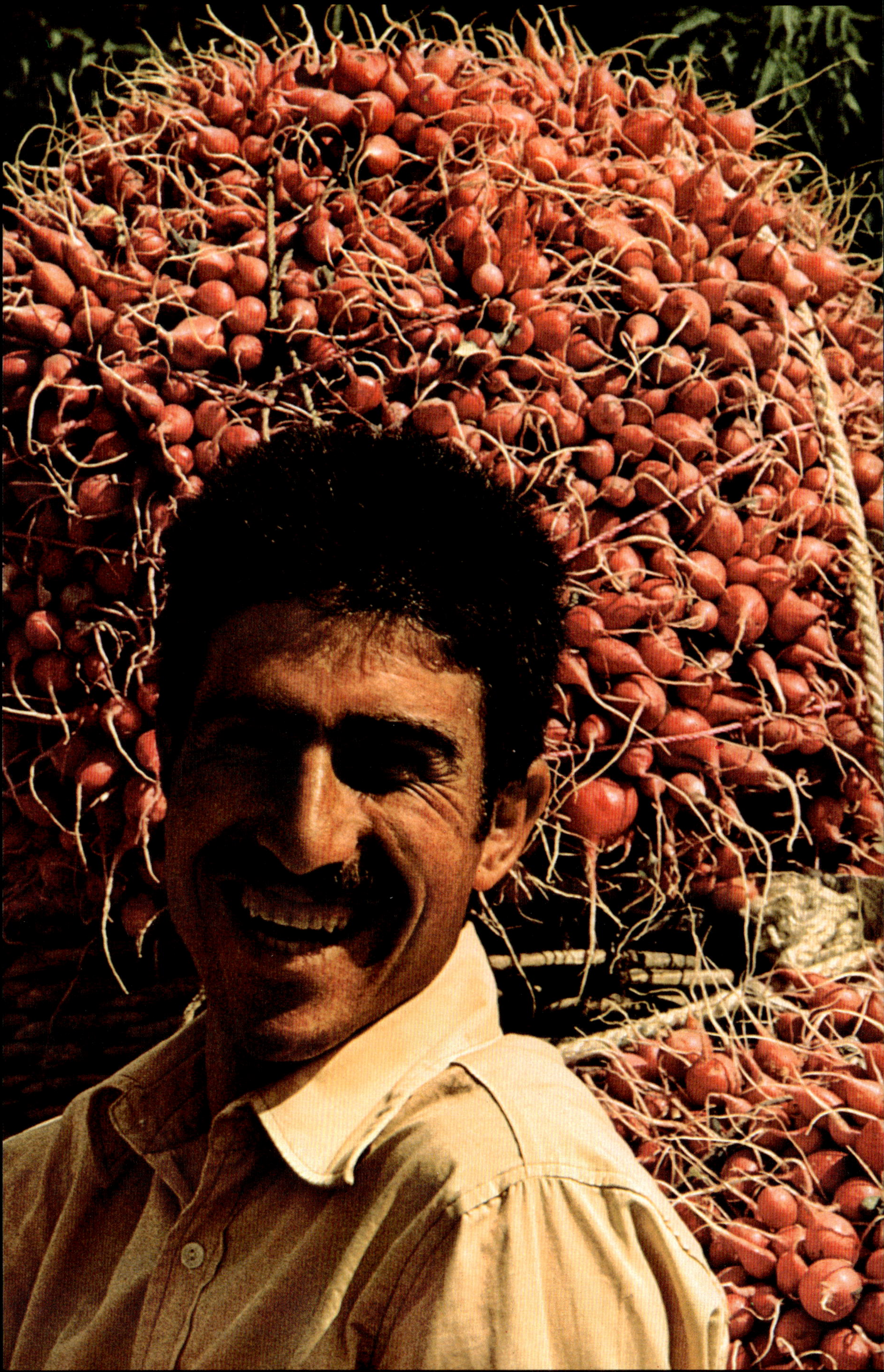

122

123 124 125

126

127

128

129

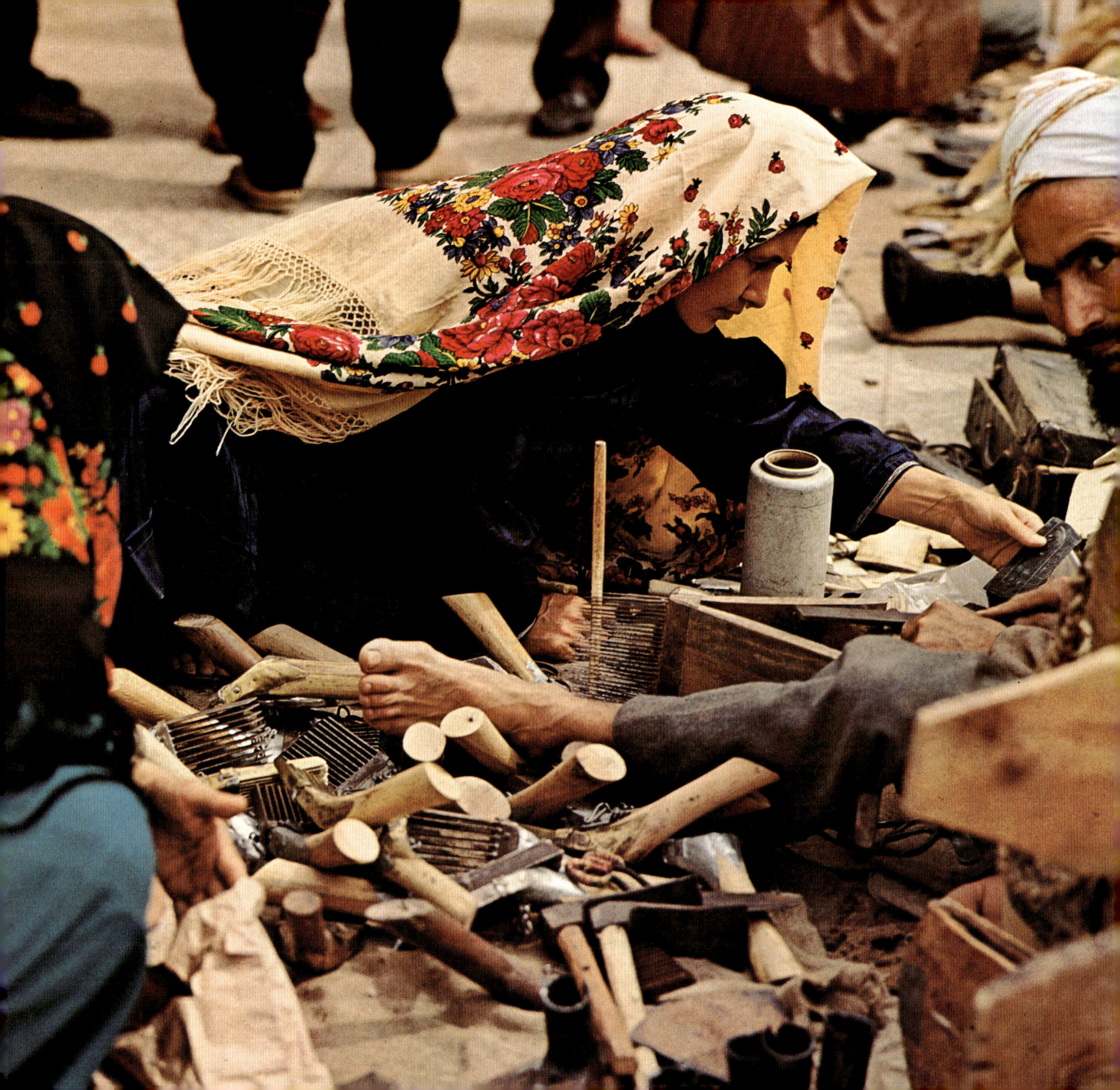

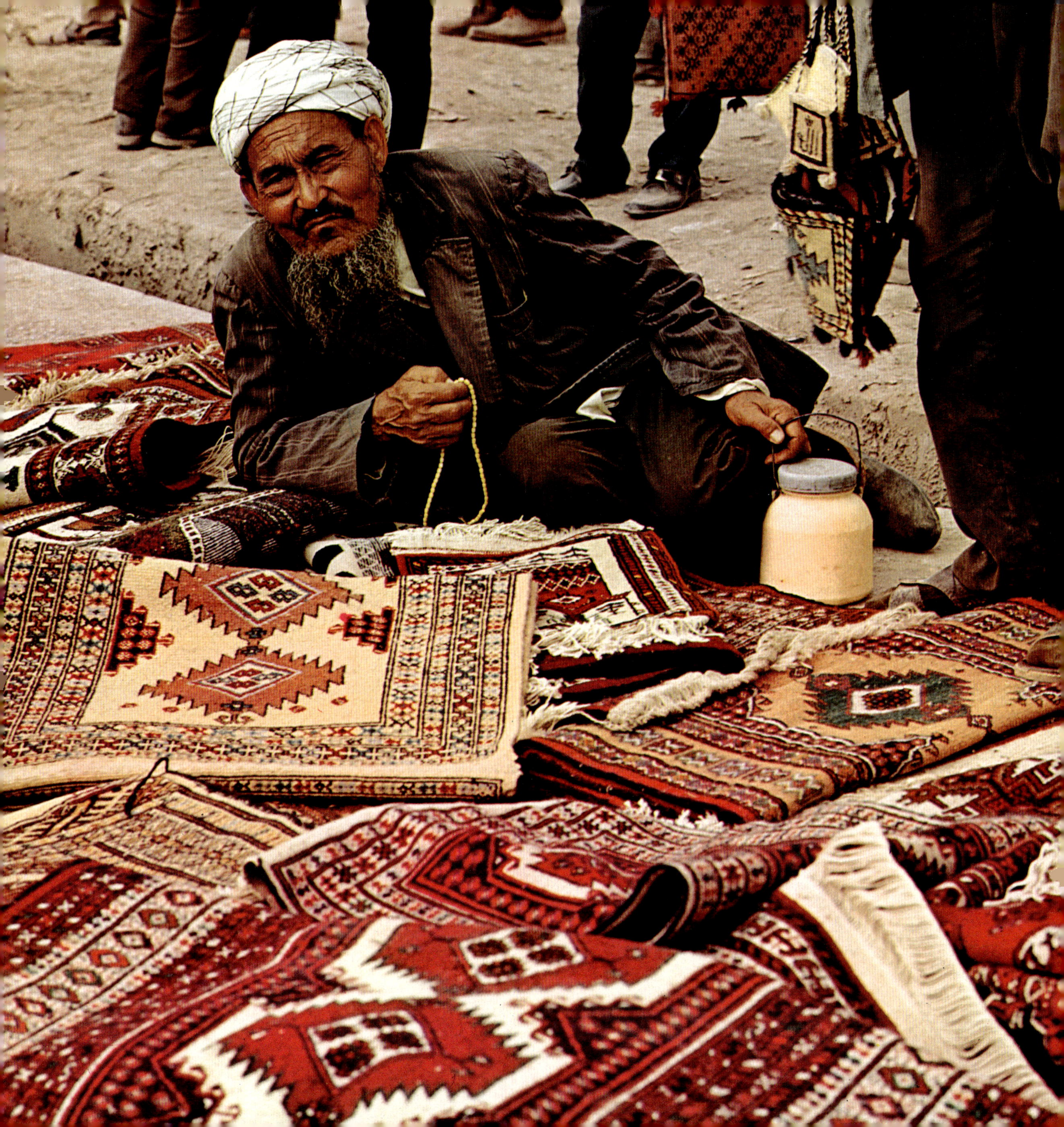

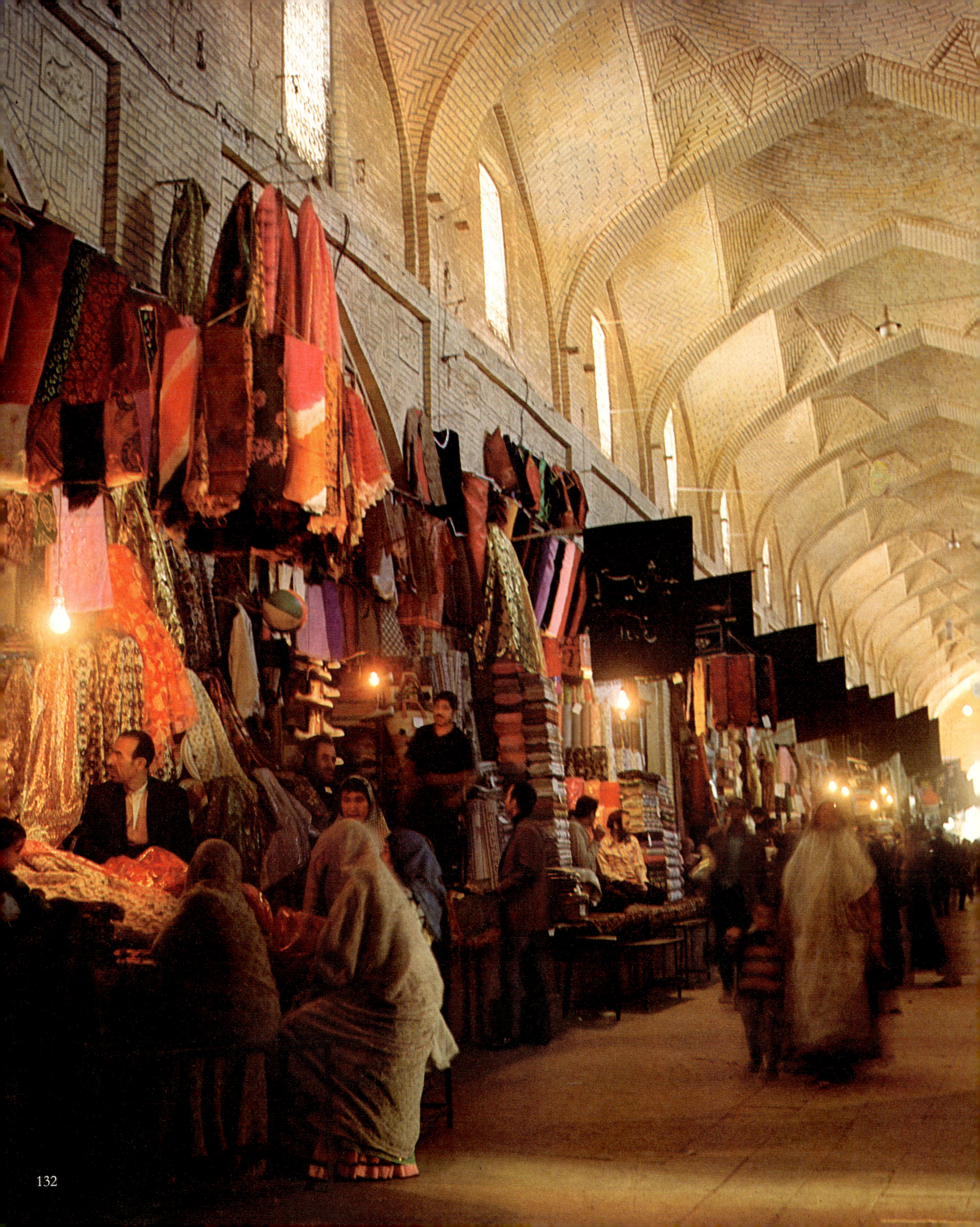

Jeder der zehn Finger eines tüchtigen Handwerkers
ist ihm wie ein Schlüssel für sein tägliches Brot.

Anonym

Am nächsten Morgen betrat ich die Stadt (Tabriz).
Wir kamen zu einem großen Basar, der nach dem
Ilchan Ghazan benannt war, einem der schönsten
Basare, die ich je gesehen. Jedes Handwerk und jeder
Handelszweig sind dort gesondert beherbergt. Ich
wanderte durch den Goldschmiedbasar und wurde
geblendet von den kostbaren Steinen, die ich
erblickte. Sie wurden feilgeboten von schönen
Sklaven in reichen Gewändern mit Seidenschärpen
um ihre Taillen, die bei den Kaufleuten standen und
den Damen der türkischen Oberschicht Geschmeide
vorzeigten, welche diese in großen Mengen erwarben,
offensichtlich um sich gegenseitig zu überbieten.
Dabei kam es zu einem Handgemenge – möge Gott
mich vor dergleichen bewahren! Wir gingen weiter
zum Ambra- und Moschusbasar und wurden dort
Zeuge einer ähnlichen oder noch schlimmeren
Schlägerei.
  Dann reisten wir eine Strecke weit durch offenes,
von Türken bevölkertes Land, bis wir Schiraz
erreichten, eine dicht besiedelte, gut gebaute und
bewundernswert geplante Stadt. Auch hier hat jedes
Handwerk seinen eigenen Basar. Ihre Einwohner sind
schmuck und sauber gekleidet. Im ganzen Osten gibt
es keine Stadt, die in bezug auf Schönheit der Basare,
der Obstgärten und Flüsse sowie den schmucken
Wuchs ihrer Bewohner Damaskus vergleichbar wäre
außer Schiraz.

Ibn Battûta (arabischer Reisender des 14. Jahrhunderts)

DRITTES KAPITEL:

Die heiligen Stätten

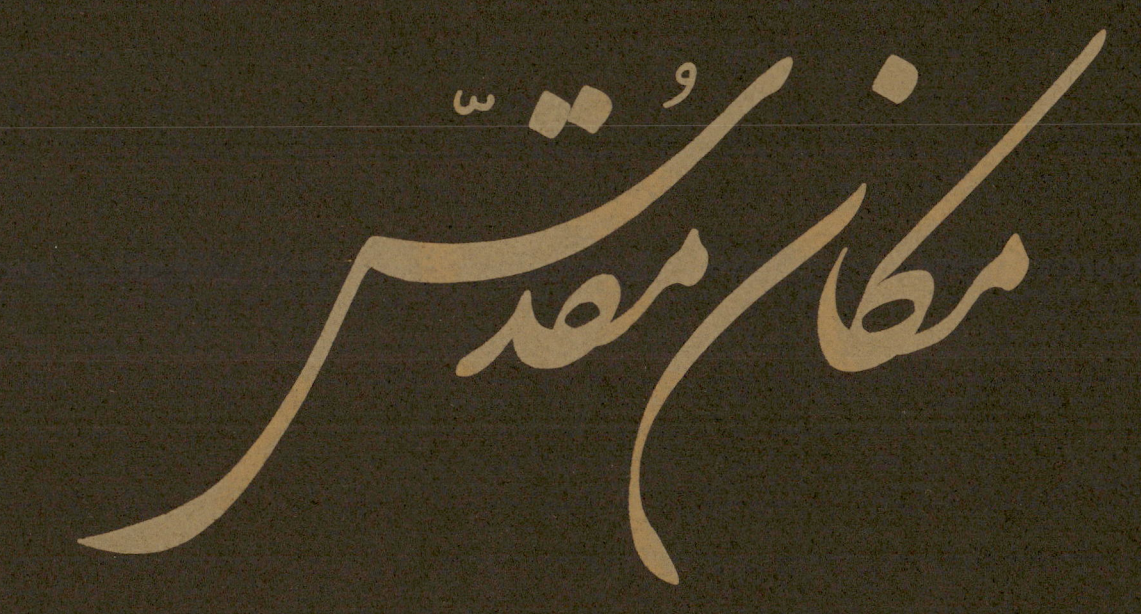

مکان مقدس

Jeder hofft den Freund zu finden,
  ob er nüchtern oder trunken;
Alles ist ein Haus der Liebe,
  ob's Moschee, ob's Kirche heiße!

Hâfez (14. Jahrhundert)

◁ *Detail des heiligen Gitters, das das Grabmal von Emâm Rezâ in Maschhad umgibt.*

Schöne Tage, klare Lüfte, Erde heiter lacht,
Dunkle Ströme, helle Weine, Herzen froh entfacht!
Jeden Tag die Erde duftet ohne Räucherwerk,
Ohne Wolken taut der Himmel Feuchte Nacht für Nacht.
Jeden Fingerbreit der Erde mit dem Federrohr
Zeichnet unverwandt der Maler seiner Zeichen Pracht.

Farrochî (11. Jahrhundert)

ABBILDUNGEN 133 BIS 195

Ausführliche Anmerkungen zu diesen Abbildungen auf den Seiten 343 bis 349

133 Heiligtum der Elamiter: die Zikkurat von Tschoga Zanbil in Chuzestân.

134 Die natürliche Schönheit von Tacht-e Soleimân hat die Menschen schon vor mehr als tausend Jahren dazu bewogen, in diesem Tal ihre Tempel und Grabmäler anzulegen.

135 Dorfbewohner sitzen in einem Kreis neben dem sagenumwobenen See des Tacht-e Soleimân.

136 Der Kalksteinkrater des Zendân-e Soleimân (Gefängnis des Salomo) war früher ein Heiligtum.

137 Die Ruinen einer Partherburg hängen an den schwarzen Basaltwänden des Kûh-e Chwâdsche im Sistân.

138 Die seldschukischen Grabtürme von Charraqân unter Januarschnee.

Denkmalpflege in Persien (139–146):

139 Die erhabene Kuppel des Oldschâitu-Grabmals in Soltânijje ist während der Restaurierung mit einem Gerüstnetz ausgefüllt.

140 Lehrlinge arbeiten im Grabmal des Schâh Tscherâgh in Schirâz, um die Kunst des Spiegeleinlegens zu lernen.

141 Diese armenische Kirche ist dem Apostel Thaddäus geweiht.

142 Spezialisten restaurieren das Fayencemosaik im Sûfî-Grabmal von Torbat-e Dschâm.

143 Die mit pastellfarbenen Fayencekacheln besetzte Kuppel über dem Grab des Mathematikers und Dichters Omar Chajjâm in Neischâpur.

144 Windfänger beim Eingang zum Grabmal von Ne'matallâh Walî in Mahân.

145 Ein mit Fayencekacheln verzierter Pavillon steht über dem Grab des mystischen Dichters Bâbâ Tâher in Hamadân.

146 Ein Netzwerk von Ornamentalbacksteinen und türkisfarbenen Fayenceplättchen überzieht den Gonbad-e Kabûd von Marâghe.

147 Ein heiliger Ort von seltener Schönheit: das Grabmal von Schâh Ne'matallâh Walî und das Mahân-Tal.

148 Eine alte Platane beschattet das sufitische Chânaqâh von Natanz.

149 Spitzkegeldächer schließen die Grabtürme der Provinz Mâzanderân ab.

150 Das Gemurmel eines Koranlesers widerhallt in den Grabnischen des Chwâdsche Rabî in der Nähe von Maschhad.

151 Zuckerhutbau des Emâm-zâde Ja'qûb in Schâhâbâd.

152 Sarg und Grabstein des Amîr Oweis auf einem Wüstenhügel hinter Ardestân.

153 Hände aus weißer Baumwolle mit roten Flecken, eine Puppe und frische Rosen symbolisieren das Drama von Karbalâ. Takje Nijâkî, Âmol.

154 Rituelle sufitische Gegenstände zieren die Wände aus bemalten Kacheln *(kâschi)* des Takje Mo'âwen al-Molk in Kermânschâh.

155 Grüner Stoff überdeckt in der unterirdischen Krypta das Grab der Alawijjân-Familie in Hamadân.

156 Metallhände und -gesichter, die von Pilgern an das Tor der Sâheb-al-Amr-Moschee in Tabriz genagelt wurden.

157 Detail der rituellen Standarte *(alam)*, die im Monat Moharram in den religiösen Prozessionen durch die Straßen getragen wird.

158 Diese Marmorstatue von Ferdausî steht in einer Gartenanlage von Tûs, wo der Dichter lebte und begraben ist.

159 Mehr als 1700 Jahre nach dem Tod Kyros' des Großen wurde diese Gebetsnische innerhalb seines Grabmals in Pasargadai angebracht.

160 Grabmal Kyros' des Großen bei Sonnenuntergang.

161 Die in den Felsen geschlagenen Grabmäler der achämenidischen Könige und, im Vordergrund, der Ka'ba-je Zardoscht in Naqsch-e Rostam.

162 Dromedare vor den Ruinen des Feueraltars von Firûzâbâd.

163 Die Wassergöttin Anâhitâ, sassanidische Silberplatte.

164 Der in Trümmern liegende Tempel der Anâhitâ in Kangâwar.

165 Schulkinder spielen vor dem Gonbad-e Qâbûs in Gorgân.

166 Kassettendecke der Grabkammer von Scheich Abd as-Samad Esfahânî in Natanz.

167, Stuckkalligraphie an den Wänden des
168 Grabmals von Pîr-e Bakrân.

169 Tauben haben sich die Kuppel des Emâm-zâde Sâle im Tadschrîsch-Basar von Teherân als Schlafplatz ausgesucht.

170 Eingang zum Grabmal der Hazrat-e Ma'sume in Qom.

171, Kuppeln und Minarette der Wall-
172 fahrtsstätte Qom, Geschenke der Safawiden- und Qâdschârenkönige.

173 Vom Minarett der Gowhar-Schâd-Moschee aus schallt der Ruf zum Abendgebet durch die heilige Grabstätte in Maschhad.

174 Pilger versammeln sich im Innenhof der Gowhar-Schâd-Moschee zum Abendgebet (Maschhad).

175 Funkelnde, mit Spiegelmosaiken ausgekleidete Räume führen zur Grabkammer des Emâm Rezâ.

176 Verschleierte Frauen drücken ihre Lippen auf das Metallgitter, das das Grab von Emâm Rezâ umgibt.

177 Die heilige Grabstätte in Maschhad bei Sonnenuntergang.

178 Betender in der Königinmutter-Madrase von Esfahân.

179 Wunderschöne Stuckornamente zieren diese Gebetsnische der Freitagsmoschee von Rezâijje.

180 Der Wächter des Grabmals von Scheich Safî in Ardabil liest neben dem Holzgitter im Koran.

181 Der Alte Hof in Maschhad füllt sich mit Leuten, die das Mittagsgebet verrichten kommen.

182 In der schlichten Freitagsmoschee von Ardestân verharren drei Männer trotz eisiger Kälte im Gebet.

183 Frauen beten in der Gowhar-Schâd-Moschee von Maschhad.

184 Am ersten Tag des Monats Moharram führte eine Truppe von Wanderschauspielern in Kermân ein Passionsspiel auf.

185 Nordwestlicher Backstein-Iwân der Freitagsmoschee in Esfahân.

186, Warme Lichtstrahlen fallen auf den
187 wunderbar verzierten Stuck-*Mehrâb* des Oldschâitu-Gebetsraumes in der Freitagsmoschee von Esfahân.

188 Maulbeerbäume beschatten den Innenhof der Freitagsmoschee von Farûmad mit ihrer Bienenwaben-Stuckdekoration aus dem 13. Jahrhundert.

189 Die Freitagsmoschee von Warâmin stammt aus der Zeit der mongolischen Herrschaft (14. Jahrhundert).

190 Innenhof der Freitagsmoschee von Schirâz.

191 Esfahâns Schâh-Moschee im Zwielicht, von der Terrasse des Alî-Qâpû-Palastes aus aufgenommen.

192 Die Emâm-Hassan-Moschee auf einer Klippe über der sassanidischen Hafenstadt Sirâf.

193 Gebetshalle der ältesten Moschee Persiens, des Târi Châne (Haus Gottes) in Dâmghân.

194 Die klaren Formen der Freitagsmoschee von Abarqu.

195 Das luftige, gekachelte Portal der Freitagsmoschee von Jazd wächst über eine Lehmmauer empor.

Schrein, Grab und Tempel

تعالی الله زهی ذات مطهّر   که آمد نفس او نفس سپهرپیب

دو نهر فیض از یک قلزم جود   دو شاخ رحمت از یک اصل موجود

بعینه همچو یک نور و دو دیده   که آرا چشم کوته‌بین دو دیده

دوئی در اسم اما یک مسمّا   دو بین عاری ز فکر آن معما

بس این شاهد که بود ما ز دوئی دو   که احمد خواند با خویش از یک نور

گر این یک نور بر رخ پرده بستی   جهان جاوید در ظلمت نشستی

نخستین نخل باغ ذوالجلالی   بدو خرّم ریاض لایزالی

ز اصل و فرع او عالم پدیدار   یکی گل شد یکی برگ و یکی خار

Gelobt sei Gott, Lob Seinem reinen Wesen,
 Gebenedeit Mohammad und Ali!
Zwei Ströme aus dem gleichen Gottesmeer,
 Zwei Gnadenstämme aus der einen Wurzel.
Zwei Augen, von dem gleichen Licht erhellt;
 nur der verkürzte Blick sieht nicht die Einheit.
Zwei Namen, aber eines das Benannte!
 Wer's nicht begreift, ist nur ein armer Schieler.
Mohammad sprach: «Sein Licht und meins sind eins!»
 Genug Beweis, daß sie befreit von Zweiheit.
Verhüllte sein Gesicht dies eine Licht,
 Die Welt auf ewig müßt im Finstern sitzen!
Der erste Palmbaum ist's in Gottes Garten;
 Des Paradieses Wiesen er verklärt.
Aus seinen Wurzeln, seinen Zweigen ward die Erde
 Und Blätter sprossen, Blüten, Früchte viel!

Wahschi (16. Jahrhundert)

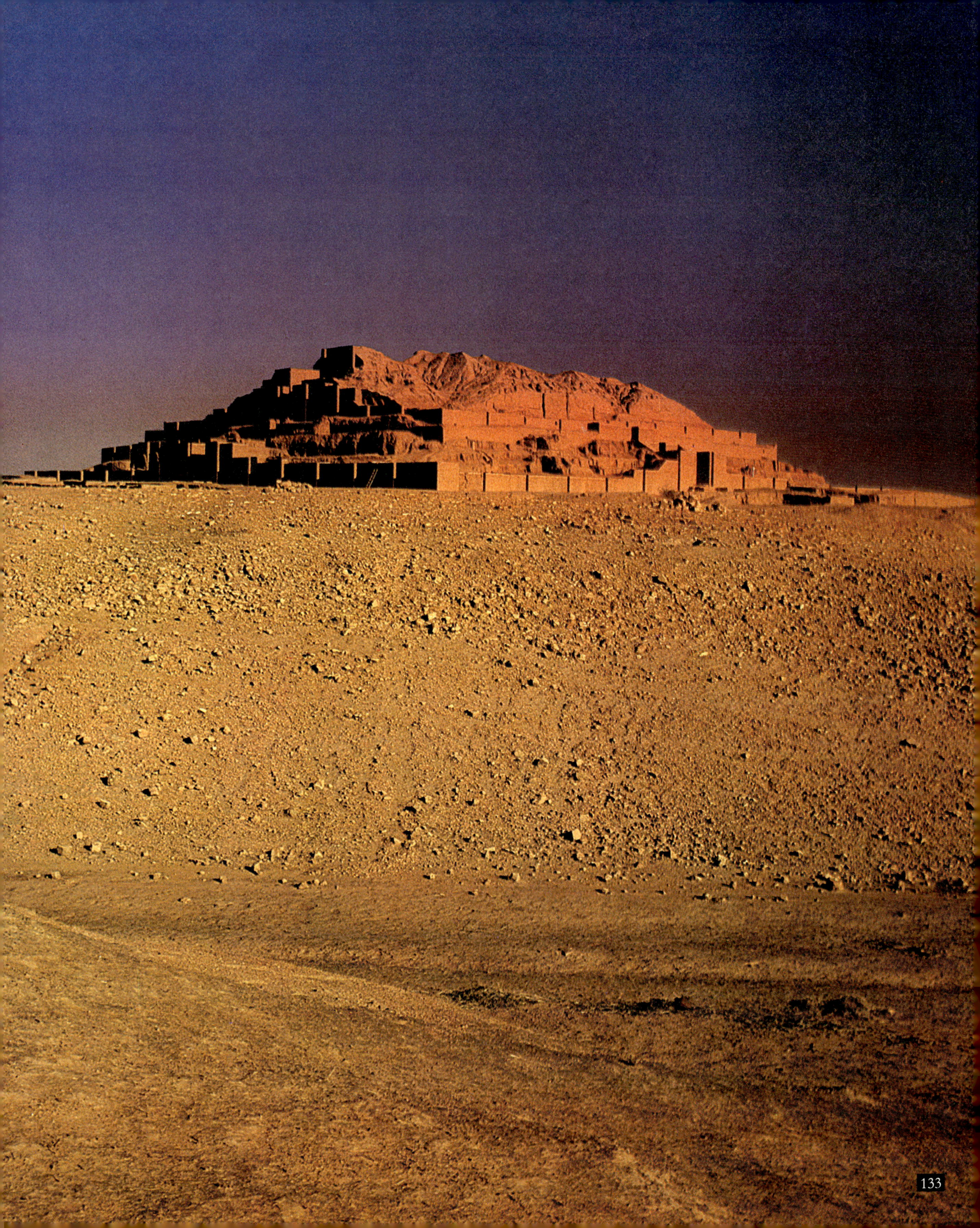

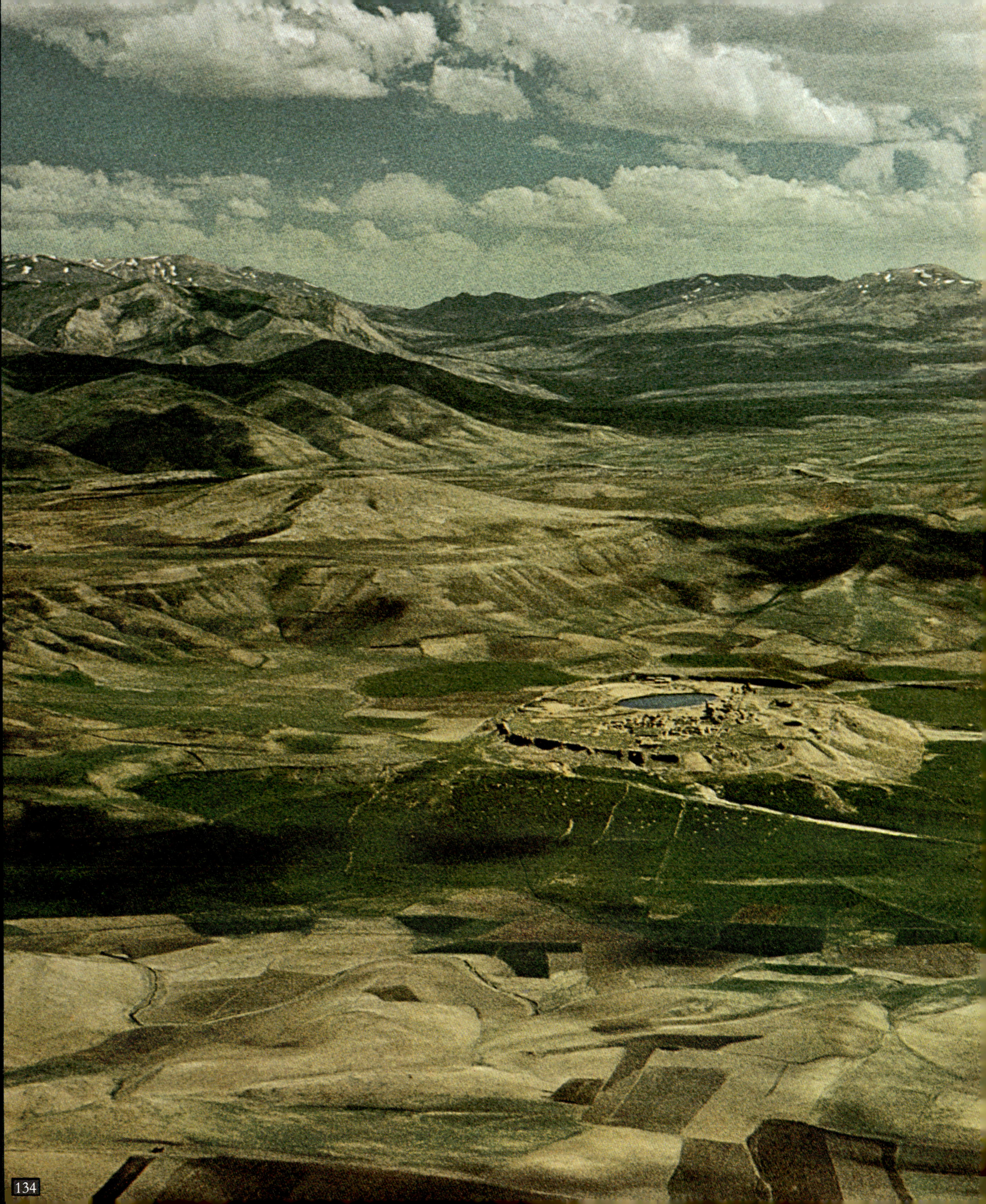

135

136

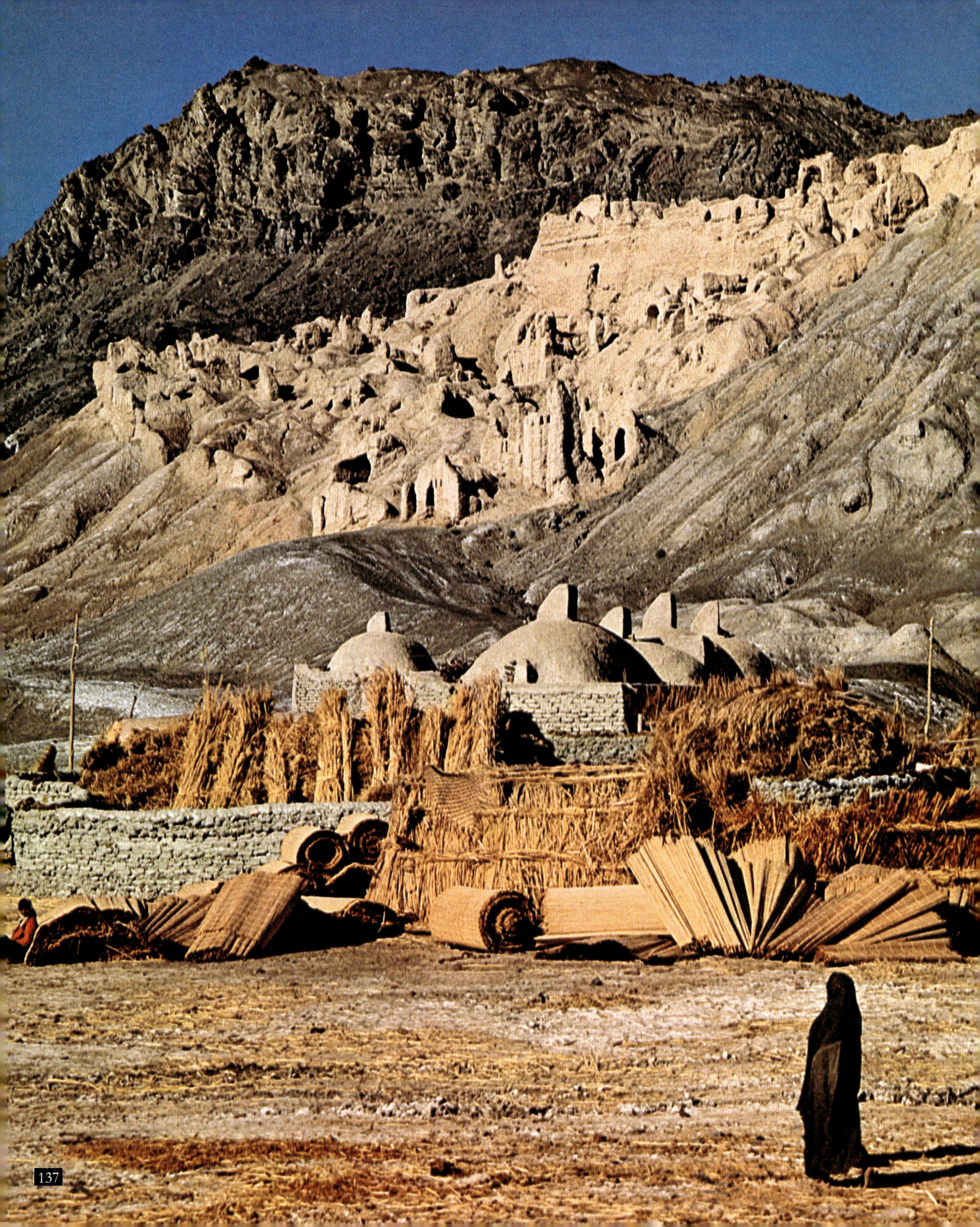

Zum Berge Kaaf hin Alexander kam,
   sah aus Smaragd ihn licht und wundersam.
Die ganze Welt umschließt er wie ein Ring;
   nicht faßt die Einfalt solches Wunderding.
Er sprach: «Dich nenn ich Berg! Die andern Höhen
   vor deiner Wucht – wie könnten sie bestehen?»
Er sprach: «Zu Adern sind sie mir gemacht,
   gleicht auch kein einzger mir an Glanz und Pracht.
Kein Ort, der meiner Adern keine birgt;
   Mein Wurzelwerk die ganze Welt durchwirkt!»

Rûmî (13. Jahrhundert)

O daß ein Ort wär, wo man Ruhe fände!
O käme dieser Pfad zu Ziel und Ende!
Nach hunderttausend Jahren, Erdenherz,
O daß der Hoffnung Grün aus dir erstände!

Omar Chajjâm (12. Jahrhundert)

Dieser unser Leib ist nicht für die Dauer erschaffen. Wir sehen ja, daß er sich ständig verändert. Das Kind wird zum Jüngling, der Jüngling zum Greis. Wäre er für die Dauer erschaffen, würde er doch in einem Zustand verharren! Da dies nun nicht der Fall, folgt daraus, daß er nicht für die Dauer erschaffen ist. Wer mithin von ihm Dauer begehrt und sich grämt, weil er ihrer nicht habhaft wird, der gräme sich über sich selber, daß er von etwas Unbeständigem Beständigkeit begehrt!

Fachr ad-Dîn Râzî (12. Jahrhundert)

138

139

140

141

142

143

144

145

146

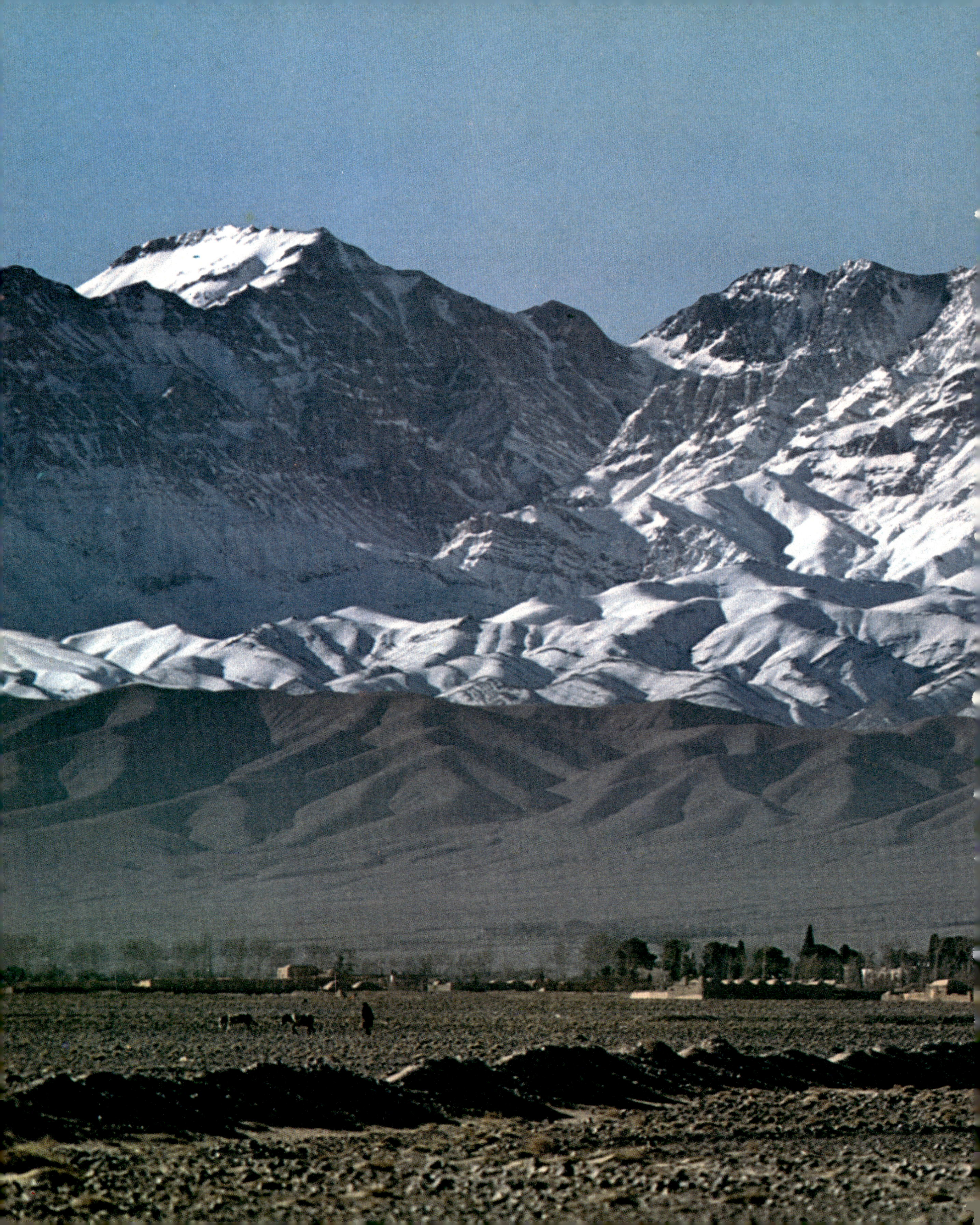

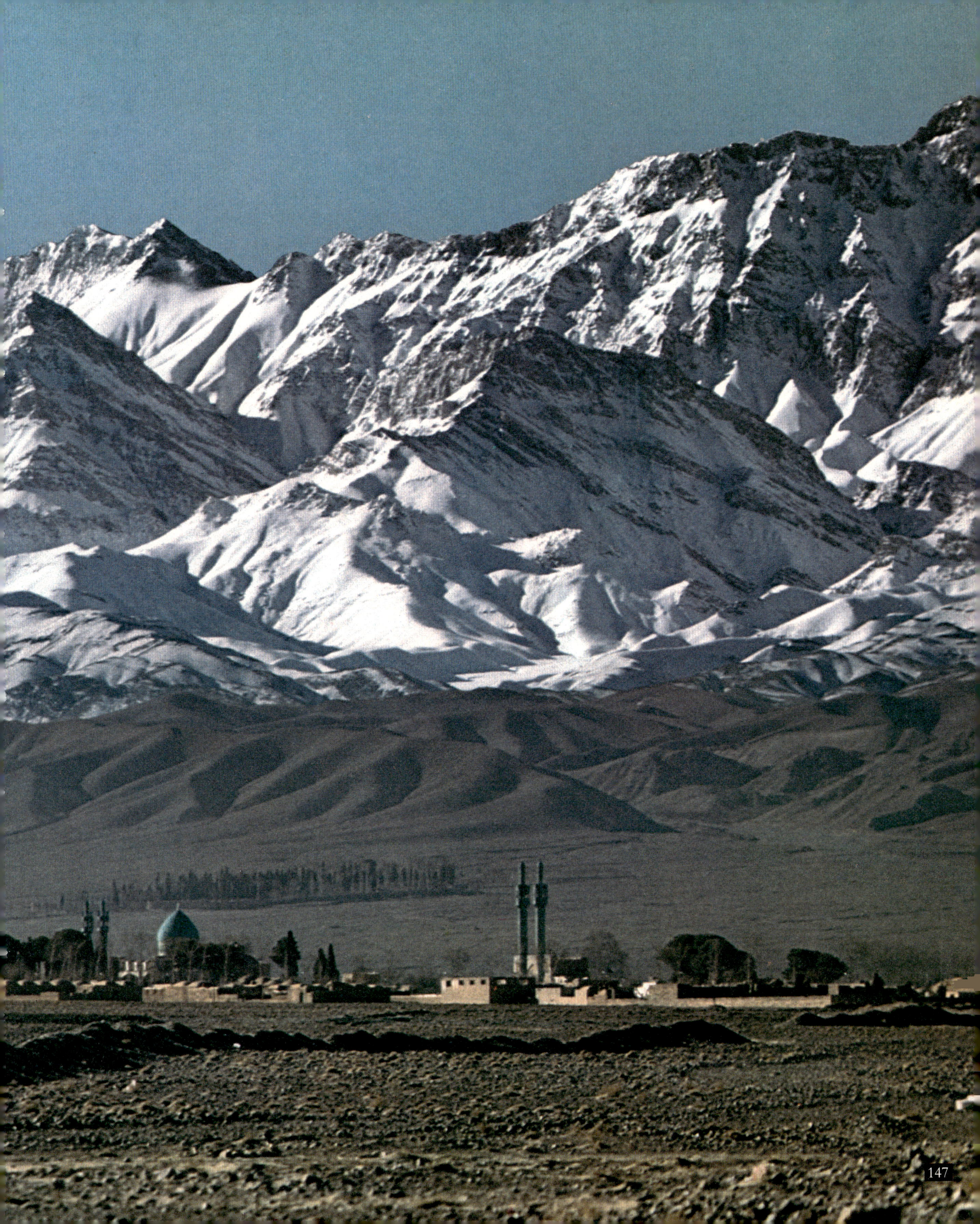

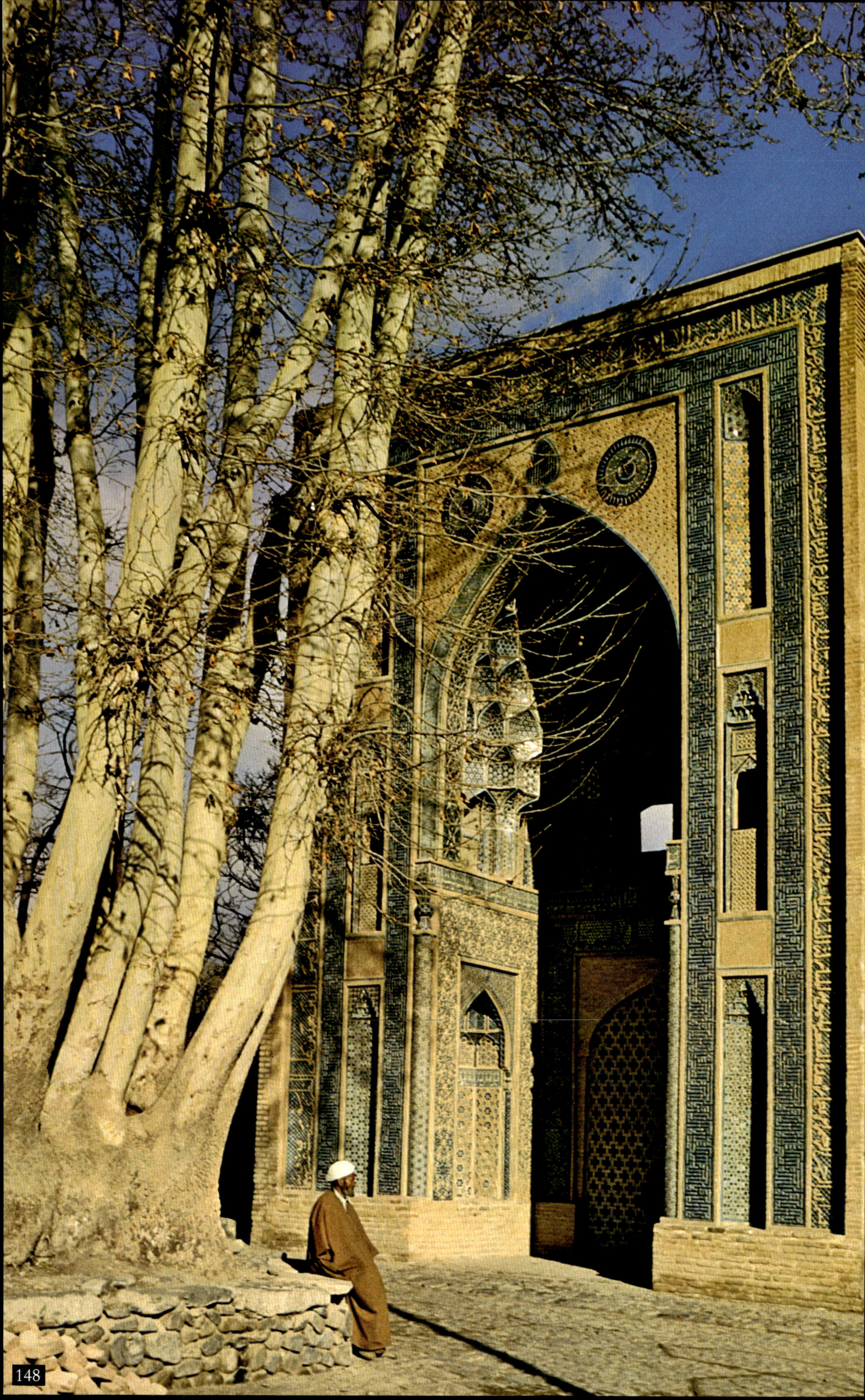

149

150

151

152

يا ابا الفضل العباس

Der tiefe Sinn der Verehrung der Körper Verstorbener, des Besuches von Grabstätten und der Pilgerfahrt zu Heiligenschreinen liegt darin, daß die Menschen [in der himmlischen Hierarchie] verschiedene Ränge einnehmen und doch ein Tempel des göttlichen Einen sind.

Wisse also, daß die Gräber einiger in der irdischen Welt sind, die anderer dagegen der Welt der Engel und Geister oder allen Welten gleichzeitig angehören. Wie denn zu den heiligen Imamen – Friede ihrem Angedenken! – gesagt worden ist: Eure Gräber sind in [anderen] Gräbern!

Mit ihrem göttlichen Wesen sind sie in göttlicher Gegenwart, mit ihrem geistigen Sein im Geisterreich, mit ihrem natürlichen Leib in dieser irdischen Welt. Oder vielmehr: Sie sind überall und universal. Haben sie doch selber gesagt: «Unsere Gräber sind die Herzen unserer Jünger und Gefolgsleute!»

Sabzewârî (19. Jahrhundert)

Ein Derwisch ist, wer das Geheimnis kennt,
In jedem Nu ein Reich umsonst verschenkt.
Nicht einer, der an dich um Brot sich wendet,
Nein, der ist Derwisch, der dir Leben spendet!

Scheich Bahā' ad-Dīn Āmeli (17. Jahrhundert)

154

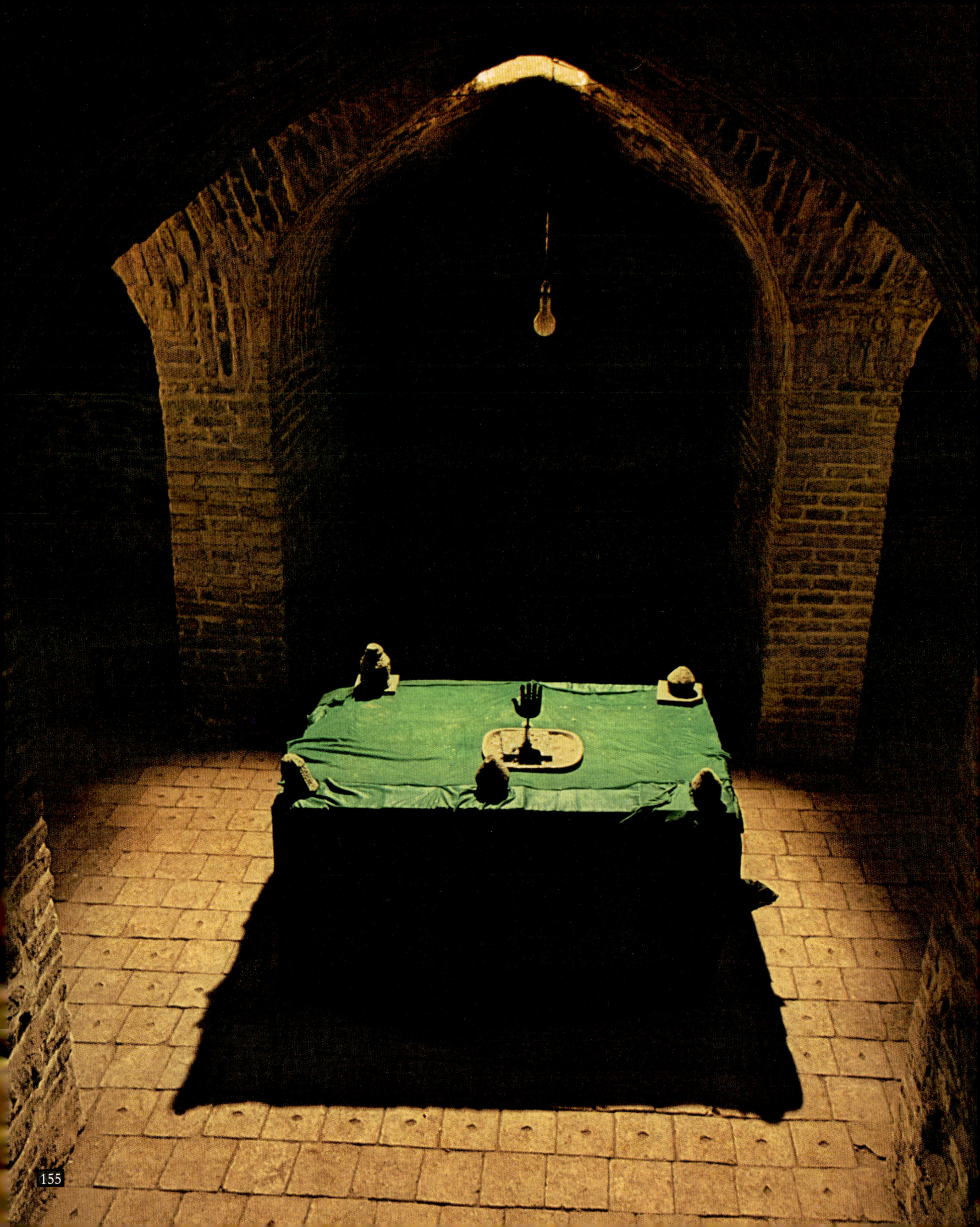

156

157

Was ist's für Leid, das immer neu
               die ganze Welt aufwallen läßt?
Was meint das Klagen und Geschrei,
               dies stets erneute Trauerfest?
Noch ist ja nicht der Jüngste Tag,
               noch die Posaune nicht erschallt.
Was ist's für Auferstehungslärm,
               der wieder bis zum Himmel hallt?
Die Sonne doch von Westen nicht
               bei ihrem Laufe sich erhebt?
Wie kommt's, daß jedes Stäubchen nun
               der Erde in Bestürzung bebt?
Moharram ist's, da zur Passion
               Hosseins hin alle Herzen gehn;
Und darum nenn ich nicht umsonst
               dies Fest der Erde Auferstehn!

Mohtaschem-e Kâschânî (16. Jahrhundert)

Das Königsbuch des Ferdausî ist, ohne Übertreibung
gesagt, der Koran der Perser, und der Rang des
Weisen von Tûs ist der von Propheten.
Mohammad hat gesagt: «Die Muttersprache der
Paradiesbewohner ist Persisch!»
Kein Wunder also, wenn Ferdausî (von *ferdaus*:
Paradies) als Schatzkämmerer des Paradieses
der himmlische Hüter der persischen Sprache ist!

Bahâr (20. Jahrhundert)

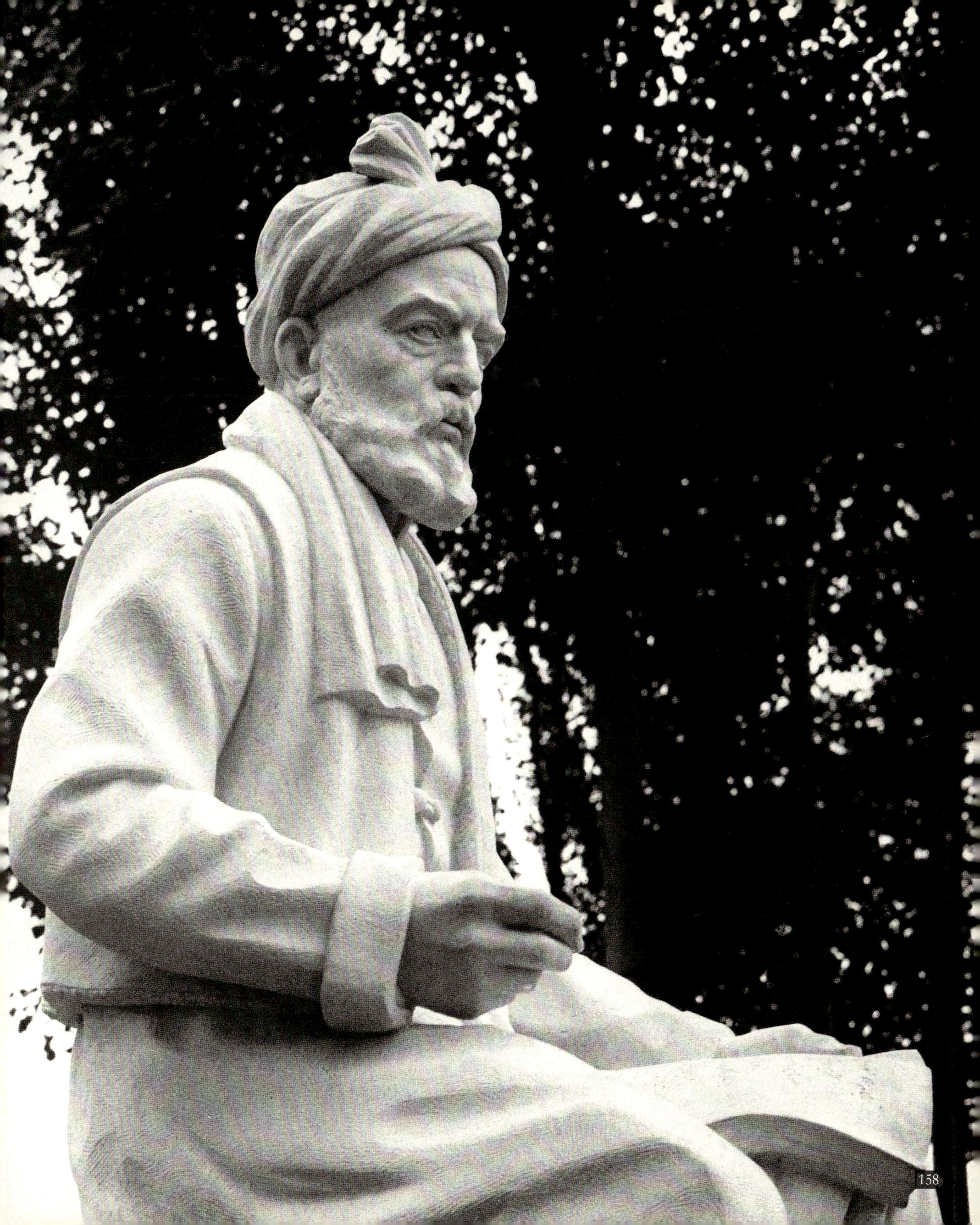

159

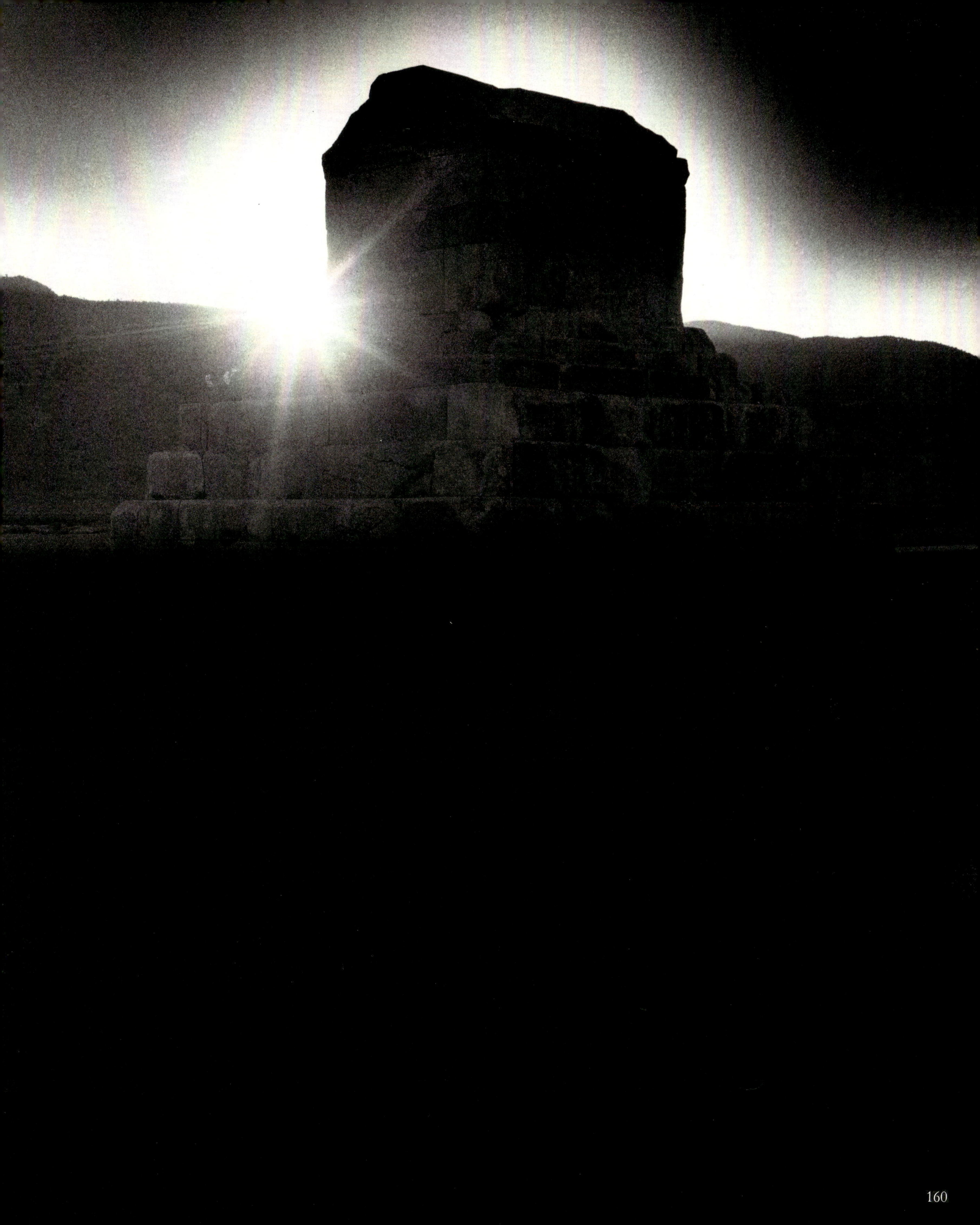

161

Gestern, irr vor Liebesbrand und Sehnsucht,
    Schweifte ich von Ort zu Orte weit.
Endlich zog mich's fort zu jenem Kloster,
    Wo die Parsen selgem Schaun geweiht.
Welcher Anblick! Böses Auge weiche!
    Göttliche, nicht Erden Helligkeit!
Licht von jenem Licht, das Mose schaute,
    Als der Berg wich Gottes Strahlenkleid.
Um den Greis, der Flamme Hüter, scharn sich
    Parsen-Knaben, dienst- und lernbereit.

Hâtef (18. Jahrhundert)

Darum liebt man mich im Parsentempel,
　　weil die Glut in meinem Herzen ewig währt.

Hâfez (14. Jahrhundert)

162

163

164

165

Mann und Frau gewährst Du Segen
                    Deiner fürstlichen Natur,
Wie die Sonne Helle spendet
                    feucht' und trockner Kreatur.
Sollte der Gestirne Reigen
                    jemals Dir zu trotzen wagen,
Würde ihn das Rad der Sonne
                    ganz und gar zu Staub zerschlagen!
Sultan, der sich auf dem Schlachtroß
                    immer unvergleichlich zeigt,
Deinetwegen aus dem Osten
                    immer neu die Sonne steigt!

Châqânî (12. Jahrhundert)

Wisse, o Sohn: Dein Großvater war König Schams al-Ma'âlî Qâbûs ibn Waschmgîr, ein Urenkel des Argesch Farhâdân, der in den Tagen des Sassaniden Kai-Chosro König über Gilân war, wie Abu l-Mu'ayyad in seinem *Buch der Könige* berichtet. Von ihm ist das Lehen Gilân an deine Ahnen gekommen.

Kai Kâ'ûs ibn Eskandar (11. Jahrhundert)

...Als die Karawane aufgebrochen war, ging ich ans
Werk und begann zu bauen. Ich errichtete einen
sehr schönen Chânaqâh [Derwischkonvent] mit allem,
was dazu gehört, einschließlich eines Bades, einer
Moschee und anderer Gebäude. Die Räume stattete ich
alsdann mit Teppichen, Möbeln, Küchengeräten
und allem, was nötig ist, aus. Schließlich legte ich neben
dem Chânaqâh einen Basar an mit Läden, sowie
eine Karawanserei und anderes. Als alles fertig war,
wartete ich so gut wie möglich den Gästen auf. Da
kamen aus aller Welt die Sufis in diese Gegend, und
der Ruf meines Konvents verbreitete sich allerorten.

Scheich Abû Sa'îd ibn Abi'l-Chair (11. Jahrhundert)

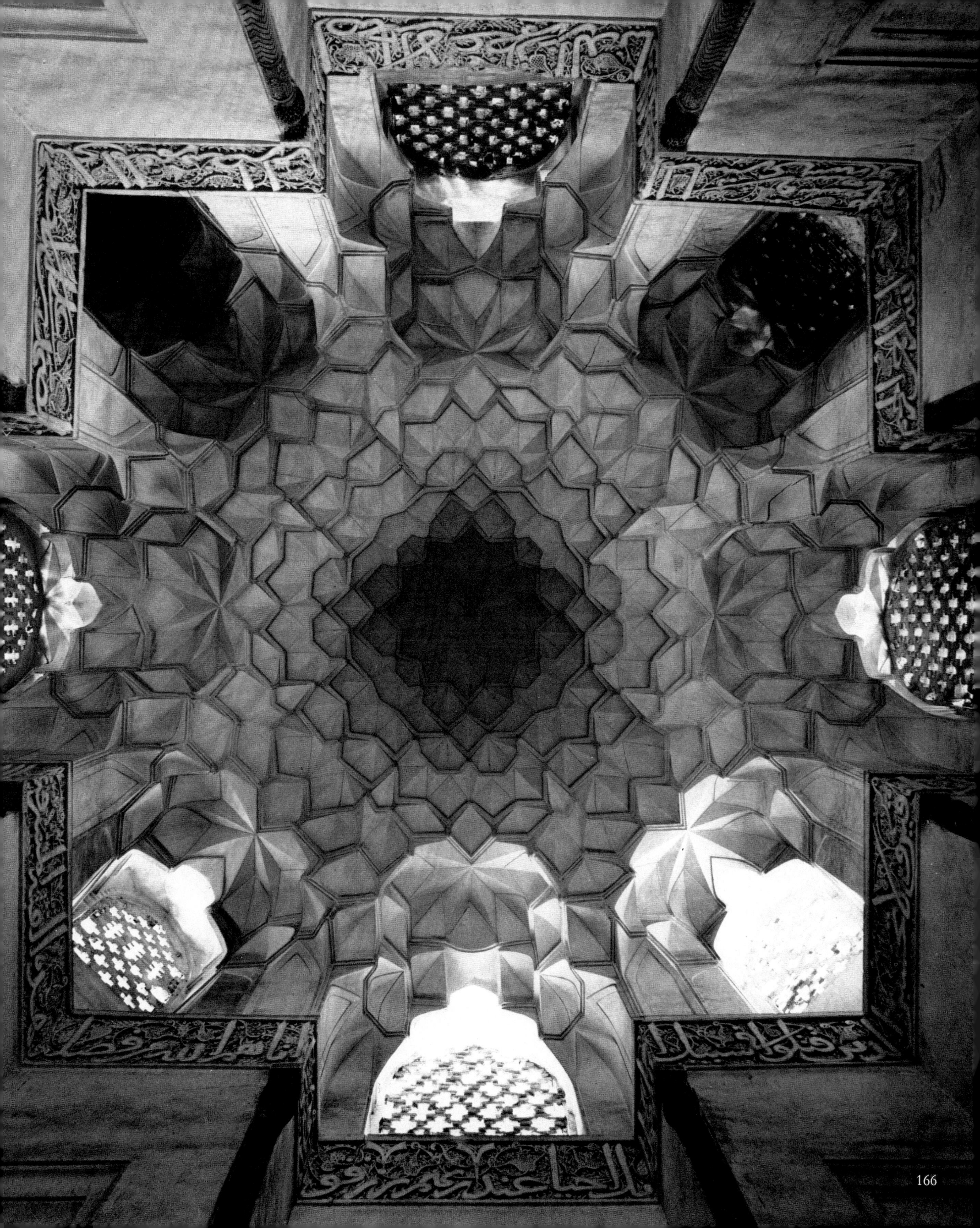

167

168

169

Nie, solang von Wein und Schenke
        noch bestehen Nam' und Zeichen,
Soll mein Haupt vom Staub der Schwelle
        meines Parsenpriors weichen!
Kommst du je zu meinem Grabe,
        laß den Kraftstrom dir gefallen;
Denn es werden die Berauschten
        aller Welt einst dorthin wallen!

Hâfez (14. Jahrhundert)

Heilige Städte: Qom und Maschhad

ای حرم کعبه یا حریم تو درقم   چرخ نگفتت بمقیم درت قم

زیر پی زایر تو خار ننماید   نرم چو استبرق دلطیف چو قاقم

قبهٔ زرین بارگاه تو هر روز   نور فرستد بر این فراشتهٔ طارم

پیش تو مشغول بانوان بهشتی   معرفت کردگار را به تعلّم

Wer in Qom an Deinen Pforten
  ruht nach langem Lauf,
Heilge Frau, dem ruft kein strenger
  Himmel: «Qom!» – Steh auf!
Pilger spüren nicht die Dornen
  auf dem Pilgerpfad,
Fühlen weich wie Hermelin sie,
  lieblich wie Brokat.
Deines Schlosses jener goldnen
  Kuppel Strahlenkranz
Füllt die hohe Himmelswölbung
  Tag für Tag mit Glanz.
Fromme Frauen, himmlisch hehre,
  hier an Deinem Schrein
Sich der reinen Gotteslehre
  und Erkenntnis weihn.

Sorûsch Esfahânî (19. Jahrhundert)

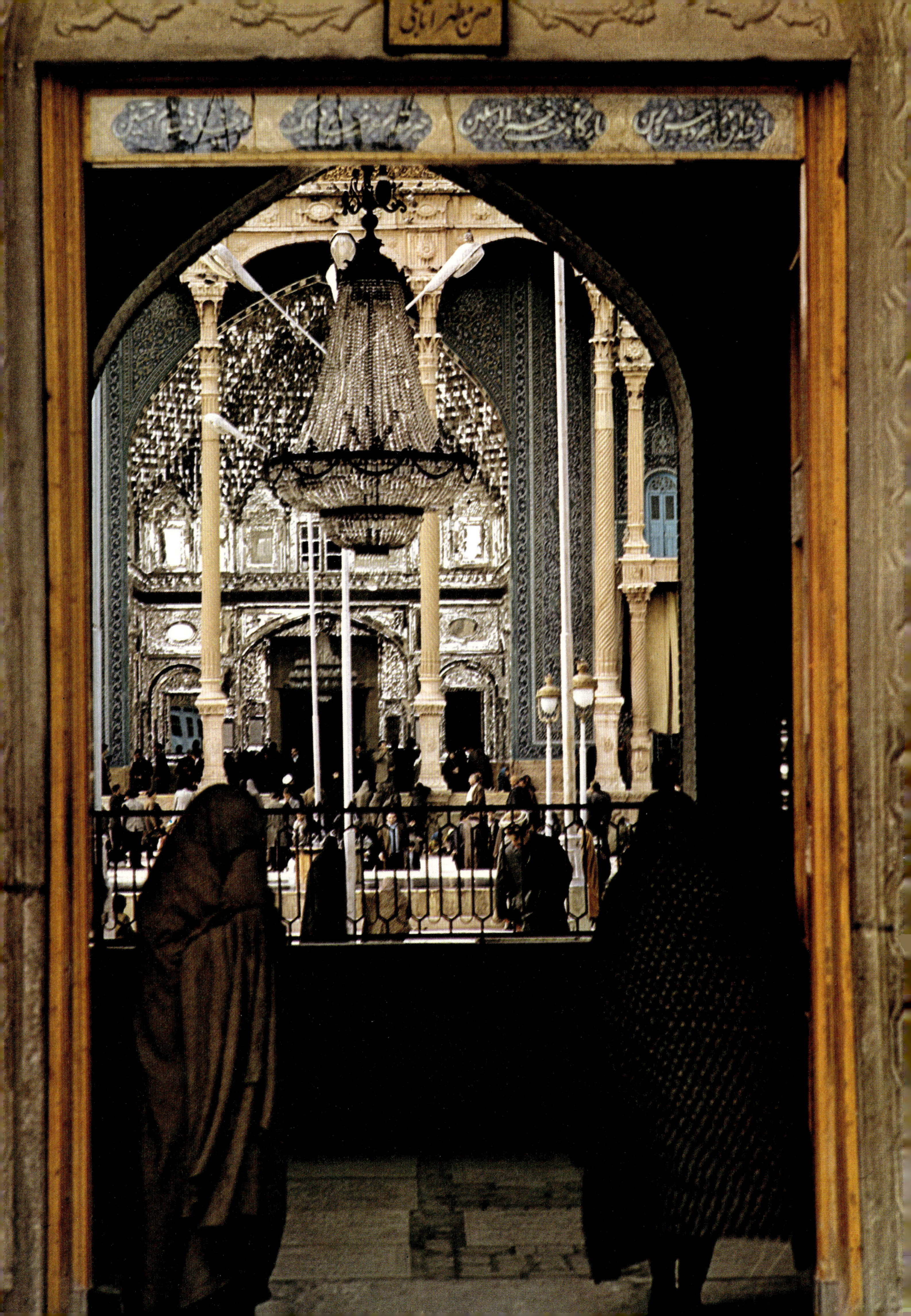

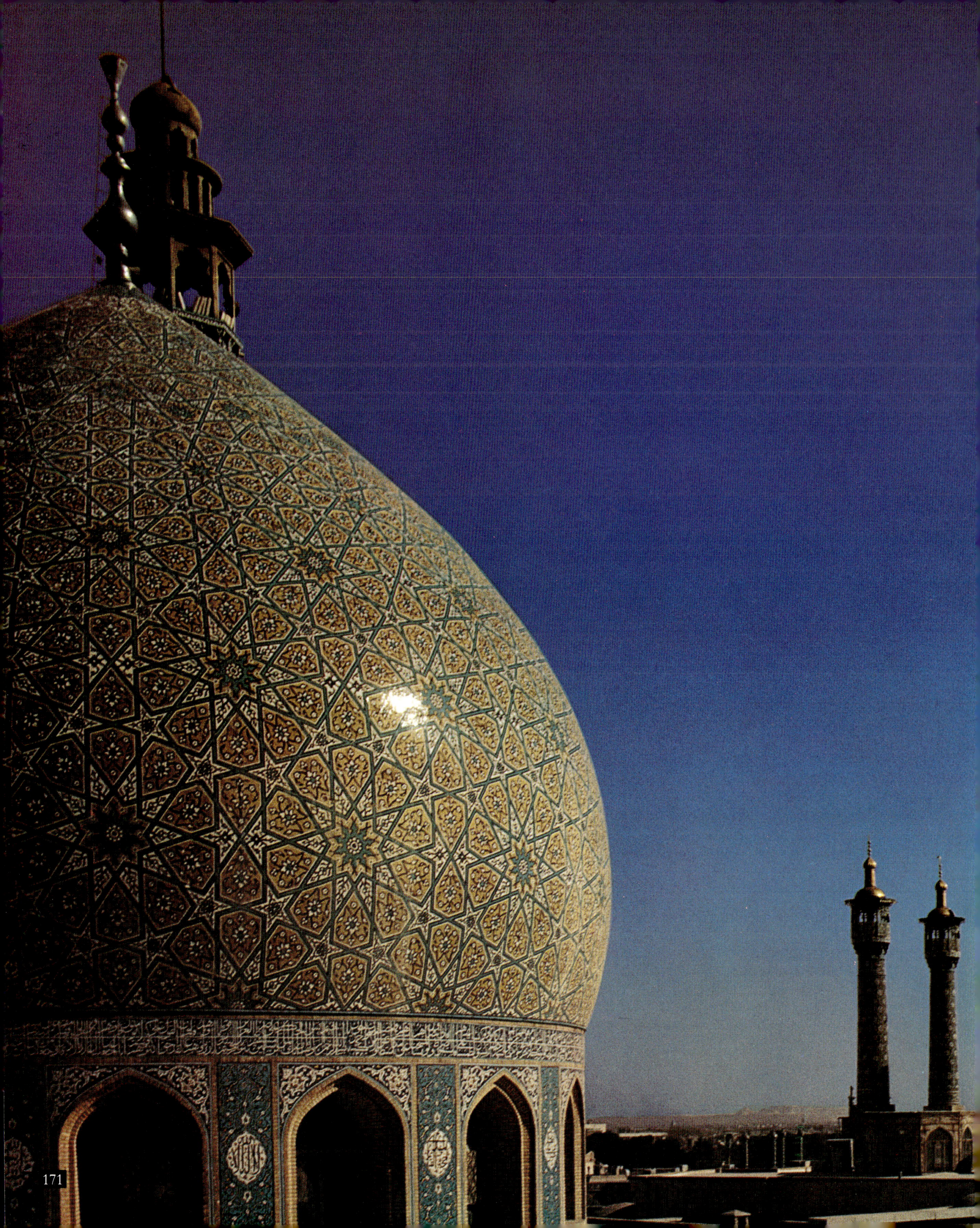

172

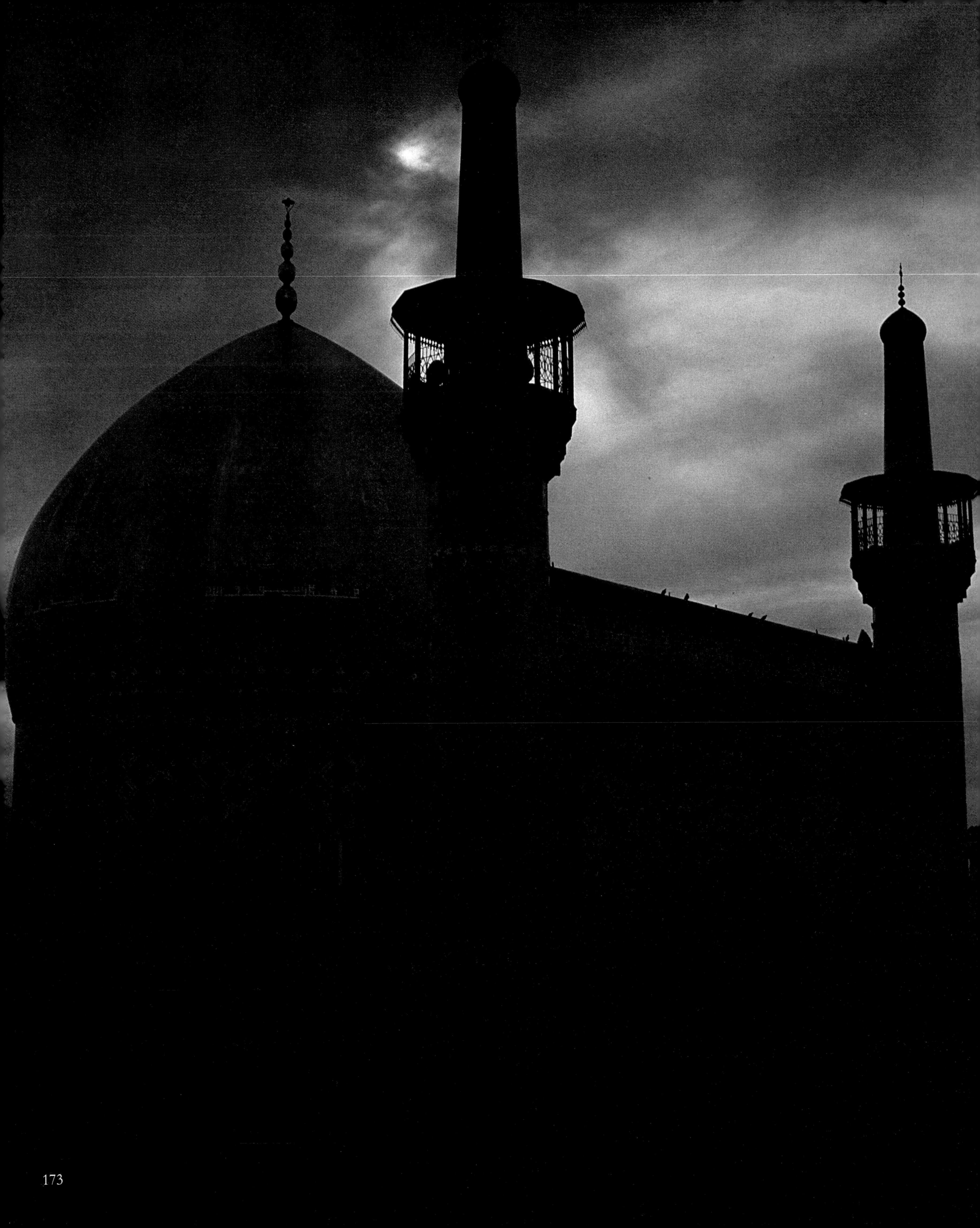

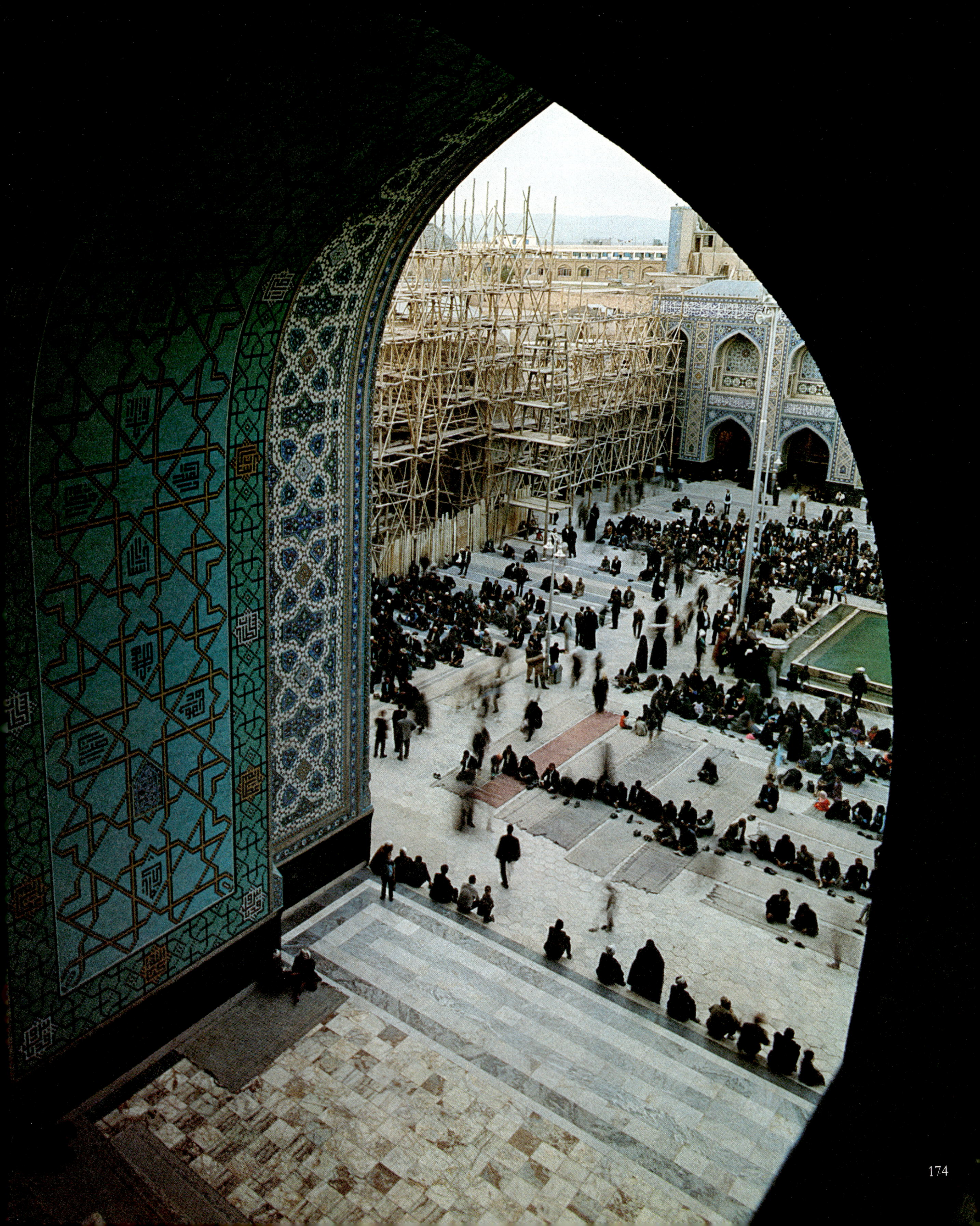

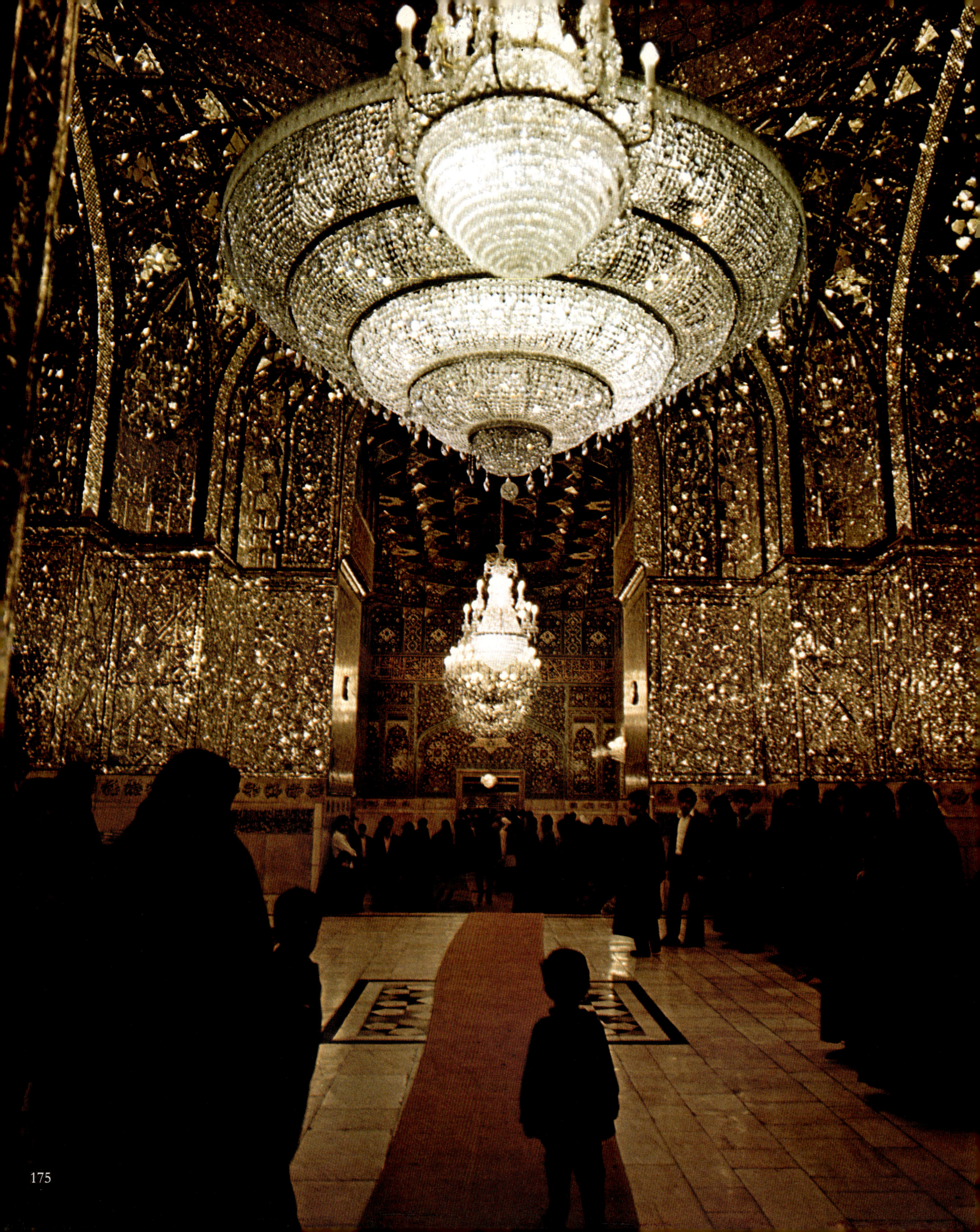

176

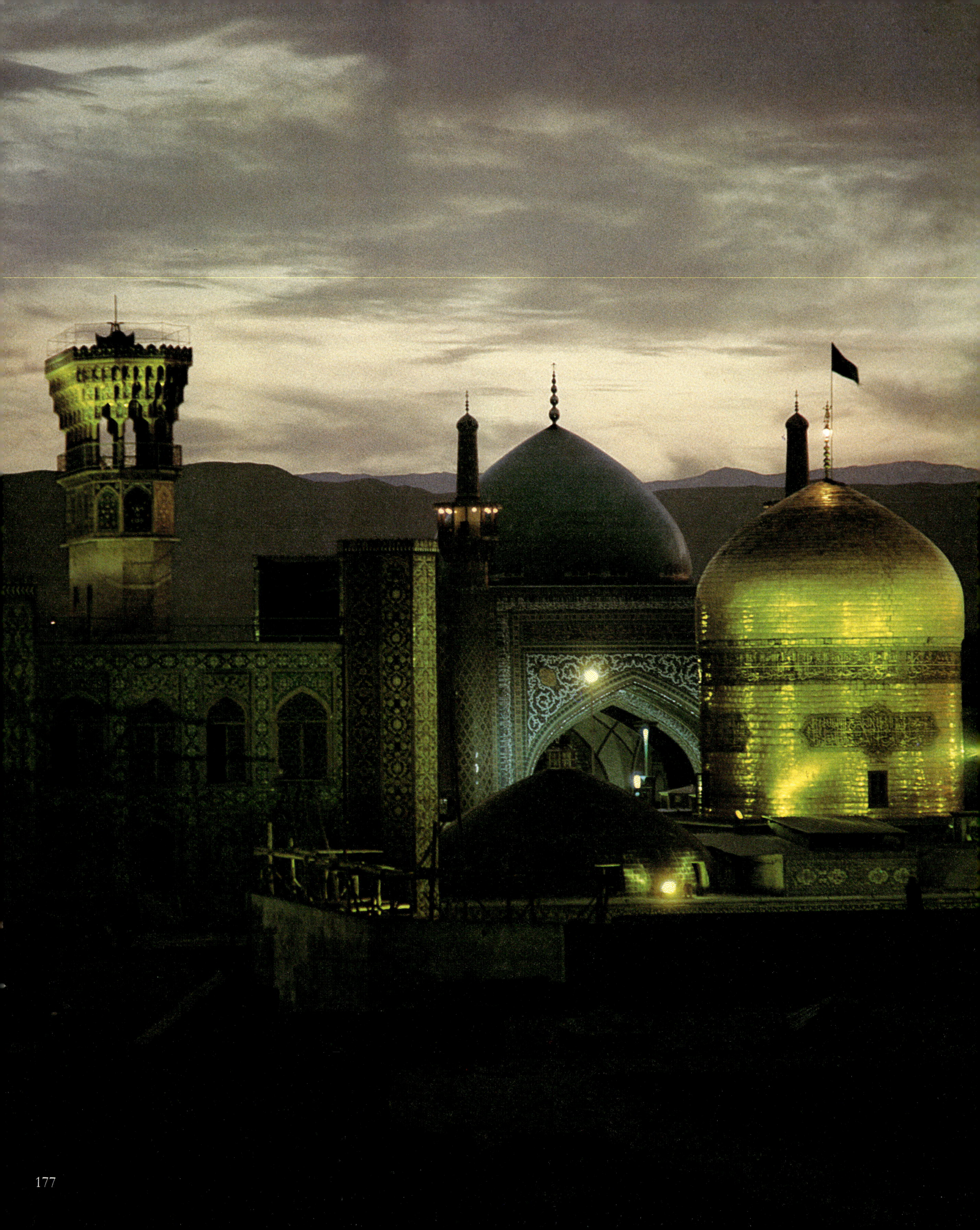

Heute nacht in Gottes Garten
 ist die Rose aufgesprungen.
Heute nacht hat Sein Erbarmen
 beide Welten weit durchdrungen.
Heute nacht ist aus dem Eden
 Ahmad-würdiger Genossen
Irdisch und von edler Mutter
 der Gesegnete entsprossen,
 Neben Mohammad Gewähr
 unsres Glaubens, unsrer Lehr.

Sternenhelle senkt sich nieder
 auf uns durch das Licht des Fürsten.
Auf zum Himmel steigen Lieder:
 Lob und Ruhmbericht des Fürsten.
Die Ihn lieben, nun am Schreine
 kniend Ihm zu Füßen fallen,
Und das Paradies vergessen
 machen Seines Hauses Hallen.
 Selge Nacht, die Ihn uns schenkt,
 Da des Herrn Geburt man denkt.

Schwör's bei Lieb und Treue, daß Du
 bist der Herr von Lieb und Treue,
Hoffnung bist für Fürst und Bettler –
 schwör's in dieser Nacht aufs neue!
Wo wir auch den Blick hinwenden,
 gottgleich überall Du dort bist.
Ja, bist Du's auch nicht zufrieden,
 bei Gott schwör ich, daß Du Gott bist.
 Und es schert mich nicht dabei,
 Zeiht man mich der Ketzerei!

O mein Fürst! Auf allen Festen,
 wo es gilt dein Lob zu singen,
Sprich, wie soll's der schwachen Feder,
 wie dem matten Mund gelingen?
Wenn mit Liedern deines Lobes
 man des Himmels Seiten füllte,
Sich vom Buche deines Ruhmes
 kaum ein erster Punkt enthüllte!
 Was vermöchte aber da
 das Gestammel von Birjâ?

*Schaida, Mohammad Birjâ-je Gîlâni
(20. Jahrhundert)*

Gebenedeit sei der Schöpfer an diesem
Gnadenschrein,
 Über dessen Kuppeln der Himmel ewige
 Wacht hält!
Hier ruht der heilige Mûsâ! Jesu Atem gleich,
 Spendet Leben der Staub Seiner Tür
 erstorbnem Gebein.
Dem Auge des Besuchers dieser Schwelle
enthüllen sich Dinge,
 Die einst am Sinai noch verborgen blieben
 dem Auge Moses.
Heil jedem, der zu diesem Gnadenschreine
hinstrebt
 mit reinem Herzen, rechtem Glauben und
 lauterem Geist!
So wie der Diener dieses Hauses, der Lobsänger
Bahâr,
 seit je in Banden, in den Staub gebeugt
Hier dieser Schwelle, als geringster Knecht
 sein Haupt hinlegt, dem Heiligen Rezâ
 ergeben.

Bahâr (20. Jahrhundert)

اگر نه روی دل اندر برابرت دارم / من این نماز حساب نماز نشمارم

ز عشق روی تو من رو به قبله آوردم / وگر نه من ز نماز و ز قبله بیزارم

مرا غرض ز نماز آن بود که پنهانی / حدیث درد فراق تو با تو بگزارم

وگر نه این چه نمازی بود که من با تو / نشسته روی به محراب و دل به بازارم

نماز کن به صفت چون فرشته را ماند / هنوز در صفت دیو و دد گرفتارم

از این نماز ریائی چنان خجل شده‌ام / که در برابر رویت نظر نمی‌آرم

Das Gebet ist die Säule des Glaubens; wird es (von Gott) angenommen, sind alle übrigen Glaubenspflichten ebenfalls angenommen. Wird es abgewiesen, dann sind es auch alle übrigen Glaubenspflichten. Und da der Hauptzweck des Gebetes das Gedenken Gottes ist und die Erneuerung des Bundes mit Ihm und Sein Lob in Demut und Ehrfurcht und mit inständigem Flehen und Bitten, muß der Gottesknecht bei jeder Gebetsverrichtung mit dem Herzen dabei sein und mit dem Verstande begreifen, was seine Zunge redet.

Mollâ Mohsen Fajdee Châschânî (17. Jahrhundert)

Moschee und Ritus

Hab ich, o Herr, beim Beten nicht
                Dich selber vor der Seele,
So fühl ich, daß den wahren Sinn
                des Betens ich verfehle.
Aus Liebe zu Dir bete ich
                zur Kibla hingewendet;
Sonst wüßt ich nicht, weshalb ich mich
                noch mit der Kibla quäle.
Was ich beim Beten suche, ist,
                daß ich Dir im Verborgnen,
Der ich von Dir getrennt, o Gott,
                mein Trennungsleid erzähle.
Sonst aber – : Wäre das Gebet,
                daß ich, derweil ich knie
Vor dem Mehrâb, im Herzen schon
                mich zum Basar fortstehle?
Der wahre Beter ist gewiß
                ein engelgleiches Wesen.
Ach, daß ich zu Dämonen noch,
                noch zu den Tieren zähle!
Dies Beten voller Heuchelei
                beschämt mich solchermaßen,
Daß ich dabei den Blick auf Dich
                zu richten stets verfehle.

Rûmî (13. Jahrhundert)

O Gott, Du bist einig und ohnegleichen, mächtig und unvergänglich, aller Dinge verständig, aller Zustände kundig, anderer Teilhabe ledig, aller Könige König. Von jedem Mangel bist Du frei, Wurzel jeder Arzenei, Krone aller Herrlichkeit, Sockel der Unbedürftigkeit, Quelle aller Schönheit in Deinem Reich.

O Gott, Du bist erbarmend in Gewalt, erhaben in schöner Gestalt; Du bedarfst des Raumes nicht, noch begehrst Du der Zeit, keiner ist Dir, noch bist Du einem gleich. Daß Du das Leben bist, ist offenkund, Du bist der Seele und des Lebens Grund!

Chwâdsche Abdallâh Ansârî (11. Jahrhundert)

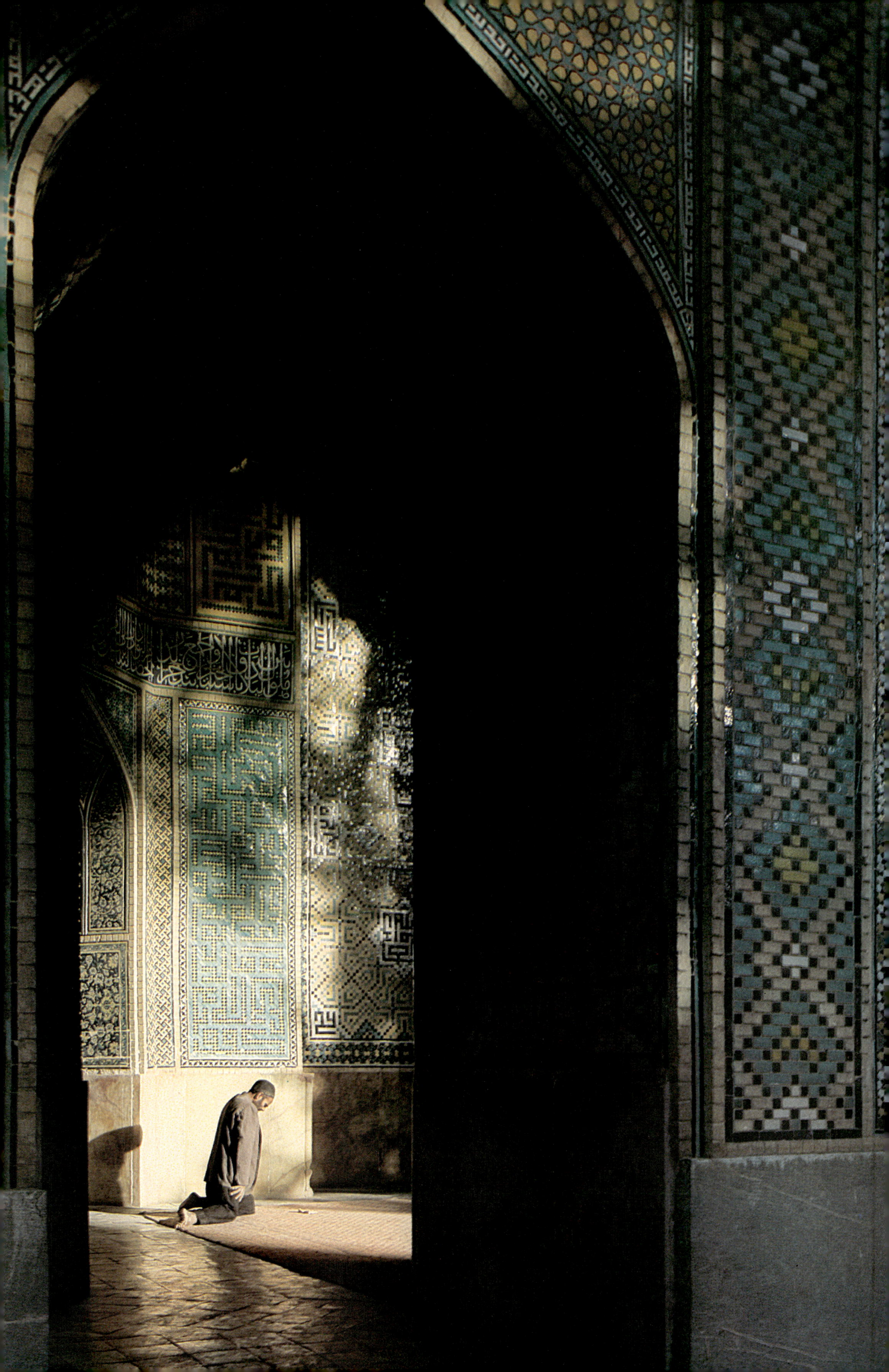

179

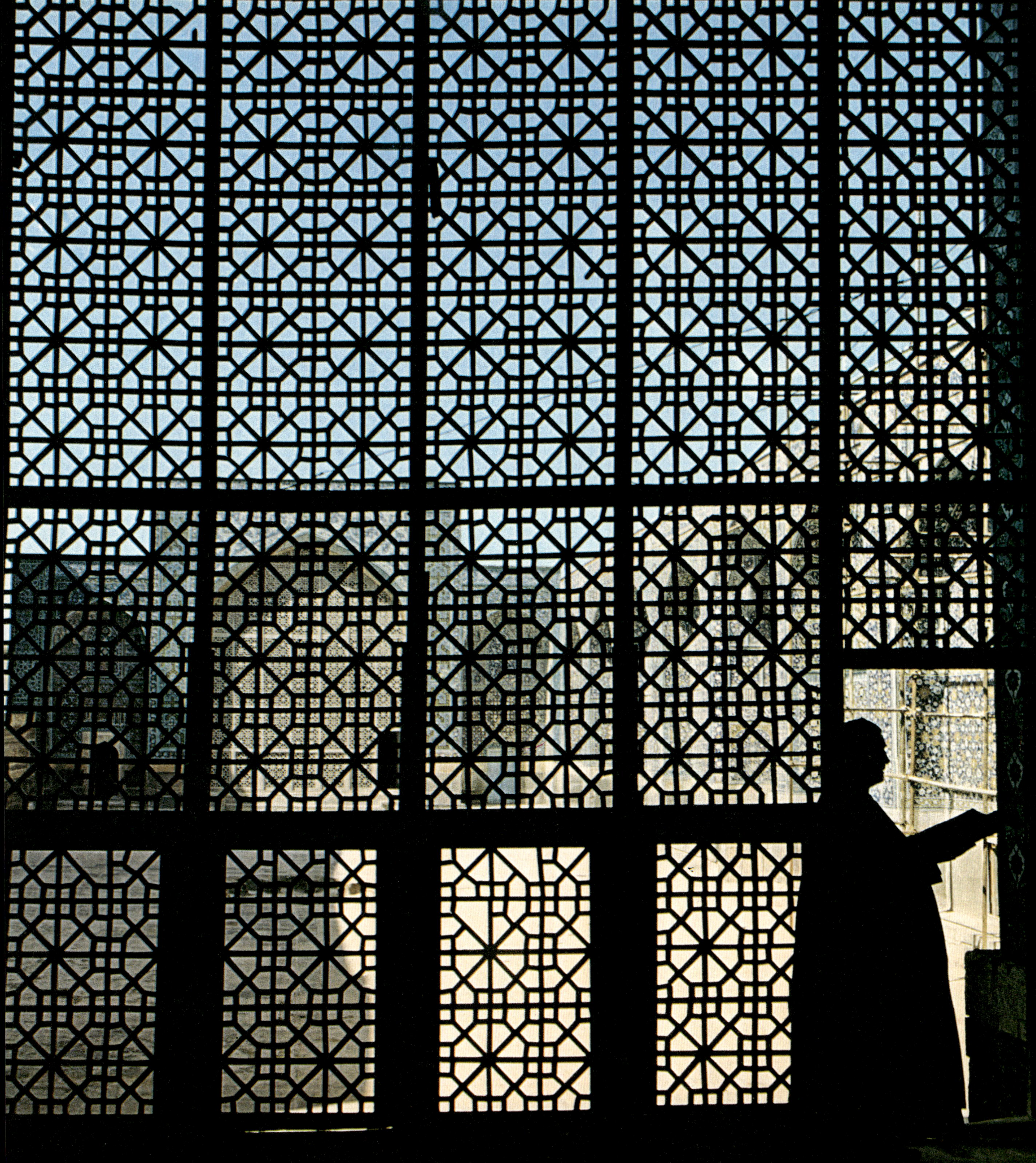

181

182

183

184

Für den feinprüfenden Verstand steht es unbezweifelbar fest, daß bei jedem mit Lauterkeit ausgeübten frommen Werk das Hauptstück gerade diese Lauterkeit ist. Lauterkeit nämlich heißt Hinwendung zu Gott, heißt Seiner gedenken und Ihm sich verbinden, indem man sich löst von allem andern.

Der Zweck aller religiösen Übungen ist eben dies, wie aus dem Koranwort hervorgeht: «Verrichte das Gebet zu meinem Gedenken!» (Sure 20, 12).

So ist also das Gebet als die vornehmste aller religiösen Pflichten ein Mittel, Gottes zu gedenken.
Kein Zweifel, daß sein erhabenster Zweck eben hierin verborgen liegt!

Âghâ Dschamâl Chwânsârî (18. Jahrhundert)

Aus ihrem (der Moschee) Hof erhob sich der Stimmenschwall der Gläubigen, wenn sie gemeinsam Gebete sprachen, Gott priesen oder am Ende der Fastenzeit den Neumond begrüßten so laut, daß es bis zu den Ohren der Cherubim empordrang. An jedem der fünf täglichen Gebete nahmen, in langen Reihen geordnet, mindestens fünftausend Männer teil. An jeder ihrer Säulen lehrte ein Scheich. Sie war versehen und verziert, geschmückt und ausstaffiert mit den kenntnisreichen Disputen der Rechtsgelehrten, den kunstvollen Wechselreden der Gottesgelehrten, den standhaften Streitgesprächen der Theologen, den trefflichen Unterweisungen der Prediger, dem lauteren Redefluß der Sufis, den andeutenden Botschaften der Gnostiker und dem schönen Eifer der Anachoreten.

Hosain ibn Mohammad Âwi (8. Jahrhundert)

185

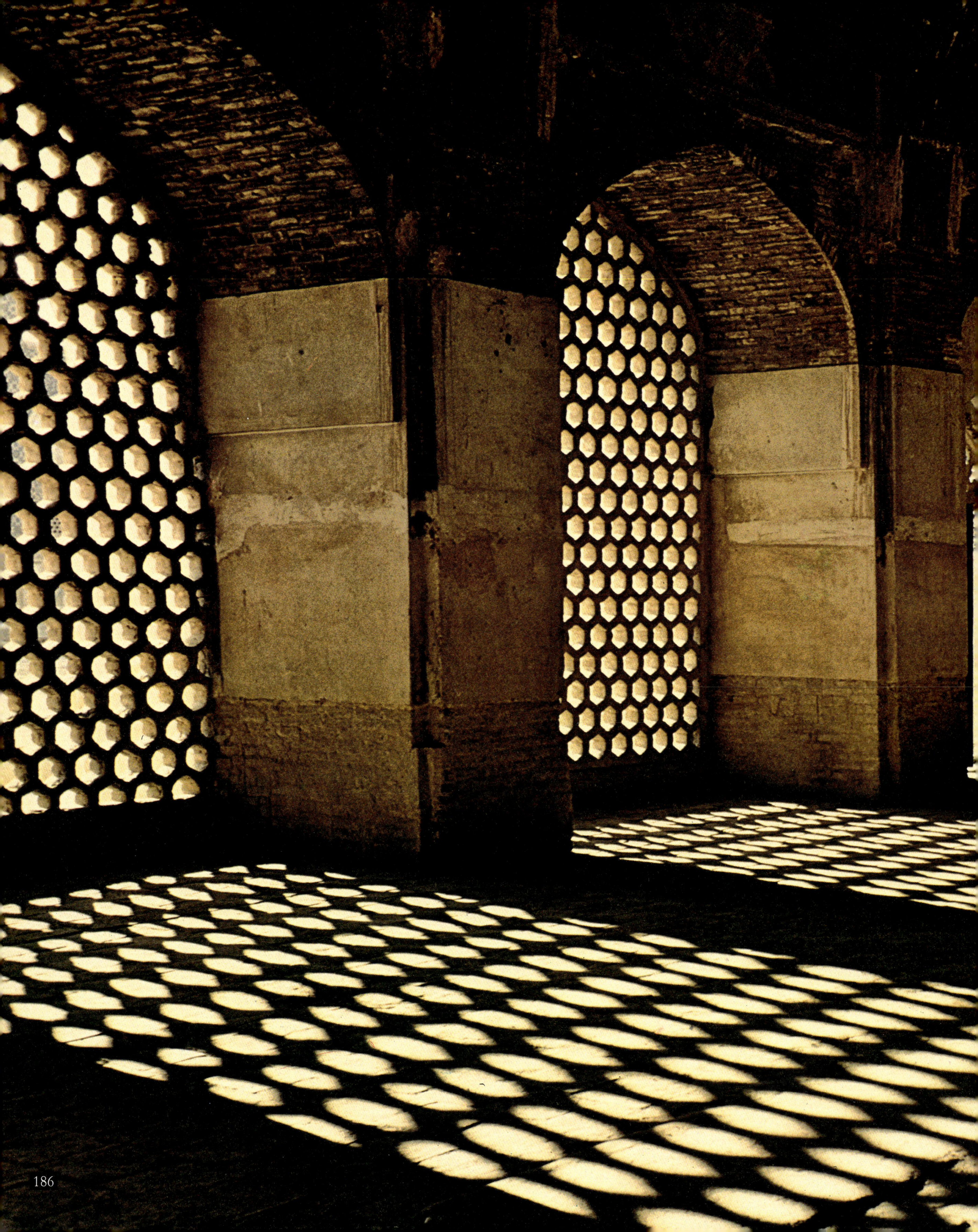

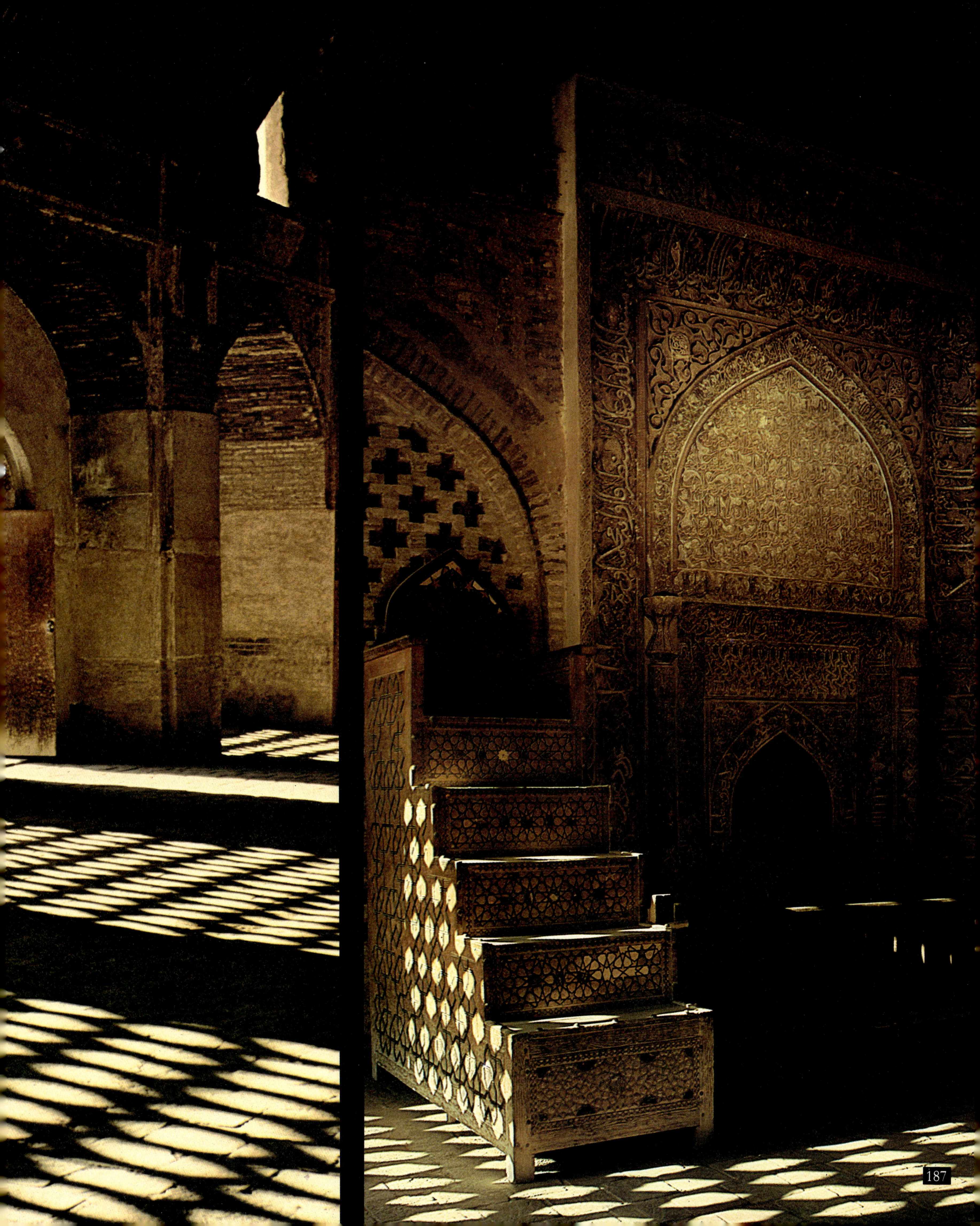

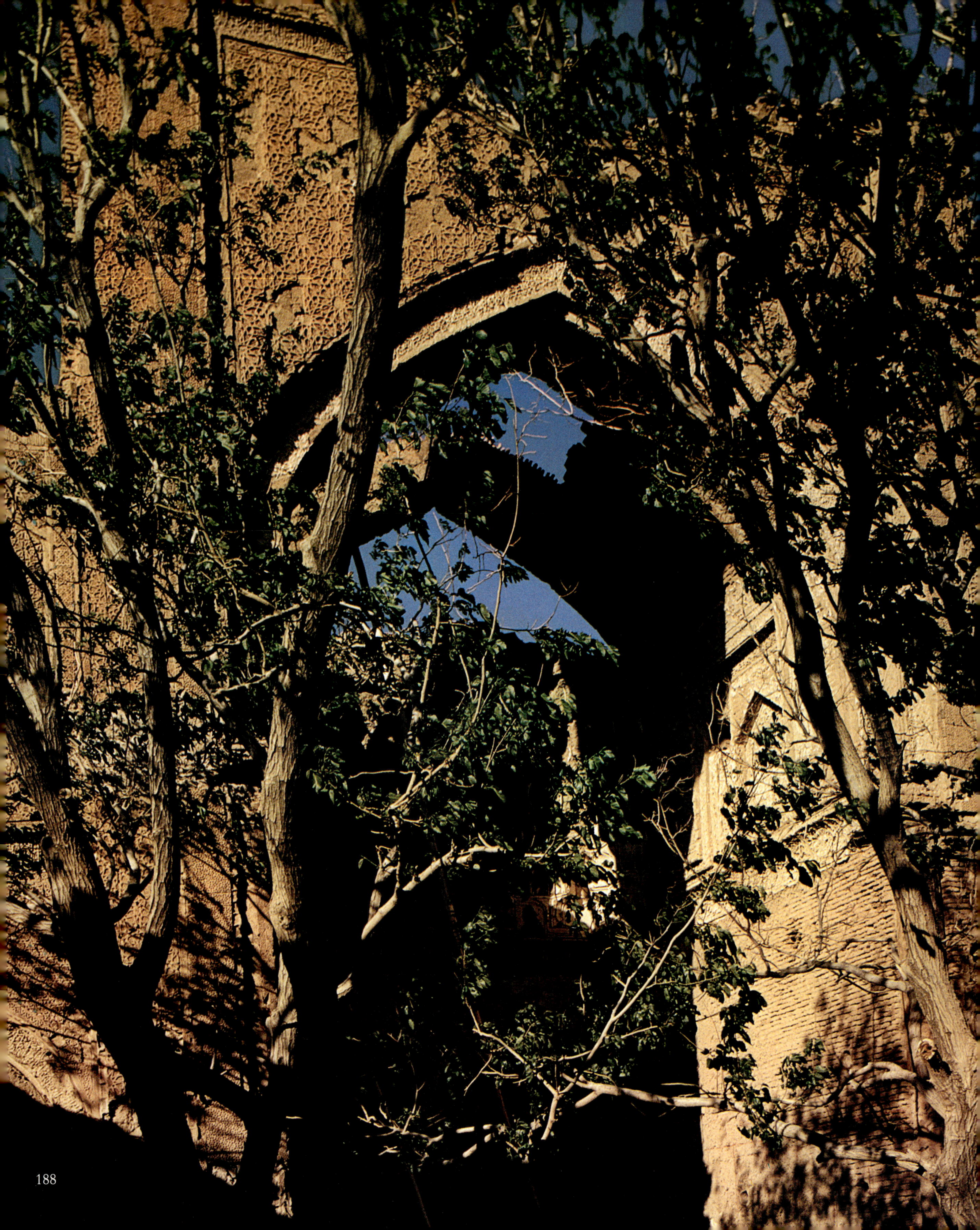

Schön ist es, wo vor der Stadt
 blüht die grüne Aue;
Schöner noch an jedem Ort,
 wo den Freund ich schaue!

Sa'di (13. Jahrhundert)

Ist Warâmin auch nur ein Dorf, so steht es doch
hinter bedeutenden Städten an Rang nicht zurück,
und das dank der frommen Werke und Wohltaten des
Fürsten Razijuddîn Abu Sa'îd – Gott segne ihn in
beiden Welten! – und seiner Söhne, die durch die
Errichtung einer Freitagsmoschee sowie der beiden
Madrasen Razawijja und Fathijja in Form frommer
Stiftungen bleibende Bauwerke der Religion geschaffen und dem Islam neue Lichter entzündet haben…

Abd al-Dschalîl Qazwînî (12. Jahrhundert)

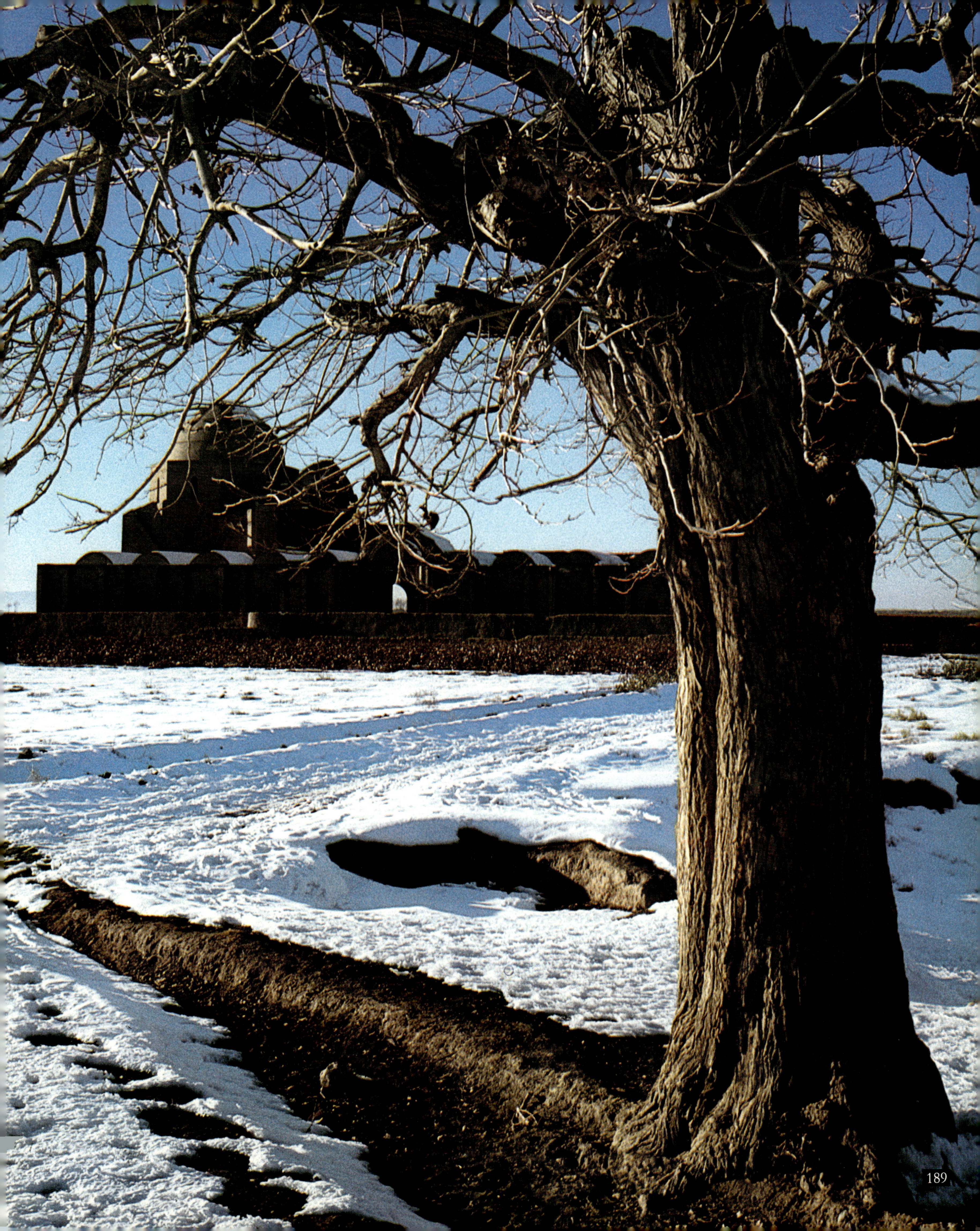

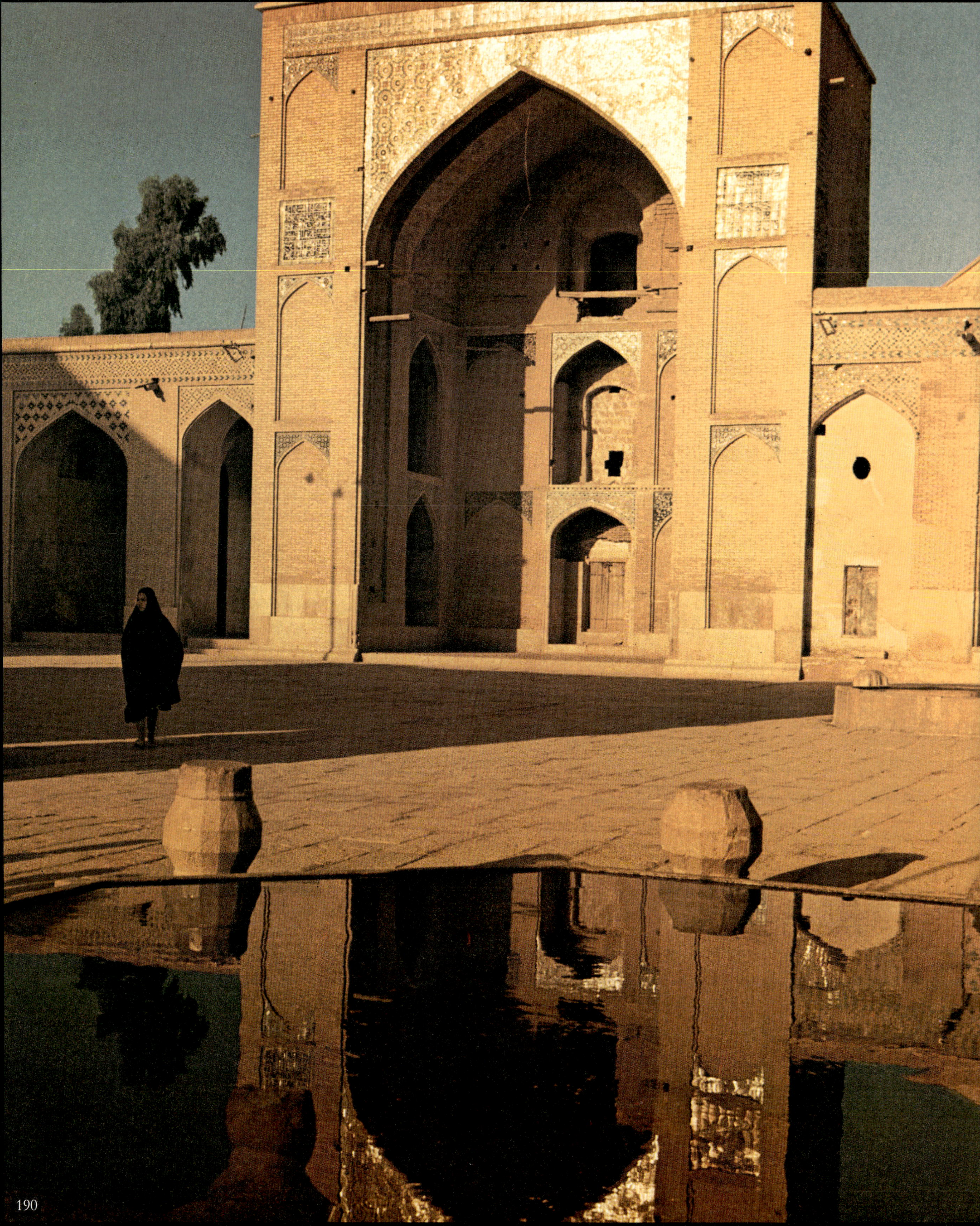

191

192

193

194

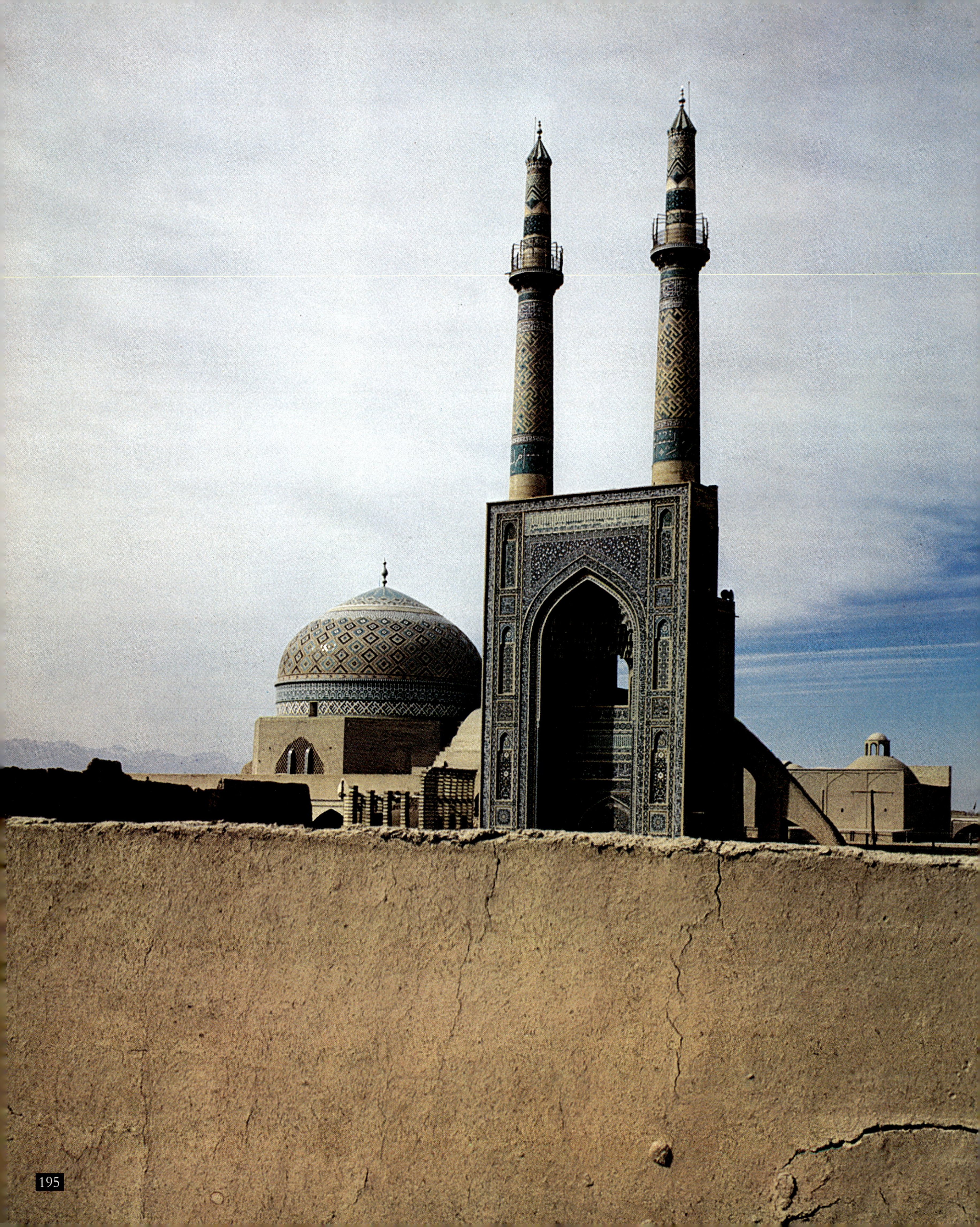

O Morgenwind, sage meinen Freunden in der Stadt Jazd:
Möge der Kopf eurer Feinde zur Kugel eures Polospiels werden!
Bin ich auch euerm Teppich fern; nicht ferne ist euch mein Gedenken!
Ich bin der Sklave euers Königs und euers Ruhmes Künder.

Hâfez (14. Jahrhundert)

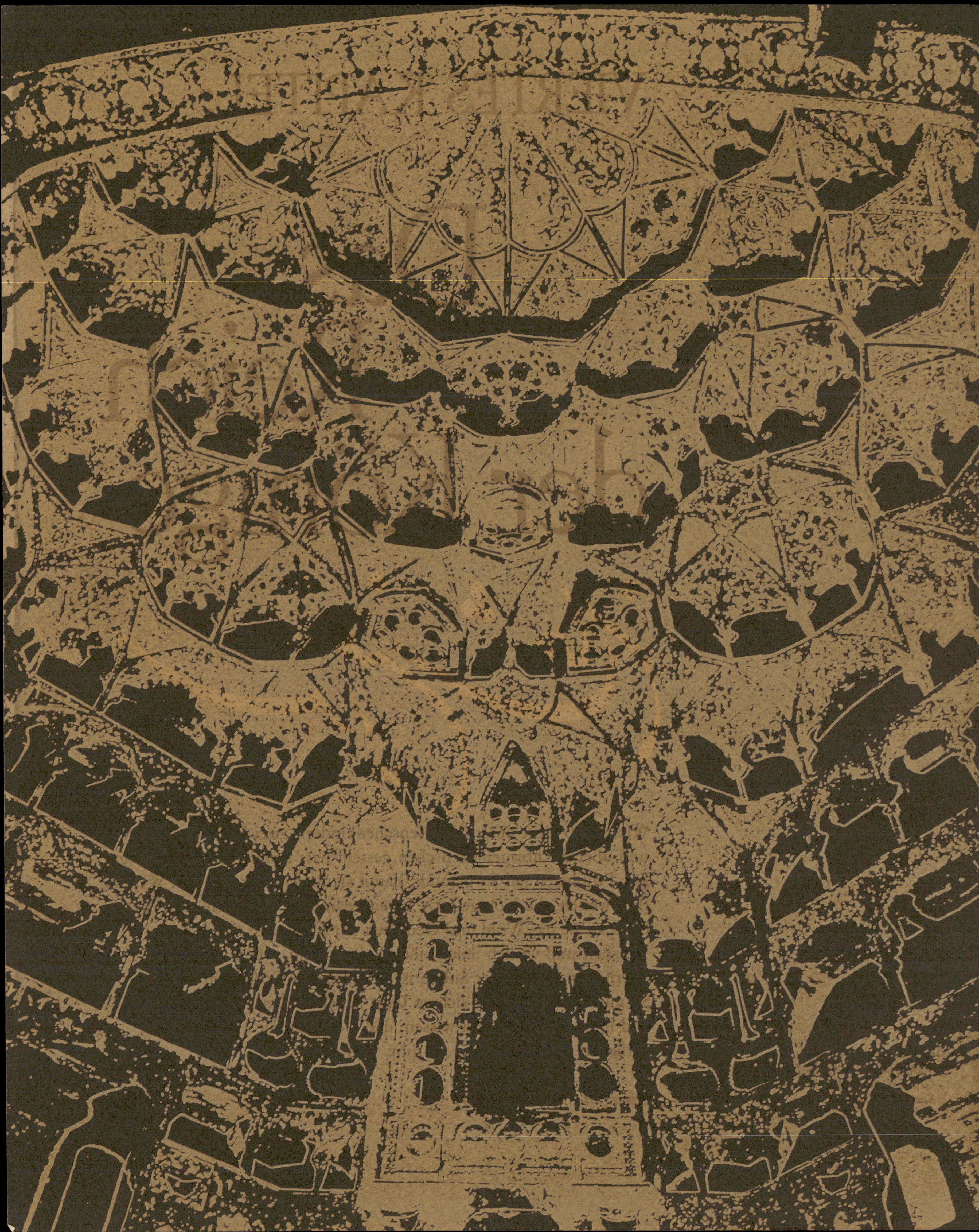

VIERTES KAPITEL:
Das Reich der Könige

سرزمین شاهان

Wisse, daß Gott unter den Menschenkindern zwei Klassen erwählt und über die übrigen Menschen gestellt hat: Propheten und Könige. Die Propheten hat Er gesandt, damit sie Seinen Dienern den Weg zu Ihm weisen, die Könige setzt Er ein, damit sie sie beschützen. Er band an sie das Wohl und Gedeihen der Menschen durch Seine Weisheit und verlieh ihnen einen hohen Rang, wie ja das Wort überliefert wird: «Der Sultan ist der Schatten Gottes auf Erden!» So muß also jeder, der sich zu Gott bekennt, den Herrscher lieben und ihm gehorchen und wissen, daß Gott ihm die Herrschaft verliehen hat und daß Er sie gibt, wem Er will!

Ghazzâli (11. Jahrhundert)

◁ *Wandnische des Porzellanraumes, den Schâh Abbâs I. im Grabmal von Ardabîl für seine Sammlung errichtete.*

ABBILDUNGEN 196 BIS 237

Ausführliche Anmerkungen zu diesen Abbildungen auf den Seiten 349 bis 353

196 Grünende Weizenfelder vor einer verlassenen Karawanserei im Chorasân.

197 Beim Waschen der Störe in der Kaviarfabrik von Bandar-e Schâh.

198 Arbeiter in den Türkisminen von Neischâpur.

199 Hungrige Seidenraupen an Zweigen des Weißen Maulbeerbaumes.

200 Tausende von Tauben hausen in diesen Lehmziegeltürmen bei Esfahân.

201 Beim Worfeln des Herbstweizens, Kelardascht-Tal.

202 Die Schahrestân-Brücke über dem Zâjendehrud ist die älteste Brücke Esfahâns.

203 Eingestürzte Brücke aus dem 15. Jahrhundert am Qezel Orozan bei Mijâne.

204 Abfackeln einer Gasquelle in Ahwâz.

205 Eine goldene Welt, mit eingelegten Diamanten, Smaragden und Rubinen.

206 Ein Bauer demonstriert die hölzerne Windmühle von Naschtifân.

207 Das stahlblaue Wasser des Schâhbânu-Farah-Stausees bei Mandschil.

208 Skulptur am Bahnhof von Maschhad.

209 Die von Natur und Menschenhand geschaffene Schönheit des Mohammad-Rezâ-Stausees in Dez.

210 Beschattete Terrassen akzentuieren die Ausgrabungsstätte in Haft Tappe, bei der eine elamische Stadt freigelegt wird.

211 Die Nilgötter Ober- und Unterägyptens zieren den Sockel der Dareios-Statue.

212 Die in Susa entdeckte Statue Dareios' des Großen.

213 Göttliche Investitur Ardaschirs I., sassanidisches Felsrelief bei Firûzâbâd.

214 Relief des reitenden Königs Schâpur I. in Naqsch-e Radschab.

215, Königliche Jagden in sassanidischer
216 Zeit, Relief in Tâq-e Bûstân.

217 Ein Falke sitzt auf dem Arm von Faß Ali Schâh Qâdschâr, Felsrelief in Raj.

218 Im königlichen Bad des Gartens von Fîn bei Kâschân.

219 Bemalte Stuckdecke eines restaurierten safawidischen Hauses in Nâ'in.

220 Jagdszene, dargestellt auf einem Gefäß aus dem 3. Jahrtausend v.Chr.

221 Bogengang des modernen Palastes auf Kîsch.

222 Morgendämmerung in Persepolis.

223 Kopf eines persischen Kriegers in Persepolis.

224 Sicht auf die Säulen der Apadâna in Persepolis.

225 Zertrümmerter Stierkopf vom Palast des Dareios in Susa.

226 Verwitterte Befestigungsmauern umgeben die Partherburg Qale je Sâm im Sistân.

227 Nur dürftige Spuren der alten Befestigungsmauern erinnern an die vergangene Größe von Tûs, das im 14. Jahrhundert von den Tataren zerstört wurde.

228 In der Chwâdschû-Brücke von Esfahân sind Staudamm, Brücke und Vergnügungspavillons vereint.

229 Gartenpavillon im Bâgh-e Eram, der Residenz des Herrscherpaares, wenn es Schirâz besucht.

230 Die funkelnde Empfangshalle des Marmorpalastes in Teherân.

231 Blick vom Marmorthron auf die Gartenanlage des Golestân-Palastes in Teherân.

232 Fassade des Schâhwand-Palastes (Sa'dâbâd in Teherân).

233 Residenz des Kronprinzen Rezâ Pahlawî, ein restaurierter Qâdschârenpalast im Niâwaran, Teherân.

234 Feuerwerk am 28. Mordâd, einem wichtigen Nationalfeiertag.

235, Krönungsprozession Ihrer Kaiserlichen
236 Majestäten im Golestân-Palast (26. Oktober 1967).

237 Das Herrscherpaar zündet zur Feier des Nau Rûz die Kerzen des traditionellen Haft-Sîn-Tisches im Golestân-Palast an.

Die Macht des Landes

فلاحت علمی است پُرمنافع واصل همه صنعتهاست واول کسی که در زمین فلاحت کرد آدم بود و ازپس او پیغمبران

بسیار و زهاد کرده اند. قال الله تعالی هو انشاءکم من الارض و استعمرکم فیها. رسول الله صلی الله علیه و آله و سلم میفرماید:

التمسوا الرزق فی خباب الارض و عمر خطاب بقومی بگذشت که بکار نشسته بودند گفت شما چه کسانید گفتند نحن المتوکّلون

ما متوکلانیم گفت دروغ میگویید متوکّل کسی باشد که تخم در زمین افکند و اعتماد کند برخدای تعالی و در احادیث است که

هرکه درختی بنشاند بهر میوه ای که از آن جانوری بخورد نیکی در دیوان او بنویسند.

Die Landwirtschaft ist ein Gewerbe voller Nutzen und die Wurzel aller übrigen Künste. Der erste, der Landwirtschaft betrieb, war Adam, und nach ihm haben es viele Propheten und Asketen getan. Gott spricht: «Er läßt euch aus der Erde entstehen und gibt euch Gedeihen auf ihr.» (Sure 11, 61)

Der Prophet hat geboten: «Suchet euern Lebensunterhalt aus den Früchten der Erde!»

Omar ibn al-Chattâb [Kalif von 634 bis 644] kam an einigen Männern vorbei, die untätig dasaßen. «Was seid ihr für Leute?» fragte er. Sie erwiderten ihm: «Wir sind Leute des Gottvertrauens!» – «Ihr lügt!» rief der Kalif. «Gottvertrauende sind solche, die eine Saat in die Erde senken und ihre Zuversicht auf Gott setzen!»

Es wird auch das Prophetenwort überliefert: «Jeder, der einen Baum pflanzt, damit sich von seinen Früchten ein Lebewesen ernähre, dem wird es als gutes Werk im himmlischen Buche verzeichnet!»

Fachr ad-Dîn Râzî (12. Jahrhundert)

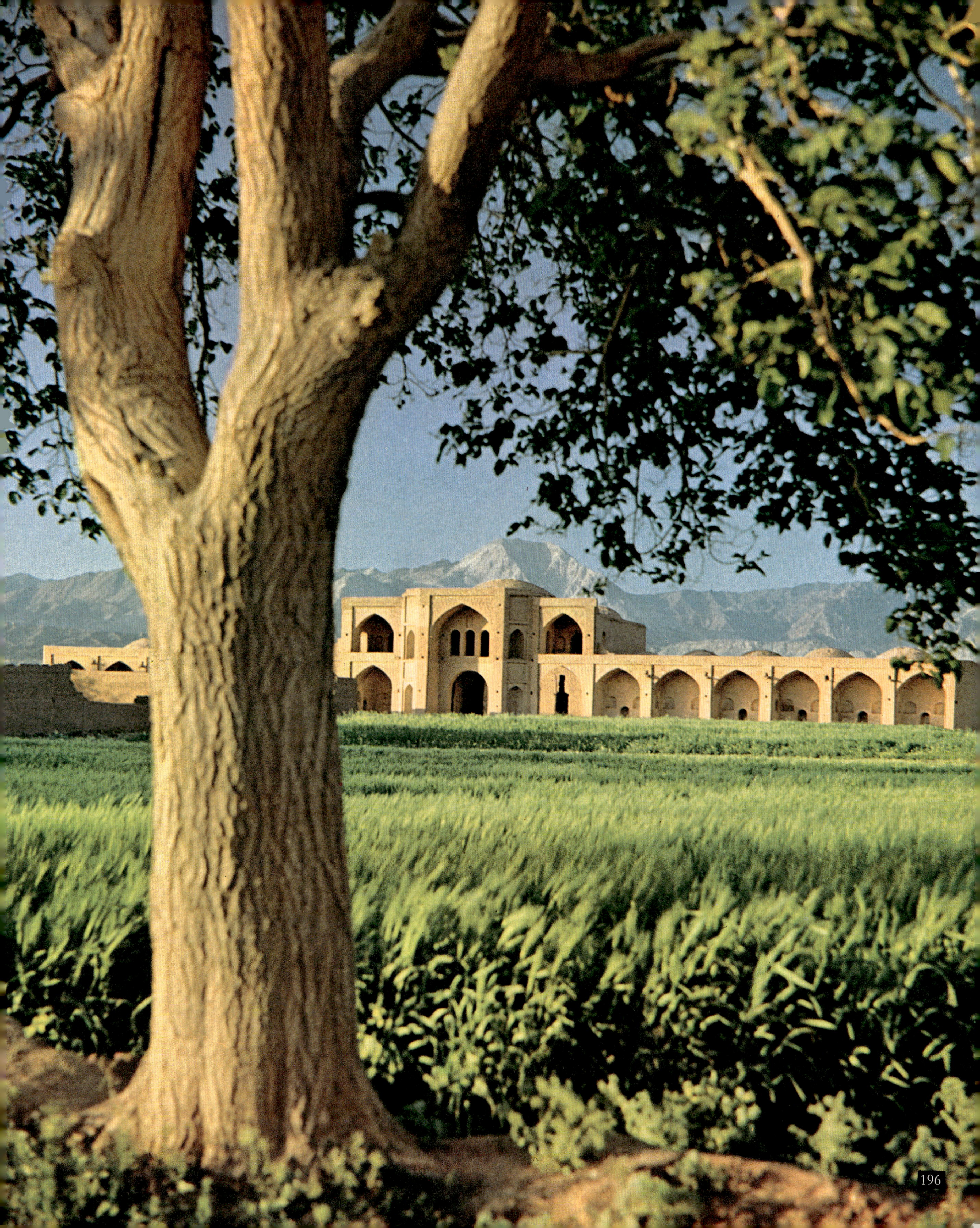

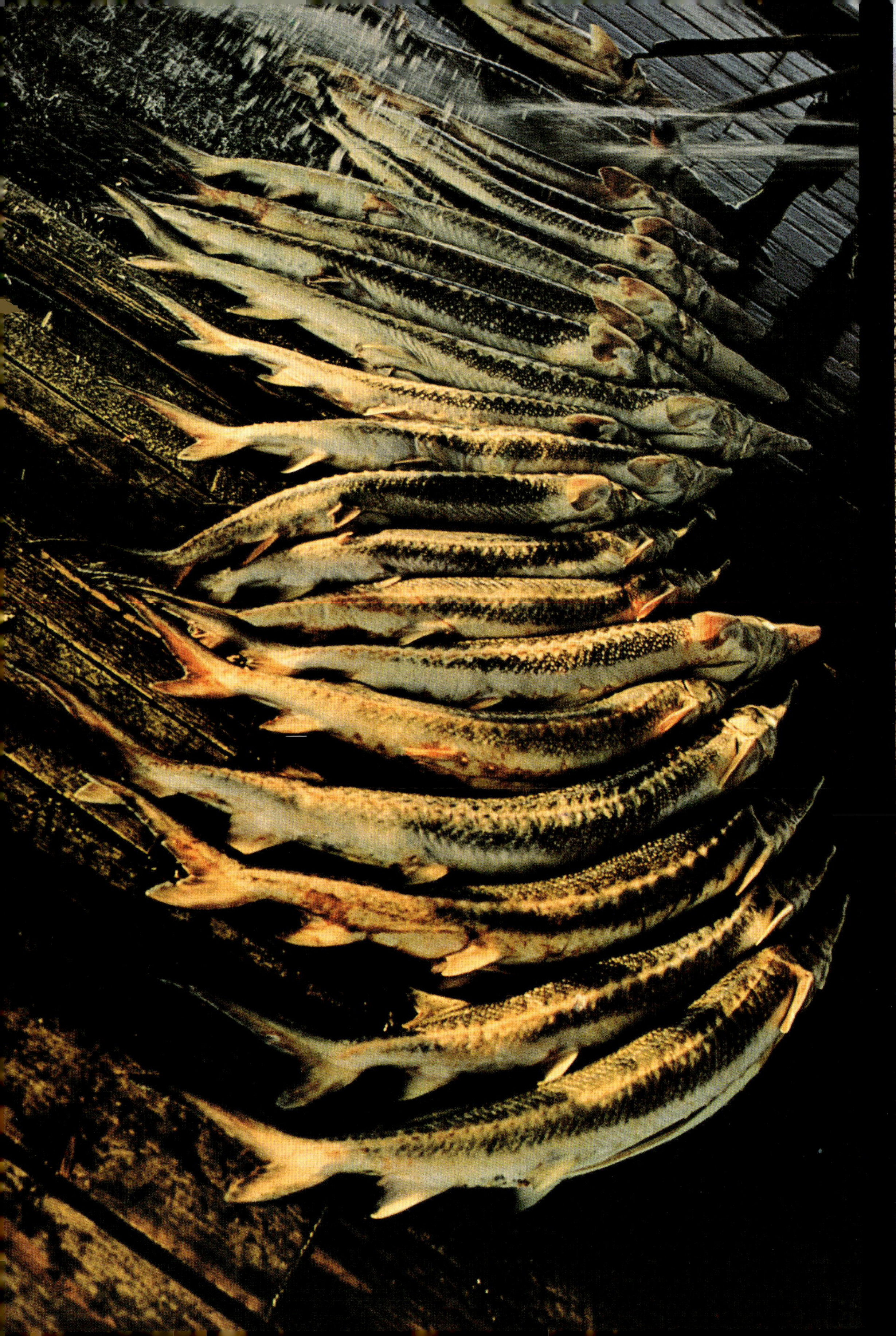

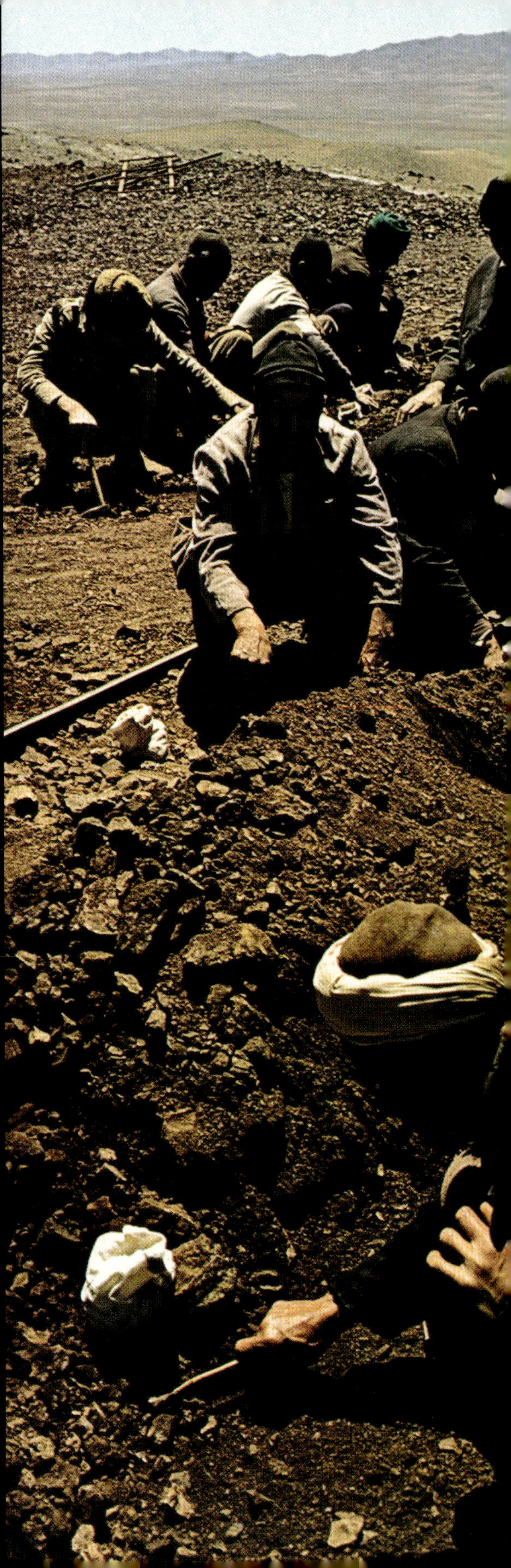

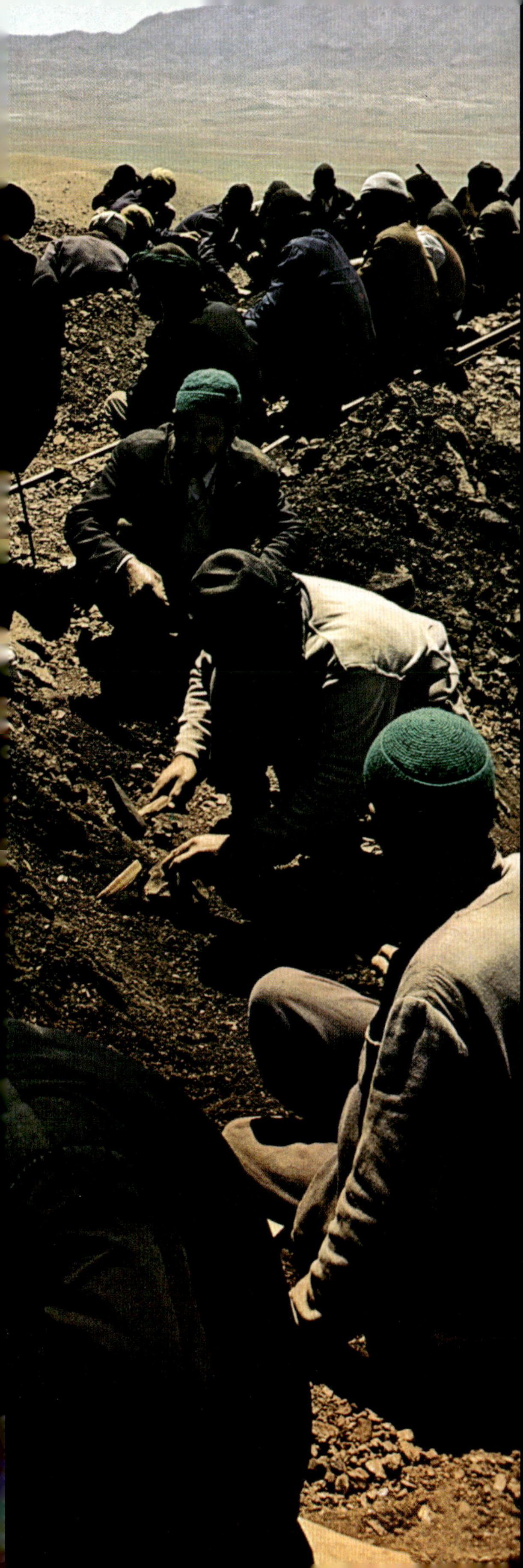
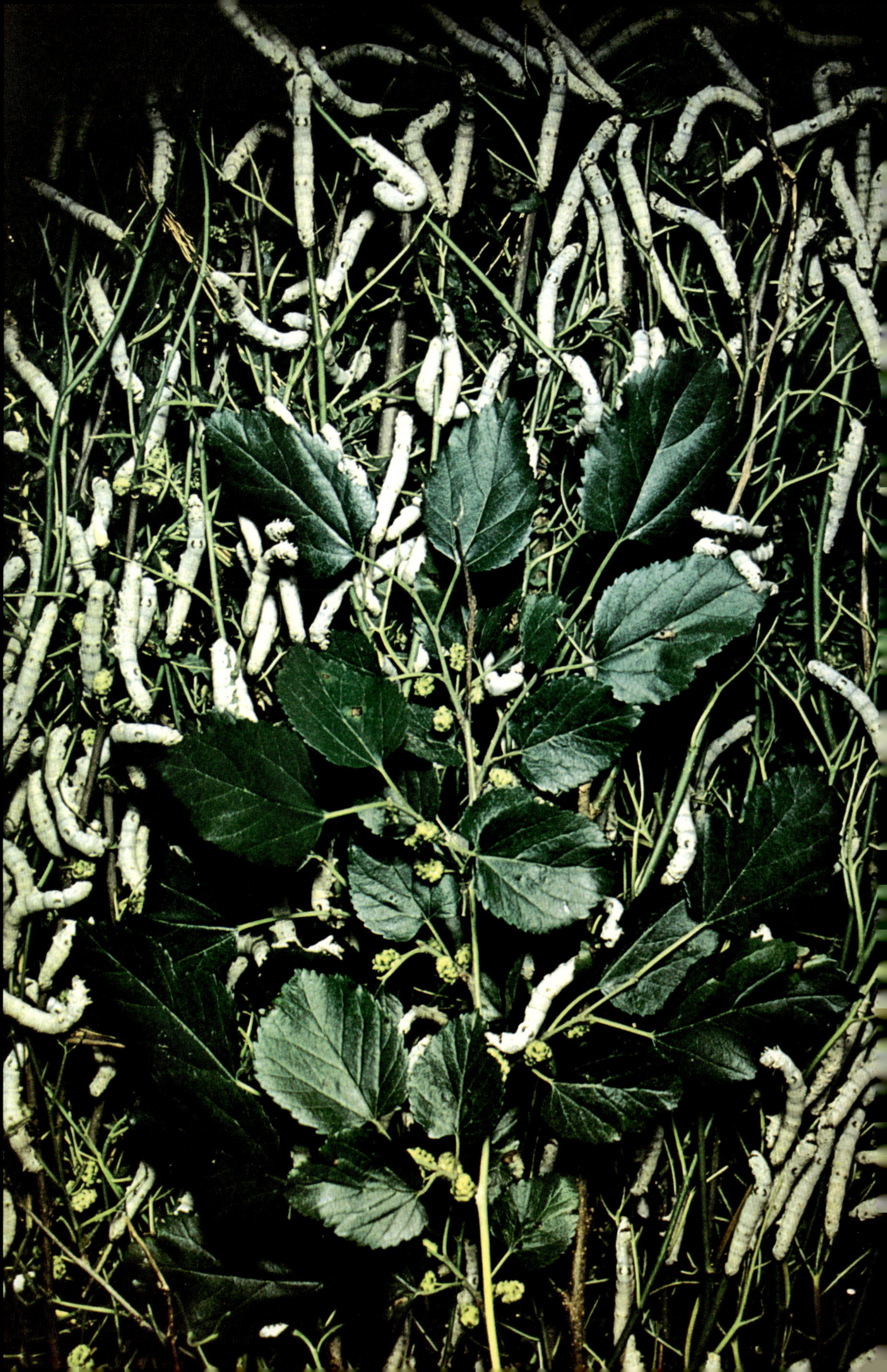

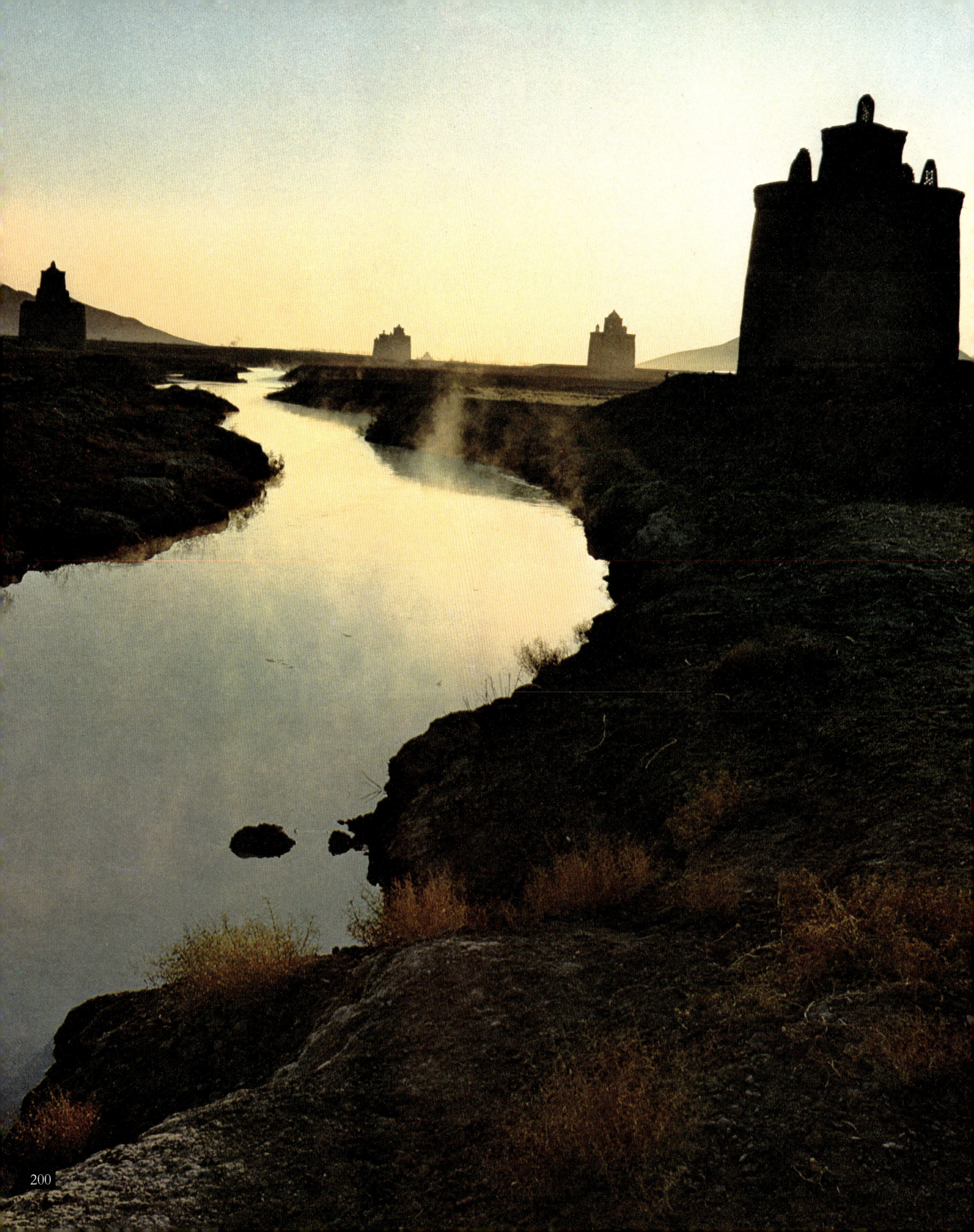

Kommt, ihr meine herzlich lieben Tauben,
Kommt herab vom Dach, daß ich euch seh:
Leib wie Kampfer, Füße wie Zinnober,
Sinket um mich nieder leicht wie Schnee!

Wenn im Frühgrau auf des Ostens Zinnen
Goldner Vogel seine Schwingen streckt,
Seh ich euch, wie ihr im Schlage innen
Dicht am Glas den Hals gefällig reckt.

Gurrt ihr eure unschuldvollen Töne,
Schleppt verliebt den Schweif am Boden lang!
Mit der Morgenbrise kommt die schöne
Liebesbotschaft zu mir wie Gesang.

Seid bereit nun, meine schmucken Bräute!
Öffne euerm Neste nun die Tür.
Schwirren eure Schwingen in die Weite,
Hört man's in der Gasse, im Quartier.

Führt sie denn zum Paradies, die Pforte,
Die ich öffne, wo ihr eingezwängt?
Engelgleich fliegt ihr von eurem Orte
Ätherwärts, die Schwingen dicht gedrängt.

Nie hab ich von euch in manchen Tagen,
Ob ihr Korn und Wasser auch entbehrt –
Nie hab ich ein Kreischen oder Klagen,
Nur der Liebe süßen Ruf gehört.

Kommt herab, ihr Freunde, dort vom Dache,
Flatternd, tänzelnd, trippelnd zu mir eilt!
Laßt euch nieder auf der stillen Fläche,
Die kein andrer Mensch nun mit uns teilt.

Kommt, ihr meine traulichen Gefährten!
Hier – ich hab euch Hirse hingestreut.
Eure Nähe mich, den Gramversehrten,
Mehr als die von Menschen oft erfreut.

Bahâr (20. Jahrhundert)

Wie trefflich hat der Landmann
    zu seinem Sohne gesagt:
O Licht meiner Augen!
    Du wirst nur ernten, was du gesät hast.

Sa'dî (13. Jahrhundert)

201

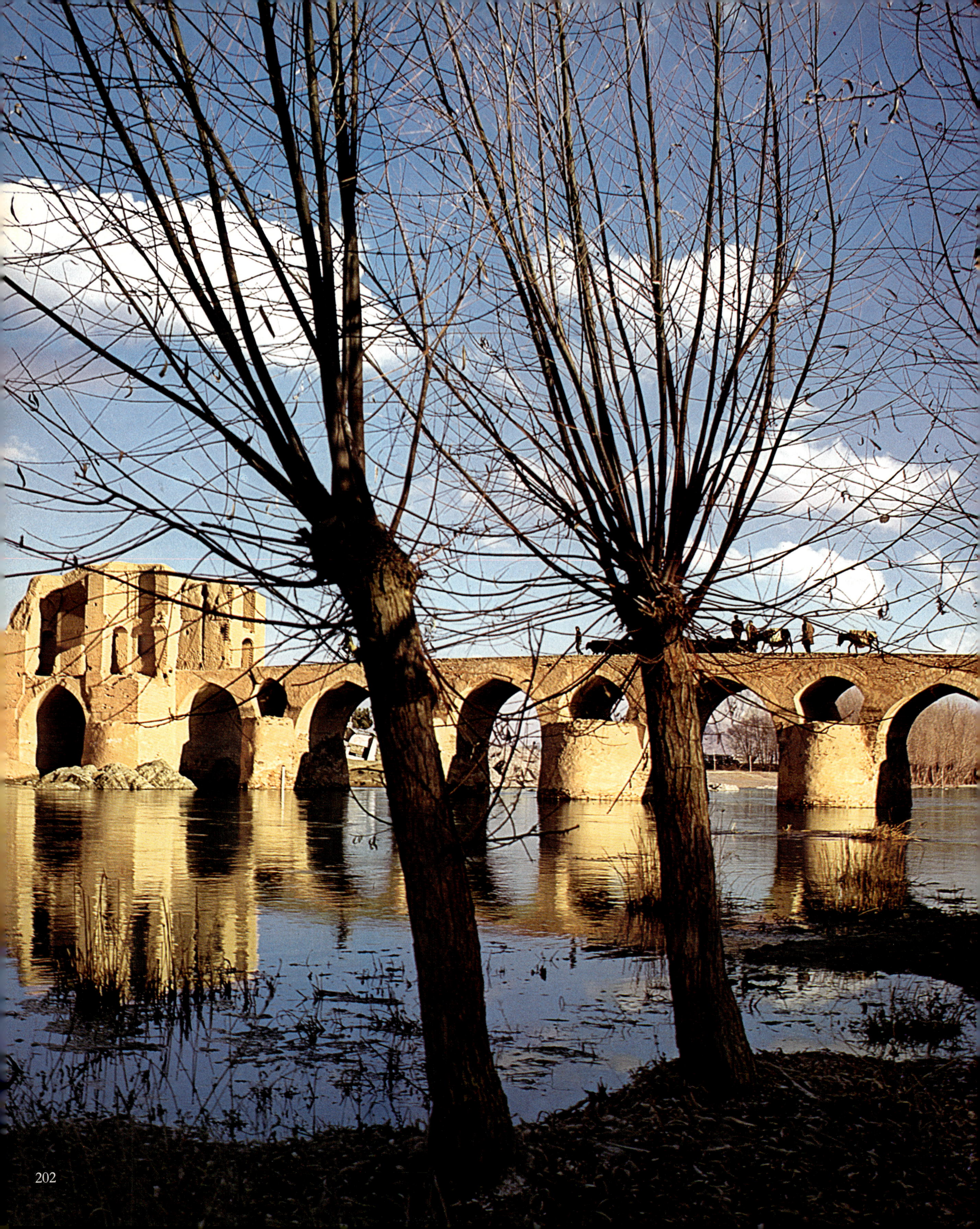

203

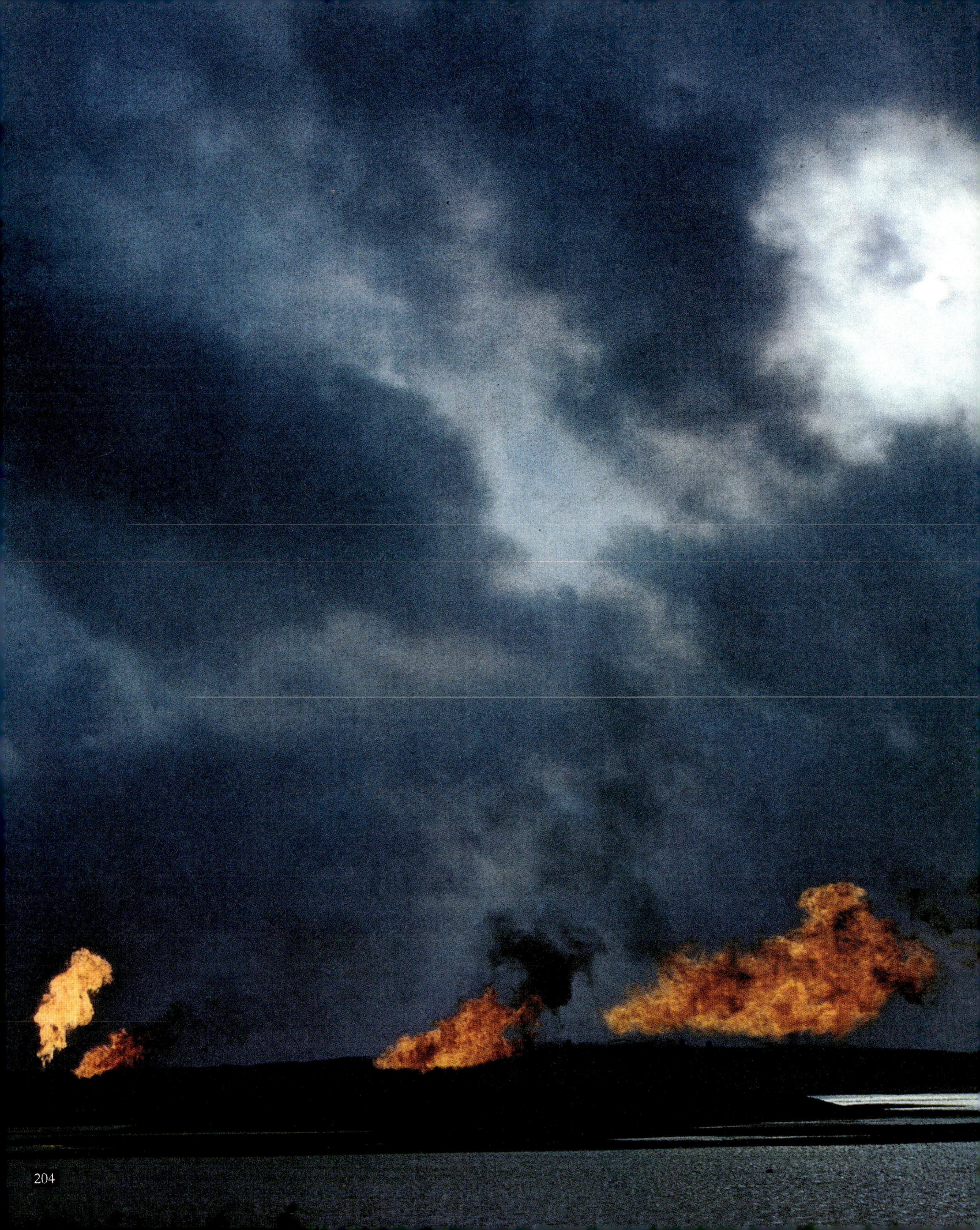

Schweigend saß ich neben dem Tempel Masdschidi Suleimân (bei Schûschtar), als sei ich selber aus jenem leblosen Stein.

Ich dachte an die Vergangenheit und die Gegenwart, was man heute tut, und was man damals getan hat.

Ich sah die Zoroastrier auf dem Gipfel der Jahrhunderte, die Iran zu einem prächtigen Garten gemacht, die in einer Zeit, da Griechenland, Babel und Ägypten mächtig waren, ihre Herrschaft auf diese drei Reiche ausgedehnt haben.

Ich sah die mutigen Parther, die ein bis zwei Jahrhunderte sich ebenbürtig neben den Römern behauptet, und wieder um einiges später die Sassaniden, die dieses Reich durch Gerechtigkeit, Wissen und Erkenntnis in ein Paradies verwandelt haben.

Heute aber sind wir, selber bankrott, froh über alles, was jene Chosroen in Istachr, Bisotûn und Tâq-e Bustân geleistet haben.

Langsam ging die Sonne unter...
Ich senkte den Kopf. Plötzlich aber erstarrte mein Blick: Es war, als bestünde die Erde aus lauter glänzenden Sternen!

Acht Parasangen von jenem Gebirge entfernt wurde es plötzlich Tag, als hätte man die Nacht eingekerkert.

Mir fiel ein, daß in diese belebte Einöde die Engländer mich und ein paar Freunde eingeladen hatten.

Die anglo-iranische Erdölgesellschaft ist es ja, die durch ihre technischen Leistungen die Welt in sprachloses Erstaunen versetzt.

Wasser und Feuer haben sie in Kârûn zutage gefördert, das Öl in Röhren zum Wüstenwanderer gemacht.

Den Fels haben sie mit dem Bohrer von Wissenschaft und Technik leicht durchdrungen, das Öl aus der Tiefe des Schachtes zum Zenit emporschießen lassen.

Daß das Feuer für Abraham zum Rosengarten wurde [vgl. Sure 21, 69], ist nicht mehr befremdlich; hat man doch auch das Dorngestrüpp von Naftûn in einen Rosengarten verwandelt!

Die Bohrröhren dringen zum Erdzentrum hinab, die Bohrtürme streben zum Saturn empor.

Eiserne Kessel wie schwarze Dämonen, Röhren in Form von Schlangen wurden erbaut.

Man hat Öl in Kesseln gespeichert; durch die Röhren soll es nach Âbâdân gehen. So wurde es angeordnet.

Das Dorf Âbâdân, dessen Verfall sprichwörtlich war, hat man zu einer Stadt, reich an Straßen und Palästen, gemacht.

Ihre Schmiede erweckt besondere Furcht dadurch, daß für sie aus zwei Felsblöcken Hammer und Amboß gebaut wurden.

Der Hammer, riesig wie ein Berg, hebt und senkt sich von selber auf ein Eisen, das man zum Schürfen von Schätzen bearbeitet.

Aus der Ferne sah ich zwei riesige Feuer lohen, die mit ihren Flammen die Hölle in Furcht versetzen konnten.

Eines schien das Feuer von Barzîn, das andere jenes von Guschasp, die einst die Zoroastrier zur Verehrung der Götter entzündeten.

Für die Verletzten, Kranken und durch Hitze Geschädigten hat man nach englischem Muster einige Hospitäler errichtet.

Du magst es mir verübeln oder nicht –: Die Techniker haben ihrem Zeitalter eine Wohltat erwiesen!

Bahâr (20. Jahrhundert)

Die edelsteinbesetzte Kugel

Eine Kugel ließ unser König machen aus Gold
    und ließ sie besetzen mit Juwelen.
Diese Juwelen unterrichten den Betrachter
    über alle Meere und Länder.
Sie besteht aus Edelsteinen und Gold;
    aber ihr Wert geht weit darüber hinaus.
Sie ist auf Erden; blickst du aber genau hin,
    gleicht sie einem Himmel voller Sterne.
Auf der Erdkugel hat eine solche Kugel
    bisher sonst keiner aus Gold und Edelsteinen gefügt.
Eine solche Kugel läßt sich nicht erobern,
    und hätte man tausend mal tausend Soldaten!

Abû Nasr Schaibâni (19. Jahrhundert)

205

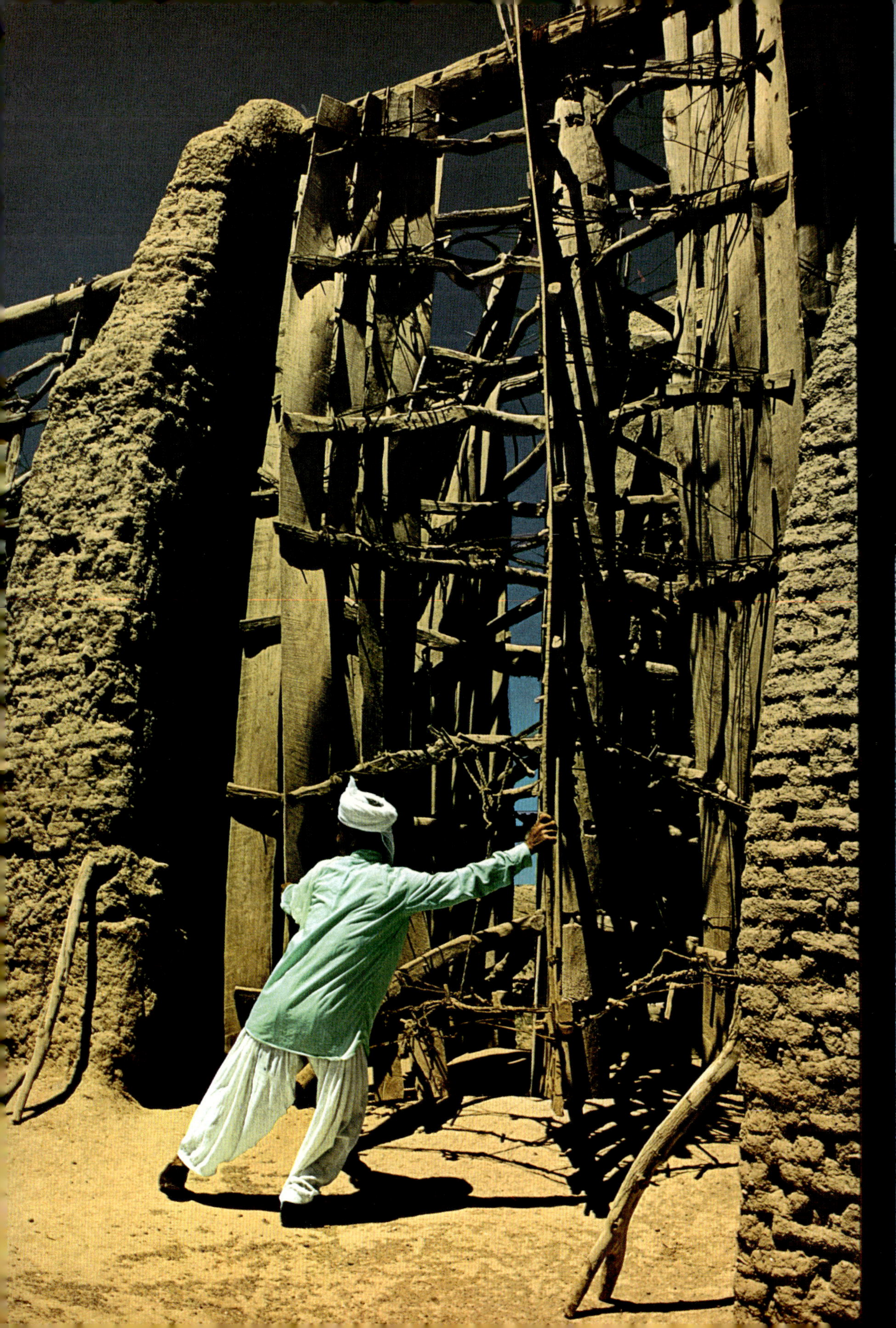
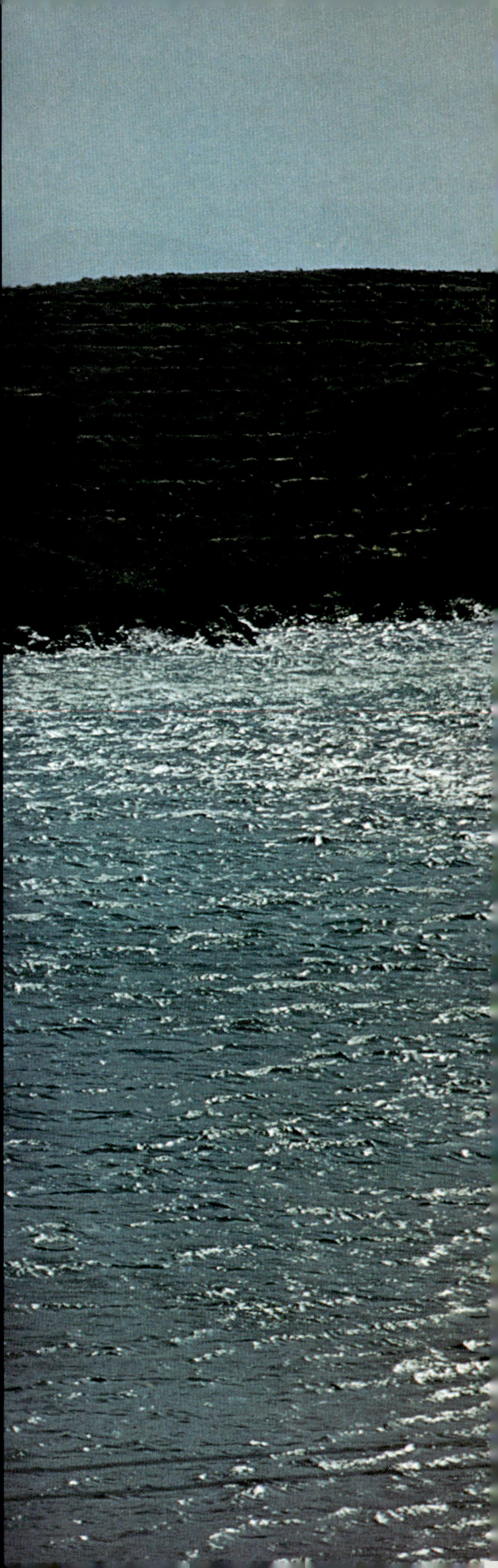

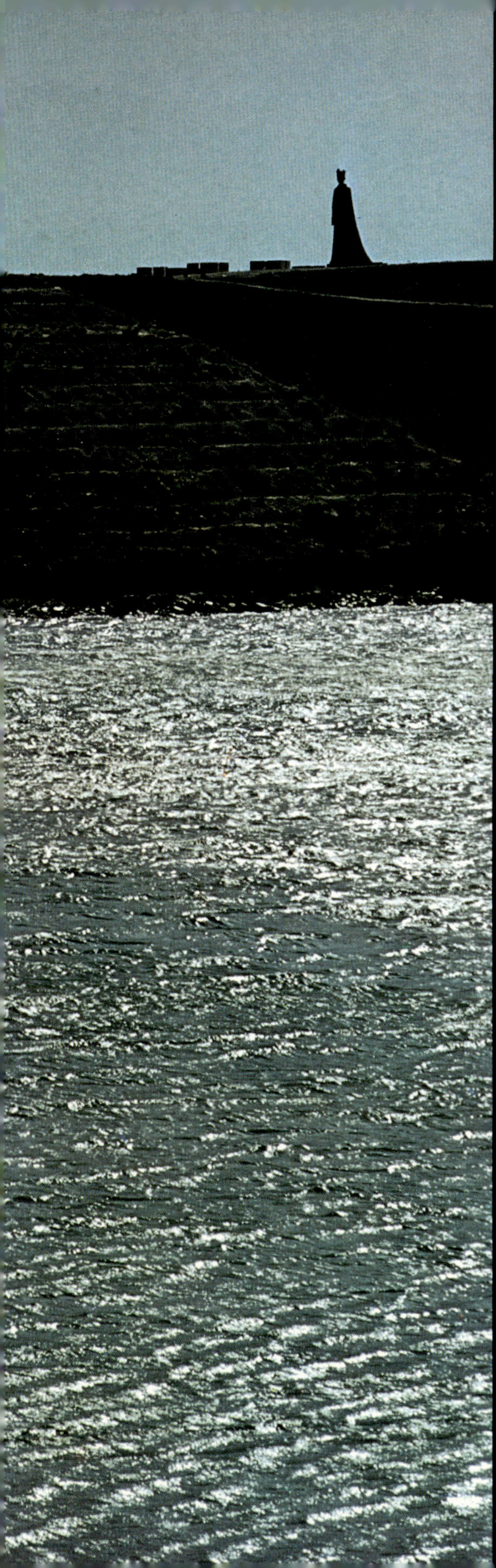

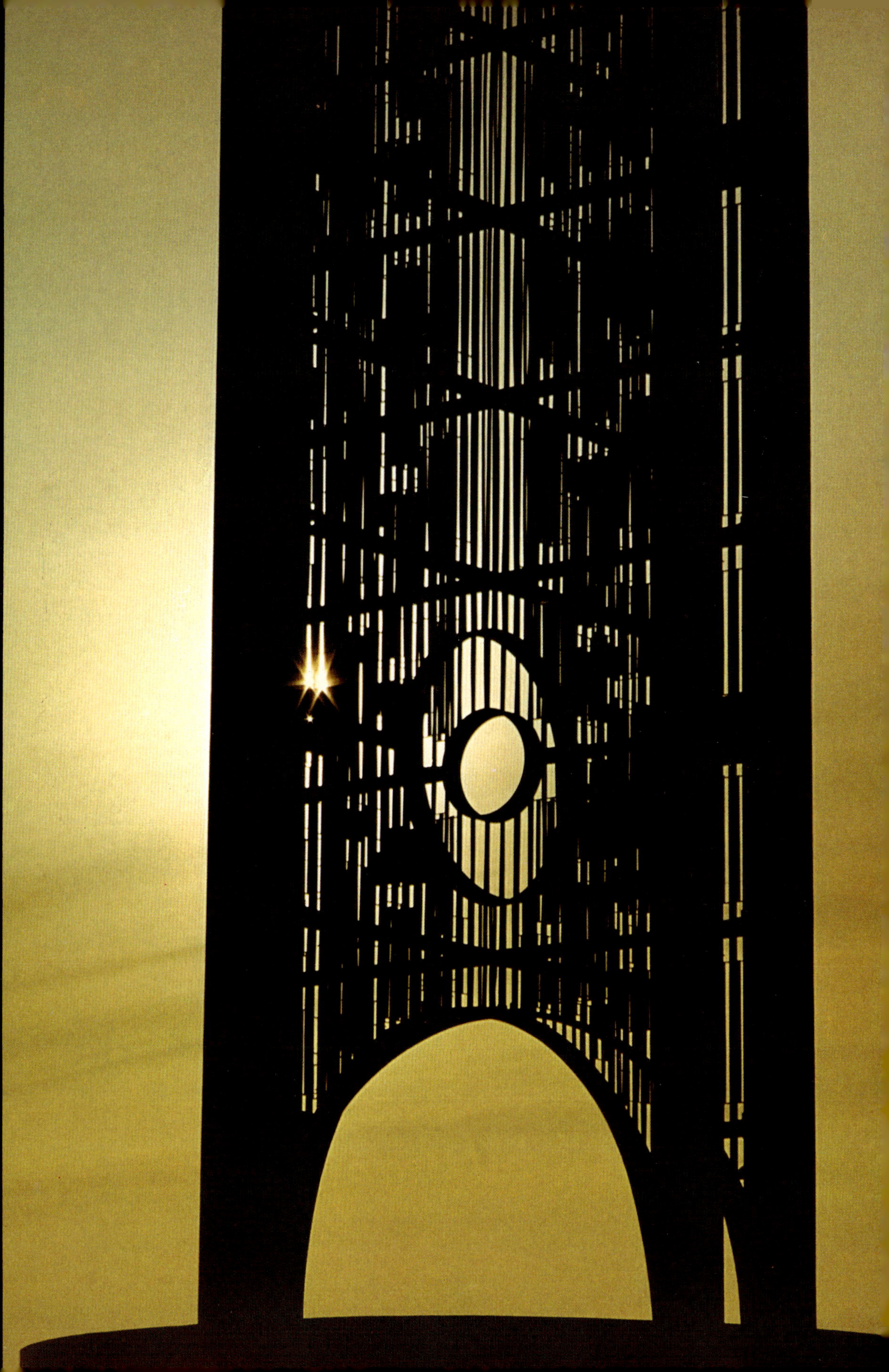

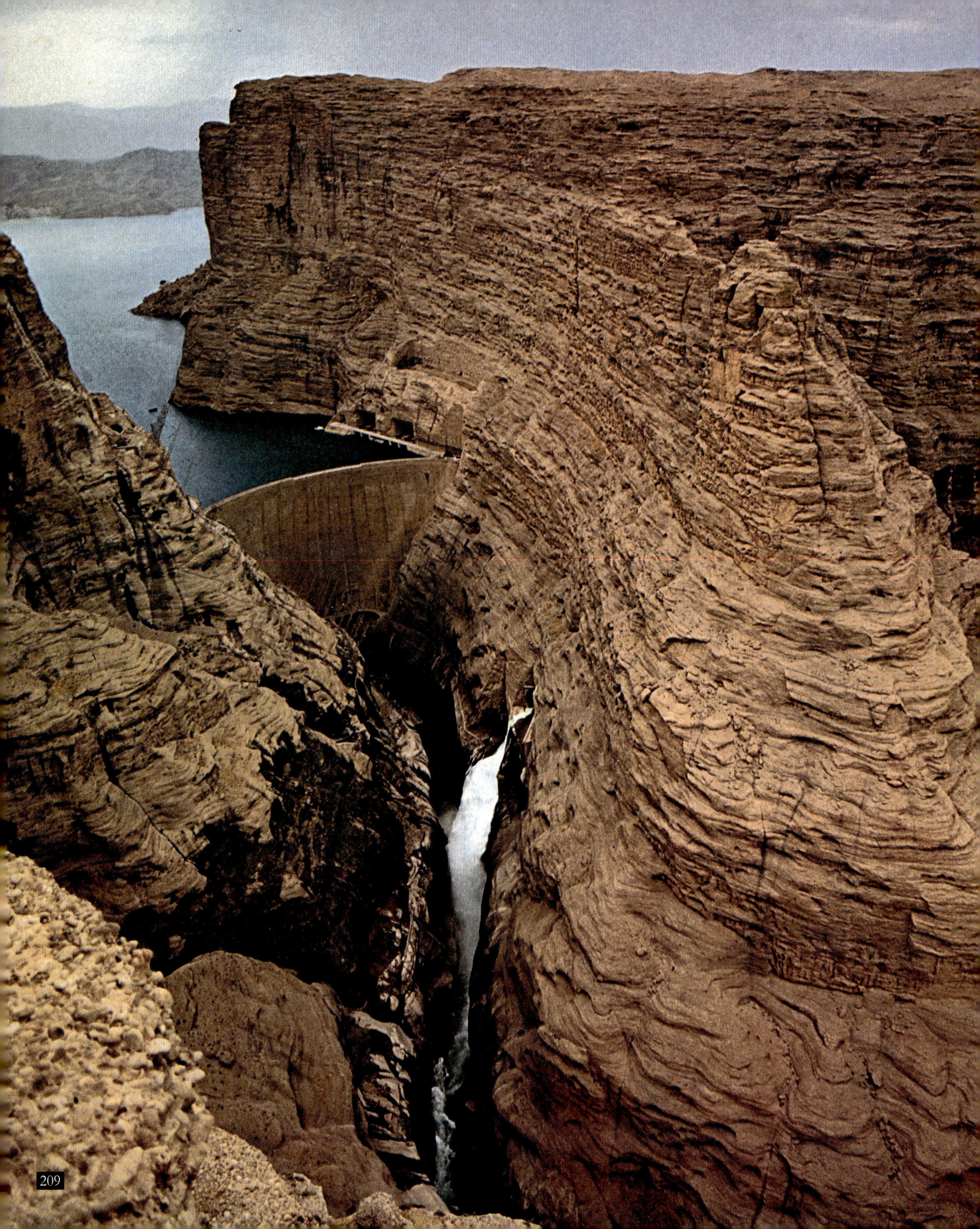

Der Wasserfall

Morgendlich, wenn sie vom Schlafe erwacht,
lugt durch den Spalt, der im Osten aufbrach,
schlüpft aus dem samtenen Bette der Nacht,
tritt wie ein Prinz aus dem dunklen Gemach,
    scheint sie, die immer verschönert die Welt,
    freundlich dich an, bis die Dämmerung fällt.

Sonne verrichtet ihr strahlendes Werk,
glänzen der Wald und das grüne Gefild,
wird das Gebirg zum smaragdenen Berg;
und jene Quelle, die hoch aus ihm quillt,
    bricht sich das Sonnlicht im schäumenden Fall,
    schimmert wie Bernstein, Rubin und Kristall.

Wieder, im Frühling, wenn lieblich und frisch
Winde bewegen den schäumenden Fall,
wandelt in silbernen Staub sich der Gischt,
sprüht auf die Matten am Hang und im Tal;
    und in dem Staub über Tal und Gebirg
    wölbt sich des farbigen Bogens Gewirk.

Strahlt aber nächtlich des Mondlichtes Glanz,
wandelt zu Milch sich der stürzende Fluß;
Quecksilber scheint er beim hüpfenden Tanz
nieder vom Gipfel des Berges zum Fuß,
    wo in das wartende Strombett er füllt
    Hände voll Perlen, in Schaum eingehüllt.

Rezâ Beheschtî (20. Jahrhundert)

Die Kunst

شاه گیتی مرا گرامی داشت   نام من داشت روز و شب به زبان

بازخواندی مرا وقت به وقت   بازجستی مرا زمان به زمان

گاه گفتی بیا و رود بزن   گاه گفتی بیا و شعر بخوان

به غزل یافتم همی «احسنت»   به ثنا یافتم همی احسان

من ز شادی بر آسمان برین   نام من بر زمین دهان به دهان

این همی گفت فرخی را دوش   زر بداده است شاه زرافشان

آن همی گفت فرخی را دی   اسب داده است خسرو ایران

Ehre hat mir erwiesen der König der Welt;
    Bei Tag und bei Nacht führte er meinen Namen im Munde!
Zu sich rief er mich je und je,
    Suchte auch selber mich auf von Zeit zu Zeit.
Manchmal sprach er: Bringe das Spiel und schlage die Saiten an!
    Manchmal gebot er: Komm und trage Gedichte mir vor!
Mit meinen Ghaselen fand ich seinen Beifall;
    Für meine Lobhymnen erhielt ich seine Belohnung.
Vor Freude fühle ich mich im siebenten Himmel,
    Während auf Erden mein Name von Mund zu Munde geht.
Solches sprach Farrochî, da gab ihm gestern
    Gold der goldverstreuende König.
Anderes sprach Farrochî, da gab ihm unlängst
    ein Pferd der Chosro Irans!

Farrochî (11. Jahrhundert)

210

211

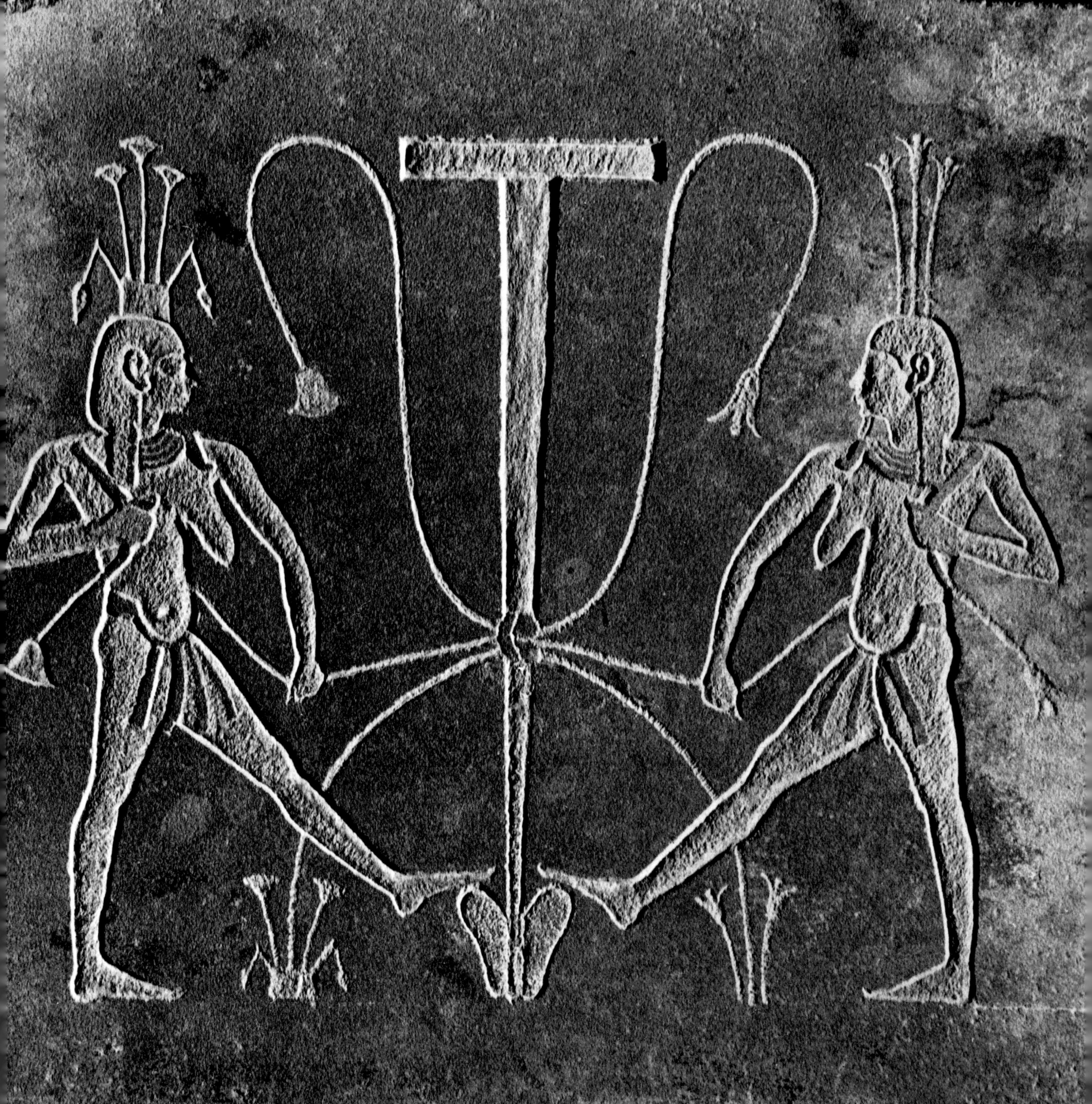

212

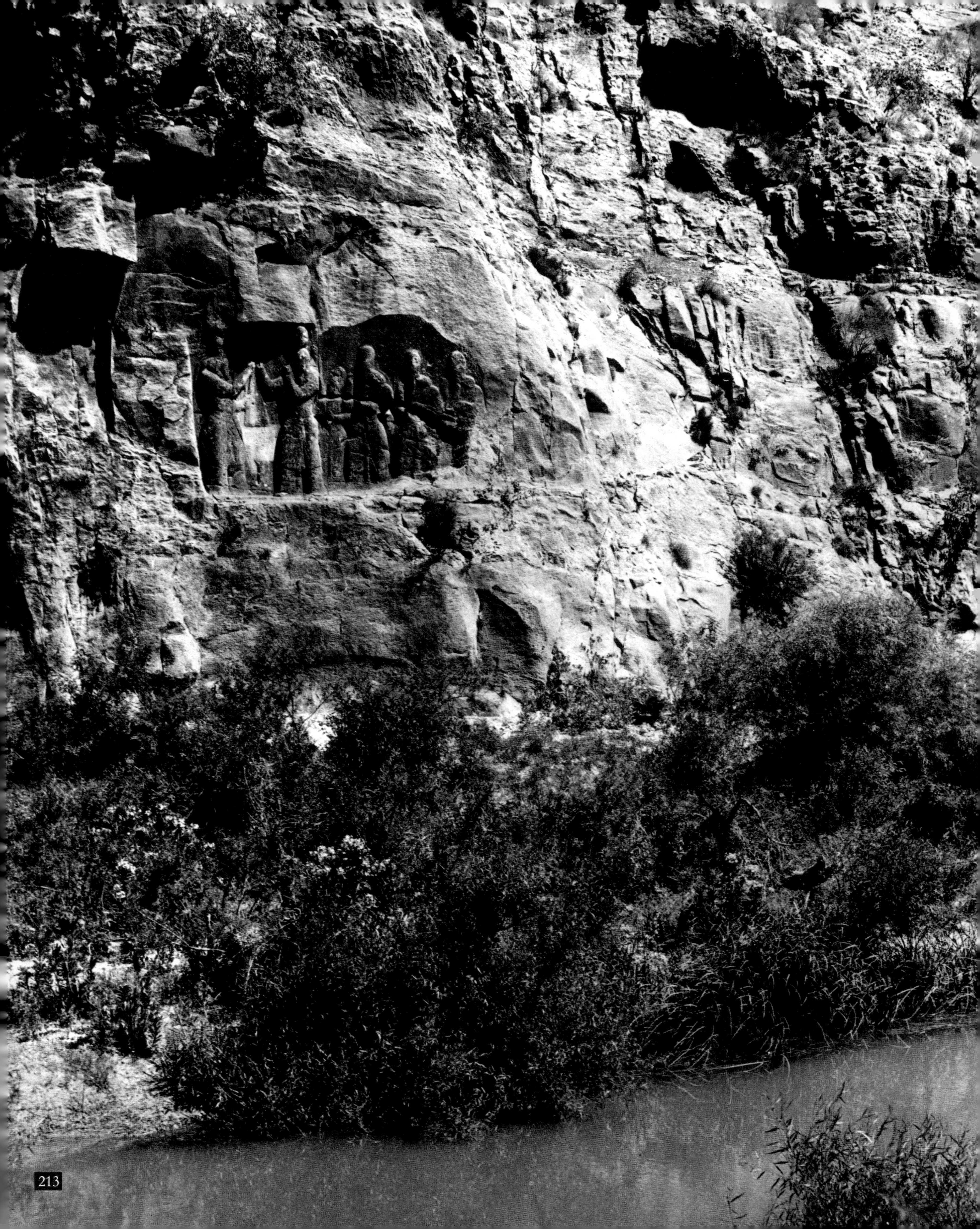

Als man aufs Haupt ihm gab die Königskrone,
    Sprach dieses Wort er auf dem Siegesthrone:
«Mein Schatz auf Erden ist Gerechtigkeit,
    Mein Glück und Gram ist's, ob die Welt gedeiht.
Niemand soll mir den Schatz zu rauben wagen!
    Wer Böses tut, soll Böses auch ertragen!
Ein Weltbeherrscher, der sich recht begnügt –
    Die dunkle Erde seinem Wunsch sich fügt!
Die ganze Welt steht unter meinem Schutze,
    Weil ich des Rechtes pfleg, dem Unrecht trutze!»
Da rief der Rat der Edlen: «Heil dir sei!
    Durch dein Gebot und Recht die Welt gedeih!»

Ferdausi (11. Jahrhundert)

Bahram, dem großen König, stand einst der Sinn nach Jagd
    In Steppen flach und endlos, im Hochland gratumragt.
Ins Feld er auf dem Falben wildeselhufig stob;
    Die wilden Esel schlug er, der edle Falbe schnob.
Stern Jupiter im «Schützen» sein fernes Haus erreicht,
    Des Schützen Pfeil erreichte Jupiters Fernen leicht!
Wenn da, von seinen Treibern vom Fluchtweg abgedrängt,
    Ein Rudel wilder Esel just vor den König sprengt,
Da reckte sich der Recke, ein Löwenungetüm,
    Da tänzelte sein Falbe vor Jagdlust unter ihm!
Aus seiner Sehne streute er Perlen ringsumher:
    Da mehrte sich die Beute, der Köcher wurde leer.
Hei, wie die Pfeile jagen, indisch gestählt und spitz,
    Bald Wild vom Boden schlagen, bald Feuerstrahl und Blitz!
Wo saftge Keuln beisammen und purer edler Wein,
    Da braucht es auch der Flammen! So schmort der Braten fein.
Nun hatte jener König ein Mädchen mondenhell,
    Welche beim Ritt nicht wenig behende war und schnell.
Ihr Name war «Betörung», Verstörung ihre Art,
    Dem König Sinnempörung, und er in sie vernarrt.
Frischwangig wie der junge Frühling in Edens Zelt,
    Ihr Gang wiegt sich im Schwunge wie Wind im Weizenfeld,
Ein Honigbrot vom Bäcker mit gutem Öl daran,
    So zuckersüß und lecker wie feinstes Marzipan!
Doch mehrte jene Traute noch ihrer Schönheit Glanz,
    Sang sie und schlug die Laute, war leichtfüßig beim Tanz –
Und klangen ihre Lieder zur Laute voller Weh,
    Dann lockten sie hernieder die Vögel aus der Höh.
Beim Jagen und beim Zechen und Instrumentenklang
    Bat sie der König oftmals um Spiel und um Gesang.
Ihr Instrument die Laute, ihm dient der Pfeil dafür,
    Die Laute schlägt die Traute, er schlägt das Beutetier.
Da schau! aus öder Ferne ein wilder Esel schoß –
    Der König sah's, gab gerne die Sporen seinem Roß;
Dem Tiere nahgekommen, das äugte fluchtbereit,
    Den Bogen hochgenommen mit Löwenwucht zum Streit,
Den Daumen um den Pfeilschaft kräftig gekrümmt im Trab,
    Zog er das Holz zurück und den Daumen zog er ab.
Tief in des Tieres Felle stak da der Pfeil zur Stund;
    Das küßte auf der Stelle vor seinem Herrn den Grund.
Und so im Augenblicke vom Wildpret wunderbar
    Erlegt er Stück um Stücke, erjagt er Paar nach Paar.

Nezamî (12. Jahrhundert)

214

215

216

217

Mein liebend Herz vernahm von ferne
                den Klang der Falkentrommel;
Froh flog es hin zum Fürsten, dessen Hand
                das Ziel ist seiner Sehnsucht.

Rûmî (13. Jahrhundert)

Der Falke ist ein prächtiger, zierlicher schneller Vogel; und im Unterschied zu allen übrigen Geschöpfen, wo immer das Männchen größer und vollkommener ist als das Weibchen, ist beim Falken das Weibchen größer und schöner. Er hat ein stolz blickendes Auge und ist im allgemeinen ein treuer Vogel; nach gemachter Beute kehrt er mit ihr zum Jagdherrn zurück. Wichtig ist, daß er dressiert, geschickt, geschwind und getreu sei. Je weißer er ist, desto besser.

Mohammad ibn Ahmad Tûsî (12. Jahrhundert)

Der Garten von Fîn besitzt einen Pavillon mit
Wasserbecken und Fontäne; er ist ein fürstliches
Bauwerk mit Unter- und Oberstock, Steinmetzarbei-
ten in Marmor und Wandgemälden, die an die Kunst
von Mani und Azar gemahnen. Im dritten Stockwerk
haben vollendete Meister mit geschickter Hand einen
«fränkischen Hut» (Erker, Balustrade) errichtet, von
dem aus man im Sitzen den ganzen Park und die Stadt
Kaschan mit allen zugehörigen Bezirken bis zum
Salzsee und dem schwarzen Gebirge sehen kann. Der
Pavillon seinerseits blickt in den vier Richtungen auf
randvolle Becken und Alleen, die von Zypressen und
Platanen gesäumt sind. Wasser von solcher Klarheit,
Bäume von solcher Frische und Anmut, ein Zypres-
senhain von solcher Ordnung und Pracht, wo jeder
Stamm in den Himmel emporragt – dergleichen
wurde in der bewohnten Welt bisher nicht gesehen!

Abd ar-Rahîm Darrâbî (19. Jahrhundert)

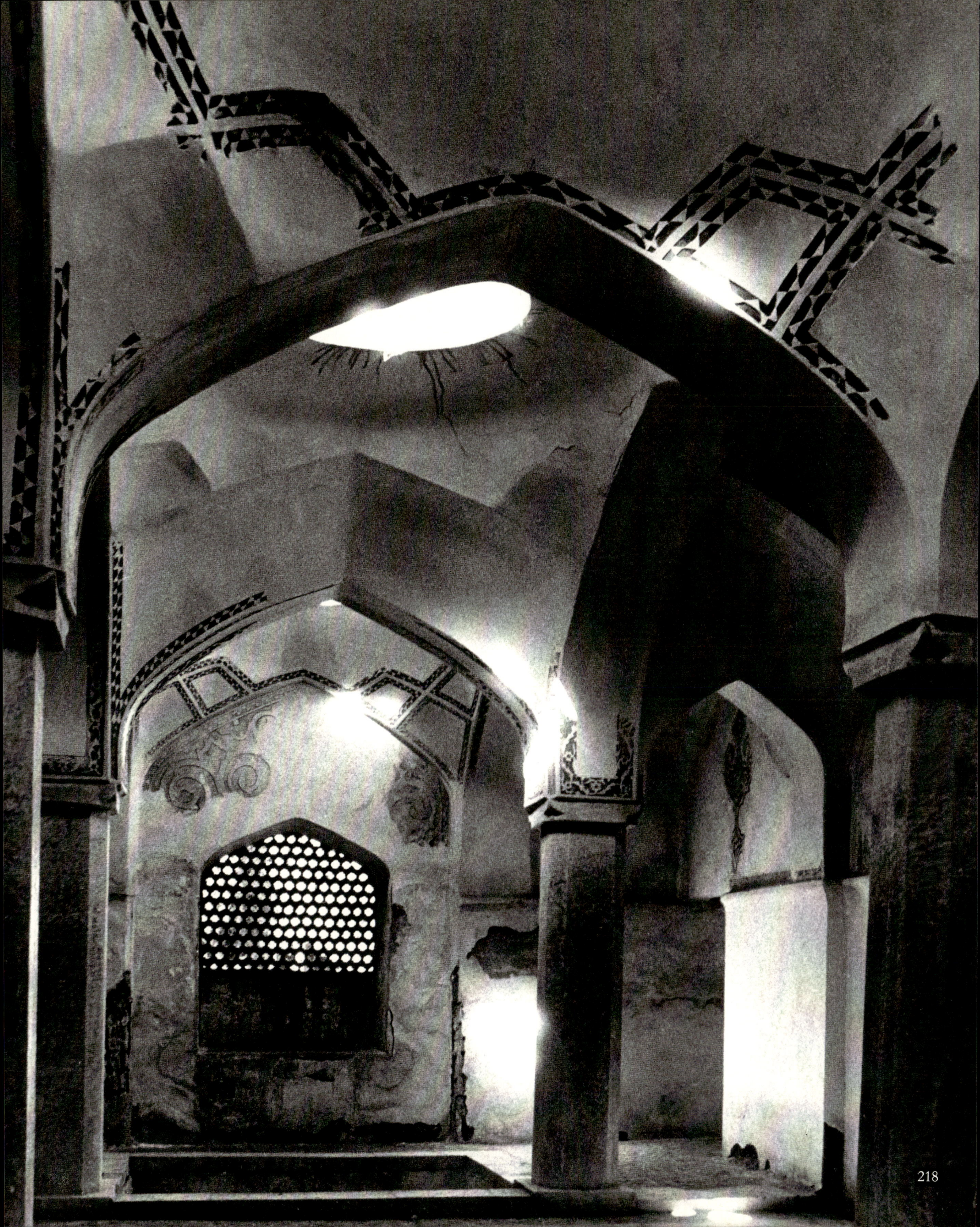

219

220

221

Könige, die sich der Armen erbarmen, sind gute
Reichs- und Staatsverweser, wie denn ja Gerechtig-
keit, Billigkeit und Milde der Herrschenden die
Grundlage eines gedeihlichen Handels und Wandels
der Untertanen in Stadt und Land sind. Der gute
Name des Herrschenden verbreitet sich alsdann
zusammen mit der Kunde von Ruhe und Sicherheit,
Wohlfeilheit des Getreides, der Früchte und übrigen
Waren bis an die Enden der Erde, und Kaufleute und
Reisende kommen herbei und bringen Stoffe,
Früchte und sonstige Waren; das Reich gedeiht, die
Schatzkammern füllen sich, und Heerführer und
Gefolge werden vermögend.
    Wohlstand auf Erden stellt sich ein, und Lohn im
Himmel obendrein.

Sa'di (13. Jahrhundert)

Paläste und Herrscherstädte

Es verkündet Xerxes, der König: Nach dem Willen Ahura Mazdâs baute ich dieses «Tor aller Länder». Auch vieles andere Schöne ist gemacht worden in diesem Persien, was ich gebaut habe und was mein Vater gebaut hat. Was nun Schönes gebaut ist, das haben wir nach dem Willen Ahura Mazdâs gemacht.

Es verkündet Xerxes, der König: Mich möge Ahura Mazdâ schützen und meine Herrschaft, und was von mir gebaut worden ist und was von meinem Vater gebaut worden ist, auch das möge Ahura Mazdâ schützen.

Inschrift in Persepolis

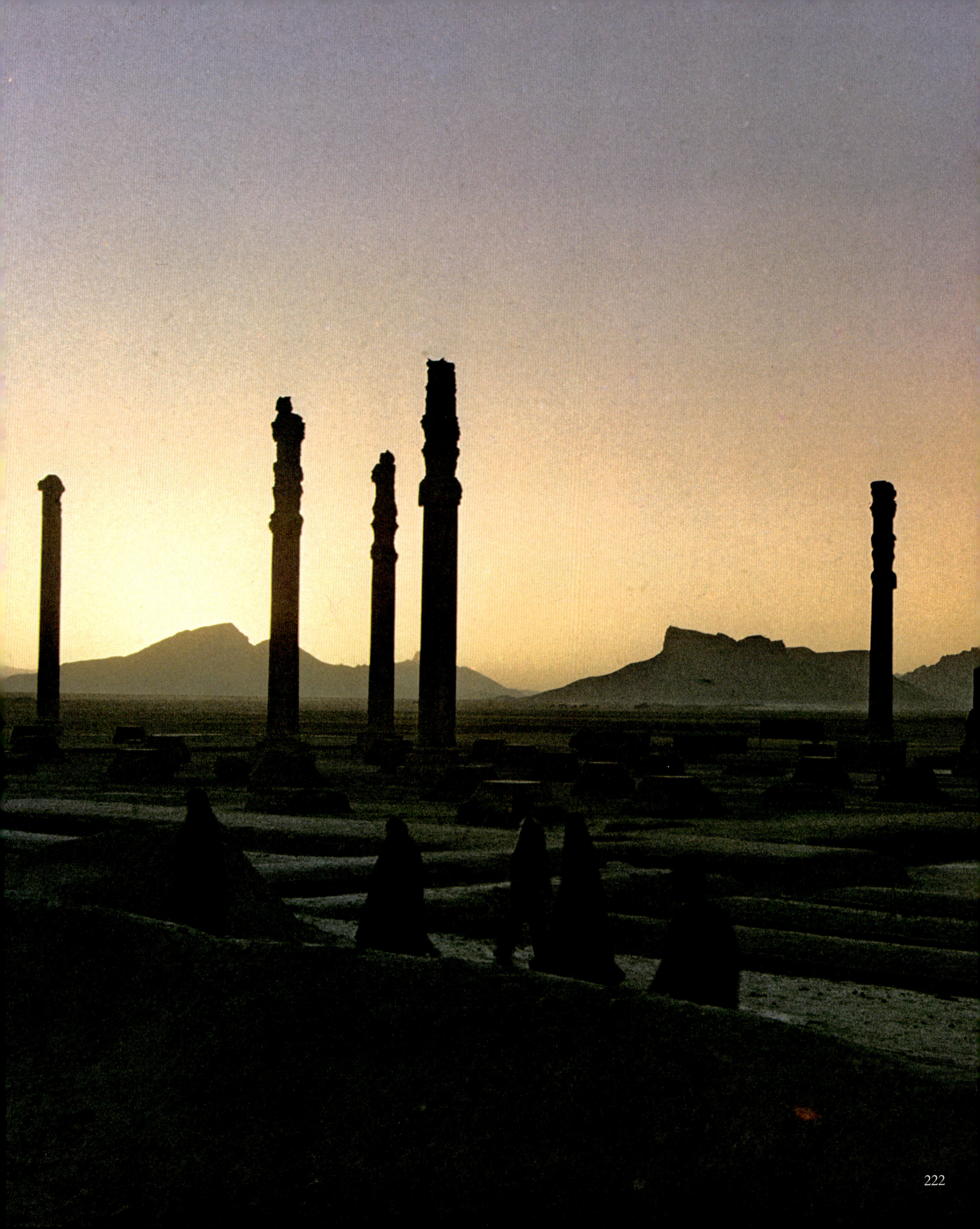

223

224

225

Das ist jener Palast, vor dessen Toren einst der Staub vom Abdruck unzähliger Menschengesichter (die sich aus Ehrfurcht in ihn niederbeugten), zur Bildergalerie wurde!

Das ist jener Hof, dem die Könige von Babylon und Indien und der Schah von Turkestan botmäßig waren!

Das ist jene Estrade, deren Löwenstandbilder dem Löwen im Tierkreis des Himmels die Stirn boten!

Versetz dich in jene Epoche! Erblick sie mit dem Auge des Geistes in den Ketten des Hofes, im Prunk des weiten Platzes!

Châqâni (12. Jahrhundert)

Wo einst man Zinnen sah zum Himmel ragen,
Wo Könige gebückt im Staube lagen,
Sitzt auf der Mauer einsam jetzt ein Täubchen und gurrt –
das klingt wie Fragen und wie Klagen.

Omar Chajjâm (12. Jahrhundert)

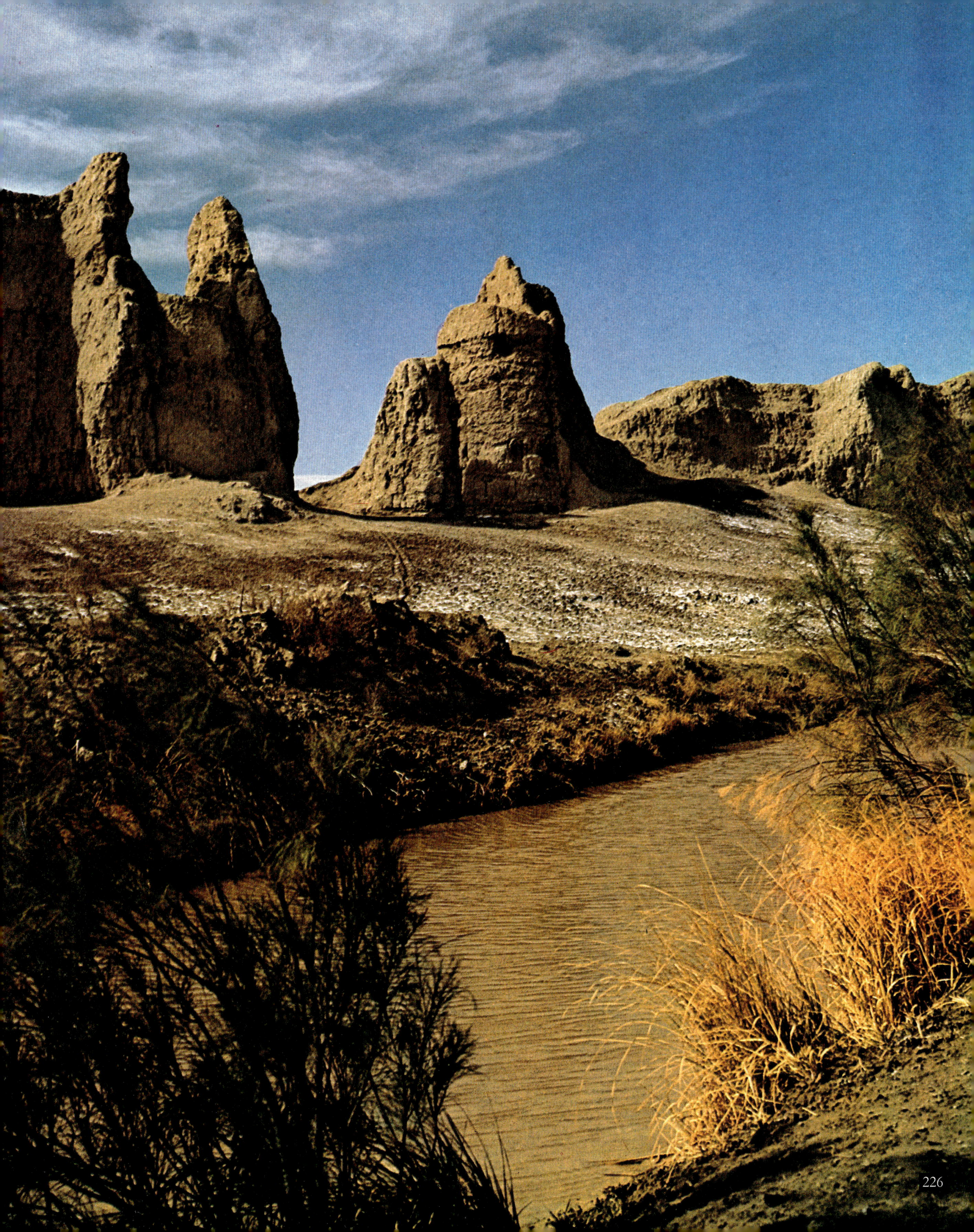

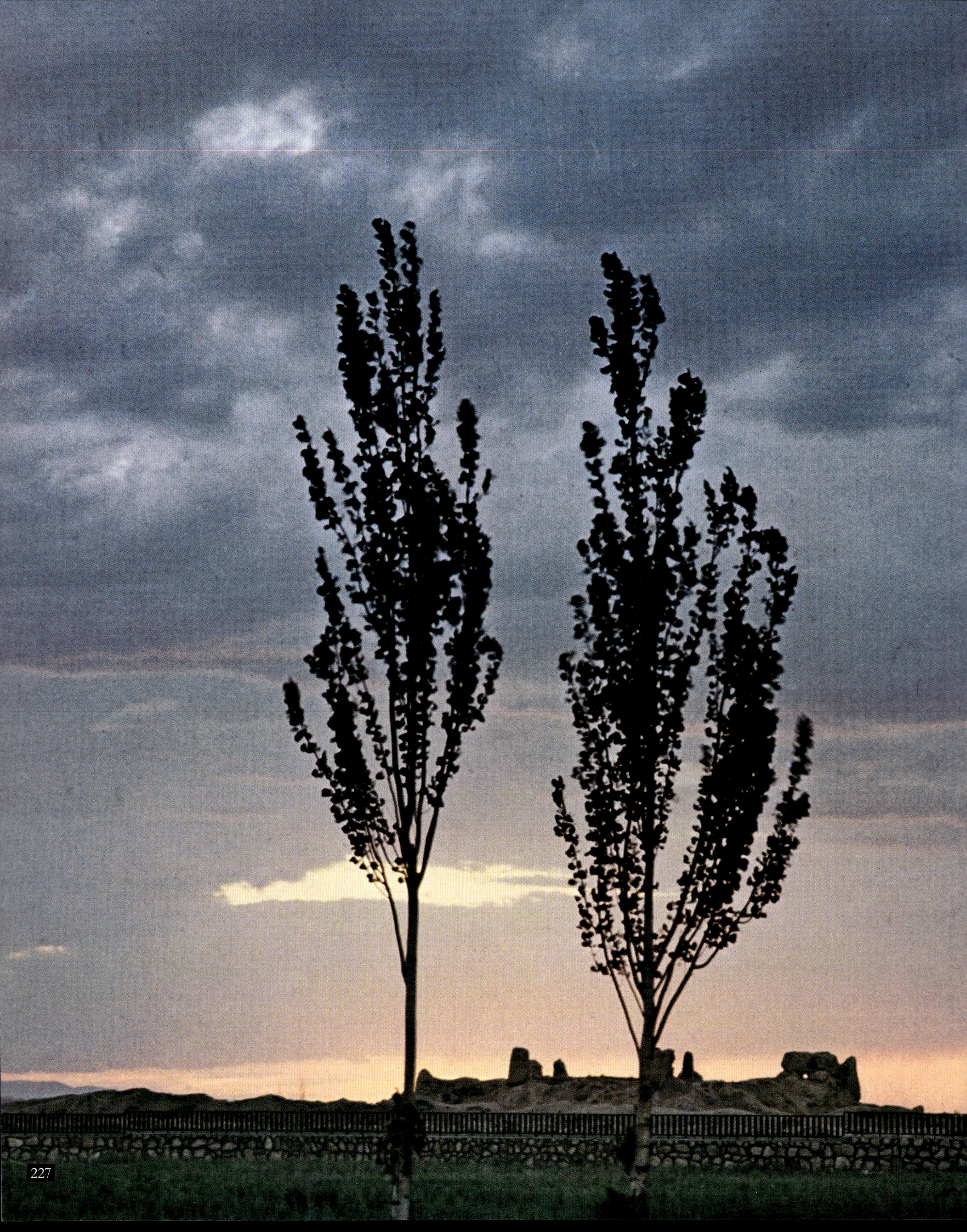

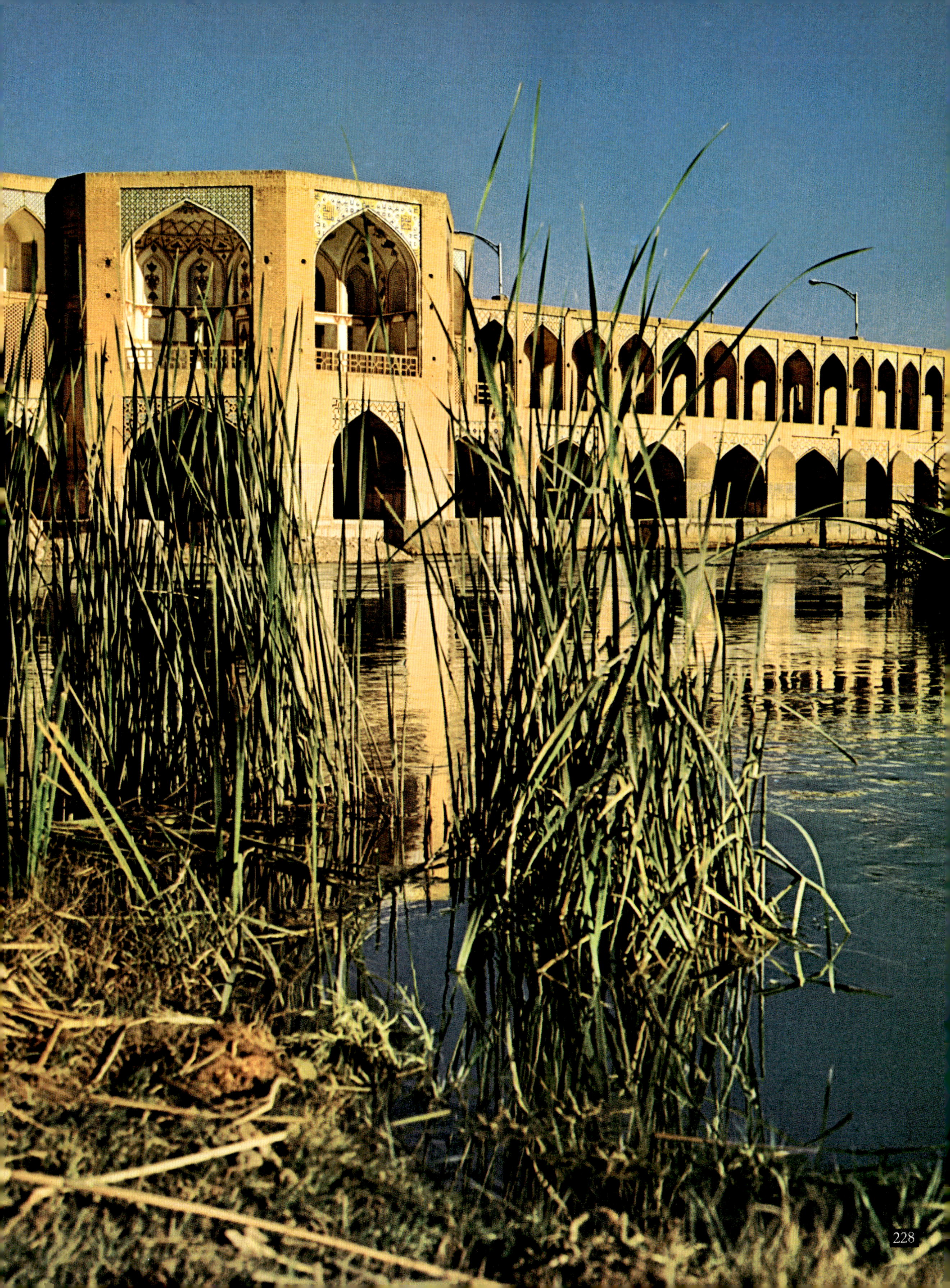

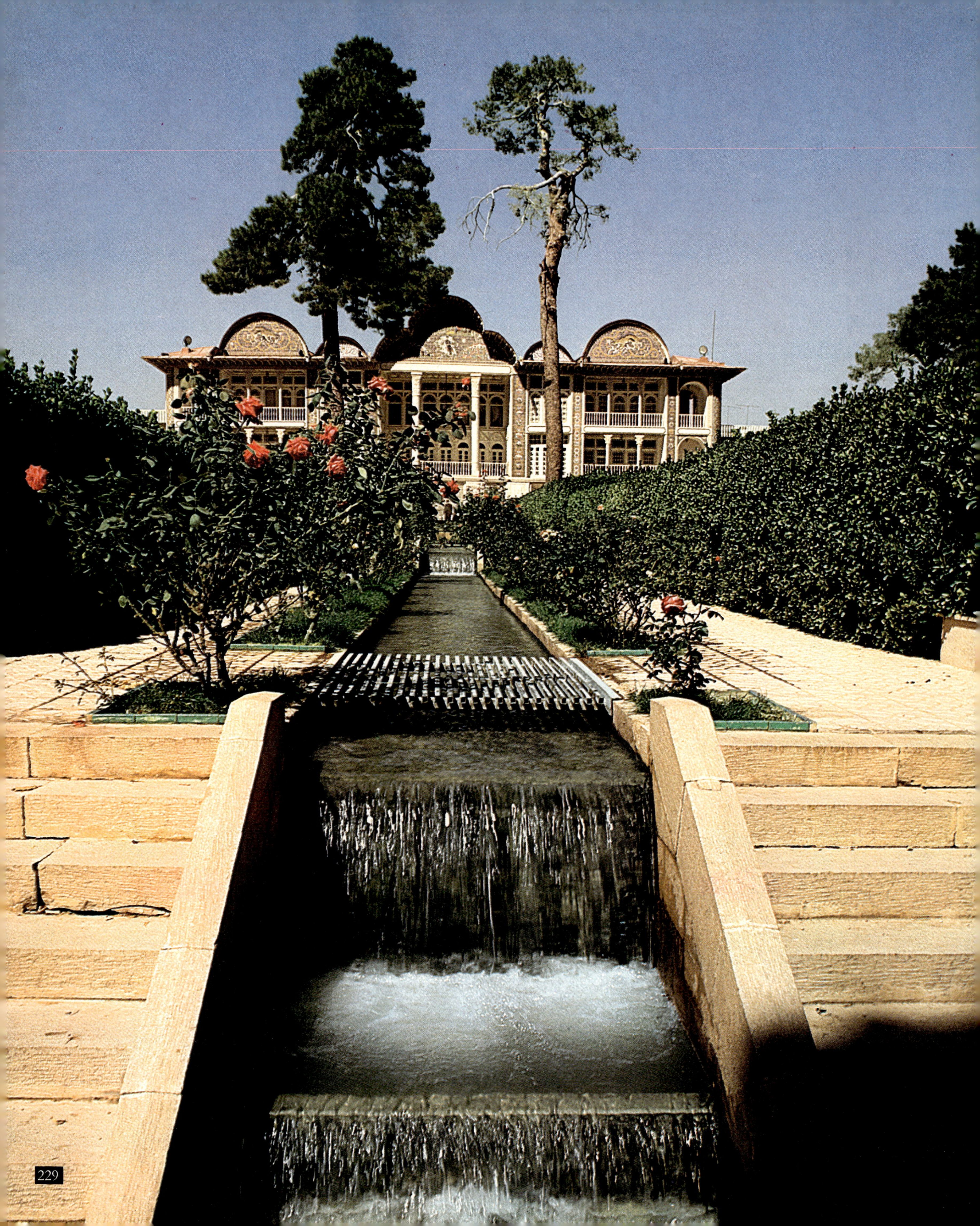

Es traf sich, daß ich die Nacht mit einem Freunde im
Garten verbrachte. Es war ein Platz lieblich und
angenehm, von dichten Bäumen umrahmt. Blumen
bedeckten den Boden wie Mosaiksplitter, und das
Geschmeide der Plejaden hing über ihm wie ein
Kronleuchter...

Sa'dî (13. Jahrhundert)

Als schon vom Schlummer, den sie schliefen,
                          gesättigt waren die Narzissen,
Fiel auch in Schlaf der blaue Lotos,
                          versunken in des Wassers Kissen.

Als bar des roten Schmucks die Rosen
                          sich fügten in die grüne Hülle,
Entledigte der Judasbaum auch
                          sein Antlitz von dem blauen Tülle.

Von Tulpen prangte noch der Garten,
                          als wären Kerzen rings entzündet.
Wen wundert's, daß ob solcher Kerzen
                          der Garten frohen Stolz empfindet?

Da blies der Herbstwind aus die Flammen!
                          Er muß ja seines Amtes walten;
Und nicht vermag die Glut der Kerzen
                          der Wut des Windes standzuhalten.

Äpfel und Quitten aber, leuchtend
                          und rund wie rot' und gelbe Wangen,
Wie Lauten und Rebabe, raunen
                          ein Lied von Liebe und Verlangen.

Farrochî (11. Jahrhundert)

O erhabener kaiserlicher Palast, errichtet mit göttlichem Beistand und auf höchsten kaiserlichen Befehl!

Deine Wände und Türen sind mit Spiegeln verkleidet; es hält Einzug in dich der Chosro unserer Zeit, ein Alexander an Ruhm.

Nie wird der Glanz deiner Spiegel getrübt werden; denn während Seiner Ära wird keines Unterdrückten Seufzer sie beschlagen.

Der Schatzkämmerer wird in dir die kaiserliche Krone niederlegen, auf daß die Häupter der Welt sich an diesem Hofe in den Staub neigen.

Die Schatzkammer der kaiserlichen Krone – o erhabener Schauplatz! «Museum» hat dich daher der weise Herrscher genannt.

Sâm Mîrzâ (19. Jahrhundert)

230

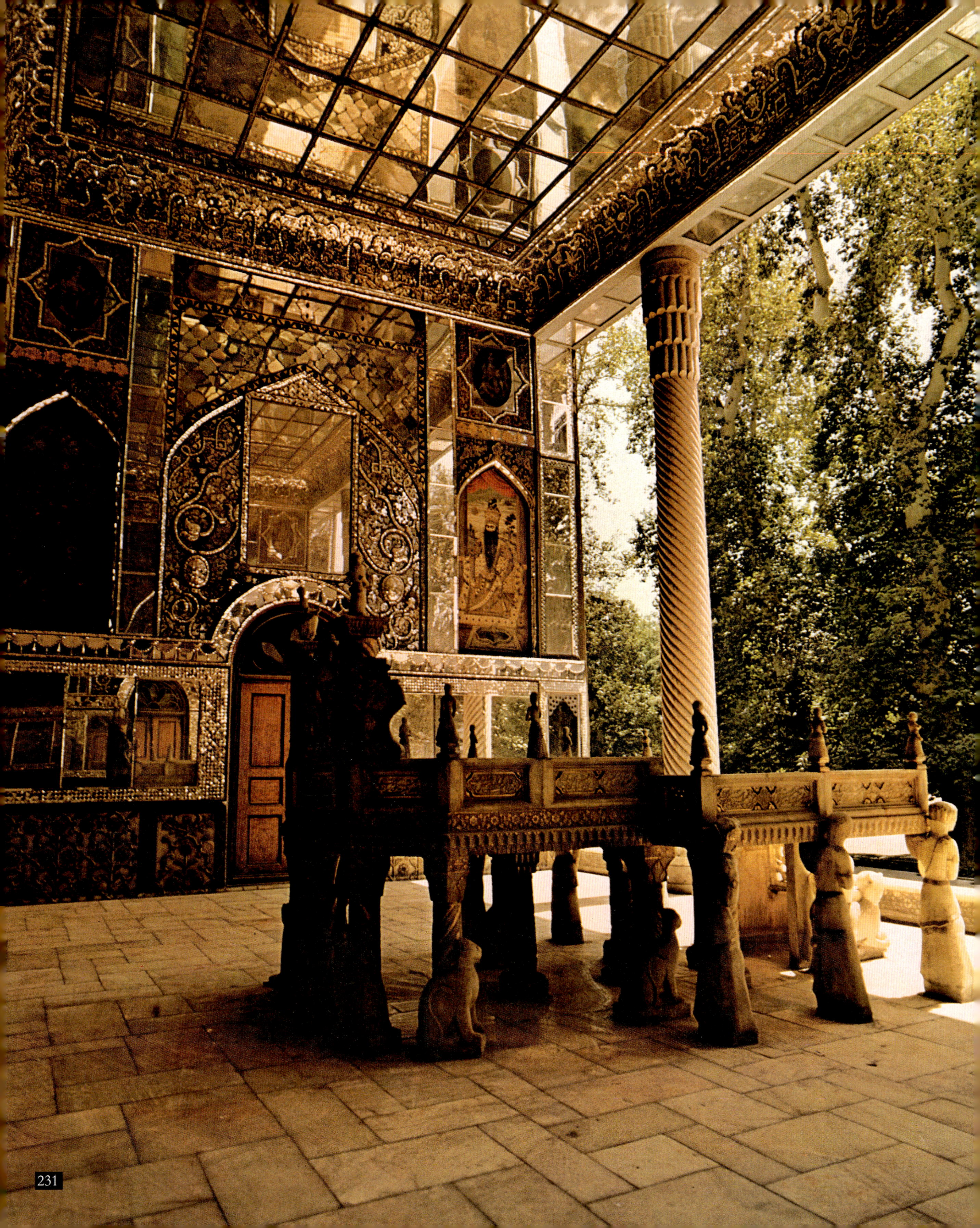

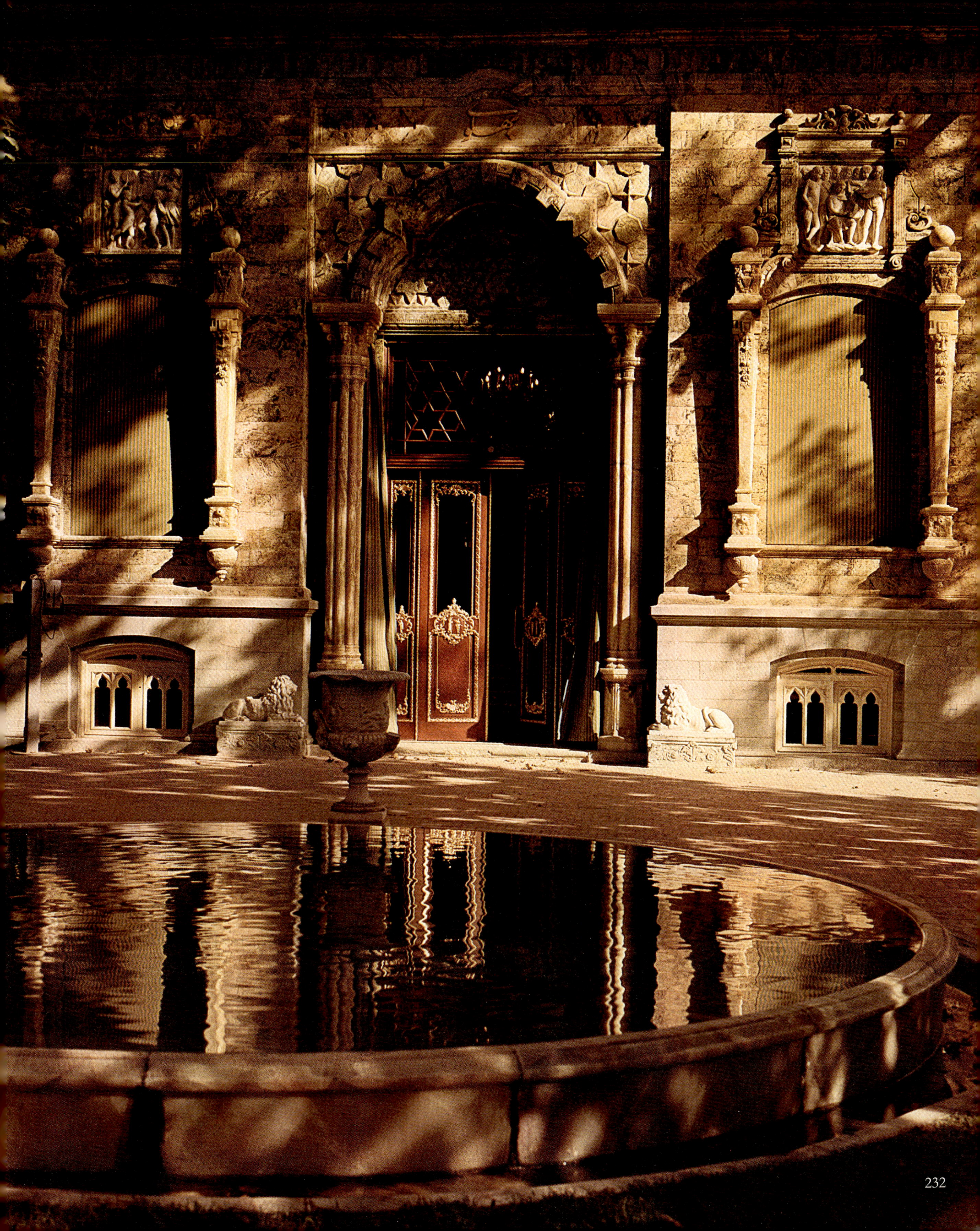

233

Keiner hat je gegeben
    euch solche Kunde des Schnees:
Es scheint die Erde ein Happen
    im eisigen Schlunde des Schnees.

Gleich wie die Baumwollkerne
    in ihren Wollflaum gehüllt,
So sind jetzt die Gebirge
    verhüllt inmitten des Schnees.

Seit er dem Himmelszelte
    das Haupt an die Brust gelegt,
Setzt keinen Fuß die Sonne
    hin über die Schwelle des Schnees.

Ihr Feuer ist nun gänzlich
    erloschen; und sehr zu Recht!
Steigt doch ein Funkenvogel
    empor aus dem Neste des Schnees!

Der Himmel löst die Zügel;
    da reckt das mähnige Haupt
Empor der windgeschwinde
    entfesselte Schimmel des Schnees.

Vorm Pfeilschuß der Gestirne
    des funkelnden Himmels feit
Den Schecken des Geschehens
    auf Zeit die Brünne des Schnees.

Der Garten ward zum Buhlen,
    zum silbernen Kissen der Fluß;
Und überm Flusse schimmert
    das seidene Lager des Schnees.

Wenn ich die Kraft besäße,
    zur Sonne stieg ich empor,
Hoch zu des Himmels Zinnen
    hinan auf den Sprossen des Schnees.

Wohltäter des Jahrhunderts!
    Wenn der Verstand sie zerbricht,
Sind voll vom Marke Deiner
    Wohltat die Knochen des Schnees!

Die Wirkung Deiner Großmut,
    die huldreich über uns strömt,
Ist gleich dem Schwert der Sonne,
    gezückt inmitten des Schnees.

Aus Furcht vor Dir muß werden
    zu Wasser der Feinde Macht,
Wie vor des Feuers Fackel
    vergeht die Seele des Schnees.

Kamál ad-Dín Esmá'íl (12. Jahrhundert)

Das Zeremoniell

بار دادن را ترتیبی باید . اوّل خویشاوندان در آیند ، پس از آن معروفان حشم ، پس از آن دیگر اجناس مردمان . چون همه به یک جا در آیند میان وضیع و شریف فرقی نباشد . و نشان بار آن باشد که پرده بردارند . و نشان آن که بار نبود – جز کسی را که خوانند – علامتش آن بود که پرده فروگذارند . تا بزرگان و سران سپاه چون کس بدرگاه فرستند بدین علامت بدانند که بار هست یا نه . اگر بخدمت باید آمدن بیایند و اگر نباید آمدن نیایند ، که بر بزرگان و سران هیچ سخت تر از آن نباشد که بدرگاه آیند و پادشاه را نادیده بازگردند .

Bei der Audienz ist eine Rangordnung einzuhalten. Zuerst kommen die Verwandten des Königs, dann die angesehenen Gefolgsleute, dann die übrigen Menschen. Wenn alle auf einmal hereinkommen, ist zwischen hoch und niedrig kein Unterschied. Audienzzeichen ist, daß man den Vorhang (vor dem Thron) aufhebt. Zeichen, daß keine stattfindet – außer für eigens Geladene –, ist, daß man den Vorhang herabläßt. Durch dieses Zeichen erfahren also die Großen und die Spitzen des Heeres, wenn sie einen Boten zum Hof schicken, ob Audienz ist oder nicht. Gilt es, seine Aufwartung zu machen, eilen sie herbei, gilt es fernzubleiben, bleiben sie fern. Den Großen und den Spitzen des Heeres ist nämlich nichts leidiger, als wenn sie zum Hof kommen und, ohne den König gesehen zu haben, umkehren müssen.

Nezâm al-Molk (11. Jahrhundert)

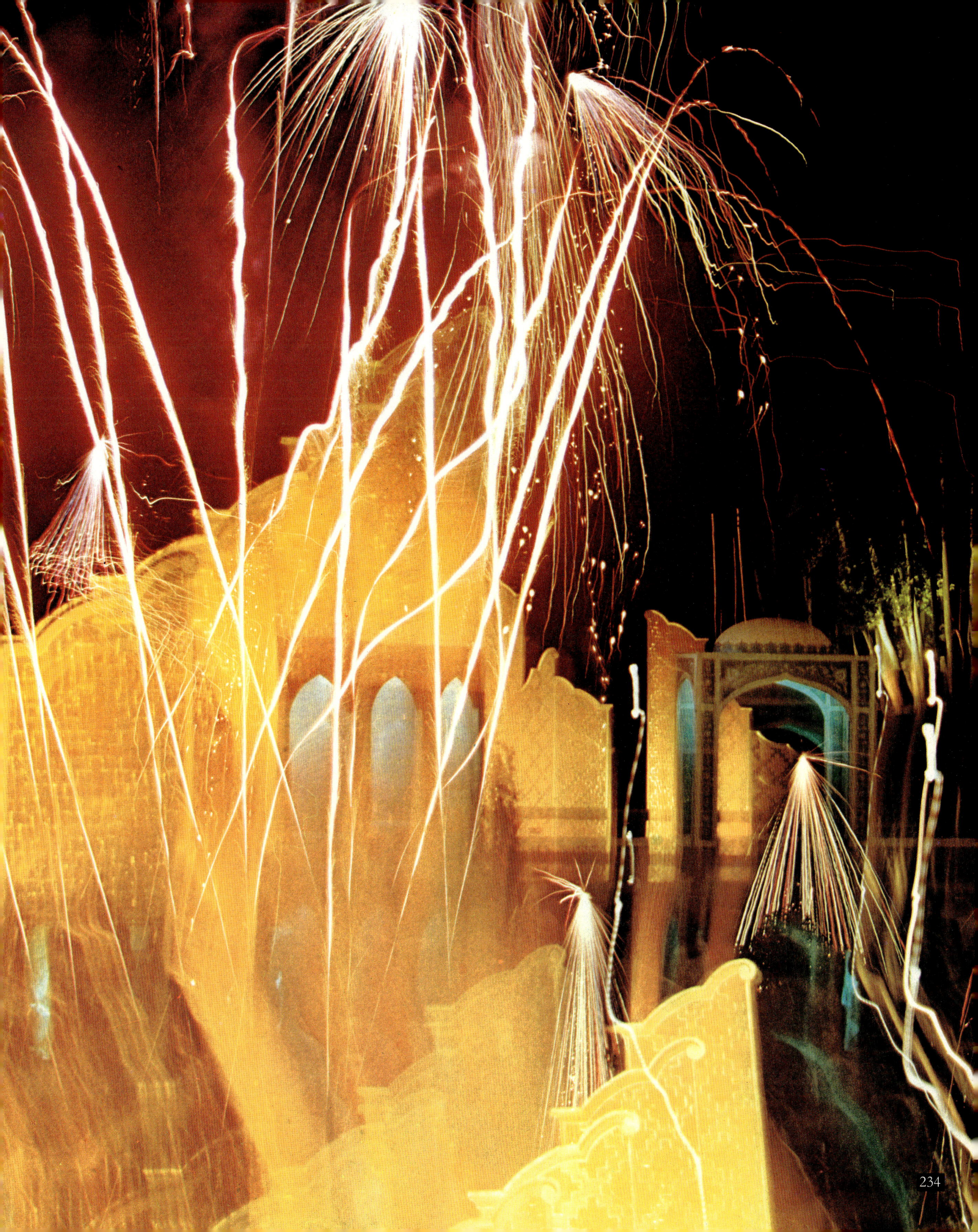

235

236

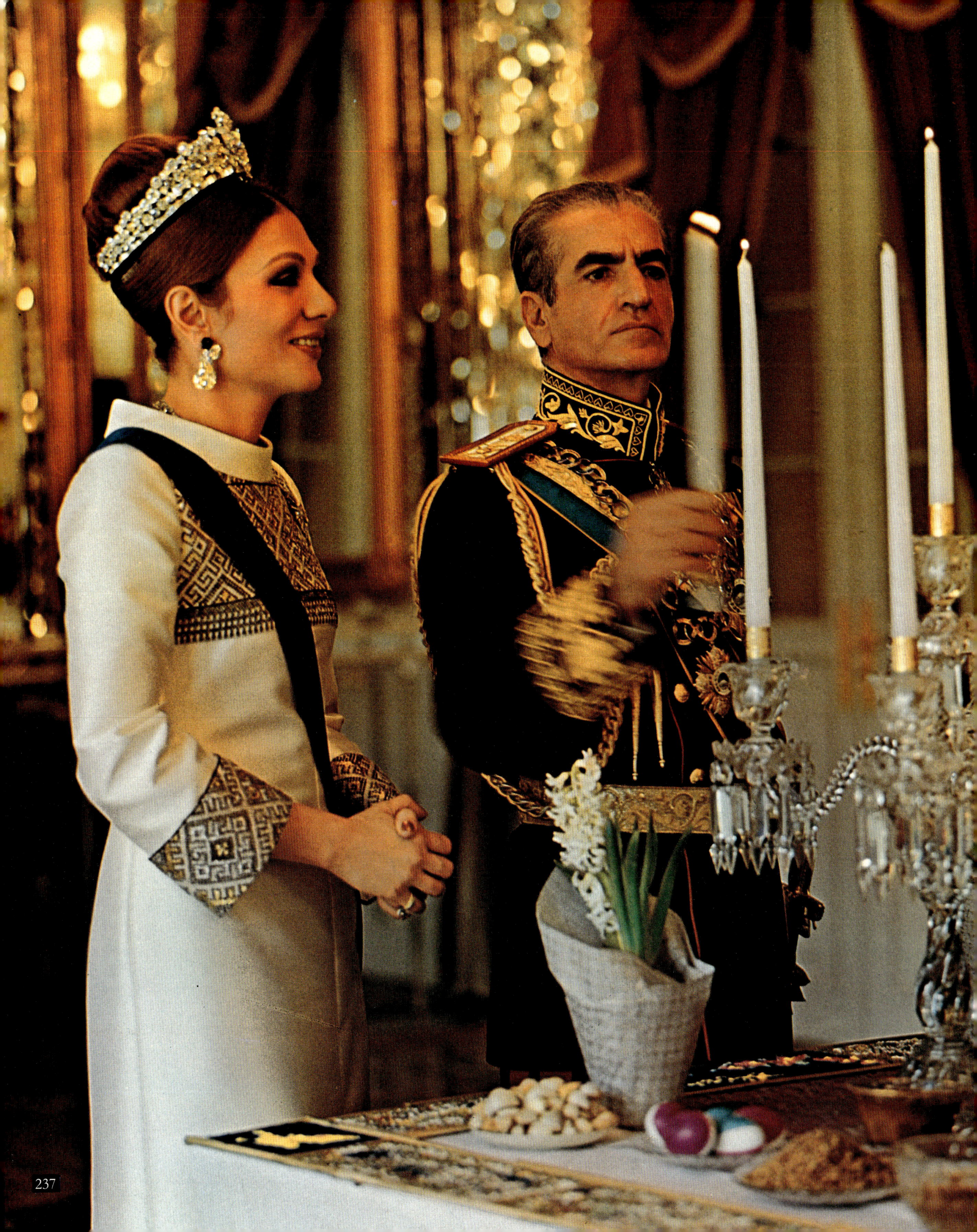

Sitte der persischen Könige von Kyros dem Großen bis zu Jasdegerd dem letzten persischen König [vor dem Islam] war es, daß am Neujahrsfest der Oberpriester der parsischen Religion von allen geladenen Gästen als erster vor den Herrscher trat und ihm als Geschenk einen goldenen, mit Wein gefüllten Becher, einen Ring, eine Drachme und vier Dinare königlicher Prägung, einige unreife Kornähren, ein Schwert, Pfeil und Bogen, Tinte und Federrohr, einen Falken und einen Maulesel sowie einen Knaben von schönem Antlitz überbrachte und Lob- und Segenswünsche über ihn ausrief in alter persischer Sprache.

Und so sprach der Hohepriester zum König: O Majestät, der Du aus freien Stücken Gott und den Glauben der Ahnen erwählt hast, an diesem Feste der Äquinoktien, am ersten Tag des ersten Monats des Jahres bete ich, daß Surusch, der Botenengel, Dir Weisheit, Einsicht und Scharfsinn bei all Deinem Tun verleihe. Mögest Du lange in Ehren leben, glücklich und erfolgreich auf Deinem goldenen Throne! Trinke Unsterblichkeit aus dem Pokale des Dschamschid! Bewahre treulich die Sitten und Bräuche unserer Ahnen, ihr edles Streben, ihre noble Gesinnung und die Ausübung von Recht und Gerechtigkeit! Möge Deine Seele gedeihen, Deine Jugend gleiche dem frisch keimenden Korn, Dein Roß sei streitbar und siegreich, Dein Schwert glänzend und tödlich für die Feinde, Dein Falke hurtig im Beutefang! Jede Deiner Taten sei gerade wie der Schaft des Pfeiles! Entferne Dich von Deinem reichen Throne, um neue Lande zu erobern! Ehre den Handwerker und den Weisen gleichermaßen, verachte die Anhäufung von Reichtum! Möge Dein Haus gedeihen und Dein Leben lange währen!

Omar Chajjâm (12. Jahrhundert)

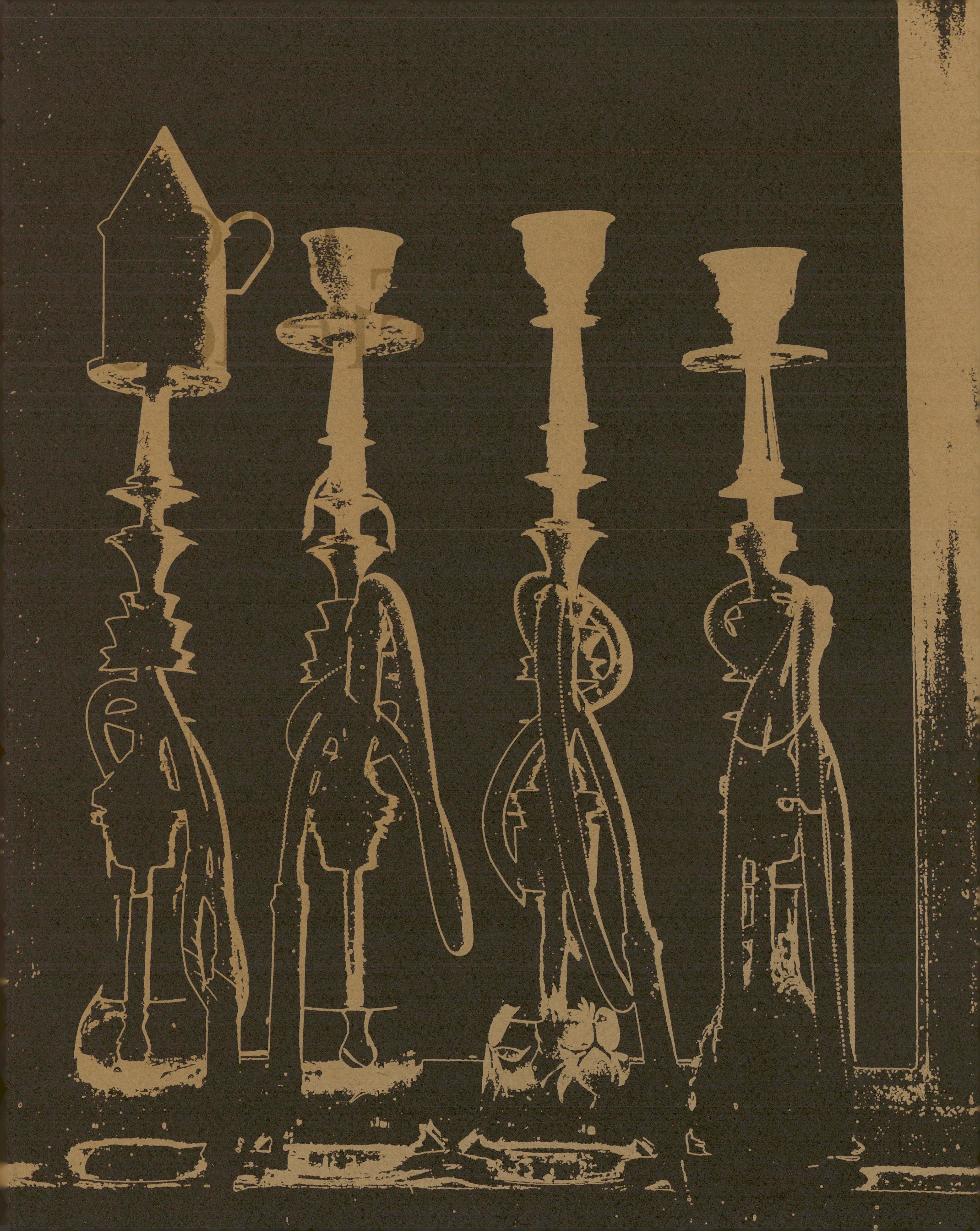

EPILOG:
Die Freude

فرح

Nie werde leer die Welt
    von der Liebenden Klage!
Ist ihre Weise doch schön
    und erfreut uns das Herz!

Hâfez (14. Jahrhundert)

◁ *Wasserpfeifen im Schaufenster eines Teehauses von Bandar-e Pahlawi an der kaspischen Küste.*

308 ABBILDUNGEN 238 BIS 267

Ausführliche Anmerkungen zu diesen Abbildungen auf den Seiten 353 bis 355

238 Körbe mit kunstvoll angeordneten Nüssen und Früchten werden an Feiertagen den Gästen angeboten.

239, Westliche und persische Tischszenen
240 zieren die Decke im Speisezimmer des Sardâr von Mâku.

241 Fresko eines königlichen Banketts im Tschehel-Sotûn-Palast von Esfahân.

242 Dorfmädchen bieten den Vorbeifahrenden wilde Blumen an.

243, Rosen aus einem Garten im Gorgân,
244 daneben mit Blumen bemalte Kacheln der Ebrâhîm-Chân-Madrase in Kermân.

245 Frosch in einem Mordâb (Totwasser) bei Bandar-e Pahlawî.

246 Wilde Gräser an einem Herbsttag.

247 Dattelpalmhain bei Qasr-e Schirîn.

248 Wilder Iris in der Wüste von Chorâsân.

249 Vögel, Blumen, Tiere und Menschen sind im Muster dieses kostbaren Teppichs verwoben.

250 Ein Blütenregen ziert diese Kachel des Hammâm von Kermân.

251 Ein Lebensbaum aus Fayencemosaik in der Wakîl-Moschee in Schirâz.

252 Spielende Hasen und Vögel auf dem vergoldeten Marmorfries eines Raumes des Golestân-Palastes.

253 Am Freitag zieht man zum Picknick in die bewaldeten Pärke der Umgebung von Maschhad.

254 Hâdschî Mosawwir al-Molk und seine Frau beim Tee auf dem Iwân seines Hauses in Esfahân. Ein Iwân entspricht in seiner Funktion ungefähr der Veranda oder dem Alkoven.

255 Nomaden in der Marwdascht-Ebene bei Persepolis.

256, Freude an der Natur: rosa Lotos und
257 Vögel an der kaspischen Küste.

258 Lernende Knaben im kühlen Pahlawî-Park, Teherân.

259 Flug eines Wasserskifahrers auf dem Mohammad-Rezâ-Stausee.

260 Schafhürde im Kelardascht-Tal.

261 Ein Ausflügler rudert durch ein Mordâb an der kaspischen Küste.

262 Im Ebrâhîm-Chân-Hammâm in Kermân.

263 Spielende Kinder in einem Fluß bei Bâbolsar.

264 Sonnenuntergang am Kaspischen Meer.

265 Abendstunde am Schâhgoli-See in Tabriz.

266 Fackeln beleuchten das Grabmal des Dichters Hâfez anläßlich eines Konzertes für traditionelle persische Musik, Schirâz.

267 «Die Freuden des Weines», Fresko aus dem Tschehel-Sotûn-Palast in Esfahân.

O Sohn, wenn du bei Leuten einkehrst und siehst, wie
sie das Essen auftragen, so starre nicht darauf hin
und blicke nicht in jene Richtung! Vielmehr halte dich
im Zaum und übe Selbstbeherrschung. Strecke auch
nicht als erster die Hand danach aus, gestatte dir
keinen Vorgriff und zieh nicht als letzter die Hand ab
von Teller und Brot, auf daß du nicht für gierig
und gefräßig gehalten und als ein gelüstiger Mensch
beschrieben und bekannt werdest! An solchen Orten
und Stätten also enthalte dich der von mir erwähnten
Unsitten und halte dich durch Geduld, Festigkeit und
Selbstbeherrschung frei von allem Makel.

Ibn Moqaffa' (8. Jahrhundert)

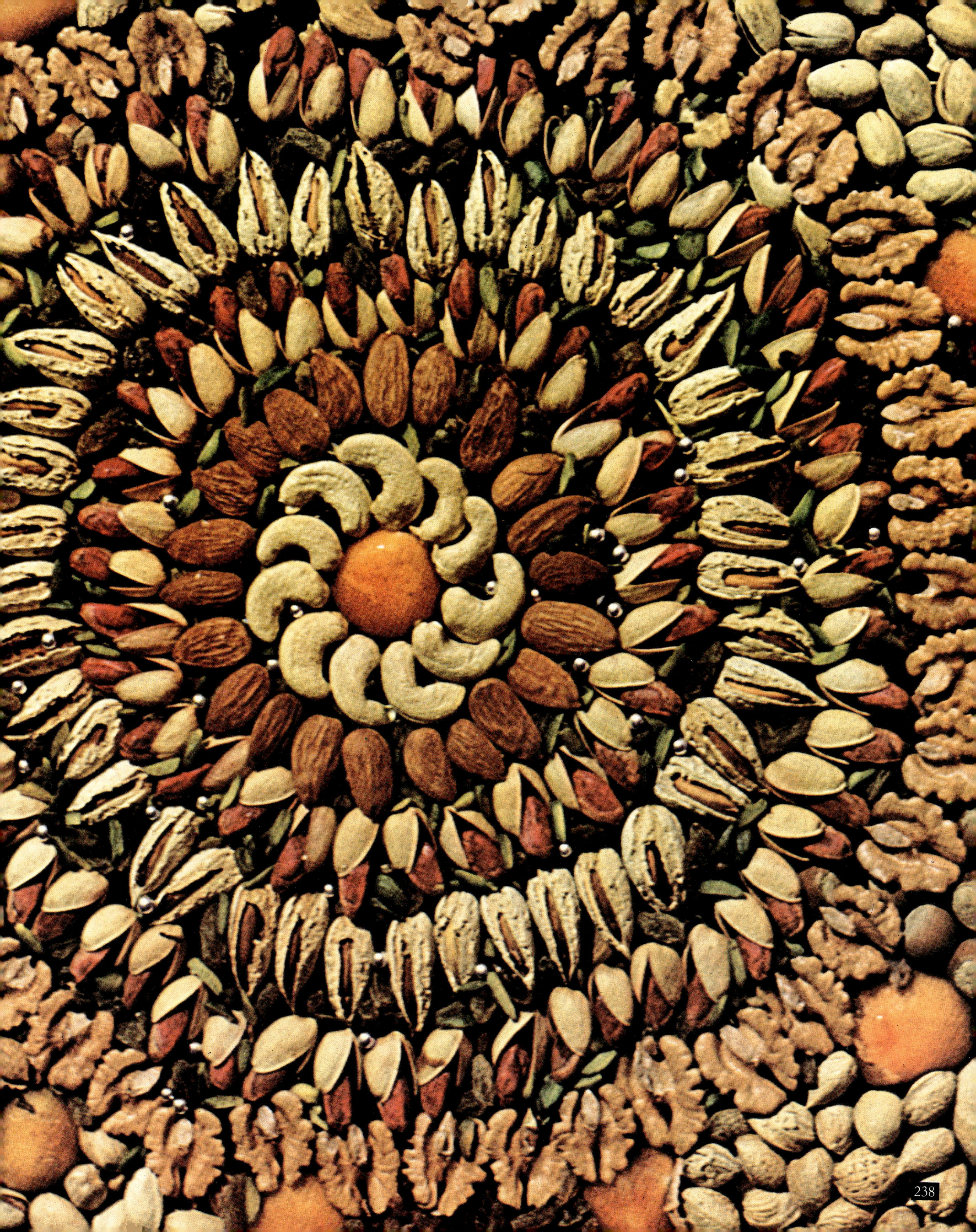

239

240

241

Wenn die fürstlichen Gäste an unserem glückreichen
Hofe Quartier nehmen, reiche man ihnen Rosenwasser und Limonensorbet von gutem Geschmack
und in Eis gekühlt dar!
Nach dem Trunk aber biete man Gelees aus Äpfeln
von Maschhad und Wassermelonen sowie Wein-
trauben und Weißbrot an, gemäß dem Gebot, das
erlassen wurde, und trage Sorge, daß die Getränke für
die hohen Gäste, bereitet mit Rosenwasser und
Ambra, ständig bereit stehen. Auch soll täglich eine
Tafel mit fünfhundert Gedecken und einer Folge
unterschiedlicher Gänge serviert werden.

Am ersten Tage aber möge mein Sohn ein
Bankett mit allen Speisen, Süßigkeiten, Milch und
Obst für dreitausend Gäste bereiten.

Dekret von Schâh Tahmâsp (16. Jahrhundert)

Die schöne Beute deiner Aue hat den Frühling
bereichert;
     Von deiner Hand berührt,
     blieben die Blüten frischer als ihre Stengel.

Tâleb Âmolî (17. Jahrhundert)

So viele Blüten auf im Garten sprangen,
     daß sie wie Manis Bildkunst dort nun prangen.
Ist in den Wolken denn Madschnun verborgen,
     daß sich die Rose färbt wie Leilas Wangen?
Gleich wie in einem Kelche aus Korund,
     blieb in der Tulpe eine Träne hangen.
Narzisse glänzt am Haupt von Gold und Silber,
     als habe Chosros Krone sie empfangen.
Und Veilchen hat, als ob ein Christ es ward,
     den blauen Rock der Mönche umgehangen.

Râbe'e bint Ka'b (10. Jahrhundert)

242

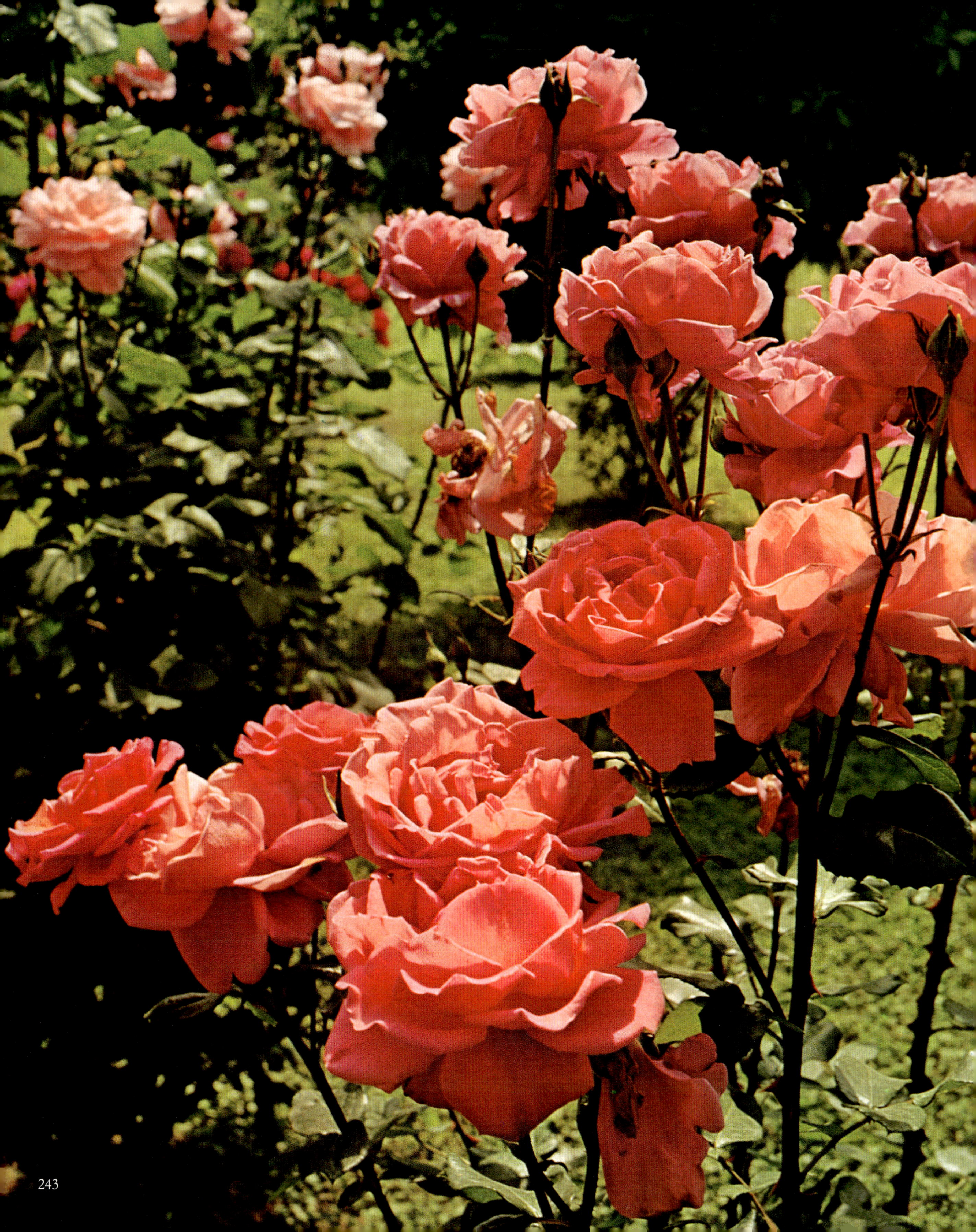

244

245

246

247

248

249

250

251

252

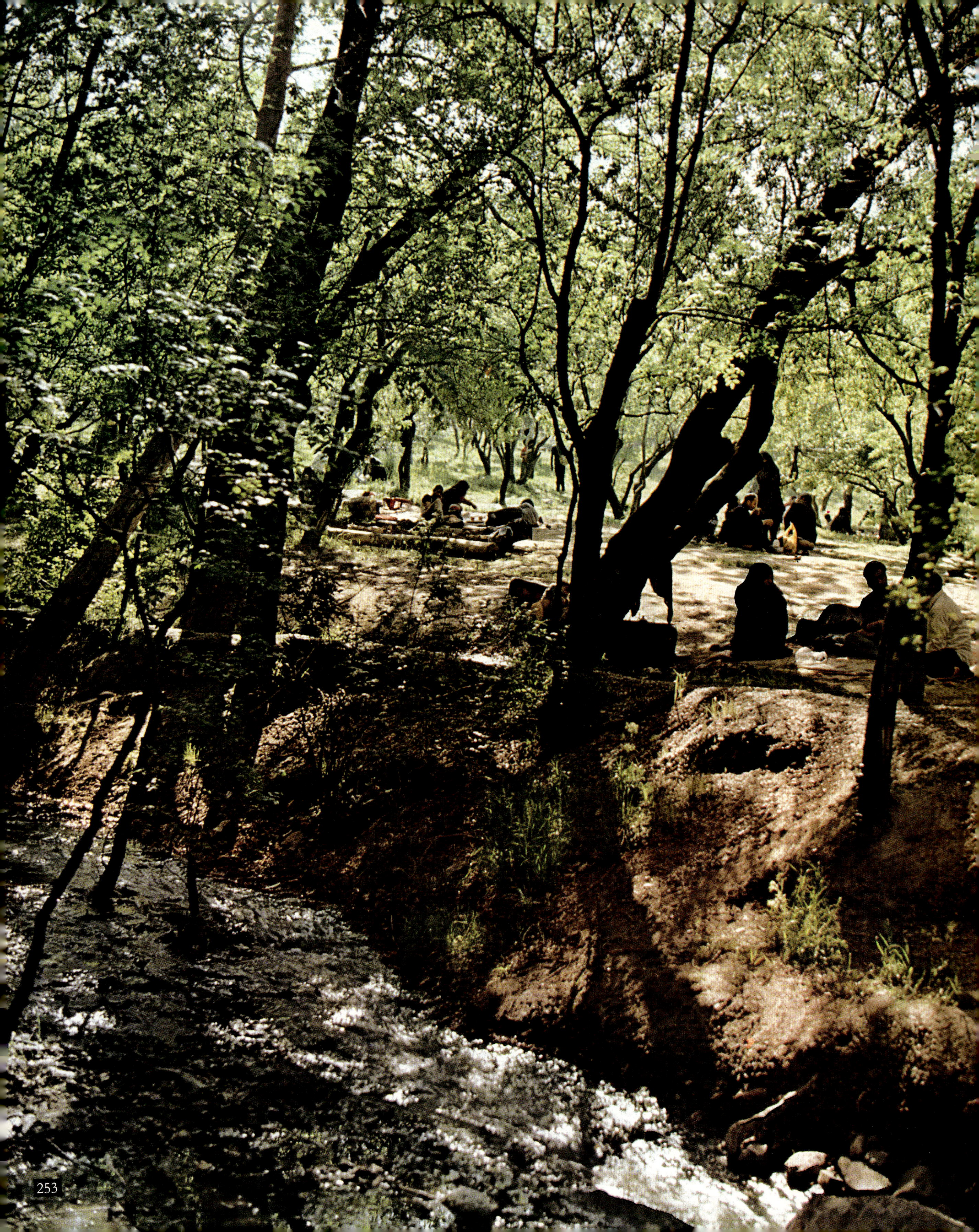

254

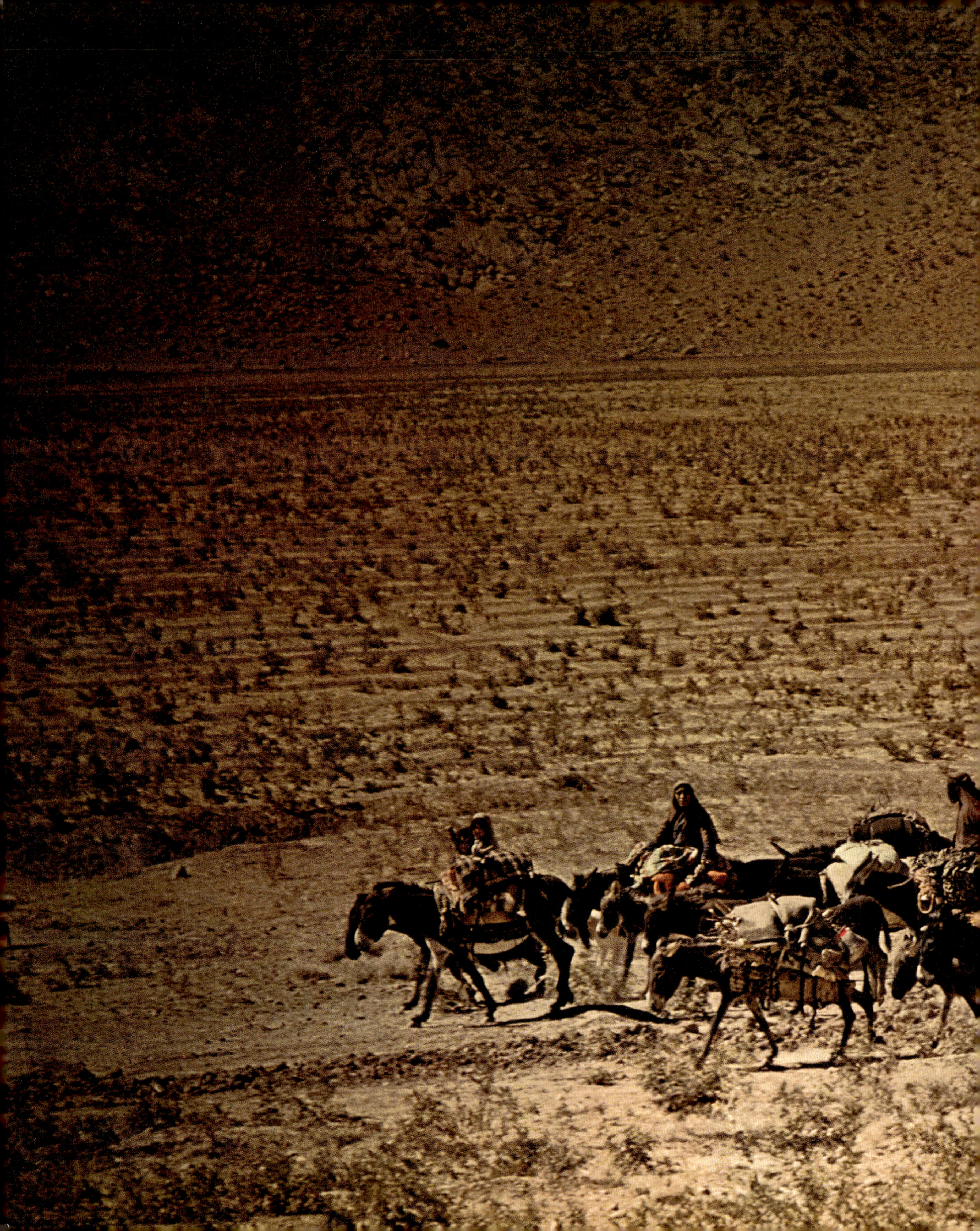

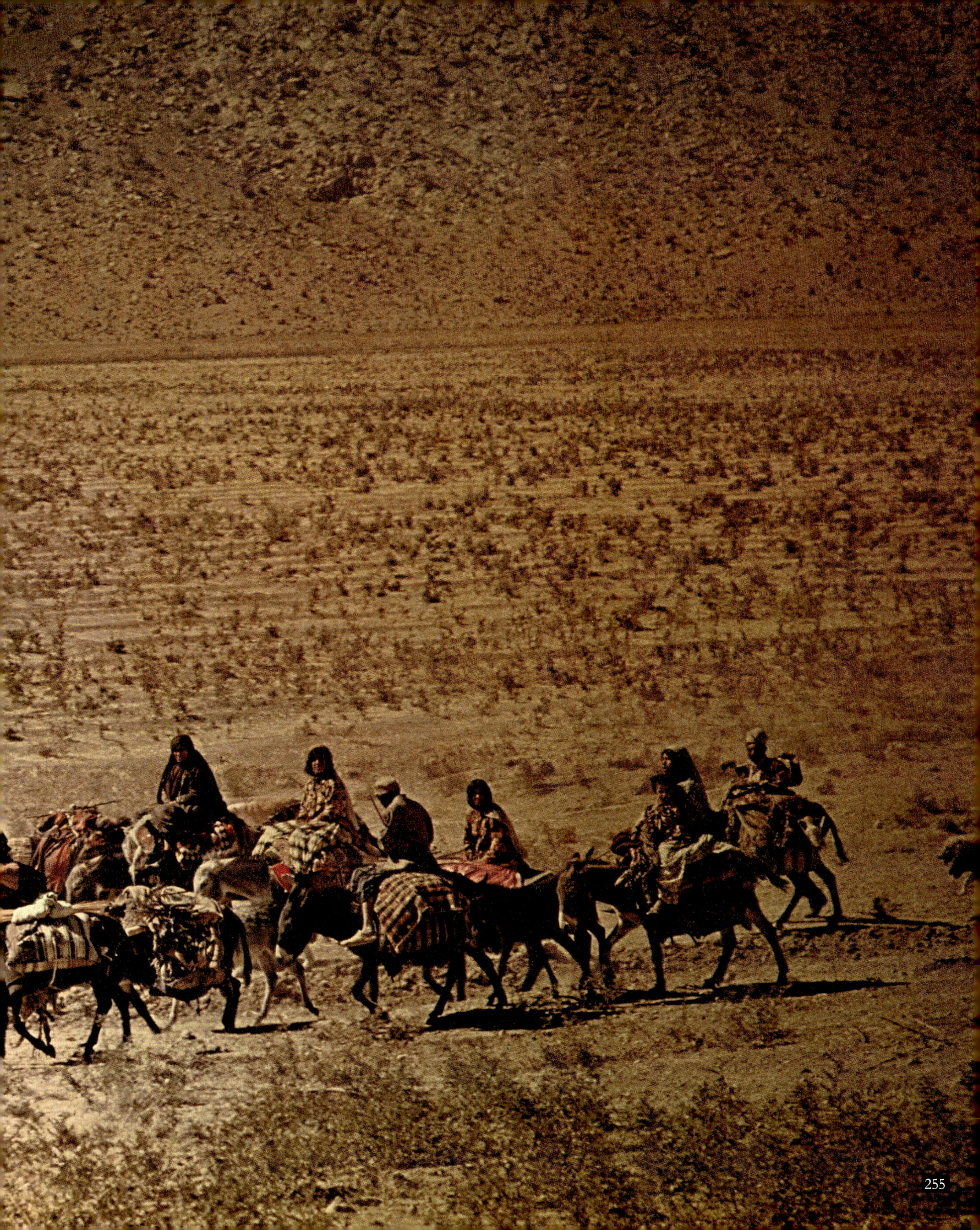

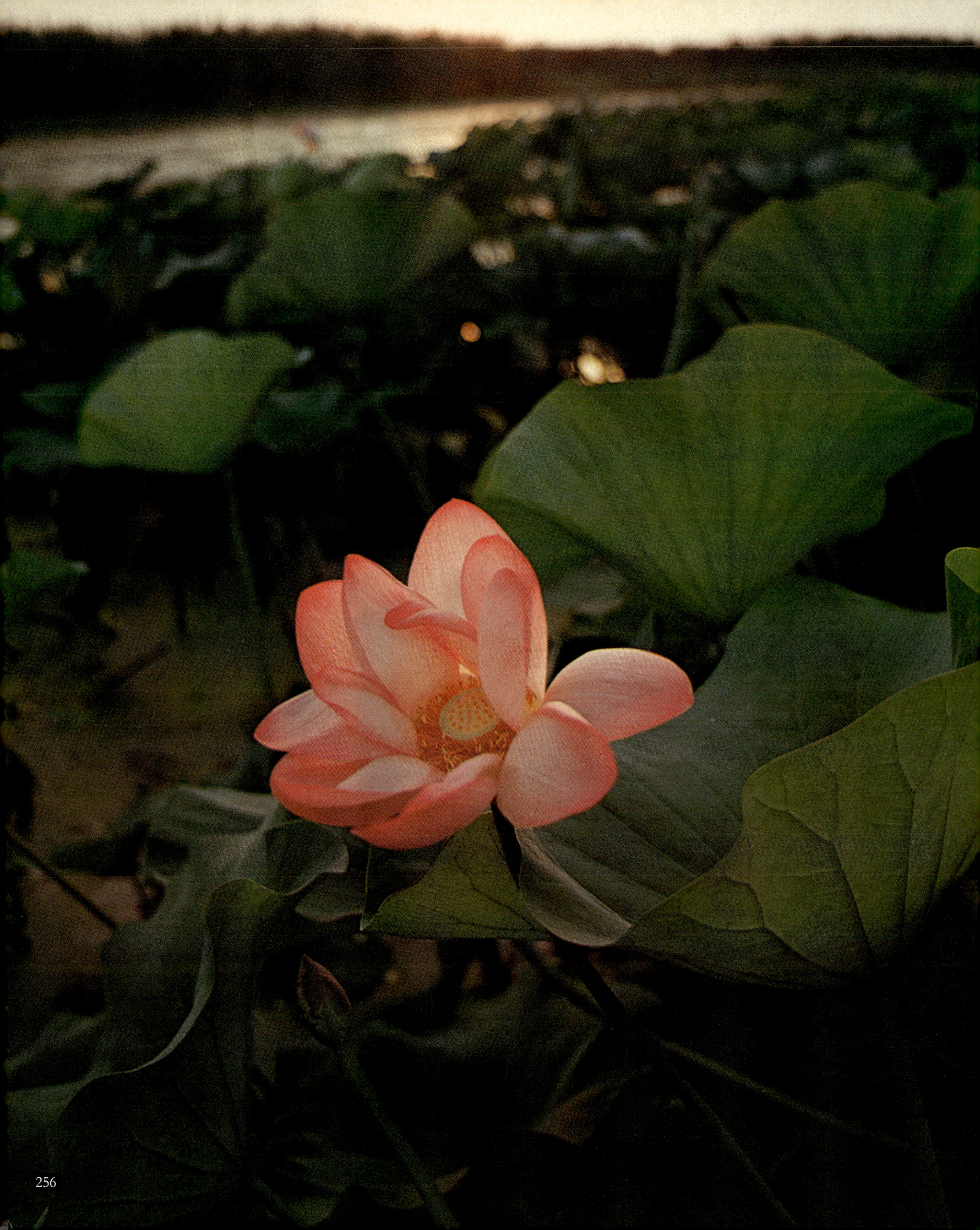

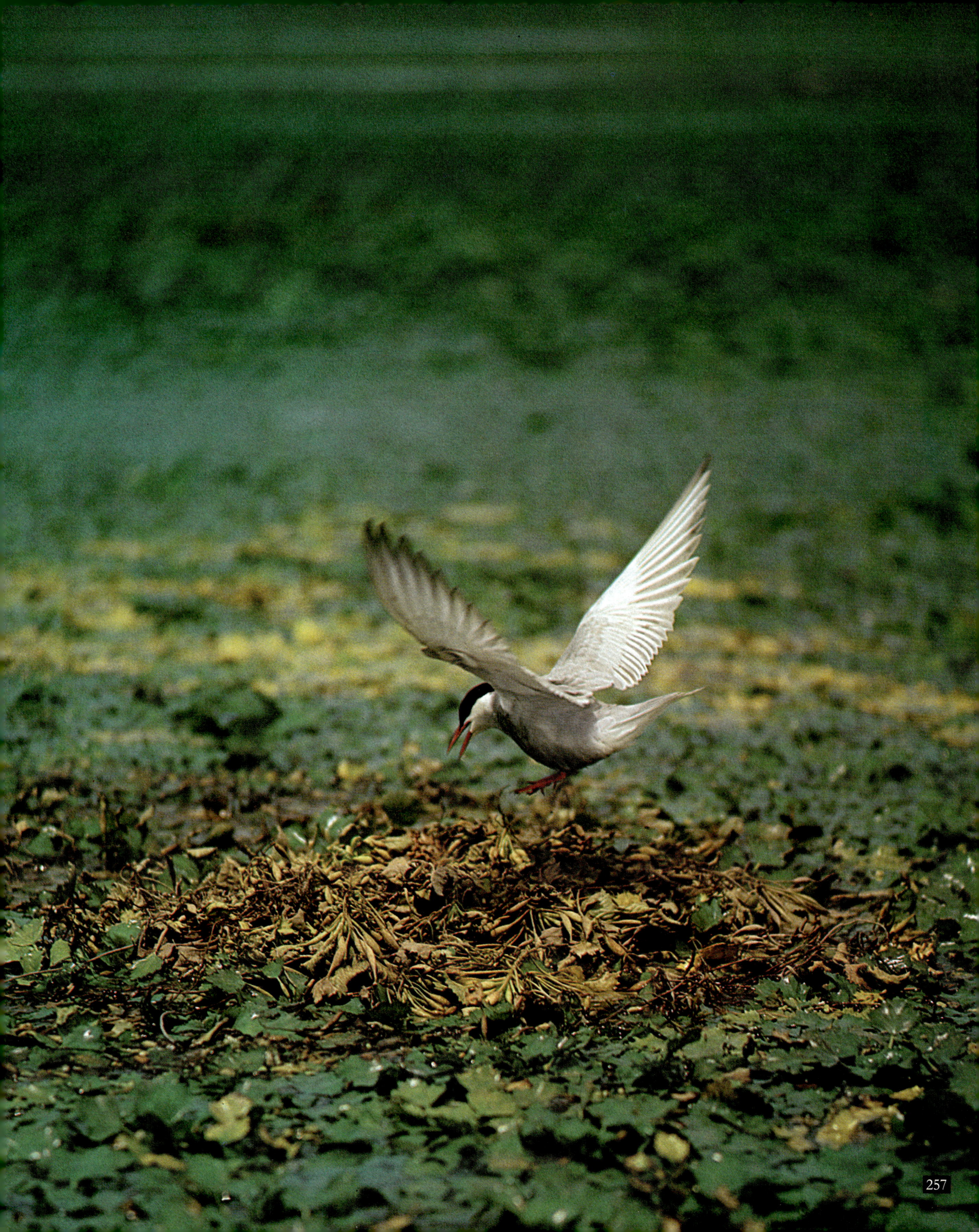

258

259

260

261

262　263　264

265

266

267

Der Ertrag ist von der Werkstatt
    Sein und Werden
                soviel nicht!

Schenke, bring uns Wein! Der Reichtum
    dieser Welt gilt
                soviel nicht!

Tage fünf darfst du verweilen
    hier im irdischen Quartier;
Halte heiter eine Zeitlang
    Rast; denn Zeit ist
                soviel nicht!

Schenke, die wir an der Lippe
    stehn des Meeres des Vergehns,
Nutz die Stunde! Zwischen Lippe
    ist und Munde
                soviel nicht!

Háfez (14. Jahrhundert)

Anmerkungen zu den Bildtafeln von Mitchell Crites

1 Mit Rosen bestickte Gardine im Hause des Sardâr von Mâku (Karte S. 64)

Der Familienbesitz des Sardâr oder Lokalregenten des Mâku-Tales im Nordwestiran wurde ungefähr vor hundert Jahren gebaut, als die große Vorliebe für Chinesisches mit dem kulturellen Einfluß des zaristischen Rußlands vorherrschte. Die spiegelbesetzte Eingangshalle mit einem Brunnen in der Mitte führt in den obern Stock, an dessen Wänden aus rosa Satin Meerlandschaften und Porträts des alten Sardâr und seiner russischen Gemahlin hängen. Die extravagante Ausstattung schließt vergoldete Betten ein, feine Bambusschreibpulte und bunt bemalte Fenster in Form von Pfauenfächern. Im Erdgeschoß schmükken europäische und persische Eßszenen die Decke des Gästezimmers (↗ Abb. 239 und 240), und mit Rosen bestickte Gardinen hängen im Speiseraum, der sich auf die terrassierte Gartenanlage öffnet. Dieses vom Kultur- und Kunstministerium restaurierte Haus ist für den Besucher, der von der türkischen Grenze her in Bâzargân persischen Boden betritt, ein erster faszinierender Eindruck.

2 Türkisstern, Grab des Oldschâitu in Soltânîjje (Karte S. 64)

Oldschâitu Chodâbande, ein Ilchan (mongolischer Stammesfürst) des 14. Jahrhunderts, verlegte seine Hauptstadt von Tabriz in die weite Ebene von Soltânîjje. Zwischen 1305 und 1313 erbaute er 45 Kilometer südöstlich von Zandschân eine neue Stadt. Die prächtigen Moscheen, Paläste und öffentlichen Gebäude, die von allen ausländischen Gesandten einst so bewundert wurden, sind alle verschwunden. Übrig blieb nur das Grabmal von Oldschâitu, ein Kleinod der persischen Baukunst. Heute stehen die Kunsthistoriker vor dem großen Rätsel, weshalb die Ilchane gleich nach Vollendung des Grabmals die wunderschönen Glasplättchen- und Stuckverzierungen im Innenraum mit Gips überzogen. Nach einer Überlieferung soll Oldschâitu sein Grabmal selbst begonnen haben, aber nachdem er sich 1309 zum Schiismus bekehrt hatte, hätte er sich entschlossen, Soltânîjje zum geistigen Zentrum der schiitischen Welt zu machen und die Relikte der Emâme Alî und Hossein von Nadschaf und Karbalâ hierher zu bringen. Als, wie zu erwarten war, die Einwohner dieser berühmten Wallfahrtsstätten sich seinem Ersuchen widersetzten, fand Oldschâitu, sein Grabmal, das so reich von den besten Handwerkern ausgeführt worden war, passe nicht für einen weltlichen Herrscher. Deshalb hätte er die ganzen Wände mit Gips überstreichen und neben dem großen Gebäude eine kleinere Grabkammer für sich errichten lassen. Der Gipsüberzug wird nun sorgfältig entfernt, eine Arbeit, die mehrere Jahre dauern wird.

3 Grabmal von Attâr, Neischâpur (Karte S. 49)

Farîd ad-Dîn Attâr war ein Apotheker und mystischer Dichter, der in Neischâpur, der Seldschukenhauptstadt, lebte, als Persien die ersten schrecklichen Einbrüche der Mongolen unter Tschingis Chân erlebte (1220 n.Chr.). Heute sitzt ein alter Mann neben des Dichters Grab und erzählt jedem Besucher, der willig ist zuzuhören, lange Geschichten über das dramatische Ende Attârs: Nachdem er von einem mongolischen Soldaten gefangen und enthauptet worden war, nahm Attâr seinen Kopf unter den Arm und rannte eine Meile weit, bevor er niedersank. An dieser Stelle errichtete dann der bestürzte Soldat dem großen Dichter ein Grab. Attâr war ein sehr fruchtbarer und feinfühliger Schriftsteller, am besten bekannt für seine mystische Erzählung *Die Sprache der Vögel*. Das hier abgebildete Gebäude stammt aus dem 17. Jahrhundert; es steht etwa zwei Kilometer vom Grabmal eines andern großen persischen Dichters von Neischâpur, Omar Chajjâm (↗ Abb. 143), entfernt. Der in voller Blüte stehende Baum gehört zur Familie der Leguminosen (*Robinia pseudacacia*). Er blüht vom Spätfrühling bis Frühsommer im Nordiran.

4 Damâwand (Karte S. 64)

Der Damâwand, der höchste Berg im Iran, hat seit Jahrhunderten Nomaden und Bergsteiger wegen seiner schneebedeckten Hänge gefesselt und ist Gegenstand zahlreicher Legenden geworden. Der epische Held Fereidûn kämpfte einst mit dem schrecklichen Riesen Dahhâk, besiegte ihn und kettete ihn in einer Höhle auf dem Berg an. Die Dorfbewohner am Fuß des Vulkans glauben noch heute bei den ersten Anzeichen von Rauch oder dem häufigen dumpfen Dröhnen tief im Bergesinnern, daß sich der angekettete Dahhâk krampfhaft zu befreien sucht. An einem klaren Tag sieht man von Teherân aus den 90 Kilometer entfernten, 5670 Meter hohen Kegel.

5 Mit Reif bedeckter Sand, Dascht-e Lut (Karte S. 50)

In der weiten und verlassenen Dascht-e Lut, der Wüste im südöstlichen Iran, herrscht völlige Trockenheit, und mit Ausnahme einiger weniger Oasen mit Dattelpalmen fehlt jegliche Vegetation. An einem Januarmorgen glitzern in der aufgehenden Sonne die mit Frost überzogenen Rippelmarken der Sandfläche (längs der Straße Kermân–Mahân).

◁ *Stuckdecke des Grabmals von Oldschâitu in Soltânîjje.*

6 Emâm-zâde von Jahjâ, Semnân (Karte S. 49)

Beinahe jede Stadt und jedes Dorf Persiens hat mindestens ein oder zwei Emâm-zâde, Grabmäler mit Kuppeldach, die die sterblichen Reste sufitischer Heiliger oder Familienangehöriger eines schiitischen Emâms bergen. *Emâm-zâde* ist eigentlich der persische Titel für die Nachkommen der Emâme – Erben der Sendung des Propheten –, und abkürzend nennt man auch ihre Grabstätten so. Diese Grabstätten entwickeln sich langsam zu Wallfahrtsorten und besitzen oft einen Wächter, der selbst Abkömmling des betreffenden Heiligen ist. Der Emâm-zâde Jahjâ in Semnân ist das Grabmal des Neffen von Emâm Rezâ. Der ursprüngliche Bau stammt aus dem 14. Jahrhundert und wurde kürzlich von privater Seite restauriert. Semnân, 267 Kilometer östlich von Teherân, liegt an dem Weg, dem die meisten Invasionen folgten, und wurde wiederholt geplündert und wieder aufgebaut. Heute ist die Stadt bekannt wegen ihrer prächtigen Obstgärten.

7 Hormoz (Karte S. 50)

Alfonso da Albuquerque versah 1514 die kahle Insel von Hormoz im Persischen Golf mit einer Befestigungsanlage. Während hundert Jahren floß der ganze portugiesische Osthandel durch diesen großen Hafen, der wegen seiner traumhaften Reichtümer «Juwel des Orients» genannt wurde. Die Briten, denen der strategisch wichtige portugiesische Hafen an der wichtigsten Schifffahrtsroute zwischen Indien und dem Westen ein Dorn im Auge war, leisteten Schâh Abbâs I. Unterstützung auf See, und 1612 nahm der safawidische König die Insel ein. Die Einwohnerzahl von 40000 nahm schnell ab, als Schâh Abbâs I. die Stadt Bandar-e Abbâs auf dem gegenüberliegenden Festland baute. Das heute vollständig vom Festland abhängige Hormoz (Lebensmittel- und Frischwassernachschub) zählt nur noch etwa 400 Einwohner, die ihren Unterhalt im Fischfang und im Abbau der Salz- und Eisenoxydvorkommen finden.

8 Bauer mit Hund, Qahrmanlu (Karte S. 64)

Am Abend kehrt dieser Bauer, die Sense in der Hand, den Hund an der Seite, in sein Dorf, Qahrmanlu, zurück. Dieses kleine Dorf mit seinen etwa 600 türkischsprachigen Einwohnern liegt 25 Kilometer von Rezâijje entfernt, der Hauptstadt von Westazarbâidschân. Die Gegend ist berühmt wegen ihrer Obstgärten, ihrer Reben und des herrlichen Weines. Ende Mai blühen in den weiten Wiesen am südlichen Ufer des Salzwassersees von Rezâijje gelber Erika, purpurne Kornblumen, roter Klatschmohn und Kletterrosen.

9 Reisanbau im Frühling, Mâzanderân (Karte S. 49)

Die kaspische Küste mit ihren dichten Wäldern und intensiv genutzten Reisfeldern bildet einen scharfen Kontrast zu dem trockenen, hochgelegenen Innern des Iran. Die malerische Provinz Mâzanderân stößt im Norden ans Kaspische Meer, im Süden an das Elbursgebirge und ist durchfurcht von vielen Tälern, deren Flüsse sich in das Meer ergießen. Eine fruchtbare Alluvialebene dehnt sich von der Provinzhauptstadt Sâri bis ans Meer aus, aber man trifft vor allem längs der staubigen Straße, die nordwärts in das kleine Bergdorf Kijasar führt, einige der reizvollsten Landschaftsbilder: Im schmalen Tal des Tadschân-Flusses, der im Winter ganz gefährlich anschwillt, pflanzen die Bauern im Frühling den Reis an.

10 Grabmal von Chezr, Tschâh Bahâr (Karte S. 50)

Tschâh Bahâr, im Süden von Balutschestân am Persischen Golf, besitzt den schönsten Naturhafen am Indischen Ozean und schöne, weite Strände. Es ist aber auch eine der heißesten und trockensten Städte des Iran. Hier, längs der Mokrânküste, erduldete einst Alexanders Heer die schlimmsten Strapazen auf seinem Marsch zum Indus. Ungefähr zwei Kilometer östlich von Tschâh Bahâr steht das weiße Grabmal des Propheten Chezr, halb vergraben in den Sanddünen. Die Einheimischen sehen in diesem Schrein die Stelle, wo der Prophet einst durchwandelte und einen Fußabdruck hinterließ. Man glaubt, daß Chezr in jeder Freitagnacht auf diesen einsamen Gestaden umhergeht und den Guten und Reinen, die tapfer genug sind, um alleine zu seinem Grabmal zu kommen, erscheint. Chezr ist der mystische Aspekt der islamischen Offenbarung; der unsterbliche Prophet erscheint im gegebenen Moment denen, die seine geistige Unterstützung nötig haben. Man findet Chezr-Gedenkstätten längs des ganzen Persischen Golfes verteilt; sie werden regelmäßig von den Fischern besucht, die den Propheten um Schutz und um gute Fänge bitten kommen.

11 Grabturm, Damâwand (Karte S. 64)

Damâwand, eine kleine Stadt in dem fruchtbaren Tal am Fuße des Damâwand, ist ein bekannter Sommerausflugsort für die Teherâni. Der älteste Bau der Stadt ist der kürzlich restaurierte Backsteingrabturm, unter den Einheimischen als Grabmal von Scheich Scheblî bekannt, einem Mystiker und zugleich Statthalter von Damâwand des 10. Jahrhunderts. Sein Grab liegt heute in Bagdad. Der achteckige Turm stammt aus dem letzten Viertel des 11. Jahrhunderts, er steht östlich der Stadt in einer bewaldeten Senke. Es ist ein Beispiel einer gewissen Anzahl von Gebäuden aus dieser Zeit, bei denen durch die Anordnung der Backsteine einfache Ornamente in Flachrelief herausgearbeitet wurden. Das rundum laufende Zickzackband im Innern des Damâwand-Turmes findet seine Parallele in der Kuppel des Mausoleums von Arslân Dschazib in Sangbast (↗ Abb. 48). Die Fassadendekoration hingegen ist eher verwandt mit den sorgfältiger ausgearbeiteten Zwillingstürmen von Charraqân (↗ Abb. 138).

12 Gandsch-Nâme, Hamadân (Karte S. 64)

Am Fuße der steilen Granitfelsen des Alwand, in der Nähe dieses gefrorenen Wasserfalls, verewigten zwei Achämenidenkönige, Dareios I. (522–486 v.Chr.) und Xerxes I. (486–465 v.Chr.), ihre Eroberungszüge und riefen den Gott des Lichtes, Ahura Mazdâ, um Schutz an. Die späteren Generationen, die die in Keilschrift geschriebenen Aufzeichnungen in Altpersisch, Elamisch und Akkadisch nicht mehr entziffern konnten, nannten den Ort Gandsch-Nâme oder «Schatzbuch». Sie glaubten, daß die geheimnisvollen Zeichen den Schlüssel zu versteckten Schätzen enthalten. Gandsch-Nâme liegt 13 Kilometer südwestlich des modernen Hamadân, des ehemaligen Ekbatâna, der Hauptstadt der Meder und Achämeniden.

13 Tschenâr-Baum, Râjen (Karte S. 50)

Dieser hohe «Tschenâr», eine Platane *(Platanus orientalis)*, spendet dem Backsteinhof der Freitagsmoschee in Râjen erquickenden Schatten. Râjen ist ein großes Bergdorf südöstlich von Kermân (↗ Abb. 81). Den Tschenâr findet man auf dem ganzen iranischen Hochplateau, oft wird er längs der Alleen angepflanzt, die den Kern der meisten Städte und größeren Dörfer durchqueren.

14 Bergstraße im Elbursgebirge, zwischen Teherân und Tschâlus (Karte S. 64)

Die Straße von Teherân über Karadsch nach Tschâlus am Kaspischen Meer windet sich nordwärts durch die zerklüftete Elburskette, in der es heute einige hauptsächlich von Teherâni besuchte Wintersportorte gibt. Längs der Straße qualmen Kalkbrennöfen und rauchen Kohlenmeiler am Steilufer des Karadsch-Flusses.

15 Mohnfeld bei Soltânîjje (Karte S. 64)

Ganz plötzlich überzieht im Frühling der Mohn wie ein großer roter Teppich die Ebenen und Wüstenhügel. Sultan Oldschâitu benützte diese weiten Wiesen in der Nähe seiner Hauptstadt, Soltânîjje, einst als Weideland für die großen Herden seiner mongolischen Truppen.

16 Granatapfelbaum, Esfahân (Karte S. 64)

Der Granatapfel *(Punica granatum)* ist im Iran beheimatet, er wächst sowohl wild wie kultiviert in den Obstgärten des ganzen Landes. Läßt man die Frucht am Baum reifen, so öffnet sie sich und bietet so ihren rubinroten Inhalt den freilebenden Vögeln an. Im Herbst sind die Auslagen der Basare gefüllt mit dieser kostbaren Frucht, mit der man die verschiedenartigsten Gerichte zubereitet, so auch den gewürzten *âsch* (Fleisch geschmort im Granatapfelsaft). Frisch kann der Granatapfel auf verschiedene Art genossen werden; aber am vorzüglichsten ist er, wenn man ihn sorgfältig preßt, bis er weich wird, ein kleines Loch in die Schale macht und dann den kühlen Saft heraussaugt.

17 Wüstenpflanze im Chorâsân (Karte S. 49)

Diese etwa ein Meter hohe Wüstenpflanze aus der Familie der Doldengewächse *(Ferula galbaniflua)* blüht im Frühling in einer riesigen gelben Dolde. Dem Stengel entnehmen die eingeborenen Kräuterkundigen einen Saft, der ein gutes Heilmittel für Magenbeschwerden ist. Diese Pflanzen welken und verdorren anfangs Sommer, ihre dicken Halme werden von der Sonne blendend weiß, und der Wind verstreut sie dann wie trockene Knochen über die Dünen.

18 Zitrusgarten, Dschiroft (Karte S. 50)

«Wir verließen die Wüstenstadt Bâm am frühen Morgen. Unsere Fahrt ostwärts, nach Zâhedân, mußten wir wegen der angeschwollenen Flüsse verschieben, ein nicht ungewöhnliches Ereignis im Januar. Ein schmales Sträßchen wand sich durch zerklüftete Berge südwärts zu einem ausgetrockneten Bachbett mit großen, grauen Steinen und zu der märchenhaften, mittelalterlichen Stadt Dschiroft, die schon von Marco Polo besucht worden war. Der Bürgermeister des modernen Dschiroft war erstaunt, als wir nach den Ruinen des alten Dschiroft fragten. Nach vielem Herumfragen bei lokalen Historikern fuhr er mit uns aus der Stadt hinaus, zu einer flachen Ebene, wo über Meilen hin Hunderte und Tausende von Topfscherben und zerbrochenen Backsteinen herumlagen. Die Einfälle der Mongolen im 13. und 14. Jahrhundert hatten alles so gründlich zerstört, daß nicht einmal das kleinste Stück der Befestigungsmauern der einst so stolzen Stadt übrigblieb. Die legendäre Bedeutung von ‹Dschiroft›, nämlich ‹Paradies›, war leichter wiederzufinden innerhalb der ummauerten Gärten des Sejjed Aqâ, wo purpurne Bougainvilleas mitten unter den mit Früchten beladenen Orangen- und Grapefruitbäumen blühten. Sejjed Aqâ belud uns mit einem großen Korb voller Früchte, und wir kehrten über die Berge nach Bâm zurück.» Aus den Reisenotizen, 27. Januar 1974.

19 Banjan-Baum, Balutschestân (Karte S. 50)

Dieser gewaltige «Banjan» *(Ficus bengalensis)* erhebt sich wie eine Kathedrale in einer Pflanzung in der Wüste des südlichen Balutschestân, wenige Kilometer nördlich von Tschâh Bahâr. Dieser Baum wurde zu einem natürlichen Wallfahrtsort in diesem Gebiet verbrannter Erde, wo jede Vegetation, die über kümmerliches Gestrüpp hinausgelangt, ein Wunder zu sein scheint. Die Bewohner aus der Umgebung binden in der Hoffnung auf Erfüllung ihrer Wünsche Stoffreste oder farbige Schnüre an die Äste. Die Dorfbewohner sagen, hier regne es nur alle sieben Jahre einmal und dann auch nur während fünfzehn Minuten. Dieses seltene Ereignis fand im März 1974 statt, während weniger Wochen sprossen und blühten nun wildes Gras und Blumen, die seit Jahren im trockenen Boden geschlafen hatten.

20 Hügel mit freiliegender Schichtenfolge bei Schâhâbâd-e Gharb (Karte S. 64)

In einer Tagesfahrt von Qasr-e Schîrîn zur irakischen Grenze in Chorramâbâd kommt man durch die farbenprächtigsten und eigenartigsten geologischen Formationen, die man auf dem weiten Hochplateau des Irans finden kann. Diese außergewöhnlichen Strukturen wurden zur Mittagszeit bei Schâhâbâd-e Gharb, südwestlich von Kermânschâh, photographiert.

21 Qahrmanlu, Dorf in Westazarbâidschân (Karte S. 64)

Dieses Bild (↗ Abb. 8 und 43) wurde vom Dach des Hauses von Sejjed Hossein Radawî aufgenommen, einem älteren Mann, der nach alter persischer Tradition den fremden Gästen in der Kühle seines Hofgartens eine Tasse Tee und frische Früchte anbot.

22 Schafherde in Schâhâbâd, Chuzestân (Karte S. 63)

Die kleine Schafherde kehrt nach Schâhâbâd zurück, einem Dorf südlich von Dezful in der Provinz Chuzestân. Der interessante Emâm-zâde von Ja'qûb ibn Leiß Saffârî steht etwas außerhalb des Dorfes (↗ Abb. 151); wenige Meilen weiter liegt der Tschoga Misch, ein Hügel mit übereinanderliegender Siedlungsfolge, wo die Archäologen Wohnstätten aus dem 6. Jahrtausend v.Chr. freigelegt haben.

23 Kreppapierstreifen im Basar von Esfahân (Karte S. 64)

Der Qeiserijje-Basar wurde von Schâh Abbâs an der Nordseite des Meidân-e Schâh, des Kaiserplatzes, errichtet. Er besitzt ein monumentales Backsteinportal; die vier Hauptgänge des Reiches der Kupferschmiede führen zu einer zentralen Halle, die mit einer Backsteinkuppel überdeckt ist. Hier hingen am 4. Abân (26. Oktober) 1973 farbenfrohe Kreppapierfahnen zur Feier des Geburtstags des Kaisers. Während der nationalen und religiösen Feiertage werden die Städte Irans immer aufs schönste geschmückt und nachts farbig illuminiert.

24 Der glitzernde Wasserspiegel eines Teiches – Vorbild der Natur für den spiegelbesetzten Innenraum des Grabmals von Schâh Tscherâgh (Abb. 25) in Schirâz (Karte S. 63)

Im funkelnden Spiegelwerk des Grabmals von Sejjed Amîr Ahmad, bekannt unter dem Namen Schâh Tscherâgh (König des Lichtes), findet man das Motiv des glitzernden Wassers eines Wüstenteiches wieder. Schâh Tscherâgh war der Bruder des achten Emâms, Rezâ, dessen Heiligengrab sich in Maschhad befindet (↗ Abb. 173–177). Das Grabmal dieses Märtyrers zieht jährlich Tausende von Pilgern an. Es ist der wichtigste Wallfahrtsort der Provinz Fârs und eine der wenigen schiitischen Heiligengrabstätten, die auch Nichtmohammedanern zugänglich sind. Tâschî Châtûn, Königin von Fârs im 14. Jahrhundert, baute als erste ein Grabmal für die sterblichen Reste von Schâh Tscherâgh; der heutige Bau mit seiner zwiebelartigen Kuppel stammt aus dem 19. Jahrhundert; er wurde kürzlich restauriert. Durch Schenkungen von frommen Pilgern und lokalen Fürsten wurde die Grabkammer aufs prächtigste ausgeschmückt (↗ Abb. 140), Tausende von eingelegten Spiegeln werfen das blendende Erbe des «Königs des Lichtes» zurück.

26 Museum von Qazwin (Karte S. 64)

Eines der interessantesten Überbleibsel des safawidischen Qazwin ist das Stadtmuseum, ein Palast aus dem 16. Jahrhundert, den Schâh Tahmâsp im Herzen der Stadt, mitten in einem schattigen Park, errichtet hatte. Schmale Wendeltreppen führen an gewölbten Räumen vorbei in das große obere Stockwerk, das schöne, mit Glasmalereien geschmückte Fenster besitzt. Hier ist eine prächtige Sammlung von Messinggegenständen und bemalten Holztüren, einer Spezialität von Qazwin, sowie prähistorischem Gerät untergebracht, das in der Umgebung ausgegraben worden war. Bei einer Restauration kam unter dem Verputz eine der frühesten Wandmalereien aus der Safawidenzeit zum Vorschein – Vorläufer der besser herausgearbeiteten Fresken der Paläste des 17. Jahrhunderts in Esfahân.

27 Nasîr-al-Molk-Moschee in Schirâz (Karte S. 63)

Hâdschi Hassan Alî Nasîr al-Molk beauftragte 1880 den Architekten Mohammad Hassan, eine eindrückliche Anlage von verschiedenen Gebäuden zu entwerfen: eine Moschee, ein Wohnhaus für ihn selbst und ein *hammâm* (Bad). Das Nasîr-al-Molk-Haus wurde vom Kultur- und Kunstministerium gekauft und soll in naher Zukunft renoviert werden (↗ Abb. 88). Die Wanddekorationen der 1888 vollendeten Nasîr-al-Molk-Moschee sind denjenigen der Wakîl-Moschee des 18. Jahrhunderts sehr ähnlich (↗ Abb. 251). Die westliche Gebetshalle ist mit Türen aus bemaltem Glas vom Innenhof abgetrennt; hier finden Versammlungen statt, wenn es draußen selbst im Schatten zu heiß ist. Zwei Reihen von sechs gedrehten, kannelierten Säulen mit Akanthuskapitellen tragen die kleinen gekachelten Kuppeln.

28 Hosseinijje Amînî, Qazwin (Karte S. 64)

«Hosseinijjes» sind wohltätige religiöse Institutionen, die vor allem durch private Gaben unterstützt werden. Während der heiligen Feiertage werden sie für Gebetsversammlungen, für Aufführungen religiöser Spiele und als Ausgabestelle von Mahlzeiten an die Armen benützt. Das Hosseinijje Amînî in Qazwin wurde zwischen 1873 und 1878 von einem einheimischen Grundbesitzer, Hâdschi Mohammad Rezâ Amînî, gebaut. Obschon heute diese Gemeinschaft nicht mehr tätig ist, hat das Kultur- und Kunstministerium die wunderschöne Innendekoration des Gebäudes restauriert. Hinter einem ummauerten Innenhof befinden sich drei Gebetshallen, die in die breite, gewölbte Küche führen. In der hier abgebildeten ersten Gebetshalle ist eine Vielfalt von Ornamenten erhalten geblieben, wie sie vor allem bei den Qâdschâren während des 19. Jahrhunderts beliebt waren.

29 Scheich-Lotf-ollâh-Moschee in Esfahân (Karte S. 64)

Schâh Abbâs I. baute dieses Prunkstück der safawidischen Architektur auf der östlichen Seite des Meidân-e Schâh, gegenüber dem Alî-Qâpû-Palast, zu Ehren seines Schwiegervaters, Scheich Lotf-ollâh, des berühmten Theologen. Die Moschee wurde zwischen 1603 und 1617 erstellt und diente der kaiserlichen Familie als Privatkapelle. Das Stalaktitengewölbe, die gedrückten Spitzbogen und die Zwiebelkuppel weisen mit der üppigen Pracht ihres Arabeskenzierats die charakteristischen Züge der persischen Architektur auf, und die Fayencekacheln gehören zu den schönsten Beispielen dieses Kunsthandwerks im 17. Jahrhundert. Die Inschriften wurden von Ali Rezâ Abbâsî, dem größten Kalligraphen der Safawidenzeit, ausgeführt.

30 Karawanserei-Brunnen von Mijândascht, Chorâsân (Karte S. 49)

Die große, gut erhaltene safawidische Karawanserei in Mijândascht, 122 Kilometer östlich von Schâhrud, wurde an einer alten Handels- und Pilgerstraße gebaut. Sie bot den sich vor den Überfällen der Turkmenen fürchtenden Reisenden Schutz. Tiefe Brunnen, mit Backsteingewölben überdeckt, enthalten noch heute Wasser, das dieser Karawanserei hier am Rand der Wüste vollständige Sicherheit bot. Natürliche und von Menschenhand geschaffene Schönheit ist im Iran oft versteckt; sie zeigt sich nicht von selbst, man muß sie suchen, so auch diesen schönen Brunnen.

31 Amîn ad-Dawleh-Tîmtscheh, Basar von Kâschân (Karte S. 64)

Die Wüstenstadt Kâschân, 260 Kilometer südlich von Teherân, hat ihre architektonische Einheit in ihren Basaren, Gartenanlagen, Moscheen und Privathäusern bewahrt – Ausdruck des traditionsbewußten Denkens dieser Gemeinde. Eine Gruppe von Architekten arbeitet Pläne aus, um das Alte zu bewahren und gleichzeitig die dynamischen Stadtteile, wie den zentralen Basar, neu zu beleben. Hier sehen wir ein Detail der Decke des Amîn ad-Dawleh-Tîmtscheh. Innerhalb der alten Basare treffen die gedeckten Verkaufsstraßen sternförmig in gleichmäßigen Abständen in einem großen, gewölbten Raum zusammen, der Tîmtscheh genannt wird. Hier werden verschiedene Spezialitäten verkauft. Diese zentralen Räume sind oft mit gekachelten Kuppeln überdeckt, auf denen sich durch das Lichtspiel Muster bilden, wie man sie sonst nur in Moscheen und Grabmälern finden kann. Der sich im Basar von Kâschân befindende Amîn ad-Dawleh-Tîmtscheh ist der Treffpunkt der Teppichhändler und -käufer.

32 Restauration der Blauen Moschee in Tabriz (Karte S. 64)

Mitten unter dem staubigen Wirrwarr von Gerüsten im Innern der Blauen Moschee aus dem 15. Jahrhundert (↗ Abb. 51) arbeitet ein Handwerker, auf dem Bild herausgehoben durch den Sonnenstrahl.

33 Flußüberquerung bei Rascht (Karte S. 64)

Die kaspische Provinz Gilân ist reich an Flüssen und Strömen, die zur Bewässerung der terrassierten Reisfelder und der Teeplantagen genutzt werden. Hier setzen Dorfbewohner bei Sonnenuntergang über den Sefid Rud, den Weißen Fluß.

34 Unfertiges Haus in Pischin, Balutschestân (Karte S. 50)

Einen für den Iran sehr ungewöhnlichen Haustyp finden wir in dem Oasendorf Pischin in Balutschestân (↗ Abb. 72). Dattelpalmenhaine umgeben das Dorf, sie liefern das Material für die Bedachung und den Bodenbelag. Die Lehmmauern dieses runden Hauses tragen an ihrer Oberkante kleine «Höcker», an denen das Schilfrohrgerüst des Daches befestigt wird; das Ganze wird dann mit Palmblättern bedeckt (↗ S. 68). Dieser Mann, der die Konstruktion des Hauses begutachtet, ist der Dorfälteste von Pischin. Sein grüner Turban zeigt, daß er ein Sejjed ist, ein Nachkomme des Propheten.

35 Straße bei Esfahân (Karte S. 64)

Der Iran ist mehrheitlich ein bergiges Hochplateau, weite Einöden breiten sich vor unseren Augen aus. Hier wächst wenig, selten kommt jemand vorbei, die wenigen Dörfer liegen weit zerstreut. Oft sieht man sie nicht einmal von der Straße aus. Alles ist still und ruhig.

36,

37 Basardecke in Qom (Karte S. 64)

Qom, 144 Kilometer südlich von Teherân, ist bekannt für seine Heiligengrabstätte Hazrat-e Ma'sume, die man schon von weitem sehen kann (↗ Abb. 170–172). Die Stadt rühmt sich aber auch eines architektonisch faszinierenden Basars (↗ Abb. 110), der von Geschäftigkeit widerhallt. Öffnungen von verschiedenster Form in den weißgetünchten Kuppeln des Basars erzeugen ein fortwährend wechselndes Licht- und Schattenspiel.

38 Photomontage der Paläste Hascht Behescht und Alî Qâpû in Esfahân (Karte S. 64)

Auch der direkt neben dem Alî Qâpû liegende Hascht Behescht ist ein safawidischer Palast aus dem 17. Jahrhundert. Schâh Abbâs I. baute den Alî Qâpû um 1609 an der Westseite des Meidân-e Schâh als Eingangshalle zu seinem Palast (↗ Abb. 191). Die fünf Stockwerke sind von einer Dachterrasse, dem *tâlâr,* gekrönt, deren Decke mit Einlegearbeiten aus Holz und Edelmetallen verziert und von drei Reihen schlanker Holzsäulen getragen ist. Der Hascht-Behescht-Palast wurde etwas später, um 1670 herum, von Schâh Soleimân im Garten der Nachtigall errichtet. Dieser beinahe symmetrisch oktogonale Pavillon ist vom Achteck inspiriert, dem Symbol, das die islamische Kosmologie mit dem göttlichen Thron zusammenbringt. Der untere Stock öffnet sich auf allen Seiten auf den Garten hin und bezieht so den Außenraum in die Architektur ein. In dieser Photomontage sind die mit flaschenförmigen Nischen geschmückten Wände des Alî Qâpû der zentralen Halle des Hascht Behescht überlegt.

39 Karawanserei von Mahjâr (Karte S. 63)

Diese safawidische Karawanserei aus dem 17. Jahrhundert wurde wahrscheinlich unter der Herrschaft von Schâh Abbâs I. an der wichtigsten Nord-Süd-Handelsstraße erbaut und blieb bis anfangs des 19. Jahrhunderts in Gebrauch. Sie steht 51 Kilometer südlich von Esfahân an der Hauptstraße Esfahân–Schirâz gerade gegenüber den hohen Lehmmauern, die das befestigte Mahjâr umgeben (↗ Abb. 46 und 84). Die Wohnräume waren oft mit 60 bis 150 Zentimeter hohen Feuerstellen versehen. Die meisten Karawansereien waren sehr solide Backsteinbauten mit dem klassischen «Vier-Iwân»-Grundriß, nach dem auch die Moscheen gebaut sind: eine Konstruktion mit vier zweistöckigen Arkaden, die einen Zentralhof umschließen.

40 Ruine des «Eishauses» in Bâm (Karte S. 50)

Bâm, die Oasenstadt am Südrand der Wüste Kawîr, ist für ihre Datteln, Orangen und süßen Zitronen bekannt. Sie bietet den Anblick einer mittelalterlichen Stadt. Die Festung hat ihre zinnengekrönten Mauern und das gewaltige Tor bewahrt, enthält aber nur noch Ruinen (↗ Abb. 65 und 70). Im Innern der Festung stand ein riesiges Gemeinschafts-*jach-tschâl* (Eishaus). Dieses Bild wurde vom Innern dieses Eishauses gemacht, hinauf in die Backsteinkuppel, die zum Teil eingestürzt ist. Während der Wintermonate wurde Wasser in kleine Öffnungen geschüttet, vor Verunreinigungen geschützt durch Mauern aus gestampfter Erde, die oft mehr als 6 Meter hoch waren. Wenn sich das Eis gebildet hatte, wurde es in unterirdischen Räumen mit hohen Gewölben aufbewahrt, wo es sich bis in den Sommer hielt.

41 Grabmal von Schâh Ne'matallâh Walî, Mahân (Karte S. 50)

Einige Bilder dieses Buches versuchen die Harmonie zwischen Natur und Architektur, die das Grabmal des sufitischen Heiligen und Poeten Nûr ad-Dîn Ne'matallâh umgibt, hervorzuheben (↗ Abb. 144 und 147). Schâh Ne'matallâh, der 1431 starb, war der Gründer eines Derwischordens, der bis heute eine wichtige religiöse Kraft blieb. Das 1436 fertiggestellte zentrale Grabgewölbe in Mahân wurde von Ahmad Schâh Bahmanî, König des Dekkan, einem der ergebensten Schüler Schâh Ne'matallâhs, errichtet. Im Osten und im Westen sind zwei Bogengänge angebaut. 1601 errichtete Schâh Abbâs I. den westlichen Bogengang, der sich auf einen Backsteinhof öffnet, der kurz nach dem Tod des Heiligen von einem seiner Schüler, Sejjed Nesâ, gestiftet wurde. Dieses Bild zeigt die prachtvoll gearbeitete Kassettendecke des östlichen Bogenganges, der 1871 vom Generalgouverneur von Kermân, selbst ein königlicher Derwisch, restauriert wurde.

42 Kamelstall an der Straße von Teherân nach Warâmin (Karte S. 64)

Was von der Straße aus eine kleine Karawanserei zu sein scheint, ist ein riesiger Stall für Kamele, ein Zufluchtsort vor kalten Winden und Schnee.

43 Storchennester in Qahrmanlu, Westazarbâidschân (Karte S. 64)

Das Dorf Qahrmanlu beim Rezâijje-See, das wir schon auf Abb. 8 und 21 angetroffen haben, bietet hier eine ganz andere Stimmung: Nistende Störche zeichnen sich vor einem stürmischen Himmel bei Sonnenuntergang ab.

44 Seeleute, Hormoz (Karte S. 50)

Indische Seeleute unterhalten sich in Hindi, während sie vor ihrer langen Heimreise nach Bombay die Takelage prüfen. Sie kamen in die Häfen des Persischen Golfes, Bandar-e Abbâs und Hormoz, um Handel zu treiben.

45 Drei Männer an der Küste von Hormoz (Karte S. 50)

Die Profile von drei Männern, die zusammen am Wasser sitzen, den Sonnenuntergang erwartend…

46 Trocknen von Lehmziegeln, Mahjâr (Karte S. 63)

Eine Frau aus Mahjâr, einem Dorf im Süden von Esfahân, breitet ihre frisch zubereiteten Lehmziegel zum Trocknen an der Herbstsonne aus. Lehmziegel sind seit Urzeiten das gebräuchlichste Baumaterial im Iran. Lehmige Erde wird – wenn vorhanden – direkt in der Nähe der Baustelle abgebaut, mit Wasser durchtränkt und mit Stroh und Spreu vermischt. Dann wird alles mit den Füßen tüchtig geknetet. In einem Holzmodel werden die Ziegel einzeln geformt und dann für einige Stunden an der Sonne getrocknet. Schließlich stellt man sie auf die Kante und läßt sie während einiger Tage richtig austrocknen. Mit diesem schlichten Verfahren kann ein einzelner Mann ungefähr 250 Ziegel in einer Stunde herstellen.

47 Aufgerollte, stehende Schilfmatten, Sistân (Karte S. 50)

Seijadan Sofla, ein Dorf in der Nähe des heiligen Berges, des Kûh-e Chwâdsche (↗ Abb. 137) hat sich auf die Herstellung von Schilfmatten spezialisiert, die als Sonnenstoren allgemein beliebt sind. Das dürre Schilfrohr wird in den Sumpfgebieten des Hâmunsees gesammelt und dann in dreieckigen Fächern auf dem Boden zum Trocknen ausgelegt. Wenn es vollständig trocken ist, wird es auf einem speziellen «Knüpftisch» mit weißem Zwirn zu Matten verarbeitet, die zusammengerollt in den Höfen der Häuser aufgestellt werden. Händler kommen mit Lastwagen und bringen diese Matten in die Basare von Teherân und Maschhad. Die Dorfbewohner bekommen sehr wenig verglichen mit dem Preis, der auf dem Markt der Stadt bezahlt wird. Deshalb wollen einige selbst einen Wagen kaufen, um ihre Waren direkt zum Verkauf zu bringen und den Zwischenhandel zu umgehen.

48 Grabmal von Arslân Dschazib, Sangbast (Karte S. 49)

Arslân Dschazib (997–1028) war Provinzgouverneur von Tûs unter der Herrschaft von Sultan Mahmûd von Ghazna. Die eindrucksvollen Ruinen seines Grabmales in Sangbast, 38 Kilometer südlich von Maschhad, bestehen aus einem quadratischen Kuppelraum und einem freistehenden Minarett. Die in Zickzacklinie gesetzten Ziegelringe der Kuppel wirken von unten wie ineinander verwoben. Die kufische Inschrift auf dem Band über den vier Bogenfenstern wurde aus vorstehenden Ziegeln gebildet.

49 Schlucht des Dez Rud, Chuzestân (Karte S. 63)

In der durch eigenartig strukturierte Steilwände gebildeten Schlucht des Dez-Flusses liegt der Mohammad-Rezâ-Schâh-Staudamm (↗ Abb. 209). Der Stausee wird neben der Stromerzeugung für die Bewässerung von Südwestiran genutzt.

50 Maulânâ-Moschee, Tâjebâd (Karte S. 49)

Tâjebâd ist der Grenzübergangsort von Afghanistan nach Nordostiran. Es besitzt eines der schönsten Monumente aus der Timuridenzeit. Die Maulânâ-Moschee wurde anfangs des 15. Jahrhunderts gebaut, wahrscheinlich unter Schâh Roch, dem vierten Sohn Timurs, um die Gebeine von Scheich Zein ad-Dîn aufzunehmen, einem einheimischen Mystiker, der einige Jahrhunderte zuvor gestorben war. Ein verzierter Grabstein im Innenhof, im Schatten von Pistazienbäumen, zeigt die Stelle an, wo der Heilige begraben liegt. Daneben öffnet sich das hohe Portal der Maulânâ-Moschee, das von zwei winzigen Minaretten gekrönt wird. Die Innenwände sind mit aus glasierten Ziegeln gebildeten geometrischen Ornamenten und einer ungewöhnlichen Schrifttafel verziert. Das Schattenspiel von Gerüsten, die wegen Erneuerungsarbeiten errichtet wurden, erhöht noch den Reiz der Struktur.

51 Die Blaue Moschee in Tabriz (Karte S. 64)

Die immer wieder von Erdbeben heimgesuchte Stadt Tabriz (1403 mehr als 40000 Opfer) wurde vom 8. bis zum 16. Jahrhundert mehrmals in den Rang einer Hauptstadt erhoben: unter der Dynastie der Ilchane, der mongolischen Beherrscher Persiens, dann unter der turkmenischen Dynastie vom Schwarzen Hammel und endlich unter Schâh Esmâ'il, der 1502 als erster der Safawiden den Thron bestieg. Schon zur Zeit Marco Polos, der 1272 dorthin kam, ist Tabriz «eine schöne, fürnehme Stadt», «ganz umgeben von schönen, erquickenden Gärten». Von der Zitadelle ist nur noch ein Stück Mauer übriggeblieben, das gegen vierzig Meter hoch aufragt. Auch die Blaue Moschee ist eine Ruine; sie wurde 1465 unter Dschahân Schâh erbaut und bleibt noch in ihrem Verfall eines der schönsten Beispiele Persiens für mit mehrfarbiger Fayence-Verkleidung geschmückte Bauwerke. Die ornamentalen Motive waren zum Teil von den Mongolen aus Ostasien mitgebracht worden; dies ist an dem hier abgebildeten Detail der rechten Seite des Eingangsportals gut zu sehen.

52 Grabmal von Scheich Safî, Ardabîl (Karte S. 64)

Scheich Safî ad-Dîn Eschâq war ein sufitischer Heiliger, der 1334 in Ardabîl starb und als Gründer der Safawidendynastie angesehen wird. Dieses Bild zeigt ein Detail aus dem «Allâh-Haus», das über den sterblichen Resten von Scheich Safî errichtet worden war. Es steht da, wo der Heilige lebte und seine Schüler unterrichtete. Die Kacheln an den Wänden wiederholen den Namen Gottes, und die runde Plakette unter dem Schriftband verewigt den Namen des Architekten dieses Grabmals, Awad ibn Mohammad. Unter den safawidischen Herrschern genoß diese Stätte großen Ruhm; jeden Tag wurden bis zu tausend Pilger aus der dem Grabmal angegliederten Küche verpflegt. 1611 schenkte Schâh Abbâs I. seine Porzellansammlung diesem Wallfahrtsort, wo sie in Hunderten von Wandnischen in einem großen Kuppelraum, dem *Tschînî Châne* (Porzellan-Raum) ausgestellt wurde (↗ S. 244). Die Ländereien und das Vermögen dieser Stätte wurde im 18. Jahrhundert verteilt, was den Niedergang der Wallfahrtsstätte zur Folge hatte.

53–60 Strukturen

Es gibt Gegenden in der Welt, wo das Auge fortwährend von grellfarbigen Bildern geradezu bestürmt wird. Im Iran findet man die schönsten Farben in seinen Ziegelsteinbauten, in der Kleidung der Nomadenstämme, in den Frühlingsblumen. Persien besitzt aber noch andere, viel subtilere Schönheiten, die vom Licht, den Strukturen, von Form und Gestalt ausgestrahlt werden: Man findet sie sowohl in den mit Spiegel- und Fayenceplättchen besetzten Innenräumen von Moscheen und Palästen wie auch in den weichen Formen der Kuppelhäuser in den Dörfern, die sich harmonisch in die sanft gewölbten Dünen der Wüste einfügen.

61 Gesteinsstruktur in Balutschestân (Karte S. 50)

Diese eigenartige Gesteinsstruktur findet sich in einer schmalen Schlucht unweit von Kârwândar, einem Dorf in Zentralbalutschestân. Hier können die winterlichen Hochwasser den Weg manchmal tagelang blockieren. Dieser Bildausschnitt mißt in Wirklichkeit etwa 60 auf 50 Zentimeter; in tausendfacher Vergrößerung finden wir ihn als geologische Schichtung über das ganze iranische Hochplateau verstreut.

62 Rebât-e Scharaf, Chorâsân (Karte S. 49)

Eine der ältesten und vollendetsten Karawansereien ist Rebât-e Scharaf, ein Meisterwerk der seldschukischen Baukunst. Sie wurde um 1120 herum gebaut. Da die Handelsstraßen sich seit dem 12. Jahrhundert längst verschoben haben, steht dieser Prachtbau nun allein und verlassen zwischen den sanften Hügeln nordöstlich von Maschhad. Die Karawanserei war in zwei mit vier Iwânen versehene Höfe geteilt, jeder versehen mit mit Stuckarbeiten verzierten *mehrâbs* (Gebetsnischen) wie in einer Moschee. Die Wände sind mit schönen Ziegelverzierungen geschmückt. Die Größe von Rebât-e Scharaf läßt vermuten, daß sie von den Seldschukenherrschern als vorübergehender Wohnsitz gebraucht wurde.

63 Dächer des Basars von Esfahân (Karte S. 64)

Jede mögliche Ecke des Gemüsemarktes von Esfahân ist ausgenutzt. Unten markten Käufer über die Preise der Früchte und Gemüse, während auf den Dächern die frischgefärbte Wolle trocknet.

64 Flugaufnahme von Teherân mit Schâhjâd-Platz (Karte S. 64)

Teherâns Schâhjâd-Turm wurde von einem jungen iranischen Architekten, Hossein Amanat, entworfen. Am 16. Oktober 1971 wurde er anläßlich der Feierlichkeiten zum 2500. Jahrestag der persischen Monarchie eingeweiht. In diesem Turm sind eine

Sammlung von persischen Kunstwerken und eine hervorragende Tonbildschau untergebracht, die die Geschichte Persiens in faszinierender Weise wieder lebendig werden läßt. Teherân ist weder schön noch häßlich, aber für den, der nachts ankommt, für den breitet Teherân auf Dutzenden von Kilometern einen zauberhaften Lichterteppich aus. Es wirkt, als ob das Flugzeug in eine Welt aus *Tausendundeiner Nacht* hinabtauchte. Am andern Morgen entdeckt er allerdings bloß eine recht westlich, beinahe vertraut wirkende Stadt mit riesigen Häuserblöcken. Die Stadt mit ihren fast vier Millionen Einwohnern dehnt sich nordwärts immer weiter in die grauen Ausläufer des Elbursgebirges aus. Der Winter ist in Teherân sehr kalt, der Sommer unerträglich heiß für jene, die nicht über ein Landhaus im Norden verfügen.

65 *Ruinen von Bâm (Karte S. 50)*

Die Ruinen des alten Bâm liegen anderthalb Kilometer nördlich der heutigen Oasenstadt desselben Namens. Deren Hauptexportartikel sind die ausgezeichneten Datteln. Leider hat der ungewöhnlich strenge Winter des Jahres 1973 viele Palmen zerstört, und es wird einige Jahre brauchen, bis das Geschäft wieder blüht. Bâm hat strategische und kommerzielle Bedeutung seit seiner Gründung in der Sassanidenzeit. Die hier abgebildeten Ruinen stammen größtenteils aus der safawidischen Periode. Verlassene Straßen, reiche Kaufmannshäuser, Gemeinschaftsbäder, Moscheen und Läden wirken, als seien sie noch gestern von Leben erfüllt gewesen. Man bemüht sich heute, diese einzigartige Ruinenstadt, beinahe ein «Pompeji des Ostens», zu erhalten.

66 *Schâh-Abbâs-Hotel, Esfahân (Karte S. 64)*

Die Mutter von Schâh Soltân Hossein, dem letzten safawidischen Herrscher, ließ zwischen 1704 und 1714 eine *Madrase* (Theologenschule) auf der Tschahâr Bâq (↑ Abb. 178) errichten. Mit dem Einkommen der großen, doppelstöckigen Karawanserei, die sich neben der Madrase befand, wurde der Unterhalt der Studenten und Professoren der Schule bestritten. Die Karawanserei wurde restauriert und in ein Luxushotel umgewandelt; hier können die Gäste in einem Hofgarten Tee trinken und den epischen Erzählungen eines traditionellen Geschichtenerzählers zuhören. Hinter dem Hotel erheben sich die Kuppel und die Minarette der Madrase.

67 *Windmühlen von Chwâf (Karte S. 49)*

Die Dorfbewohner des südlichen Chorasân haben durch die Jahrhunderte hindurch eine erfolgreiche Methode entwickelt, um den Wüstenwind zum Mahlen des Kornes zu gebrauchen. Chwâf war während des 10. Jahrhunderts ein bedeutender Ort und berühmt für seine Früchte und seine Seide. Heute sind Weizen, Granatäpfel und Trauben die Hauptprodukte dieser Region. Auf den terrassierten Lehmmauern im Zentrum des Dorfes stehen einige Windmühlen. Abbildung 206 zeigt die Nahaufnahme einer Windmühle aus einem Nachbardorf (der Mechanismus wird dort erläutert). Die Aufnahme hier wurde vom Dach der Chargerd-Madrase gemacht, die während der Herrschaft von Schâh Roch um 1444 gebaut wurde. Auch in ihr finden wir schöne Ziegelornamente; sie wird gerade restauriert.

68 *Emâm-zâde Roqijjeh Bânû, Natanz (Karte S. 64)*

Natanz ist eine kleine Bergstadt, 79 Kilometer von Kâschân entfernt, berühmt für ihr erfrischendes Klima und ihre herrlichen Obstgärten. Über der Stadt erhebt sich der «Geierberg»; in seiner Nähe sollen die Truppen Alexanders des Großen den Achämenidenkönig Dareios III. getötet haben. Viele kleine Heiligenschreine finden sich an den Abhängen des Berges, so auch der Emâm-zâde Roqijjeh Bânû, der hier aus dem Nebel eines Wintermorgens hervortritt.

69 *Murtschechort, im Norden von Esfahân (Karte S. 64)*

Murtschechort ist ein Wüstendorf auf der Hauptstraße nach Esfahân, 138 Kilometer südlich von Qom. Dicke Lehmmauern und massive Rundtürme beschützten es vor den einst häufigen Raubzügen nomadischer Stämme. Gerade nach dem Haupttor des Dorfes befindet sich ein kleiner Emâm-zâde, dessen Wände mit primitiv bemalten Ziegeln in Blau- und Grüntönen versehen sind. Die Flachdächer sind untereinander verbunden; diese «Wege» führen kreuz und quer über das ganze Dorf hinweg.

70 *Festung von Bâm (Karte S. 50)*

Hier eine andere Ansicht der mittelalterlichen Stadt Bâm (↑ Abb. 40 und 65), die die imposante Festung mit den zinnengekrönten Mauern zeigt.

71 *Gazme, Dorf im Sistân (Karte S. 50)*

Gazme ist ein kleines Dorf an der ungepflasterten Straße, die in der Provinz Sistân in vielen Windungen von Zâhedân nordwärts nach Zâbol führt. Die Landschaft ist öde, weiß und rissig von Salz- und Mineralablagerungen. Neuere archäologische Funde lassen vermuten, daß dieses Gebiet nicht immer Wüste war. Überreste eines Bewässerungssystems und ausgetrocknete Flußbetten deuten auf eine Periode größter Fruchtbarkeit hin, die zur Zeit des Mongoleneinbruchs jäh geendet haben muß, weil die Stauseen und Bewässerungsanlagen zerstört wurden. Die Häuser aus Lehmziegeln sind mit schönen runden Kuppeldächern bedeckt. Auf diesen stehen kleine, schnabelähnliche Kamine, die gegen die vorherrschende Windrichtung abgeschirmt sind.

72 *Haus in Pischin, Balutschestân (Karte S. 50)*

Dûst Mohammad Bachsch arbeitet einen Teil des Jahres als Kellner in Kuwait, er spricht fließend Persisch, Englisch, Urdu und Balutschi. In nur zwei Monaten baute er für seine Familie dieses wunderbare Haus aus sonnengetrockneten Lehmziegeln. Die auf dem in klassischen Proportionen gehaltenen Erdgeschoß aufgesetzte «Krone» ist eine einreihige Backsteinkonstruktion, verputzt mit Lehm. Man nennt dies hier *tâdschîk*, abgeleitet vom persischen *tâdsch* für Krone. Das Haus ist 17 Meter lang, die Gesamthöhe inklusive Krone beträgt 7,20 Meter. Dieser Haustyp findet sich nur auf einem geographisch begrenzten Raum: von Pischin ostwärts bis nach Torbat im pakistanischen Balutschestân und südwärts nach Bahukalat im persischen Balutschestân. Die Halbsäulen am Eingang wiederholen sich im Innern des Hauses bei einem bemalten Feuerplatz. Die Wohnräume sind reich bedeckt mit Decken und schönen Balutschi-Handarbeiten (↑ Abb. 85).

73–75 *Bandar-e Kong am Persischen Golf (Karte S. 63)*

Am frühen Morgen kehrt ein Fischerboot mit dem nächtlichen Fang nach Bandar-e Kong zurück, einem Dorf am Persischen Golf in der Nähe der großen Stadt Bandar-e Lenge. Die Beute, Hammerhaie, Weißfische und riesige Stachelrochen, gelangen nach dem Auslad sofort in die Verkaufsstände des Basars. Unterdessen haben die Arbeiter in den kleinen Werften, von denen das Auskommen des Dorfes abhängt, ihr Tagewerk begonnen. Drei Bootsbauer leben in Kong, die auf Bestellung Boote aus dem zähen gelben Holz, das aus Malabar geholt wird, konstruieren. Auf Bild 74 steht ein Knabe mit einer Seemöwe vor einem im Bau stehenden Schiff, das ungefähr 30 Meter lang ist (30 Mann benötigen ungefähr vier Monate für die Konstruktion eines Schiffes dieser Größe). Alles wird im Ort selbst hergestellt; die flachköpfigen Nägel (↑ Abb. 59) fertigt der Dorfschmied in Handarbeit. Bandar-e Kong ist ein sauberes und reizvolles Dorf mit etwa 7000 Einwohnern. Die *bâdgîrs*, «Windfänger» oder Windtürme, eine Art Klimaanlage (↑ Abb. 76), geben der Dorfsilhouette einen ganz besonderen Reiz.

76 Jazd *(Karte S. 63)*

Marco Polo besuchte Jazd auf seinem Weg nach China und nannte es die «gute und vornehme Stadt Jazd». Seine Bemerkungen über den Ruf der Einwohner treffen noch heute zu: Es sind ehrliche, schwer arbeitende Leute, und mehr als ein Jazdi wird voller Stolz sagen, daß das Stadtgefängnis leer sei. Mitten im Herzen Irans zwischen den Wüsten Kawîr und Lût war Jazd ein Hauptrastplatz der internationalen Karawanenstraßen von Zentralasien nach Indien. Die Weber von Jazd waren berühmt für ihre Seidenbrokatstoffe, die man heute noch finden kann, obschon die hergebrachte Fertigung immer stärker von maschinellen Methoden konkurrenziert wird. Der Baustil von Jazd ist wohl der traditionellste von ganz Persien. Dank des trockenen, heißen Klimas ist alles erhalten geblieben, auch entging die Stadt den Verwüstungen der Mongolen. Diese Aufnahme von der Kuppel der Freitagsmoschee aus dem 14. Jahrhundert aus (↑ Abb. 195) zeigt die sonnenbeschienenen Dächer und «Windfänger» der Stadt. *Bâdgîrs* findet man von Kâschân bis an den Persischen Golf, aber hier in Jazd sind sie besonders gut ausgeführt. Der leiseste Hauch wird durch den mit Schlitzen versehenen «Windfänger» in die darunter liegenden Wohnräume geleitet, wo er zuerst über Wasserbecken streicht und so noch zusätzlich abgekühlt wird. Jazd ist auch das Zentrum der kleinen persischen Zoroastriergemeinde. Die Anhänger dieses vorislamischen Glaubens verehren das Höchste im heiligen Feuer, wie es in den Tempeln von Jazd ewig brennt.

77 Schâh-Moschee in Esfahân *(Karte S. 64)*

1598 verlegte Schâh Abbâs I. die Hauptstadt von Qazwîn nach Esfahân, wo sie bis 1722 blieb. Während der folgenden dreißig Jahre wurden Moscheen, Basare und öffentliche Parkanlagen unter des Monarchen eigener Beaufsichtigung gebaut. Das Zentrum dieser Märchenstadt, die die europäischen Kaufleute und die Gesandten am safawidischen Hof immer wieder faszinierte, war der imposante Königsplatz, der Meidân-e Schâh, 512 auf 150 Meter groß, von doppelten Bogengängen umrahmt. Dieser Platz ist von vier prächtigen Bauten umgeben, mit denen er ein im Orient einzig dastehendes Ganzes bildet: Dem Prunktor des kaiserlichen Basars, des Qeiserijje (1617), gegenüber liegt die Schâh-Moschee (1612–1637), der großartigste Bau der ganzen Safawidenzeit, dessen Vollendung Schâh Abbâs der Große nicht mehr erlebte. Auf der andern Achse liegen sich gegenüber die Scheich-Lotf-ollâh-Moschee (1617), die durch die Anmut ihrer Formen und die üppige Pracht ihres Arabeskenzierats beeindruckt und die charakteristischen Züge der persischen Architektur aufweist, und die Alî Qâpû, die «Hohe Pforte», aus einem Pavillon der Timurzeit entstanden und unter Schâh Abbâs zu einem fünfstöckigen Palast mit säulengestützter Dachterrasse umgebaut.

78 Chorramâbâd *(Karte S. 64)*

Chorramâbâd, die Hauptstadt der Provinz Lorestân, ist die Heimat der gefürchteten Lors, eines Stammes, der sich sehr lange unabhängig halten konnte, bis er zu Beginn des 17. Jahrhunderts von Schâh Abbâs unterworfen wurde. Ein altes Schloß mit sassanidischen Grundmauern, bekannt als die Schwarze Burg, steht im Zentrum der Stadt. Die Festung wurde restauriert und dient der Stadt als lokalarchäologisches und -historisches Museum.

79 Flugbild von Tabrîz *(Karte S. 64)*

Tabrîz ist die Hauptstadt von Ostazarbâidschân, die größte Stadt im Nordwesten Irans. Die massiven, 39 Meter hohen Mauern der Zitadelle, die aus dem 14. Jahrhundert stammen und über den Überresten einer früheren Moschee gebaut wurden, befinden sich im Zentrum der Stadt. In den gedeckten Basaren ist uns das «alte» Tabrîz erhalten geblieben, hier werden immer noch wie eh und je Schmuck, Teppiche, Turkmenenmützen, frische Gemüse und Früchte feilgehalten.

80 Mâsule, Dorf im Gilân *(Karte S. 64)*

Nach einer zweistündigen Fahrt über holprige Wege erreicht man von Rascht aus das Dorf Mâsule. Die Lage des Dorfes am felsigen Abhang erforderte eine ganz besondere, für die Provinz Gilân charakteristische Terrassenbauweise. Im Sommer zählt das Dorf 2600 Einwohner, im Winter aber, wenn die Straßen durch den Schnee blockiert sind, wohnen nur noch vier- oder fünfhundert Leute hier. Viehzucht ist die Hauptbeschäftigung der Dörfler, der feine weiße Käse wird in den kleinen Teehäusern, die die Straßen säumen, verkauft.

81 Dorf Râjen bei Kermân *(Karte S. 50)*

Wenn es im Iran ein «Musterdorf» gibt, dann ist es sicherlich das kleine Dorf Râjen mit seinen sauberen Straßen in den Hügeln südöstlich von Mahân. Die kahle Landschaft ist mit gelbem Beifuß gesprenkelt; ein einsames, verlassenes Schloß steht auf dem Hügel oberhalb des Dorfes.

82 Seidenraupenzucht in Bandar-e Pahlawi *(Karte S. 64)*

Zwei der für Persien wichtigsten Produkte, nämlich Kaviar und Seide, werden in der Hafenstadt am Kaspischen Meer, in Bandar-e Pahlawi, hergestellt. Die Seidenraupenzüchter bauen lange, auf Pfählen stehende, strohgedeckte Hütten. Hier auf dem Bild sieht man, wie den Tausenden von hungrigen Seidenraupen frische Maulbeerblätter gebracht werden (↑ Abb. 199).

83 Schûschtar *(Karte S. 63)*

Schûschtar ist eine große Stadt, die auf einem Kalksteinfelsen über dem Karunfluß liegt. Nach alter Tradition brachte der Sassanidenkönig Schâpur I., nachdem er die römische Armee von Kaiser Valerian 260 n.Chr. in Edessa geschlagen hatte, Hunderte von römischen Gefangenen nach Schûschtar, wo sie beim Bau einiger Dammbrücken (Brücken mit Stauwehren) über der Rûd-e Kârûn mithelfen mußten. Dieses Bild zeigt den Gargar-Stausee, der nicht zur Bewässerung diente, sondern mit dessen Wasser die dreißig Mühlen angetrieben wurden, in denen noch vor nicht allzulanger Zeit Schûschtars Gerste und Weizen gemahlen wurden. Der Damm dient auch als Straßenbrücke für zwei durch den Fluß getrennte Stadtteile.

84 Dorf Mahjâr *(Karte S. 63)*

Zwei Aufnahmen von Mahjâr – seine safawidische Karawanserei (↑ Abb. 39) und eine Frau bei der Lehmziegelfertigung (↑ Abb. 46) – wurden schon gezeigt. Bis 4,5 Meter hohe Lehmwälle umgeben dieses fast verlassene Dorf, in dessen Straßen man fast nur Greise, Frauen und Kinder sieht. Die jungen Leute haben das Dorf verlassen, um in den Städten Arbeit und ein angenehmeres Leben zu finden.

85 In einem Haus in Pischin, Balutschestân (Karte S. 50)

Wie üblicherweise in den Wohnräumen von Pischin (↑ Abb. 72) finden wir auch hier hohe Stapel von Decken, und an den Wänden hängen polierte Messingteller. Der reich mit Knöpfen und Münzen verzierte rosafarbene Streifen, der über den Decken liegt, zierte als horizontaler Fries den Wohnraum.

86 Nârendschestân, Schirâz (Karte S. 63)

Eines der besterhaltenen Häuser in Schirâz ist das Ahnenhaus der Qawâm-Familie, das Nârendschestân («Orangenplatz»), das 1870 von Mîrzâ Ebrâhîm Chân gebaut wurde. Die Mitglieder der Qawâm-Familie waren ursprünglich Kaufleute, die aus Qazwin nach Schirâz kamen; außerordentlich schnell gelangten sie unter der Zand-, der Qâdschâren- und der Pahlawi-Dynastie zu Regierungsstellen. Im Nârendschestân ist die Eleganz, die von der Oberschicht der persischen Familien im 19. Jahrhundert bevorzugt wurde, erhalten geblieben. Wohnräume für Männer, Frauen und Gäste, Arbeitsräume, kühle Gärten und gut ausgestattete Küchen, alles ist vorhanden in diesem gut organisierten persischen Haushalt. Die mit Spiegeln geschmückte Säulenhalle war das Zentrum der Aufenthaltsräume der Männer, sie öffnet sich auf den mit Dattelpalmen bepflanzten Garten. Seit 1960 ist das Asieninstitut im Nârendschestân untergebracht, dessen Aufgabe die Erforschung der Vergangenheit und Gegenwart Persiens ist.

87 Charrâzî-Haus in Esfahân (Karte S. 64)

Das Haus der Familie Charrâzî in Esfahân ist ein ausgezeichnetes Beispiel des Barockes, wie er während der Qâdschârenzeit Mitte des 19. Jahrhunderts beliebt war. Die Charrâzî sind reiche Teppichhändler, die die prächtigsten Perserteppiche Kunden und Gästen in diesem prachtvoll ausgestatteten Wohnraum vorführen. Der Raum selbst ist mit seinen Spiegelkunstwerken, den Glasfenstern, der Freskendecke, den Messinglampen und den bemalten Holztüren ein Museum der traditionellen Handwerkerkunst.

88 Nasîr-al-Molk-Haus, Schirâz (Karte S. 63)

Hâdschi Mohammad Hassan, ein bedeutender Architekt aus Schirâz, entwarf dieses zweistöckige Haus für Nasîr al-Molk um 1883 herum; dieses Gebäude ist Teil eines aus drei Häusern bestehenden Komplexes (↑ Abb. 27). Schlanke, mit Spiegeln geschmückte Säulen, ornamentale Stuckarbeit, bemalte Türen und Schiebefenster zieren die hier abgebildete Haupthalle. Von dieser Halle aus gelangt man in die zwei leicht erhöhten Zimmer, die den königlichen Gästen reserviert waren. Dieses historische Haus soll 1975 vom Kultur- und Kunstministerium renoviert werden.

89 Dorf Horzechun und Berg Sahand (Karte S. 64)

Eine der besten Honigsorten Persiens kommt von den Bienenstöcken der jetzt schneebedeckten Hänge des Kûh-e Sahand. Die hölzernen Türen und Fensterrahmen von Horzechun, einem Dorf südöstlich von Tabriz, sind mit einem Blau bemalt, das von weitem der Farbe des Wassers in den Teichen gleicht. Das Dorf zählt etwa tausend türkischsprachige Einwohner, die in dreihundert Häusern wohnen.

90 Maskierte Frau in der Nähe von Bandar-e Lenge (Karte S. 63)

Diese maskierte Frau auf dem weißen Esel wurde in der Nähe von Bandar-e Lenge photographiert. Sie ritt in einer Karawane mit acht andern Erwachsenen, einigen Kindern und mit schwerbeladenen Pferden und Eseln. Die Frauen an der Küste des Persischen Golfes tragen nicht den *tschador*, den Schleier, sondern eine Makse, die bei den Sunnitinnen viereckig und orangefarbig, bei den Schiitinnen dreieckig und aus schwarzem Leder oder Wachstuch ist; ein Palmholzstäbchen läuft über den Nasenrücken, dadurch ergibt sich die Form eines Schnabels. Diese Frauen sind außergewöhnlich scheu.

91 Sandschâbî-Lager in Qasr-e Schîrîn (Karte S. 64)

Nâder Schâh versetzte die Sandschâbî-Kurden im 19. Jahrhundert von ihrer ursprünglichen Heimat um Schirâz herum in die Gegend von Kermânschâh. Es sind Nomaden, die mit ihrer Herde im Winter in diese warme Oase ziehen. Wolfähnliche Hunde bewachen das Lager. Die Filzzelte sind aus schwarzem Ziegenhaar gewoben und im Innern mit Schilfmatten in verschiedene Räume abgeteilt. Der Sandschâbî trägt einen Mantel aus feinem weißem Filz.

92 Frau aus dem Sistân, Kûh-e Chwâdsche (Karte S. 50)

Diese Frau lebt mit ihrer Familie am Fuß des Kûh-e Chwâdsche, eines heiligen Berges im Sistân (↑ Abb. 137). Ihr Haus ist ganz aus Schilf gefertigt, das von den Ufern des nahen Hâmunsees stammt. Zwischen dem Haus und der Umzäunung, ebenfalls aus Schilf und Ästen, fraßen während unseres Besuches Tiere an einem langen Futtertrog aus geflochtenem Gras. Fünf Lämmer, ein Füllen, drei Kühe und ein Kalb, zwei Truthähne und ein müder Hund belebten den Innenhof. Die Frau wirkte kräftig und graziös zugleich, sang dauernd und bot uns sofort eine Erfrischung an: getrockneten Quark und Buttermilch. Etwa um drei Uhr nachmittags kehrten die von Vater und Sohn geführten, mit Schilfrohr hoch beladenen Esel zurück. Dieses Schilfrohr wird dann zu Matten verarbeitet und in den Basaren verkauft.

93 Kameltreiber, Sistân (Karte S. 50)

Dieser Balutsche namens Ali aus Sekuhe, einem Dorf südlich von Zâbol, befindet sich mit seiner Frau auf der zwanzigtägigen Reise durch die Wüste des nördlichen Sistân in die Provinzhauptstadt Zâhedân. Liebevoll trieb er seine Kamele an, rief sie bei ihrem Namen: Sur und Bur.

94 Wasserpfeifenraucher in einem Teehaus in Ahar, Ostazarbâidschân (Karte S. 64)

Lord Curzon, der Vizekönig von Indien (1859–1925), ein scharfer Beobachter des persischen Lebens, schrieb über die Wasserpfeife:

«Obschon ich nicht rauche und wenig Freude an der europäischen Art von Tabak finde, unterließ ich es nie, einige Züge des leicht parfümierten Tabaks aus der Wasserpfeife zu nehmen. Dieser vortreffliche Tabak, dessen angenehme Qualität zum Teil von der Quantität des Nikotins, zum Teil von der Art der Zubereitung abhängt, wird im Pfeifenkopf unter ein Stück glühende Holzkohle gelegt; der Rauch wird nun durch das Wasser zu des Rauchers Lippen gezogen...»

95 Kind aus Zahak, Sistân (Karte S. 50)

Dieses Kind, halb verdeckt vom Schleier seiner Mutter, photographierte ich in der kleinen Stadt Zahak, zwischen Zâbol und Zâhedân, in der Provinz Sistân. Am Rande der Stadt liegt ein Stausee, an dem alte Männer zur Mittagszeit fischen.

96 Spielende Kinder in Teherân (Karte S. 64)

Auf dem unfruchtbaren Boden südlich von Teherân wurde ein neuer Park erstellt, der im Sommer 1973 vom Herrscherpaar eingeweiht wurde. Rasen, Spielflächen, ein künstlicher See mit einem Brücklein und eine kleine Eisenbahn machen diesen Park zu einem angenehmen Erholungszentrum für die Bewohner Südteherâns.

97 Kind aus Osku, Ostazarbâidschân (Karte S. 64)

Viele der farbenfrohen Seidentücher, die wir in den persischen Basaren antreffen, werden in der kleinen Stadt Osku südlich von Tabriz gewoben. Hunderte von farbigen Stoffen mit Orange als Grundton schmücken die Dächer Oskus. Wenn sie trocken sind, werden mit weichem Wachs verschiedene Muster auf die Stoffe appliziert, welche dann mehrere Male in verschiedene Farbbäder getaucht werden, bis das erwünschte Dessin erreicht ist (Batiktechnik).

98 Institute for the Intellectual Development of Children and Young Adults, Teherân (Karte S. 64)

Durch die Einrichtung von Bibliotheken in Stadt- und Landgebieten versucht diese Organisation Kinder und junge Erwachsene zu schulen. Das Institut produziert auch Filme und Bücher, die schon einige internationale Preise gewonnen haben. Teherân hat 25 Bibliotheken mit mehr als 157500 eingeschriebenen Lesern. Es gibt auch mehr als 70 Bibliotheken in andern iranischen Städten und 17 Bücherwagen, die die Buchausleihe in mehr als 2000 kleinen Dörfern versehen.

99 Seidenteppichweberei in Mohammadijje (Karte S. 63)

Seidenteppiche von höchster Qualität werden von den Frauen aus Mohammadijje, einem kleinen Dorf in der Nähe von Nâ'in, gewoben. Bis vor zwanzig Jahren wurden die Seidenteppiche hauptsächlich in Fabriken hergestellt, aber heute liefern die Teppichhändler das Rohmaterial und die Muster den Dorffrauen nach Hause; neun Monate bis ein Jahr braucht eine Frau, um einen der feinen Seidenteppiche fertigzustellen. Der Unternehmer gibt den Webern Kredite und Unterstützung sowie einen Bonus, wenn die Arbeit zu seiner Zufriedenheit ausgefallen ist. Auch der feine braune Filz für die von den religiösen Führern getragenen Mäntel wird in Mohammadijje hergestellt, was Männerarbeit ist. Man arbeitet in unterirdischen Räumen, wo es im Sommer schön kühl und im Winter angenehm warm ist.

100 Strickende Frau, Mâsule (Karte S. 64)

Diese Frau aus Mâsule, einem Dorf in Gilân, strickt Seidensokken aus leuchtenden Farben. Diese verkauft sie dann im einheimischen Basar (↗ Abb. 80).

101 Beim Wollewickeln, Marâghe (Karte S. 64)

Dieses Familienbild zeigt das ruhige Hirtenleben, wie man es heute noch in der Nähe der großen Stadt Marâghe in Ostazerbâidschân (↗ Abb. 146) finden kann. Der Basar von Marâghe ist klein, aber voll exotischer und köstlicher Überraschungen: Kebab, Joghurt, Honig vom Berg Sahand und Trauben. Aber den höchsten Genuß bietet doch das *sudschuk*, eine Süßigkeit, die mit dem eingedickten Saft von weißen Trauben gemacht ist, gefüllt mit Nüssen und mit Zucker bestäubt. Die eigenartigste Spezialität ist aber die schwarze, aus Ziegenfett und Wassermelonensaft hergestellte Seife aus Marâghe, der die Einheimischen wohl ihr glänzendes Haar und die blühende Gesichtsfarbe verdanken.

102 Qaschqâ'i-Teppichweber, Schirâz (Karte S. 63)

Die unverheirateten Mädchen des türkischsprachigen Qaschqâ'i-Stammes kommen von der ganzen Provinz Fârs hierher nach Schirâz, wo sie die Kunst des Teppichwebens erlernen. Nach der Anlehre erhalten sie Geld und einen Webstuhl und kehren nach Hause zurück. Dies erhöht ihre Heiratsaussichten und bewahrt zugleich die traditionellen Arbeiten vor dem Aussterben. Die bunten Kleider und leuchtenden Blusen, die von den Qaschqâ'i-Frauen getragen werden, sind ebenso farbenfroh wie die Teppiche, die sie weben.

103 Zurchâne, Zâhedân (Karte S. 50)

Bis auf unsere Tage hat sich die Tradition der *zurchâne* («Häuser der Kraft») erhalten, der Gymnastikhallen, in denen Athleten in ledernen Hosen nach dem Rhythmus einer Trommel Freiübungen machen oder mit massiven Holzkeulen und verschiedenen Geräten jonglieren. Die Zusammenkünfte wikkeln sich nach einem gleichsam geheiligten Ritual ab. Die Ursprünge gehen auf das sassanidische Rittertum zurück, später wurde das Ganze in den islamischen Esoterismus integriert. Übungsleiter ist der *pahlawân*. Dieser Titel sichert seinem Träger seit Dareios dem Großen hohen Respekt und bezeugt seine große physische und moralische Tapferkeit. Der *morsched* trommelt und singt inspirierende Passagen aus dem Koran, aus den Sprüchen der Propheten und Emâmc, aus dem *Schâhnâme* oder den Dichtungen von Nezâmi und Hâfez, während die Athleten ihre Übungen vollführen.

104 Wache vor dem Golestân-Palast in Teherân (Karte S. 64)

Diese eindrucksvolle Wache empfängt die Gäste, die die spiegelnden Hallen des Golestân-Palastes zur Feier des Nau Rûz Salâm, des Neujahrsfests, betreten (↗ Abb. 237).

105 Mordâb-Fischer, Bandar-e Pahlawî (Karte S. 64)

Mordâbs oder «Totwasser» sind ein häufiges geologisches Phänomen längs der kaspischen Küste von Gilân. Von den Bergen herunterkommende Flüsse werden von langen Ketten von Sandhügeln aufgehalten. Ihr Wasser breitet sich dann über die Ebene aus und bildet sumpfähnliche Lagunen, die an die amerikanischen «Everglades» erinnern. Hier finden wir eine reiche Fauna und Flora (↗ Abb. 256–257 und 261).

106 Mit Futterpflanzen beladenes Pferd, Mâzanderân (Karte S. 49)

Dieser Junge reitet dem sich windenden Rud-e Tadschân entlang nach Hause (↗ Abb. 9). Das Pferd ist beladen mit Ästen, die der Junge in den dichten grünen Wäldern von Mâzanderân als Viehfutter geholt hat.

107 Persischer Junge, Fahradsch (Karte S. 50)

Gut geschützt gegen den kalten Winterwind – so fanden wir diesen Jungen in Fahradsch, einem kleinen Dorf ungefähr 32 Kilometer von Jazd entfernt.

108 Basar von Teherân (Karte S. 64)

Das Herz einer persischen Stadt oder eines persischen Dorfes ist der Basar. In ihm führen lebhafte Geschäftssträßchen zu der Stille der Moschee. Obschon dieses alte organische System zum Teil schon zerfällt, identifiziert doch der Iraner heute noch den Basar mit dem Ort der Tradition, des lebendigen und wahren Persiens, wo er einkaufen und feilschen, lokale Neuigkeiten erfahren, eine Hochzeit arrangieren, Tee trinken und beten kann. Der ganze Handelsmechanismus spielt sich unter den rund zehn Kilometern gedeckter Gänge innerhalb des zentralen Basars von Teherân ab. Auf dem Rücken oder auf kleinen Wägelchen werden Waren vom südlichen Teil des Basars durch die Gassen herangebracht, die vom Lärm des Anpreisens und Feilschens erfüllt sind. Schmiede, Kesselflicker, Juweliere, Schreiner, Leinenweber füllen den Basar mit der Musik ihrer Arbeit, während die Geldwechsler ihre Geschäfte auf der Hauptstraße, außerhalb des gedeckten Basars, verrichten.

109 Basarladen in Teherân (Karte S. 64)

Innerhalb einer geräumigen Halle des gedeckten Basars, in der Nähe der Hauptstraße, ziehen Läden mit Gold- und Silberwaren, Antiquitäten und anderen Kuriositäten die Touristen an.

110 Teppichbasar in Qom (Karte S. 64)

Der Basar von Qom versorgt die Tausende von Pilgern, die das Grabmal der Hazrat-e Ma'sume (↗ Abb. 170–172) besuchen kommen. In seinen Läden werden vorwiegend Gebetsteppiche, Kerzen, Amulette, Keramikvasen, Jasminessenz und eine *sauhân* genannte dünne Honigwaffel verkauft. In diesem mit schönen Kuppeln überwölbten Raum, ungefähr vor hundert Jahren erbaut, treffen sich die Teppichhändler von Qom.

111–
114 Basar von Kermânschâh im Winter (Karte S. 64)

Die Provinzhauptstadt Kermânschâh ist ein wichtiges landwirtschaftliches Zentrum im Westiran, der in alten Zeiten vor allem für seine Pferdezucht und seine Weingärten bekannt war. Es ist auch das Land der Kurden, eines stolzen Volkes, das seine eigene Sprache und bunte Tracht beibehalten hat. Unter den regionalen Spezialitäten, die wir in Kermânschâhs Basar antreffen, finden sich Lederwaren, Hanfseile und Satteltaschen, handgewobene Pantoffeln, kurdische Teppiche und vorzügliche Reiskuchen.

115 Kunsttöpferei in Schâhrezâ (Karte S. 63)

Am Rande der Stadt Schâhrezâ reihen sich Ziegeleien und Töpferwerkstätten den Straßen entlang. Schâhrezâ ist eine faszinierende Stadt, 90 Kilometer südlich von Esfahân, an der Hauptstraße nach Schirâz. Während Jahrhunderten war sie ein Hauptzentrum der Keramikindustrie. Heute arbeiten traditionelle Töpfer mit neuen Mustern und Techniken, die von der iranischen Handwerkerorganisation geliefert werden. Blumenmuster werden auf die mittels der Töpferscheibe gedrehten Vasen eingeritzt, während der Ton noch weich ist, und dann mit leuchtender Glasur bemalt. Der traditionelle Leitspruch an der Wand sagt: «Soziales Vorwärtskommen hängt von der Kunst ab, nicht von der Welt; gesellschaftliche Stellung hängt von der Weisheit ab, nicht vom Alter.»

116 «Mixed-Pickles»-Laden, Schirâz (Karte S. 63)

Man kann sich kein persisches Essen ohne irgendeine Art von in Essig eingelegten Früchten oder Gemüsen vorstellen. Und wie Wein muß man die besten eingelegten Sachen reifen lassen. Pistazien, Walnüsse, Blumenkohl, Auberginen, Gurken, Pfefferschoten, Zwiebeln – das Spektrum ist äußerst vielfältig. *Torschi* – Knoblauchpickles – werden sieben Jahre in Holzfässern aufbewahrt, doch als große Delikatesse reicht man besondern Gästen sogar dreißigjährige *torschi*.

117 Ladenwerkstatt eines kaspischen Kupferschmiedes bei Rascht (Karte S. 64)

Dieser Kupferschmied hält sein Feuer den ganzen Tag heiß, er flickt Kannen und Kochgeschirr nach Bedarf und produziert auch für den Verkauf. In einem festen Vertragsverhältnis mit dem Kupferschmied arbeitet der Zinngießer zusammen, der die Innenseite der Kupfergefäße, die der Nahrungsmittelzubereitung dienen, mit reinem Zinn ausgießen muß.

118 Granatapfelverkäufer, Schirâz (Karte S. 63)

Dieser alte Bauer verkauft seine herbstliche Ernte an Granatäpfeln gleich selbst in den Straßen von Schirâz.

119–
121 Drei Früchte- und Gemüsehändler

Straßenverkaufsstände sind in kleinen Städten sehr häufig, wenn die Sommerfrüchte und -gemüse reif sind. Früh am Morgen bringen Bauern ihre frischen Waren auf den Gemüsebasar und tauschen sie gegen andere ein.

122–
129 Schnappschüsse in iranischen Basaren

Diese acht Bilder versuchen die Atmosphäre der persischen Basare wiederzugeben; oft kommt man sich wie in einem Märchen vor. Zwei dieser Basare, der von Pahlawî Dezh und der von Minâb, befinden sich an den entgegengesetzten Enden des Landes; sie finden beide nur einmal in der Woche statt, am Donnerstag. Früh morgens treffen die Turkmenen mit ihren hohen Schaffellhüten aus der Gorgânsteppe bei dem wöchentlichen Viehmarkt in Pahlavî Dezh ein (↗ Abb. 130 und 131). Etwa zur gleichen Stunde beginnt man in der Palmoase von Minâb, 99 Kilometer östlich von Bandar-e Abbâs (↗ Abb. 128) am Persischen Golf, mit dem Einrichten eines andern Basars – Inder, Araber, Balutschi und Nomaden kommen hier zusammen; die Frauen tragen bunte, farbenfrohe Kleider und spähen hinter ihren geheimnisvollen schwarzen oder bestickten Masken hervor. Vieh, Datteln, frischer Fisch vom Persischen Golf und Körberwaren füllen die Stände dieses Basars.

130 Markttag in Pahlawî Dezh (Karte S. 50)

Die von den Turkmeninnen bevorzugten blumenverzierten Kopftücher stehen in starkem Kontrast zu den andernorts grauen, braunen oder schwarzen Schleiern. Diese Frau prüft mit Kennermiene Werkzeuge für die Teppichherstellung.

131 Teppichhändler im Basar von Pahlawî Dezh (Karte S. 50)

Es ist jetzt Mittagszeit, die Leute haben sich etwas zerstreut. So hat dieser Teppichhändler, den Rosenkranz in der einen Hand, den Joghurttopf in der andern, etwas Zeit, seine Geschäfte vom Vormittag zu überprüfen. Bunte Turkmenenteppiche sind heute ebenso gesucht wie mit Karneol oder anderen Halbedelsteinen besetzter Silberschmuck, so daß günstige Käufe kaum mehr möglich sind.

132 Wakîl-Basar in Schirâz (Karte S. 63)

Karîm Chân Zand (1750–1779) nahm den Titel eines Wakîl (Regenten) an und beherrschte Persien von seiner Hauptstadt Schirâz aus. Eine seiner größten Leistungen war der Bau des großen Wakîl-Basars, dessen Hauptachse die Stadt von Norden nach Süden durchschneidet und in die Wakîl-Moschee mündet (↗ Abb. 248). Der Wakîl-Basar wurde nach dem Muster des alten Schâh-Basars in Esfahân aus gelben Ziegeln errichtet; von vielen wird er als der schönste Basar Persiens angesehen.

133 Tschoga Zanbil (Karte S. 50)

Das größte von Menschenhand geschaffene Gebäude im Iran ist die Zikkurat (Tempelturm) von Tschoga Zanbil, etwa um 1250 v.Chr. von dem elamischen König Untasch-Gal als Höhepunkt des Zeremonial- und Wallfahrtszentrums von Dur Untaschi erbaut. Dieser massive Tempel- und Grabkomplex, 29 Kilometer südöstlich von Susa gelegen, ruft im Beschauer, der sich auf der weiten Ebene dem Heiligtum nähert, jene ursprüngliche Ehrfurcht hervor, die die Menschen schon immer für Berge, für zum Himmel Aufsteigendes, empfunden haben müssen. Die äußerste Mauerstufe hat einen Umfang von 106 auf 106 Metern; daraus wachsen fünf konzentrische Stockwerke empor, deren oberstes eine Höhe von 52 Metern erreichte. Untasch-Gal verewigte in einer Backsteininschrift an der Zikkurat seine Hingabe an den Gott Inschuschinak, den Schutzpatron von Susa, der ihm jede Nacht auf dem flachen Dach des Tempels zu erscheinen pflegte:

«Ich, Untasch-Gal, Sohn des Hubannumena, König von Ansân und Susa, ich habe ein langes Leben erhalten, meine Gesundheit blüht, ich werde Nachkommen ohne Ende haben. Deshalb habe ich einen Tempel gebaut mit Backsteingewölben, ein erhabenes Heiligtum; dem Gott Inschuschinak, dem Herrn des heiligen Schreins, habe ich diesen Tempel errichtet. Ich habe auch eine Zikkurat in den Himmel gebaut. Möge der Gott Inschuschinak meine Bemühungen und meine Arbeit als ein Geschenk annehmen.»

134 Flugaufnahme von Tacht-e Soleimân (Karte S. 64)

Seit der Zeit der Magier, die das heilige Feuer von Adhar Guschnasp neben dem «bodenlosen» See von tiefstem Blau hegten, blieb der Tacht-e Soleimân (Thron des Salomo) ein heiliger Ort. Er wurde ganz verschieden benannt: Für einige war es die parthische Stadt Praaspa, obschon diese Annahme unbelegt blieb; es war Dschis für die Sassaniden, Schiz für die Araber, und Saturiq für die mongolischen Eroberer. Die Ruinen von Tacht-e Soleimân liegen in einem breiten, abgelegenen Bergtal südöstlich von Marâghe. Diese Luftaufnahme zeigt die massiven Steinwälle und die Überreste der 38 Türme, die im 3. Jahrhundert von den Sassaniden rund um den See angelegt worden waren. Nach ihrer Krönung in Ktesiphon bei dem heutigen Bagdad kamen die sassanidischen Könige zu Fuß hierher, um die göttliche Investitur an der heiligen ewigen Flamme, die keine Asche zurückläßt und mit der alle andern heiligen Feuer angezündet wurden, zu empfangen.

135 Tacht-e Soleimân (Karte S. 64)

Der See wird von unterirdischen Mineralquellen gespeist, und man glaubte lange, daß alles, was sein Wasser berühre, zu Stein verwandelt werde. Ursprünglich benutzte man wahrscheinlich sieben Ablaufkanäle, um den Wasserstand des Sees zu regulieren. Heute sind davon nur noch zwei in Gebrauch. Wenn man in dem warmen Wasser schwimmt, erscheint einem der See tatsächlich bodenlos, denn die steilen Ufer fallen rasch in blauschimmernde Tiefen ab. Gepflasterte Mauern aus der Zeit der mongolischen Fremdherrschaft stehen auf der andern Seite des Sees in der Nähe der zerfallenen Paläste und Feuerheiligtümer aus der Sassanidenzeit. Im Hintergrund – vor der Bergkette – sieht man den Krater des Zendân-e Soleimân (↗ Abb. 136).

136 Zendân-e Soleimân (Karte S. 64)

Dieser Kalksteinkrater, unter dem Namen Zendân-e Soleimân oder «Gefängnis des Salomo» bekannt, wurde durch jahrhundertelange Ablagerungen stark kalkhaltigen Quellwassers gebildet. Die Archäologen datieren die in Ruinen liegenden Behausungen, die man an den Abhängen fand, auf 900 bis 600 v.Chr., also einige Jahrhunderte vor der frühesten Siedlung im zwei Kilometer entfernten Tacht-e Soleimân. Es ist sehr wahrscheinlich, daß eines Tages ein kultureller Zusammenhang zwischen diesen zwei so wichtigen Orten festgestellt werden kann. Es wurde schon vermutet, daß die Siedlung am Zendân-e Soleimân in erster Linie klösterliche oder kultische Bedeutung hatte und daß am Rand des Kraters ein Heiligtum stand.

137 Kûh-e Chwâdsche, Sistân (Karte S. 50)

Die Fäden der Geschichte, der Legenden und der Mythologie verknüpfen sich hier um den heiligen Berg aus schwarzem Basalt, den man unter dem Namen «Kûh-e Chwâdsche» oder «Berg des Beschützers» kennt. Nach alter Überlieferung fand der Prophet Zarathustra hier bei dem Achämenidenkönig Wischtâspa Zuflucht. Kaspar, der dem Stern nach Bethlehem folgte, soll in der verwitterten parthischen Zitadelle gelebt haben, die am südöstlichen Hang klebt. Viele der Geschichten, die man in dem epischen Zyklus von Rostam findet, spielen sich im Sistân ab; und auf der Spitze des Kûh-e Chwâdsche steht ein Grabmal, das man einem Nachkommen Abrahams zuschreibt. Bis vor kurzem wurden die Tausende von Besuchern, die am Nau Rûz (Neujahrsfest) zum Kûh-e Chwâdsche kamen, auf Schilfrohrbooten über den Hâmunsee geführt. Heute ist das seichte, salzige Wasser sehr zurückgegangen, und die am Fuße des Berges lebenden Dorfbewohner finden kaum mehr genügend Schilf, um die für ihren Lebensunterhalt so wichtigen Matten zu weben.

138 Grabtürme in Charraqân (Karte S. 64)

Diese seldschukischen Grabtürme wurden erst vor ein paar Jahren in der Ebene von Charraqân, 128 Kilometer nordöstlich von Hamadân, entdeckt. Beide Grabmäler sind das Werk eines einheimischen Architekten. Wahrscheinlich liegen zwei wichtige türkische Anführer aus der Seldschukenzeit hier begraben; ihre Namen sind jedoch nicht bekannt. Der östliche Turm (rechts im Bild) ist der ältere, nach der Inschrift stammt er aus den Jahren 1067–1068. Beide Türme haben einen achteckigen Grundriß und Rundpfeiler an den Ecken. Die Außenwände des westlichen Turmes im Vordergrund (1093) sind mit schönen geometrischen Ornamenten aus vorstehenden Backsteinen verziert. Das wechselnde Licht bringt immer neue Formen zum Vorschein.

139 Kuppelrenovation, Soltânîjje (Karte S. 64)

In den letzten paar Jahren restaurierte man das Grabmal von Oldschâitu in Soltânîjje. Innerhalb des 53 Meter hohen Kuppelbaues bildet die sich im Stahlgerüst hinaufwindende Treppe der Bauarbeiter ein eigenartiges Ornament.

140 Restauration der Schâh-Tscherâgh-Grabkammer in Schirâz (Karte S. 63)

Nach der Restauration wird die «Gruft» des Schâh Tscherâgh, der «König des Lichtes» genannt wurde, mit funkelndem Spiegelwerk über und über besetzt sein (↗ Abb. 25). Iranische Restaurateure bereisen die ganze islamische Welt, um heiligen Stätten und Monumenten zu neuem Glanz zu verhelfen. Lehrlinge arbeiten während vier bis fünf Jahren mit einem Meister zusammen, bis sie das technische Rüstzeug besitzen.

141 St.-Thaddäus-Kirche (Karte S. 64)

Wie so viele Denkmäler des Irans ist auch die St.-Thaddäus-Kirche, auch bekannt als Qara Kilise (Schwarze Kirche), mit einem stützenden Holzgerüst versehen. Die 20 Kilometer südlich von Mâku liegende Kirche ist eines der ältesten christlichen Gotteshäuser und für die in Persien wohnenden Armenier von größter Bedeutung. Mehr als 7000 Gläubige treffen sich hier Ende Juli, um das Fest des Apostels Thaddäus, der hier den Märtyrertod fand, zu feiern. Die befestigte Kirche, eine klosterähnliche Anlage, wurde schon verschiedentlich restauriert. Das ursprüngliche Gebäude aus weißem und schwarzem Stein im Hintergrund stammt aus dem 10. Jahrhundert, während der Anbau mit Heiligenreliefs und beeindruckenden Tier- und Blumenfriesen aus hellgelbem Stein im 17. Jahrhundert hinzugefügt wurde.

142 Mosaikspezialisten am Werk in Torbat-e Dschâm (Karte S. 49)

Scheich Ahmad ibn Dschâmî war ein sufitischer Theologe und Dichter, der den größten Teil seines Lebens in der kleinen Stadt Torbat-e Dschâm verbrachte und 1142 starb. Torbat-e Dschâm liegt in Ostchorasân, die Stadt ist nach dem Heiligen benannt. Der Schrein um sein bescheidenes, ungedecktes Grab wuchs, als im 14. Jahrhundert ein hohes Portal und eine sunnitische Gebetshalle hinzukamen und 1440 eine Moschee errichtet wurde. Heute restaurieren Spezialisten die Fayencemosaik-Wände. Dazu werden die Kacheln mit der glasierten Seite auf eine Papierschablone geklebt und dann dem Schablonenmuster entsprechend zugeschnitten. Die Kanten feilt man so zu, daß sie sich zur Rückseite leicht verjüngen. Die so bearbeiteten Kacheln setzt man, wieder mit der glasierten Seite nach unten, zu dem gewünschten Muster zusammen und überstreicht die Rückseite mit Mörtel. Nach dem Trocknen fügt man die Mosaiksegmente in die Wand ein. Auf diese Weise kann ein Mosaik von etwa drei Quadratmetern in ungefähr einer Woche hergestellt werden. Abgesehen von der Verwendung neuer Farben und Glasuren sind die Techniken der Mosaikrestaurateure die selben geblieben wie zur Zeit des Schäh Abbâs I.

143 Grabmal Omar Chajjâms, Neischâpur (Karte S. 49)

Der begnadete Dichter Omar Chajjâm war ein ebenso hervorragender Mathematiker und Astronom. Über seinem einfachen, grauen Grabstein – er starb 1123 – erhebt sich ein mit pastellfarbenen Fayenceplättchen besetztes, durchbrochenes Gewölbe. Die Mosaiksegmente sind mit Gedichten Chajjâms geschmückt. Dieses ungewöhnliche Denkmal wurde 1934 von dem iranischen Architekten Seihun entworfen. Das Grab Omar Chajjâms steht zwischen hohen Pinien in den prachtvollen Gärten des Emâm-zâde Mahrûq; der Rosen- und Blütenduft erinnert den Besucher an des Dichters eigene Worte: «Mein Grab wird an einem Ort stehen, wo die Bäume ihre Blüten zweimal im Jahr darauf fallen lassen.»

144 Grabmal von Schâh Ne'matallâh Walî, Mahân (Karte S. 50)

Die zwei gelben Türme links im Bild, die sich am Eingang des Schâh-Ne'matallâh-Wali-Grabmales in Mahân erheben, sind «Windfänger». Schâh Abbâs I. vergrößerte und verschönerte den Grabraum und setzte ihm 1601 die schimmernde Türkiskuppel auf.

145 Grabmal Bâbâ Tâhers, Hamadân (Karte S. 64)

Ein neuzeitlicher, mit Fayencemosaiken ausgekleideter Pavillon steht auf einem kleinen Hügel in Hamadân, an der Stelle, wo Bâbâ Tâher 1019 begraben wurde. Bâbâ Tâher war ein Wandermystiker, dessen intensive religiöse Suche ihm sowohl Leiden wie göttliche Freude brachte. All seine Gefühle drückte er in seinen Liedern und Gedichten in einer ländlichen Mundart aus.

146 Gonbad-e Kabûd, Marâghe (Karte S. 64)

Der Name Marâghe (eine große Stadt 144 Kilometer südlich von Tabriz) bedeutet «Ort, wo sich ein Tier wälzt», ein Name aus der Zeit, als die Pferde der Mongolen auf den grünen Weiden dem Sufi-Tschai-Fluß entlang weideten. Holâkû Chân, der Enkel von Tschingis Chân, errichtete hier 1295 ein Observatorium. Drei vormongolische Grabtürme aus dem 12. Jahrhundert und ein Turm aus dem 14. Jahrhundert liegen verstreut in der Stadt. Das Bild gibt ein Detail des Gonbad-e Kabûd oder Blauen Turms wieder, der oft als das Grabmal der christlichen Mutter Holâkûs bezeichnet wird, obwohl das Datum seiner Entstehung – 1196–1197 – dafür hundert Jahre zu früh liegt. Jede Seite dieses vieleckigen Monuments ist mit einem Netzwerk herausgehobener Backsteine und türkisfarbener Fayenceplättchen verziert. Ein Inschriftenfries in kufischen Buchstaben läuft unter einem Stalaktitendachsims entlang.

147 Das Tal von Mahân (Karte S. 50)

Schäh Ne'matallâh Walî durchwanderte während vieler Jahre ganz Zentralasien, bis er sich in Mahân niederließ. Mahân liegt 30 Kilometer südöstlich von Kermân, hier verbrachte er seine letzten 25 Lebensjahre. Es ist nicht schwer zu verstehen, weshalb ein so dem Irdischen entrückt scheinender Ort die Seele dieses edlen Lehrers so sehr berührte.

148 Chânaqâh in Natanz (Karte S. 64)

Eine Gruppe von prachtvollen, mit Fayencekacheln und Stuck verzierten Gebäuden umgibt das Grabmal von Scheich Abd as-Samad Esfahâni in der Bergstadt Natanz. Abd as-Samad Esfahâni war ein sufitischer Lehrer und Mystiker des 13. Jahrhunderts. Sein Grab (↗ Abb. 166) liegt unter der mit farbigen Fayencekacheln ausgelegten Fassade des Chânaqâh, des sufitischen Klosters, das 1313 errichtet wurde. Hier versammelte der Heilige seine Schüler um sich, um sie zu unterrichten. Bild 56 zeigt einen Ausschnitt ihrer kunstvoll bearbeiteten Fassade, die in Qualität und Verzierungstechnik dem zeitgenössischen Bau in Soltânîje ähnlich sieht.

149 Emâm-zâde Sejjed Se-tan, Âmol (Karte S. 64)

Die Grabtürme der Provinz Mâzanderân weisen einen deutlich lokalen Stil auf. Es sind verputzte Backsteinkonstruktionen mit einem konischen Dach aus roten Ziegeln. Alle Türme in Âmol sind einander so ähnlich, daß sie demselben Bauherrn zugeschrieben werden müssen. Der sechseckige Emâm-zâde Sejjed Se-tan steht neben einem Obstgarten außerhalb Âmols. Nach einem beschrifteten Grabstein, der sich heute nicht mehr im Grabmal befindet, soll es die Leichname dreier Sejjeds (Nachkommen des Propheten) enthalten haben, die um 1120 gestorben seien. Der vorliegende Bau ist stilistisch dem 15. Jahrhundert zuzuordnen, obschon die ersten Fundamente durchaus aus dem 12. Jahrhundert stammen können.

150 Grab von Chwâdsche Rabî, Maschhad (Karte S. 49)

Freitags füllt sich die kühle Gartenanlage des Chwâdsche Rabî in der Nähe von Maschhad mit Pilgern, die das Grabmal eines der ältesten muselmanischen Heiligen aufsuchen. Rabî ibn Chotheim war ein Gefährte von Ali. Er wird als Schutzheiliger der Sunniten im Chorâsân verehrt. Sein achteckiges Kuppelgrab mit den doppelstöckigen Arkaden ließ Schäh Abbâs um 1617 erbauen; es hat vielleicht den Architekten des Tadsch Mahal beeinflußt.

151 Emâm-zâde Ja'qûb ibn Leiß Saffârî, Schâhâbâd (Karte S. 63)

Ja'qûb ibn Leiß war der Begründer der Saffaridendynastie, deren Zentrum im Sistân war. Dieser populäre Held forderte wagemutig das mächtige arabische Kalifat heraus und vergrößerte seine Macht über Fârs hinweg bis nach Chuzestân, wo er in Dschondischâpur 879 n.Chr. starb. Dieses eindrucksvolle

Grabmal steht am Rande des Dorfes Schâhâbâd und wird gerade renoviert. Seine hohe, facettierte Kuppel ähnelt in etwa den Zuckerstöcken, wie sie in persischen Spezereien verkauft werden; man nennt sie deshalb oft Zuckerstockkuppel.

152 Grabmal des Amîr Oweis, Ardestân (Karte S. 64)

Sarg und Grabstein des Amîr Oweis, eines hohen Soldaten und Verwalters unter der frühen safawidischen Herrschaft, besteht aus reich ornamentiertem Alabaster. Amîr Oweis fiel 1515 auf dem Schlachtfeld. Schâh Esmâ'il errichtete ein Denkmal über seinen sterblichen Resten, aber dieses Gebäude ist schon längst zusammengefallen, erhalten blieben nur Sarg und Grabstein. Das Grabmal liegt auf einem Wüstenhügel hinter Ardestân.

153 Takje Nijâkî, Âmol (Karte S. 64)

Das Takje Nijâkî in Âmol erinnert an den Tod Emâm Hosseins – des Sohnes von Hazrat Alî und Enkels des Propheten – und seiner Helfer in Karbalâ im Jahre 680. Jedes Ding in diesem kleinen Heiligenraum stellt eine Begebenheit der tragischen Episode dar. Pilger bringen täglich frische Rosen. Die Bilder Alîs und seiner Söhne hängen über einer Art Puppe, die in Grün gekleidet ist; sie stellt den Sohn des Moslem dar. Emâm Hossein sandte Moslem als seinen Gesandten nach Kûfa, um herauszufinden, ob er die Unterstützung dieser Stadt habe oder nicht. Die Einwohner von Kûfa betrogen Moslem, sie töteten ihn und seine zwei kleinen Söhne. Die Hände aus weißer Baumwolle mit roten Flecken, die auf jeder Seite des Tisches liegen, symbolisieren den Todeskampf von Hazrat Abbâs, dem Sohn des Alî und Bruder des Hossein, dem während der hitzigen Schlacht die Hände abgeschnitten wurden. Die gemalte Inschrift im Vordergrund enthält die Klage: «O Abu'l-Fazl-e Abbâs»

154 Takje Mo'âwen al-Molk, Kermânschâh (Karte S. 64)

Ungefähr 1898 wurde dieses Takje von einem reichen Beamten aus Kermânschâh errichtet, der unter der Qâdschâren-Dynastie den Titel eines Mo'âwen al-Molk erhielt. Takjes waren private Einrichtungen, die ursprünglich zur Durchführung des *ta'zijeh* (Passionsspiel; ↑ Abb. 184) während des Trauermonats Moharram gebraucht wurden. Dieses Takje war in drei Teile geteilt, in jedem ist eine andere Episode der Karbalâ-Tragödie dargestellt. Der offene Innenhof mit Backsteinwänden wird Abbâsijje genannt, weil hier das tragische Ende des jüngsten Sohnes von Emâm Hossein, Hazrat Abbâs, zu sehen ist. Die Hosseinijje, nach Emâm Hossein benannt, befindet sich im mit einer Kuppel versehenen Innenraum, der mit dem dritten Raumkomplex, der Zeinabijje (zur Erinnerung an Zeinab, die Schwester von Emâm Hossein), verbunden ist. Dieses Bild zeigt eine der Wandmalereien aus dem Abbâsijje-Hof, mit sufitischen Derwischen und zahlreichen rituellen Gegenständen.

155 Gonbad-e Alawijjân, Hamadân (Karte S. 64)

Der Gonbad-e Alawijjân wurde vermutlich während der zweiten Hälfte des 12. Jahrhunderts errichtet, als Hamadân eine wichtige seldschukische Metropole war. Im allgemeinen nimmt man an, daß es sich um das Mausoleum der mächtigen Familie der Alawijjân handelt, die noch lange nach den Seldschuken Hamadân beherrschten. An den Innenwänden des Hauptstockwerkes sind in hellem Stuck Kletterreben, Blätter und Blumen naturgetreu dargestellt. Die üppige Dekoration bildet einen scharfen Gegensatz zu der düstern unterirdischen Krypta, die auf diesem Bild gezeigt ist. Vor der Gebetsnische steht auf dem grünbedeckten Grab der Alawijjân die heilige Hand des Abbâs.

156 Sâheb-al-Amr-Moschee, Tabriz (Karte S. 64)

Die Sâheb-al-Amr-Moschee, die gegenüber des Gemüsebasars in Tabriz liegt, wurde vom Safawidenherrscher Schâh Tahmâsp an den Ort errichtet, wo ein gläubiger Moslem die Erscheinung des 12. Emâms sah. Emâm Mohammad al-Mahdî ist der letzte schiitische Emân; er wird am jüngsten Tag erscheinen, um den Menschen den Frieden zu bringen. Nach alter Tradition wird diese Erscheinung in der Gowhar-Schâd-Moschee von Maschhad (↑ Abb. 173 und 174) stattfinden. Viele Pilger kommen zur Sâheb-al-Amr-Moschee und nageln bei den Eingangstoren Metallhände und -gesichter als Symbole der Hände und des Antlitzes von Hazrat Abbâs fest.

157 Ritualstandarte, Kermânschâh (Karte S. 64)

Im Monat Moharram wird diese schwere Standarte, *alam* genannt, während der religiösen Prozessionen durch die Straßen getragen. Sie wurde in der Hosseinijje der Takje Mo'âwen al-Molk in Kermânschâh photographiert (↑ Abb. 154).

158 Statue von Ferdausî, Tûs (Karte S. 49)

Die strengen und reinen Rhythmen von Ferdausîs Gedichten sind in die Seele des modernen Iran eingegangen. Tagtäglich werden sie am Radio rezitiert, und beinahe jeder Perser kann zumindest einen Teil des *Schâhnâme* (des Buches der Könige) auswendig. In diesem *Schâhnâme* gibt Ferdausi im Jahre 994 in 60000 Doppelversen die Frühgeschichte Persiens wieder. Diese Marmorstatue des Poeten steht neben seinem Grab in Tûs.

159 Innenraum des Grabes von Kyros dem Großen, Pasargadai (Karte S. 63)

Pasargadai – heute Pâzârgâd –, das «Lager der Perser», wahrscheinlich schon die Hauptstadt von Kambyses I., liegt heute fast vollständig in Trümmern: Zwischen den Palästen und der Terrasse ragt noch eine Mauer empor, Rest eines viereckigen Gebäudes aus Quadersteinen, von dem eine fast vollständig erhaltene Nachbildung in der achämenidischen Gräberstätte Naqsch-e Rostam existiert. Am Südende der Anlage erhebt sich inmitten eines rechteckigen, von einer Ziegelmauer umschlossenen Hofs das Grabmal Kyros' II. des Großen (559–529 v.Chr.), das noch jetzt unter dem Namen «Grabmal der Mutter Salomos» Verehrung genießt. 1224 n.Chr. brachte der Atabeg-Herrscher von Fârs innerhalb des Grabmales, wo einst der Körper von Kyros in einem goldenen Sarkophag lag, eine *mehrâb* (Gebetsnische) an, und aus den Ruinen der umliegenden achämenidischen Paläste baute er eine Moschee. Heute steht das Grabmal wieder allein, die Moschee wurde zur Feier des 2500. Geburtstags der persischen Monarchie wieder entfernt. Leider war das Grab schon sehr früh geplündert worden, vielleicht von Nomadenstämmen, die auf ihren Wanderzügen hier haltzumachen pflegten.

160 Grabmal von Kyros dem Großen, Pasargadai (Karte S. 63)

550 v.Chr. schlug Kyros der Große Astyages den Meder in der Nähe von Pasargadai. Nach alter Tradition beschloß er, die erste achämenidische Hauptstadt am Ort seines Sieges zu erbauen. Sein Grabmal aus weißem Kalkstein steht abseits der schattigen Gartenanlagen, Paläste und Tempel. Es ist 10,70 Meter hoch und aus großen Quadern errichtet; ein sechsstufiger Unterbau trägt eine Grabkammer, deren Satteldach aus fünf mächtigen Steinplatten besteht und die man auf der Nordseite durch eine ziemlich niedrige Flügeltür betreten kann. Die klassischen Schriftsteller schreiben, daß das Grab in einem schattigen Garten stand, wo verschiedenartige Bäume wuchsen, bewacht von Magier-Priestern.

161 Naqsch-e Rostam (Karte S. 63)

In die Felswand von Naqsch-e Rostam sind die Gräber der vier achämenidischen Könige Dareios I., Xerxes, Artaxerxes I. und Dareios II. eingehauen. Ein viereckiger Turm gegenüber dem Grab des Dareios, heute Ka'ba-je Zardoscht genannt, diente wohl einst zur Aufbewahrung der Archive und heiligen Bücher. Er ist aus Kalkstein erbaut und hat blinde Fenster aus schwarzem Basalt. Links davon findet man noch die Ruinen zweier Feueraltäre aus der Sassanidenzeit. Der Name des Ortes erinnert an Rostam, einen Helden aus der altpersischen Mythologie.

162 Feueraltar in Firûzâbâd (Karte S. 63)

Die sassanidische Hauptstadt Gur liegt etwa drei Kilometer nordwestlich des heutigen Firûzâbâd in der Provinz Fârs. Traditionsgemäß baute Ardaschir I. diese große Stadt, die auch als Firûzâbâd bekannt ist, an der Stelle seines wichtigen Sieges über den Arsakiden Artaban V. im Jahre 224 n.Chr. Die mit Mauern umgebene kreisförmige Stadt hatte vier Tore, die nach den Himmelsrichtungen ausgerichtet waren. In der Stadtmitte erhob sich ein quadratischer, fast 30 Meter hoher Turm aus Bruchsteinmauerwerk, von dem nur spärliche Reste einer Wendeltreppe übrig blieben, die zu dem flachen Dach führte, wo das heilige Feuer als Symbol des Bandes zwischen der politischen Macht der Sassaniden und des zoroastrischen Glaubens brannte. In der Nähe stand der riesige Palast Ardaschirs, der für die Entwicklung der persischen Architektur eine Schlüsselrolle spielte. Am Rand der Ebene von Firûzâbâd hatte Ardaschir auch die Szene seiner göttlichen Investitur verewigen lassen (↗ Abb. 213).

163 Sassanidische Silberplatte mit Bildnis der Göttin Anâhitâ

Im Rahmen eines kulturellen Abkommens zwischen der Sowjetunion und dem Iran fand 1973 im Iran-Bastan-Museum eine Ausstellung sassanidischer Kunstgegenstände aus dem Besitz der Leningrader Eremitage statt. Unter den märchenhaften Gold- und Silberarbeiten befand sich auch diese Silberplatte, die aus dem 5. oder 6. Jahrhundert n.Chr. stammt. Auf ihr ist Anâhitâ, die sassanidische Göttin der Wasser, mit ihrem heiligen Vogel, auf dem sie angeflogen kommt, dargestellt. Die Haupttempel von Anâhitâ, die mit Aphrodite oder Artemis identifiziert wurde, befanden sich in Istachr, Pasargadai und Persepolis, Tacht-e Soleimân und Kangâwar.

164 Tempel der Anâhitâ in Kangâwar (Karte S. 64)

Kangâwar ist eine kleine Stadt zwischen Hamadân und Kermânschâh. Um 200 v.Chr., während der seleukidisch-griechischen Besetzung von Kangâwar, wurde ein größerer Tempel für die Muttergöttin Anâhitâ errichtet, die im alten Persien neben Ahura Mazdâ und Mithras verehrt wurde. Dieser große Tempel war aus mächtigen Quadern gebaut und besaß eine imposante Eingangstreppe, wohl beeinflußt von der Apadâna in Persepolis. Auf jeder Seite standen monolithische Säulen. Die Archäologen haben einen Friedhof aus der parthischen Zeit ausgegraben und haben auch vor, den ganzen Tempelkomplex freizulegen.

165 Gonbad-e Qâbûs (Karte S. 49)

Qâbûs ibn Waschmgir, aus der lokalen Dynastie der Zijariden und Herrscher über das Gorgân, hat sich 1006-1007 n.Chr., fünf Jahre vor seinem Tod (1012), ein Mausoleum errichtet. Der 51 Meter hohe Backsteinturm beherrscht die alte Stadt Dschordschân. Er enthält keinen inneren Aufgang; der Sarg des Qâbûs war mit Ketten unter dem konischen Dach aufgehängt.

166 Grabkammer, Natanz (Karte S. 64)

Das Mausoleum von Scheich Abd as-Samad Esfahânî wurde 1307 neben dem Chânaqâh des sufitischen Meisters (↗ Abb. 148) in Natanz errichtet. Der verhältnismäßig enge, jedoch sehr hohe Grabraum mit quadratischem Grundriß (5,70 Meter Seitenlänge) ist von einem schimmernd weißen Kassettengewölbe überdeckt.

167,
168 Grabmal des Pîr-e Bakrân (Karte S. 63)

Pîr-e Bakrân war ein sufitischer Mystiker und Lehrer im 13. Jahrhundert; er lebte in Lindschân, einem kleinen Dorf 24 Kilometer südwestlich von Esfahân. Eine der Inschriften seines Grabmals nennt den Heiligen, der 1303-1304 starb, den «Scheich der Scheiche der Moslems, das Vorbild der Meister, deren Seele die höchste Vollkommenheit erreicht». Wenn auch der Grabkomplex – von dem ein Teil schon zu Lebzeiten des Heiligen gebaut und 1312, nach seinem Tod, vergrößert worden war – architektonisch verwirrend ist, so bleibt doch seine Oberflächenverzierung unübertroffen. Diese zwei Bilder zeigen Stuckdetails der wunderschönen Wände und der Gebetsnische im Innern des Grabmales.

169 Emâm-zâde Sâle, Teherân (Karte S. 64)

Der Emâm-zâde Sâle ist im gedeckten Tadschrîsch-Basar in Nord-Teherân versteckt. Er ist immer gefüllt mit Leuten, die hier beten oder die Ruhestätte von Emâm Sâle besichtigen. Der blauweiße Kuppelbau wurde im 19. Jahrhundert errichtet. Er steht mitten in einem offenen Hofgarten. Die Tauben des Emâm-zâde Sâle werden jeden Tag gefüttert.

170 Grabmal der Hazrat-e Ma'sume in Qom (Karte S. 64)

Die Grabstätte von Emâm Rezâ in Maschhad und die seiner Schwester Hazrat-e Ma'sume in Qom sind die zwei heiligsten Orte der schiitischen Wallfahrer im Iran. Ma'sume wurde, als sie ihren Bruder in Maschhad besuchen gehen wollte, in Sâwe vor Qom krank; man brachte sie nach Qom, wo sie 816 starb. Qom erhielt seine Bedeutung als Wallfahrtsort erstmals unter der Herrschaft der Safawiden, die nach ihrer Bekehrung zum schiitischen Islam die wichtigsten Grabmäler außerordentlich großzügig ausstatteten.

171,
172 Qom (Karte S. 64)

Der Kern dieser prächtigen Grabstätte wurde vom Safawidenherrscher Schâh Esmâ'îl (1501-1524) gebaut. Faß Alî Schâh, der zweite Qâdschârenherrscher (1797-1834), überdeckte die Kuppel des Ma'sume-Grabes mit vergoldeten Ziegeln – auf seine eigene Rechnung. Viele Frauen kommen zu diesem Grab; hier knien sie und beten für Fruchtbarkeit und Glück in der Ehe.

173 Gowhar-Schâd-Moschee bei Sonnenuntergang, Maschhad (Karte S. 49)

Emâm Rezâ starb 818 ganz plötzlich in dem kleinen Dorf Sanâbâd im Chorâsân. Er wurde in der Nähe von Hârun ar-Raschid begraben. Die Schiiten glauben, daß Emâm Rezâ, der achte der zwölf Emâme, ermordet worden sei; sein Grabmal wurde in Maschhad («Ort des Martyriums») errichtet. Maschhad war immer ein Wallfahrtsort von größter Wichtigkeit mit einer bewegten Vergangenheit voll Zerstörung und Wiederaufbau. Unter dem Timuridenherrscher Schâh Roch erlebte die Stadt eine friedvolle Blütezeit. Seine fromme Gemahlin, Gowhar Schâd, ließ zwischen 1405 und 1418 eine der schönsten Moscheen Persiens bauen; sie trägt noch heute ihren Namen.

Diese große Moschee ist von atemberaubender Schönheit, bunt schimmernd im Schein der untergehenden Sonne. Ein geheimnisvolles Licht umspielt ihre Minarette und die türkisfarbene Kuppel über der Gebetskammer, wo der zwölfte Emâm am Jüngsten Tag erscheinen soll.

174 Innenhof der Gowhar-Schâd-Moschee, Maschhad (Karte S. 49)

Diese Aufnahme von der Gebetskammer der Gowhar-Schâd-Moschee aus zeigt den Innenhof, in dem Pilger ihr Abendgebet verrichten. Die Moschee ist nur von der Grabkammer aus zugänglich.

175 Grabmal des Emâm Rezâ, Maschhad (Karte S. 49)

Die Pilger gehen durch Räume, die mit funkelnden Spiegel- und Fayencemosaiken verziert sind, um zum Grab des Emâm Rezâ zu gelangen, das am Ende dieses lüsterbehangenen Ganges steht. Die Räume sind voll von betenden Leuten. Familien bringen ihre kranken Angehörigen hierher, um die Hilfe des Emâms zu erbeten. Einige sitzen still, ein Band um ihren Hals, das mit dem andern Ende an einem der Grabtore festgemacht ist, im Glauben, daß die heilende Kraft des Emâm Rezâ so auf sie übergehe. In einem Teehaus außerhalb der Grabstätte erzählt ein alter Mann von seiner Wallfahrt nach Maschhad:

«Ich bin ein armer Mann, nicht mehr jung, ein Bauer aus Chuzestân. Ich brauchte Tage, um hierher zu gelangen. Meine Frau und Kinder sind schon gestorben; bevor ich auch gehen muß, wollte ich noch zu Emâm Rezâ kommen. Das Innere des Grabmals ist für mich wie die Kuppel des Paradieses. Morgen kehre ich in mein Dorf zurück...»

176 Grabkammer, Maschhad (Karte S. 49)

Die Hände und die Lippen jedes Pilgers berühren das kostbare Gitter, das das Grab von Emâm Rezâ umgibt.

177 Maschhad bei Sonnenuntergang (Karte S. 49)

Schâh Abbâs I., der zu Fuß von Esfahân nach Maschhad wanderte, bezeugte seine Treue zu Emâm Rezâ, indem er 1607 die Kuppel über der Grabkammer (rechts) mit vergoldeten Kupferplatten überziehen ließ. Die Gowhar-Schâd-Moschee (Bildmitte) befindet sich südlich davon, und links steht das Eingangsportal zum Alten Hof, der auch von Schâh Abbâs erbaut worden ist. Auf ihm steht ein kleiner Pavillon, *Naqqâre Châne* genannt; hier begrüßen täglich Trommel- und Trompetenklänge die auf- und untergehende Sonne.

178 Königinmutter-Madrase, Esfahân (Karte S. 64)

Diese theologische Hochschule wurde anfangs des 18. Jahrhunderts von der Mutter des letzten Safawidenkönigs, Schâh Soltân Hossein (↗ Abb. 66) gebaut. Räume für 150 Studenten und Lehrer sind hier untergebracht. Alle gehen auf den großen Innenhof, den Arkaden umgeben, in denen die Nischen weiß verputzt und nur die architektonischen Elemente durch kräftige Farben betont sind: Türen und Fenster sind aus geschnitztem und durchbrochenem Holz.

179 Freitagsmoschee, Rezâijje (Karte S. 64)

Ein viereckiger Gebetsraum bildet den Kern der Freitagsmoschee von Rezâijje, die über den Überresten eines sassanidischen Feuertempels gebaut wurde. Frühmorgens fallen Lichtstrahlen auf den hölzernen *menbar* (Stehpult) vor dem *mehrâb* aus Stuck, der aus dem Jahre 1277 stammt, als die Moschee wieder aufgebaut wurde. In den *mehrâb*, den Gebetsnischen, die die Richtung nach Mekka angeben, haben die persischen Stuckkünstler einige ihrer größten Meisterwerke geschaffen.

180 Grabmal von Scheich Safî, Ardabîl (Karte S. 64)

Hölzerne Gitter aus dem 20. Jahrhundert schließen das nördliche und das südliche Ende des Innenhofes dieses Grabmals ab (↗ Abb. 52). Der Wächter dieser Grabstätte liest in der Dschannat-Sarâ-Moschee auf der Nordseite des Hofes im Koran.

181 Alter Hof, Maschhad (Karte S. 49)

Pilger treffen sich innerhalb des Alten Hofes in Maschhad zum Mittagsgebet. Dieser Hof besitzt ein vergoldetes Portal, ein Geschenk von Faß Ali Schâh (1797–1834). Es führt zur Kammer der Glückseligkeit und zum Grabmal des Emâm Rezâ.

182 Freitagsmoschee in Ardestân (Karte S. 64)

Die Freitagsmoschee von Ardestân, 154 Kilometer südöstlich von Kâschân, ist eine der frühesten nach dem Vier-Iwân-Grundriß gebauten Moscheen mit einer Gebetshalle, die aus der Regentschaftszeit von Malek Schâh (1072–1092) stammt. Dieses Bild wurde vom Kuppeldach aus nach Süden auf das Eingangsportal aufgenommen, wo drei Männer zur Mittagszeit in der eisigen Kälte ihr Gebet verrichten.

183 Betende Frauen in Maschhad (Karte S. 49)

Verschleierte Frauen verrichten in der Gowhar-Schâd-Moschee in Maschhad ihr Abendgebet.

184 Passionsspiel, Kermân (Karte S. 50)

Die Ermordung von Emâm Hossein und seiner Familie in Karbalâ ist das zentrale religiöse Drama des schiitischen Islams. Die Passionsspiele *(ta'zijeh)*, die die Geschichte dieser Märtyrer wiedergibt, wurden im 17. Jahrhundert sehr populär und in eigens dafür errichteten Gebäuden oder Zelten aufgeführt. Das *ta'zijeh* besteht aus 40 oder 50 freien Szenen. Man benötigt einige Tage, um den ganzen Zyklus aufzuführen. Das Bild dieser Truppe von Wanderschauspielern aus Maschhad stammt von einem öffentlichen Platz in Kermân. Am ersten Tag des Monats Moharram führten sie die dramatische Geschichte von Horr auf, dem Soldaten, der vom Feind abfiel und zur Armee von Emâm Hossein überging. Während der realistischen Darstellung von Horrs qualvollem Sterben schlugen sich die Männer, Frauen und Kinder auf die Brust und schrien: «O Hossein, o Hossein!»

185 Nordwestlicher Iwân in der Freitagsmoschee von Esfahân (Karte S. 64)

In ihren Backstein-Iwânen und vielfach gewölbten Decken birgt die ehrwürdige Freitagsmoschee in Esfahân mehr als 800 Jahre der Geschichte sakraler Architektur. Sie ist eine der schönsten Moscheen der Welt. Nach dem traditionellen Grundriß besitzt sie vier Iwâne, in den vier Himmelsrichtungen um einen zentralen Hof herum angeordnet. Der Iwân im Nordwesten wurde während der Seldschukenzeit gebaut, um 1121 herum. Aber die schwungvolle Oberflächendekoration stammt aus der Zeit von Schâh Soltân Hossein (1700–1701).

186, Mehrâb des Oldschâitu-Gebetsraumes, Freitagsmoschee in Esfahân
187 (Karte S. 64)

Einer der großen Schätze der Freitagsmoschee ist dieser *mehrâb* in vollendeter Stuckarbeit, der 1310 im Auftrag des Sultans

Oldschâitu errichtet wurde. Der *mehrâb* steht am einen Ende einer 19,50 auf 7,50 Meter großen Halle mit Backsteingittern auf den Hofseiten, deren schöne Muster das Licht auf dem Backsteinboden wiederholt. Zwei in Holz geschnitzte *menbare* (Stehpulte) aus der Safawidenzeit stehen neben der Gebetsnische. Die vergoldete Stuckoberfläche dieses *mehrâbs* ist mit ziselierten Arabesken, sich ineinanderwindenden Reben und Schriften, Blättern und Lotosblüten geschmückt.

188 Freitagsmoschee, Farûmad (Karte S. 49)

Während der Seldschuken- und Mongolenzeit brachten Karawanen große Reichtümer nach Farûmad, der Stadt nordwestlich von Sabzewâr, in der es damals bereits ein Spital und eine Bibliothek gab. Nur die elegante, von gewaltigen Maulbeerbäumen eingerahmte Freitagsmoschee mit den zwei Iwânen hat diese Blütezeit überlebt. Die Moschee wurde restauriert, um ihre Bienenwaben-Stuckdekoration aus dem 13. Jahrhundert zu retten. Die Legende will, daß Gott an den unter solcher Pracht verrichteten Gebete nicht Gefallen gefunden habe.

189 Freitagsmoschee, Warâmin (Karte S. 64)

Warâmin ist eine blühende Bauernstadt, 40 Kilometer östlich von Teherân, an der südlichen Ausfallstraße nach Maschhad. Ihre Bedeutung stammt aus der Zeit, als die Mongolen 1220 Raj vollständig zerstörten, worauf sich ein großer Teil von dessen Bevölkerung in Warâmin niederließ, das im 14. und 15. Jahrhundert Provinzhauptstadt wurde. Unter den Bauten aus der Mongolenzeit ist am erwähnenswertesten die große Vier-Iwân-Freitagsmoschee, die 1326 unter dem letzten Ilchanidenfürsten, Abu Sa'îd, gebaut wurde. Diese kürzlich restaurierte Moschee steht mitten in Feldern in der Nähe einiger kleiner Emâm-zâdes. Viele der Wanddekorationen sind verschwunden, aber das so schön proportionierte, vom Architekten Alî Qazwînî entworfene Äußere ist erhalten geblieben.

190 Freitagsmoschee, Schirâz (Karte S. 63)

Die Freitagsmoschee, auch unter dem Namen Atîq-Moschee bekannt, ist die älteste Moschee von Schirâz. Ihre Grundmauern gehen auf das 9. Jahrhundert zurück. Was heute zu sehen ist, stammt zum größten Teil aus der Safawidenzeit. Eine ungewöhnliche Steinkonstruktion aus dem Jahre 1351 steht in der Mitte des Drei-Iwân-Hofes, das *Chodâ Châne* oder Haus des Herrn, das der Ka'aba in Mekka gleichen soll und in dem die Korane der Moschee aufbewahrt sind.

191 Schâh-Moschee, Esfahân (Karte S. 64)

Während der letzten achtzehn Jahre seiner Herrschaft überwachte Schâh Abbâs der Große die Fortschritte der Königsmoschee von dieser Terrasse des Alî-Qâpû-Palastes aus. Des Monarchen Ungeduld, seinen Traum beendet zu sehen, zwang die Handwerker, bemalte Kacheln anstelle der Mosaikfayence zu verwenden. Die Moschee hat den typischen Grundriß der klassischen persischen Moschee, der die vier alten Säulengänge durch eine Anordnung mit quadratischem Innenhof ersetzt, dem vier riesige Hallen oder Iwâne vorgelagert sind.

192 Emâm-Hassan-Moschee, Sirâf (Karte S. 63)

Sirâf war während des 9. und 10. Jahrhunderts ein blühender Hafen am Persischen Golf, der vor allem Handel mit Westasien, Indien und Ceylon trieb. 977 wurde die Stadt von Erdbeben heimgesucht; mit dem Fall der Bujidendynastie im 11. Jahrhundert sank ihr politischer Stern; und 1218 lag Sirâf in Trümmern. Die Archäologen gruben einen Teil der Stadt aus, die in der geschützten Bucht in der Nähe des Dorfes Tâheri, 240 Kilometer südöstlich von Buschehr, stand. Nach der Entdeckung sassanidischer Ruinen, die unter der islamischen Stadt lagen, wurde Sirâf eine der wenigen Ausgrabungsstätten, die Licht in die verworrene Übergangszeit zwischen dem Fall des Sassanidenreiches und der Islamisierung Persiens im 7. Jahrhundert bringen können. Eigenartige, in den Fels gehauene Räume, von denen man annimmt, daß es zoroastrische Beinhäuser waren, liegen in der Kunarakschlucht hinter Sirâf. Dieses Bild zeigt die Ruine der Emâm-Hassan-Moschee, die zwischen dem 13. und 14. Jahrhundert auf einem den ganzen Golf dominierenden Vorsprung erbaut worden war. Ihre verputzten Mauern stammen aus der Safawidenzeit.

193 Târî-Châne-Moschee, Dâmghân (Karte S. 49)

Die Târî-Châne-Moschee in Dâmghân ist das älteste islamische Gebäude im Iran. Es wird als wichtiges Bindeglied zwischen sassanidischer und islamischer Architektur angesehen. Die Archäologen vermuten, daß die Moschee von den Seldschuken ganz streng nach dem arabischen Originalplan aus dem 8. Jahrhundert, nämlich einem von vier Bogengängen umgebenen quadratischen Innenhof, wieder aufgebaut worden sei. Der hier wiedergegebene prächtige südliche Bogengang ist der tiefste und enthält einen *mehrâb* aus Stuck und einen weiß getünchten *menbar*.

194 Freitagsmoschee, Abarqu (Karte S. 63)

Eine staubige Straße windet sich durch die Wüste nordöstlich von Schirâz in die abgelegene Stadt Abarqu. Während der mongolischen Zeit durchquerten Seide- und Gewürzkarawanen die Stadt auf ihrem Weg nach Zentralasien, China und Indien. Aber sie verlor ihre Bedeutung, als der schnellere und sichere Seeweg entdeckt wurde. Ihr größtes Denkmal ist die aus dem 14. Jahrhundert stammende, nach dem klassischen Vier-Iwân-Grundriß gebaute Freitagsmoschee. Es ist ein Bau von überraschend reiner Form und Proportion.

195 Freitagsmoschee, Jazd (Karte S. 63)

Das von zwei schlanken Minaretten gekrönte, gekachelte Portal in Jazd ist das höchste in dieser Gegend. Wie viele der frühen Moscheen wurde auch die Freitagsmoschee von Jazd neben einem sassanidischen Feuertempel errichtet. Die Bauzeit beanspruchte 40 Jahre (1324–1365); es ist wohl die besterhaltene Moschee Persiens aus dem 14. Jahrhundert.

196 Karawanserei in Mehr, Chorâsân (Karte S. 49)

Diese guterhaltene Karawanserei im Dorf Mehr ist eine der vielen, die die frühen Karawanenstraßen im Chorâsân säumten. Die Karawansereien boten Schutz und Rast in Gebieten, wo Futter und Wasser sehr schwer zu finden waren, und erfüllten zugleich ein kulturelles Bedürfnis, da hier Gedanken und Bräuche zwischen Menschen, die Tausende von Meilen auseinander wohnten, ausgetauscht wurden.

197 Beim Waschen der Störe, Bandar-e Schâh, Kaviarfabrik (Karte S. 49)

Der kostbare Fischlaich des Störs aus dem Kaspischen Meer wird in den Fabriken von Bandar-e Schâh, Bandar-e Pahlawî und Bâbolsar verarbeitet. Man sagt, daß der beste Kaviar von der iranischen Seite des Meeres komme, weil der Stör hier hauptsächlich von einer bestimmten Sardellenart lebe. In der Fabrik wird der Stör sofort gereinigt und gewaschen, worauf der Laich von Spezialisten herausgenommen wird. Zur Konservierung fügt man dem Kaviar eine Salz- oder Borax-Salz-Lösung bei. Der Fisch wird in großen Gefrieranlagen tiefgekühlt und dann zusammen mit dem Kaviar in die ganze Welt exportiert.

198 Türkisminen, Neischâpur (Karte S. 49)

Die berühmten Türkisminen von Neischâpur sind heute sozusagen ausgebeutet. Man findet jährlich nur noch ein bis zwei große Türkise. Die sanften Hügel 58 Kilometer nordwestlich von Neischâpur bergen die verlassenen Minenschächte, die mehr als tausend Jahre in Betrieb waren. Die frühen Könige trugen Türkise als Talismane, die die Lebensgefahr auf Reisen zu Land und zu Wasser abwenden sollten, obschon nach einer andern Überlieferung ein Türkis, da nur ein Halbedelstein, eines Königs unwürdig sei.

199 Seidenraupen, in einer Seidenraupenzucht in Bandar-e Pahlawî (Karte S. 64)

Die Seidenraupenzüchter aus dem Gilân kaufen Mitte März ihre Eier bei der staatlichen Ausgabestelle in Rascht, die das Monopol besitzt. Die hungrigen Seidenraupen werden mehrmals am Tag mit den Blättern des Weißen Maulbeerbaums gefüttert. Nach sieben Wochen beginnen die Seidenraupen Kokons zu spinnen, die nach Gewicht an die Seidenspinnerei in Rascht verkauft werden; 60 Kokons ergeben ungefähr ein Pfund. Nach deren Verarbeitung werden die Seidenstränge an iranische Weber verkauft.

200 Taubentürme, Esfahân (Karte S. 64)

Die Bauern Esfahâns glauben, daß der beste Dünger für die süßen Melonen Taubenmist sei. Deshalb hat man schon vor Jahrhunderten die runden Lehmziegeltürme gebaut, um diesen kostbaren Mist zu sammeln. Nach Chardin, einem scharfen Beobachter, soll Esfahân im 17. Jahrhundert dreitausend Taubentürme in seinen Gärten und auf den umliegenden Feldern gehabt haben. Den Zugang zum Innern finden die Tauben durch kleine Öffnungen. In den größeren Türmen haben etwa zehntausend Tauben Platz; einmal im Jahr wird hier der Kot eingesammelt.

201 Beim Weizenworfeln, Kelârdascht (Karte S. 64)

Im fruchtbaren Kelârdascht-Tal, nordwestlich von Teherân, bringt eine Frau ihrem Mann, der den Herbstweizen worfelt, das wohlverdiente Mittagessen.

202 Schahrestân-Brücke, Esfahân (Karte S. 64)

Die Schahrestân-Brücke ist die älteste der fünf Brücken, die den Zâjendehrud in Esfahân überspannen. Über die massiven Steinpfeiler aus der Sassanidenzeit bauten die Seldschuken spitze Backsteinbogen, die den Frühjahrsfluten standhalten konnten.

203 Brücke in der Nähe von Mijâne (Karte S. 64)

Diese hübsche Brücke aus dem 15. Jahrhundert überquerte den Qezel Orozan, 23 Kilometer südöstlich von Mijâne. Ihre mittleren Pfeiler wurden vor nicht allzu langer Zeit von den Wasserfluten weggeschwemmt.

204 Abfackeln einer Gasquelle in Ahwâz (Karte S. 63)

Tag und Nacht brennt diese Erdgasquelle, gespeist durch den Druck der großen Ölfelder von Ahwâz, der Industriestadt im südlichen Chuzestân.

205 Juwelenglobus, Teherân (Karte S. 64)

Die Kronjuwelen können heute in der Nationalbank von Teherân besichtigt werden. Einen Großteil dieses märchenhaften Schatzes trugen die siegreichen Perserkönige aus Asiens Hauptstädten und Schatzkammern zusammen. Dieser mit Juwelen besetzte Globus wurde im Auftrag von Nâsr ad-Dîn Schâh, einem Qâdschârenherrscher, 1874–1875 ausgeführt. Er hat einen Durchmesser von 45 Zentimetern und ist mit 51366 wertvollen Edelsteinen besetzt: Diamanten stellen den Äquator, Smaragde die Meere, Rubine die Kontinente dar.

206 Windmühlen von Naschtifân (Karte S. 49)

Die Windmühlen der zwei Dörfer im südlichen Chorâsân, Naschtifân und Chwâf (↗ Abb. 67), werden vom «hundertzwanzigtägigen Wind» angetrieben, der während der Sommermonate über die Wüste streicht. Die Flügel bestehen aus einem mit Schilfmatten verkleideten Holzgerüst; sie fangen die Energie des Windes auf und setzen die vertikale Hauptachse in Bewegung. Diese führt durch das Dach in die darunterliegende Mühle. Diese eigenartige Windmühlenkonstruktion mit vertikaler Achse ohne Winkelgetriebe ist wahrscheinlich persischen Ursprungs. Der Mann auf dem Bild beteuerte natürlich, daß dieser Windmühlentyp sogar in seinem Dorf erfunden worden sei.

207 Schâhbânu-Farah-Stausee in Mandschil (Karte S. 64)

Durch den 1962 eingeweihten Schâhbânu-Farah-Staudamm wurde der Sefid Rud nach der Einmündung eines großen Zuflusses in der Nähe von Mandschil zum See aufgestaut, der die Provinz Gilân mit Wasser und Elektrizität versorgt. Die Statue der Kaiserin, deren Name der Stausee trägt, steht auf einer künstlichen Insel im See.

208 Skulptur, Bahnhof Maschhad (Karte S. 49)

Die Eisenbahnverbindung zwischen der Hauptstadt und Maschhad wurde 1957 eröffnet; sie befördert jährlich unzählige Pilger zur Grabstätte von Emâm Rezâ. Als Symbol der großen Transversalverbindung zwischen Nordost- und Nordwestiran wurden 1950 in Maschhad und in Tabriz identische Stahlbeton-Bahnhöfe errichtet.

209 Mohammad-Rezâ-Stausee, Chuzestân (Karte S. 63)

Der Mohammad-Rezâ-Damm, der den Dez Rud in Chuzestân staut, ist der höchste Staudamm Westasiens und der sechsthöchste der Welt. Er erfüllt drei Aufgaben: erstens hält er die für das Unterland früher eine ständige Gefahr darstellenden Hochwasser zurück; zweitens versorgt er den ganzen südwestlichen Iran mit Elektrizität, und drittens sichert der gleichmäßige Abfluß dem ganzen Gebiet eine ständige Bewässerung. See und Uferzone sind heute ein Erholungsgebiet geworden (↗ Abb. 259).

210 Ausgrabungen in Haft Tappe, Chuzestân (Karte S. 63)

Es scheint angebracht, den Abschnitt «Die Kunst» mit einer Aufnahme der Ausgrabungen in Haft Tappe zu eröffnen, die von der Schâhbânu Farah durch ihre tatkräftige Unterstützung der archäologischen Erforschung des Landes entscheidend gefördert wurden. Sie ermöglichte den Bau eines Museums in Haft Tappe, das am 23. April 1973 eingeweiht wurde und Keramiken und Gebrauchsgegenstände der elamischen Hauptstadt aus dem 2. Jahrtausend v.Chr. enthält. Die Gelehrten und Studenten unter den Besuchern haben Zutritt zu einer kleinen Bibliothek, der auch eine Schule für praktische archäologische

Feldarbeit unter der Oberaufsicht der archäologischen Abteilung der Universität Teherân angegliedert wurde.

211 Nilgötter, Sockelrückseite, Statue Dareios' des Großen

Dieses Detail vom Sockel der Dareios-Statue, die in Susa (↗ Abb. 212) gefunden worden war, zeigt die Nilgötter von Ober- und Unterägypten, die als Symbol der Vereinigung der beiden Länder eine Hieroglyphe umbinden. Hermaphroditische Götter sind in der ägyptischen Bildhauerkunst von der Zeit des Alten Reiches bis zu den Ptolemäern gegenwärtig. Die Vorder- und Rückseite des Sockels sind identisch: 24 Vasallen knien auf Kartuschen, die in ägyptischen Hieroglyphen die Namen ihrer Satrapien enthalten. Die Statue ist im Iran-Bastan-Museum in Teherân ausgestellt.

212 Statue Dareios' des Großen

Einer der aufregendsten Funde der iranischen Archäologie in den letzten Jahren ist diese prächtige Dareios-Statue, die im Dezember 1972 im Pförtnerhaus des Palastes in Susa gefunden wurde. Es ist die früheste Großstatue des achämenidischen Persien: Der König ist hier ähnlich wie auf den Reliefs von Persepolis auf persische Art gekleidet. Inschriften in Hieroglyphen, in Altpersisch, Elamisch und Akkadisch sagen aus, daß es sich um Dareios I. handelt und daß die Statue in Ägypten gemacht wurde. Der Kopf fehlt, es bleibt deshalb unsicher, ob der König eine ägyptische oder eine persische Krone trug. Dareios der Große herrschte von 522 bis 486 v.Chr.; er baute einen Kanal vom Nil zum Roten Meer. Auf diesem Weg ist wohl diese Statue auch nach Susa gebracht worden. Linguistische und stilistische Eigentümlichkeiten der Inschrift lassen vermuten, daß die Statue aus der späteren Hälfte der Regierungszeit Dareios' stammt (um 490 v.Chr.).

213 Felsreliefs bei Firûzâbâd (Karte S. 63)

Die Perserkönige beauftragten von der vorachämenidischen Zeit bis zu den Qâdschâren immer wieder Künstler, die wichtigsten dynastischen Ereignisse in Form von Felsreliefs festzuhalten. Der Sassanidenkönig Ardaschir I. ließ die Szene seiner göttlichen Investitur im Felsen über dem Tang-e Ab bei Firûzâbâd (↗ Abb. 162) einmeißeln. Ganz links steht Ahura Mazdâ; er reicht Ardaschir das Kreisdiadem der Königswürde. Die vier Gestalten rechterhand des Königs werden üblicherweise als seine Fächerträger identifiziert, gefolgt von drei Söhnen oder nahen Verwandten Ardaschirs.

214 Naqsch-e Radschab (Karte S. 63)

Vier Reliefs aus der Sassanidenzeit liegen ganz versteckt in einer Felsvertiefung in Naqsch-e Radschab bei Persepolis. Dieser Ausschnitt zeigt Schâpur I. auf seinem galoppierenden Pferd. Die wallende Tunika des Königs und das Geschirr des Pferdes sind ein Meisterstück der sassanidischen Bildhauerkunst. Im ganzen Relief, das 6,90 Meter lang ist, stehen links vom König neun Gestalten, die oft als Schâpurs Söhne identifiziert werden. Auch dieses Relief muß ein besonderes Ereignis wiedergeben, vielleicht die Legitimierung von Schâpurs Familie, um die Thronfolge zu sichern.

215,
216 Tâq-e Bûstân, Kermânschâh (Karte S. 64)

Die Sassanidenkönige wählten einen hervorragenden Platz für ihre Felsreliefs von Tâq-e Bûstân, 6,5 Kilometer nordöstlich von Kermânschâh. Eine heilige Quelle gurgelt aus einem Felsen hervor und fließt in einen großen, spiegelklaren Weiher. Im Winter ist alles von Wolken und Nebelschwaden eingehüllt.

Bild 215 wurde in der großen Grotte von Tâq-e Bûstân aufgenommen. Vorn rechts die riesige Reiterstatue des Sassanidenkönigs Chosroes II. (591–628) auf seinem Lieblingspferd Schabdiz. Beide, Pferd und Reiter, sind in voller Kampfrüstung. Über der Statue ist die Investitur des Monarchen dargestellt, der von Ahura Mazdâ und der Wassergöttin Anâhitâ zwei Diademe empfängt. Auf den Flachreliefs der Seitenwände spielen sich zwei königliche Jagden ab, eine Eber- und eine Hirschjagd, in «Paradiesen», jenen ausgedehnten eingefriedeten Flächen, auf denen man Treibjagden abzuhalten pflegte (das Wort ist iranischer Herkunft: *paridaisa* heißt eigentlich «von Hecken umgebenes Gelände»); ein Detail ist auf Bild 216 zu sehen. Vor der Grotte findet sich die ebenfalls in den Felsen gehauene Darstellung der Investitur Ardaschirs II. (379–383). Auf Bild 215 ist links oben noch ein Felsrelief zu erkennen, das 1300 Jahre später eingemeißelt wurde; es zeigt einen Qâdschârengouverneur von Kermânschâh aus dem 19. Jahrhundert mit seinen zwei Söhnen. Die kleinere Grotte wurde von Schâpur III. (383–388) angelegt; sie enthält ein Relief, das diesen Fürsten neben seinem Vater Schâpur II. zeigt.

217 Felsrelief von Raj (Karte S. 64)

Bis zu seiner Zerstörung durch die Mongolen im Jahre 1220 war Raj, das alte Rhages, eine wichtige Stadt, die sogar mit Bagdad rivalisieren konnte. Tobias soll hierher gekommen sein, um die Blindheit seines Vaters zu heilen, und Alexander verfolgte Dareios III. durch die Straßen von Raj. Heute ist Raj eine Industriestadt. Das Heiligengrab von Hazrat-e Abd al-Azîm, einem Heiligen aus der Frühzeit des Islams, und das eindrucksvolle moderne Mausoleum von Rezâ Schâh, dem Begründer der Pahlawi-Dynastie, zieht viele Pilger und Touristen nach Raj. Die Einheimischen versammeln sich bei der Quelle von Tschechme Ali, um ihre Kleider und Teppiche zu waschen. Die frisch gewaschenen Teppiche breitet man auf den in der Nähe liegenden Felsen zum Trocknen aus. Faß Ali Schâh gab oberhalb der Quelle zwei Felsreliefs in Auftrag: das erste zeigt den einen Bart tragenden Monarchen mit seinem Hofstaat; das zweite, das hier zu sehen ist, zeigt denselben Herrscher mit einem Falken in der Hand unter dem königlichen Schirm. Die Falknerei ist seit der Qâdschârenzeit stark zurückgegangen; neuerdings lebt diese antike königliche Kunst wieder auf.

218 Garten von Fîn, Kâschân (Karte S. 64)

Mitten auf dem trockenen Hochplateau fließt kühles Quellwasser (eine große Kostbarkeit in dieser Gegend) durch die Marmorkanäle der Gartenanlage von Fîn, 6,5 Kilometer von Kâschân entfernt. Schâh Abbâs I. baute sich hier Vergnügungspavillons im selben extravaganten Stil wie die Paläste in Esfahân. Sie wurden zweihundert Jahre später niedergerissen, als Faß Ali Schâh (1797–1834) in der südöstlichen Ecke der Gartenanlage ein königliches *hammâm* errichtete. In diesem Bad wurde 1852 der ausgezeichnete Qâdschâren-Premierminister Mîrzâ Taqî Chân im Auftrag von Nâsr ad-Dîn Schâh ermordet.

219 Decke eines safawidischen Hauses, Nâ'in (Karte S. 63)

Die letzten drei Bilder dieses Kapitels zeigen Kunstwerke, die dank der Bemühungen der Schâhbânu Farah erhalten blieben – so dieses wichtige Haus aus der frühsafawidischen Zeit, das vor dem allmählichen Zerfall gerettet werden konnte. Die Aufnahme gibt die feine, einfarbig bemalte Dekoration eines Raumes des aus der zweiten Hälfte des 16. Jahrhunderts stammenden Hauses in Nâ'in wieder, das stilistisch vor den Bauten Schâh Abbas' I. in Qazwin zu datieren ist.

220 Prähistorisches Gefäß

Dieses 50 Zentimeter hohe, braungelbe Gefäß wurde in einem kleinen Dorf in der Nähe der Charraqân-Grabtürme im Westiran gefunden (↗ Abb. 138). Der obere Teil ist mit einer Reihe von Jagdszenen verziert, bemalt mit dunkelbrauner Farbe. Vier Bergziegen mit gewundenen Hörnern sind leicht erhaben dargestellt. Der prähistorische Jäger trägt Stiefel mit gewundenen Stiefelspitzen, sein Kopf ist nach links gedreht, seine Haare flattern im Wind. Eine Anzahl von Hunden sind an langen Leinen an seinem Anzug und an seinen Händen angebunden, die Meute greift Rehe, wilde Vögel, Füchse und Leoparden an. Ein Leopard ist von Hunden umringt. Nach schon bekannten ähnlichen Motiven ist dieses Gefäß ungefähr auf 2500 bis 1500 v.Chr. zu datieren.

221 Bogengänge des Palastes auf Kîsch (Karte S. 63)

Während der Neujahrsfeiertage (Nau Rûz) im Frühling zieht sich die Schâhbânu Farah in die sonnige Einsamkeit der Insel Kîsch zurück. Der moderne Kîsch-Palast wurde von einem italienischen Architekten entworfen, aber vollständig von iranischen Handwerkern und Ingenieuren ausgeführt. Diese historisch und strategisch bedeutsame Insel ist zugleich ihr Hauptquartier, um die verschiedenen Entwicklungsprojekte am Persischen Golf zu beaufsichtigen.

222 Persepolis in der Morgendämmerung (Karte S. 63)

Sanfte Strahlen erwärmen die imposanten Ruinen von Persepolis, der Hauptstadt des Achämenidenreiches. Das administrative Leben der Regierung spielte sich im Winter in Susa ab, während des Sommers in Ekbatâna, dem heutigen Hamadân; Persepolis hingegen war für die rituellen Feiern reserviert. Im Frühling, zur Zeit des Nau Rûz, traf der Herrscher mit seinem Hofstaat in Persepolis ein, um den Tribut seiner Vasallenstaaten entgegenzunehmen und allgemeine Weisungen für das kommende Jahr zu erlassen. Alexander besetzte dann zu Anfang des Jahres 330 v.Chr. die Stadt, die darauf unter ungeklärten Umständen in Flammen aufging.

223 Kopf eines persischen Kriegers in Persepolis (Karte S. 63)

Die in Stein gehauenen Reliefs erwecken die unzähligen rituellen Prozessionen zu neuem Leben, die sich einst durch die Paläste und Audienzsäle der achämenidischen Könige bewegten. Auf diesem Ausschnitt aus dem Relief aus grauem Kalkstein, das man unter einem Hügel in der Umgebung von Persepolis gefunden hatte, erkennt man den Kopf eines persischen Kriegers, der den traditionellen kroneähnlichen Helm und Ohrringe trägt.

224 Apadâna in Persepolis (Karte S. 63)

Persepolis steht auf einer Kalksteinterrasse am Fuße des Kûh-e Rahmat und schaut auf die Marwdascht-Ebene hinunter. Dareios I. gründete diese Residenz- und Tempelanlage um 520 v.Chr. herum; Xerxes und Artaxerxes führten das Werk bis 460 v.Chr. fort. Auf einer Doppelfreitreppe aus Quadern, deren Stufen breit und flach genug waren, daß die Pferde sie ersteigen konnten, betrat man diese ruhmreiche Stätte. Das Xerxestor, das eine Inschrift «Tor aller Länder» nennt, wurde von Xerxes (486–465 v.Chr.) gebaut. Es ist eine quadratische Halle mit vier Innensäulen. Der Ost- und der Westeingang sind von je zwei ungeheuren Stieren (davon zwei mit Menschenköpfen) flankiert. Die Delegationen, die an den achämenidischen Hof kamen, machten hier einen kleinen Halt, bevor sie das Apadâna, den Audienzsaal Dareios' des Großen, betraten (↗ S. 2).

225 Stierkopf, Susa (Karte S. 63)

Über hundert Jahre lang arbeiteten Archäologen an den ausgedehnten Ausgrabungen der alten Hauptstadt Susa, deren Anfänge sich in grauer Vorzeit verlieren. Seit 4000 v.Chr. ist Susa besiedelt; im 13. Jahrhundert v.Chr. war es die elamische Hauptstadt des Königs Untasch-Gal, der die Zikkurat von Tschoga Zanbil (↗ Abb. 133) baute. 640 v.Chr. wurde es vom assyrischen König Assurbanipal erobert und, wie er selbst in einer seiner Inschriften sagt, dem Erdboden gleichgemacht. Die persischen Achämeniden, die vom 7. Jahrhundert v.Chr. an in der Umgebung von Susa ansässig waren, machten ihrerseits aus Susa eine prachtvolle Hauptstadt. Dareios I. erbaute dort einen Palast, dessen Gründungsurkunde uns erhalten ist; wir erfahren daraus, wie der Bau vorging, welche Völker daran mitwirkten und woher die Baustoffe kamen: babylonische Ziegel, Zedern aus dem Libanon, Silber und Ebenholz aus Ägypten, Gold aus Sardes oder Baktrien, Lapislazuli und Kornalin aus Sogdiana, Türkis aus Chorasmien, Elfenbein aus Indien, Äthiopien und Arachosien... Dieses Säulenkapitell in Stierkopfgestalt ist einer der wenigen Überreste dieser einst so prachtvollen Stätte.

226 Qale je Sâm, Sistân (Karte S. 50)

Die gebleichten und verwitterten Ruinen dieser Lehmziegelburg stehen in der Nähe von Sekuhe; sie wird von den Dörflern Qale je Sâm (Burg Sâm) genannt. In der epischen Literatur kommt ein Prinz Sâm vor, der über den Sistân herrschte. Er war der Vater von Zâl und der Großvater des berühmtesten Helden, Rostam. Die rechteckigen Wehrmauern dieser Burg waren von einem Burggraben umgeben. Im Innern der Burg fand man Fundamente aus der griechisch-seleukidischen und der sassanidischen Periode.

227 Tûs bei Sonnenuntergang (Karte S. 49)

Die Tatarenhorden, die von Mîrân Schâh, dem Sohn Timurs, angeführt wurden, kamen 1389 nach Tûs hinunter und zerstörten die ganze Stadt. Sie errichteten hier mit den Schädeln der niedergemetzelten Bevölkerung eine Pyramide. Tûs wurde nie wieder aufgebaut, die Wasser seiner Flüsse wurden nach Maschhad abgeleitet. Heute ist die berühmte Stadt, die Stadt, aus der Ferdausî stammt, mit Kornfeldern überwachsen. Übriggeblieben sind nur spärliche Reste der alten Stadtmauern, die 6,5 Kilometer lang waren.

228 Chwâdschû-Brücke in Esfahân (Karte S. 64)

Die Chwâdschû-Brücke wurde von Schâh Abbâs II. um 1650 herum über den Zâjendehrud gebaut, um den Vorort Chwâdschû mit Esfahân zu verbinden. Die 108 Meter lange, von 24 Steinbogen getragene Brücke ermöglicht den Aufstau des Flusses um zwei Meter und eine Regulierung durch die eingebauten Schleusen. Dies erlaubt, flußaufwärts gelegene Felder zu bewässern. Die im oberen Stockwerk verlaufende, dem Hauptverkehr dienende Straße hat auf beiden Seiten Bogengalerien, die zu sechseckigen Pavillons führen. Diese sind mit Fayencekacheln und Malereien geschmückt; sie dienten einst Schâh Abbâs II. und seinem Hof als Rastplätze bei Ausflügen.

229 Bâgh-e Eram (Paradiesesgarten), Schirâz (Karte S. 63)

Mohammad Gholi Chân Ilchânî, ein Führer des Qaschqâ'i-Stammes, baute diesen idyllischen Bâgh-e Eram zu Beginn des 18. Jahrhunderts. Er bepflanzte ihn mit Zypressen, Pinien, Orangen- und Götterpflaumenbäumen und benannte ihn nach dem Paradiesesgarten, wie er im Koran beschrieben ist. Ungefähr fünfundsiebzig Jahre später kaufte Nasîr al-Molk die Gartenanlage und ließ diesen eleganten zweistöckigen Pavillon von dem berühmten Schirâzer Architekten Mohammad Hassan errichten. Nasîr al-Molk hatte ihn schon als Architekten für sein Haus in der Stadt (↑ Abb. 88) beschäftigt. Die gekachelten Räume des unteren Stockwerkes liegen zum Teil unter der Erde, sie sind schön kühl wegen des in einem großen zentralen Becken gesammelten Wassers, das dann in die mit Rosen eingefaßte Gartenallee fließt.

230 *Marmorpalast in Teherân (Karte S. 64)*

Rezâ Schâh baute den Marmorpalast 1930 als seine offizielle Residenz. Der Bau, umgeben von riesigen Gartenanlagen, besteht aus zartgrünem Jazder Marmor; die mit Fayenceplättchen belegte Kuppel imitiert sehr gut diejenige der Scheich-Lotf-ollâh-Moschee in Esfahân. Die Hauptempfangshalle (hier auf dem Bild zu sehen) glitzert dank der Millionen von Spiegelchen, die in die Wände eingelegt sind. Die großen Räume und Galerien des Marmorpalastes werden zu einem Museum umgewandelt, das der Pahlawî-Dynastie gewidmet sein wird, und die prächtigen Gartenanlagen werden dem Publikum offen sein.

231 *Golestân-Palast, Teherân (Karte S. 64)*

Aghâ Mohammad Chân verlegte 1788 seinen Regierungssitz von dem Ahnenhaus der Qâdschâren in Mâzanderân nach Teherân. Sein Nachfolger, Faß Ali Schâh, vergrößerte die neue Hauptstadt, die im Winter 1807 ungefähr 50000 Einwohner zählte. Er vollendete auch die königliche Residenz, den Golestân-Palast (auf deutsch Rosenplatz), der sich im nördlichen Teil der Stadt befindet, umgeben von den Lehmmauern der Festung. Dieses Bild zeigt den *tâlâr*, den offenen Empfangsraum auf der Südseite des Palastes, vor ihm die wunderschönen Parkanlagen mit den schattenspendenden Pinien, Zypressen und Platanen. Porträts der Qâdschârenkönige und -prinzen zieren die Wände. In der Mitte des Raumes steht der Marmorthron, den Aghâ Mohammad Chân aus dem Schloß Karîm Chân Zands in Schirâz mitgebracht hatte; dahinter eine der zwei gedrehten Steinsäulen, die die mit Spiegeln besetzte Decke tragen. Auf diesem erhabenen Sitz zeigten sich die Qâdschârenfürsten dem Volk an öffentlichen Festen und vor allem am Nau Rûz, am Neujahrstag. Der Thron ruht auf den Schultern von Frauen, mythischen Dämonen und Löwen.

232 *Schâhwand-Palast, Teherân (Karte S. 64)*

Dieser kürzlich restaurierte Steinpalast, der von Schâh Rezâ erbaut wurde, steht in der Garten- und Hügelanlage von Sa'dâbâd in Schemiran, am Fuße des Elbursgebirges. Das blendende Interieur schafft einen eindrucksvollen Empfangsraum für hohe Staatsgäste.

233 *Palast des Kronprinzen im Niâwaran, Teherân (Karte S. 64)*

Dieser zierliche Palast in dem riesigen Park, der jetzt mit Schnee überzuckert ist, ist der Wohnsitz des Kronprinzen Rezâ Pahlawî. Er wurde während der Regierungszeit von Mozaffar ad-Dîn Schâh Qâdschâr (1896–1907) errichtet und später vollständig restauriert.

234 *Feuerwerk, Teherân (Karte S. 64)*

Der 28. Mordâd 1332 (19. August 1953), der große Tag der Gegenwartsgeschichte Persiens, als der Schâh in seinen Rechten bestätigt wurde und die Leitung der Staatsgeschäfte selbst übernahm, wird jeweils im Palast der Königinmutter in Teherân durch ein Bankett gefeiert; blendendes Feuerwerk spiegelt sich an diesem Tag im künstlichen See des Palastes wider.

235,
236 *Krönungsprozession, Golestân-Palast, Teherân (Karte S. 64)*

Am Morgen des 26. Oktober 1967 wurden der Schâhanschâh und die Schâhbânu von Iran gekrönt. Die eindrückliche Zeremonie fand in der Pfauenthronhalle des Golestân-Palastes statt. Diese Bilder zeigen das kaiserliche Paar, wie es nach der Feier den Golestân-Palast verläßt.

237 *Nau-Rûz-Feier im Golestân-Palast, Teherân (Karte S. 64)*

Nau Rûz, die Feier des Neujahrs, findet am 21. März, dem ersten Tag des persischen Sonnenjahres, statt. An diesem Tag empfängt der Schâh in der Hauptstadt die diplomatischen Korps und Staatsmänner während des *salâm,* des «offiziellen Grußes an die Nationen». Eine der beliebtesten Traditionen des Nau Rûz – ein Feiertag, der auf die Achämenidenzeit zurückgeht – ist der *haft-sîn*-Tisch. Auf diesem Bild zündet der Schâh die Kerzen des *haft-sîn*-Tisches an, während die Schâhbânu zuschaut. Sieben Dinge, die alle mit «*s*» oder persisch *sîn* anfangen, werden auf die festlich gedeckte Tafel gelegt. Im allgemeinen bestehen sie aus Grünem, getrockneten Früchten, Münzen, Knoblauch, Hyazinthen, Äpfeln und *sumâq*. Jedes Familienmitglied erhält zu dieser dreizehntägigen Feier neue Kleider, und am letzten Donnerstag des alten Jahres wird ein Freudenfeuer angezündet, über dessen Flammen die Familie springt, ein Liedchen an das Feuer singend:

«Auferstehe, blasses Blut
in der Flamme Feuersglut.»

238 *Nau-Rûz-Früchte und -Nüsse*

Die im Epilog «Die Freude» (persisch *farah*) zusammengefaßten Betrachtungen versuchen das Lebensgefühl der Perser zu erwecken, das in so inniger Verbindung mit den Schönheiten der Natur steht. Dieses erste Bild zeigt einen wunderbar geschmückten Korb mit Früchten und Nüssen, der den Besuchern in jedem iranischen Haus während der Festtage, insbesondere am Nau Rûz, angeboten wird.

239,
240 *Tischszenen im Haus des Sardâr von Mâku (Karte S. 64)*

Diese reizenden Tischszenen wurden von einem persischen Maler des 19. Jahrhunderts auf die Decke des Speisezimmers im Haus des Sardâr von Mâku gemalt. An einer mit Früchten, Kerzen und Blumen geschmückten Tafel trinken sich auf Bild 239 westliche Männer und Frauen zu. Der Stil der noch von der Krinoline inspirierten Frauenkleider stimmt mit dem Erbauungsjahr des Hauses (1875) ungefähr überein (↑ auch Abb. 1). Auf Bild 240 hingegen knien nach alter persischer Sitte nur Männer auf dem Boden um eine Tischdecke herum. Der Älteste, wahrscheinlich der Sardâr selbst, sitzt oben. Die Männer erquicken sich an dem reichhaltigen Mahl, der Suppe, dem weißen Reis mit Geflügel. Diese reizenden Szenen sind von farbenfrohen Früchteornamenten eingerahmt.

241 *Fresko eines Gastmahls im Tschehel-Sotûn-Palast in Esfahân (Karte S. 64)*

Der Tschehel-Sotûn-Palast wurde von Schâh Abbâs I. gebaut und nach einer Feuersbrunst von Schâh Soltân Hossein neu ausgestattet. Heute wird er restauriert; die Wandmalereien in der Haupthalle werden sorgfältig gereinigt. Das Detail dieses Bildes zeigt Schâh Tahmâsp, auf der rechten Seite sitzend, wie er sich mit dem indischen Herrscher Homajun unterhält, der am safawidischen Hof in Esfahân einige Jahre der Verbannung verbrachte.

242 Mädchen mit Blumen, Chorâsân (Karte S. 49)

An der Straße von Maschhad nach Zoschk, die sich durch bewaldete Hügel windet, bieten diese kleinen Dorfmädchen den Vorbeifahrenden selbstgepflückte wilde Blumen an.

243, Rosen aus einem Garten des Gorgân (Karte S. 49)
244 und mit Blumen bemalte Kacheln aus der Ebrâhîm-Chân-Madrase in Kermân (Karte S. 50)

Ebrâhîm Chân, Vetter und Schwiegersohn von Faß Alî Schâh, galt als verdienstvoller Gouverneur von Kermân. Er baute die von Aghâ Mohammad Qâdschâr 1794 zerstörte Stadt wieder auf. Im frühen 19. Jahrhundert errichtete Ebrâhîm Chân einen Komplex von drei Gebäuden innerhalb des Basars von Kermân. In der Nähe seines zweistöckigen Hauses, das restauriert wurde, standen ein Bad (↗ Abb. 262) und eine hübsche Madrase, die 1816–1817 gebaut wurde. Diese Theologenschule war um einen Garteninnenhof angelegt, dessen Wände pastellfarbene bemalte Kacheln schmücken. Wenn die Wüstensonne daraufscheint, glühen diese Ziegel in demselben warmen Rot wie die frischen Rosen, die in einem öffentlichen Garten in der Provinz Gorgân photographiert wurden.

245 Frosch in einem Mordâb bei Bandar-e Pahlawî (Karte S. 64)

Auf einer Bootsfahrt durch ein Mordâb (Totwasser) hinter Bandar-e Pahlawî (↗ Abb. 261) kann man nicht nur diesen schlafenden Frosch antreffen, sondern auch sich sonnende Schildkröten, Wasserschlangen, nistende Vögel, Kühe, Wasserbüffel, Fische und Libellen.

246 Wildes Gras, Pasargadai (Karte S. 63)

Dieses Gras wurde bei einem kleinen Fluß in der Nähe von Pasargadai (Pâzârgâd) photographiert. Tieren war der Zugang durch ein Drahtgeflecht verwehrt; um so ungestörter konnten sich Bäume und Pflanzen entfalten.

247 Dattelpalmenhain in Qasr-e Schîrîn (Karte S. 64)

Qasr-e Schîrîn ist eine kleine Oasenstadt an der irakischen Grenze. Sie wird vom Fluß Alwand bewässert, so daß hier prächtige Dattelpalmen und Zitrusbäume gedeihen. Wegen des warmen Klimas verbringen viele Nomaden den Winter in dieser Gegend (↗ Abb. 91).

248 Wilder Iris in der Wüste von Chorâsân (Karte S. 49)

Wilder Iris, Mohn, Anemonen und Tulpen machen den Boden im Frühling und Frühsommer während einiger kurzer Wochen zu einem prächtigen, farbenfrohen Teppich.

249 Perserteppich

Dieser Teppich mit seiner lebendigen Szenerie wurde neulich von der Schâhbânu erworben. Er wird zum Bestand der Dauerausstellung im kürzlich eröffneten Teppichmuseum in Teherân gehören. Um 1890 herum wurde er von Forsat Schîrâzî für Adl as-Saltaneh entworfen und von Mohammad ibn Abu'l-Qâsem in Rawar bei Kermân gewoben. Kameenporträts von Völkern aus aller Welt und ein Fries von Tieren schmücken die Ränder. Urwaldtiere bewegen sich auf beiden Seiten des kraushaarigen australischen Ureinwohners, der in diesem Ausschnitt gezeigt wird. Ein blühender Lebensbaum füllt die Mitte des Teppichs aus; auf seinen Ästen prangen Früchte, Blumen und Hunderte von farbigen Vögeln und Schmetterlingen.

250 Ebrâhîm-Chân-Hammâm in Kermân (Karte S. 50)

Diese buntbemalten Kacheln schmücken die Wände der Eingangshalle des Ebrâhîm-Chân-Hammâm (Bad des Ebrâhîm Chân) in Kermân (↗ Abb. 262).

251 Wakîl-Moschee in Schîrâz (Karte S. 63)

Dieses Mosaik aus Fayenceplättchen mit dem hübschen Lebensbaummotiv ziert die Kuppeln der Wakîl-Moschee in Schîrâz, die 1773 von Karîm Chân Zand gebaut und 1825 restauriert worden war. Sie enthält nur zwei Iwâne, die sich auf der Nordsüdachse gegenüberstehen. Hinter der Moschee erstreckt sich der Wakîl-Basar (↗ Abb. 132).

252 Marmorfries, Golestân-Palast, Teherân (Karte S. 64)

Spielende Hasen und Vögel zieren diesen Marmorfries in den Privaträumen *(andarûn)* der Frauen der Qâdschârenkönige im Golestân-Palast.

253 Picknick im Wakîlâbâd-Park bei Maschhad (Karte S. 49)

Die Perser lieben es, am Freitag zu ihrem Picknick in die Pärke und Wälder der Umgebung der Stadt hinauszuziehen. Den ganzen Tag sitzen sie um Teppiche herum, auf denen das Essen liegt und der Samowar summt.

254 Hâdschî Mosawwir al-Molk und Frau, Esfahân (Karte S. 64)

Hâdschî Mosawwir al-Molk ist ein berühmter Miniaturist; für seine comic-strip-ähnlichen Beschreibungen von Helden und Bösewichten des Zweiten Weltkriegs erhielt er von König Georg VI. von England eine Medaille. Im Hofgarten seines spätsafawidischen Hauses in Esfahân genießt er mit seiner Frau auf dem verzierten persischen «Iwân» den Tee.

255 Wandernde Nomaden (Karte S. 63)

Nomaden ziehen im Oktober durch die Ebene von Marwdascht bei Persepolis, um die wärmeren Regionen im Süden der Provinz Fârs aufzusuchen.

256, Lotosblumen und Wasservogel in einem Mordâb bei Bandar-e
257 Pahlawî (Karte S. 64)

Im Juli und August finden wir die prächtigen Blüten des rosa Lotos *(Nelumbium caspicum)* 90 Zentimeter über dem Wasser, daneben die Nester der Wasservögel, die in den üppigen Sümpfen an der Küste des Kaspischen Meeres ideale Brutplätze finden.

258 Pahlawî-Park in Teherân (Karte S. 64)

Dieser kleine Park im Zentrum Teherâns besitzt hübsche Brunnen und Wasserbecken. Hinter den Bäumen erhebt sich das zeitgenössische Stadttheater, das von dem iranischen Architekten Sardâr Afchami entworfen worden ist.

259 Wasserski auf dem Mohammad-Rezâ-Schâh-Stausee (Karte S. 63)

Der Mohammad-Rezâ-Schâh-Stausee in der Nähe von Dez ist zu einem Erholungsgebiet für die Bewohner des Südwestirans geworden (↗ Abb. 209). Dieser Wagehals verbindet seine Künste in der Luft mit denen des Wasserskifahrens.

260 *Kelârdascht-Tal (Karte S. 64)*

Ein einsamer Vogel sitzt auf einer runden, aus Ästen geflochtenen Schafhürde, die zwischendurch auch als Kornspeicher dient. Besonders im Herbst herrscht hier, in den bewaldeten Bergen nordwestlich von Teherân, eine ganz eigenartige Stimmung, wenn leuchtende Wolken über das Tal ziehen.

261–
264 *Wasserfreuden*

Diese Bilder sind der deutliche Ausdruck der Freude, von der alle Perser beim Anblick des Wassers ergriffen werden. Auf Bild 262 genießt man ein Dampfbad mit Massage im Ebrâhîm-Chân-Hammâm, einem Bad aus dem späten 18. Jahrhundert, das von einem Gouverneur Kermâns erbaut wurde (↑ Abb. 244 und 250).

265 *Schâhgoli-See und -Pavillon, Tabriz (Karte S. 64)*

Viele Bewohner von Tabriz lieben es, abends zu dem künstlichen, von hohen Bäumen umstandenen See zu kommen, der an der Peripherie der Stadt liegt. Der renovierte, achteckige Pavillon aus dem 18. Jahrhundert wurde kürzlich in ein hübsches Restaurant umgebaut; eine Brücke verbindet es mit dem Ufer.

266 *Hâfezijje, Schirâz (Karte S. 63)*

Für ein Konzert traditioneller persischer Musik im Rahmen der Festspiele, die 1974 in Schirâz stattfanden, erleuchteten Fackeln die Gärten des Hâfezijje mit dem Grab von Hâfez, dem großen Dichter des 14. Jahrhunderts. Hâfez starb 1389 in Schirâz; er wurde im Nordosten der Stadt begraben, an dem Ort, dessen Schönheit er immer wieder besungen hat. Sein Grab wurde zum Wallfahrtsort; die Besucher können sich in den schattigen Gärten in aller Ruhe in Hâfez' *Diwan* oder eines seiner anderen Werke vertiefen. Oft bringt der an zufälliger Stelle geöffnete *Diwan* mit seinen Versen eine Antwort auf eine drängende Frage, wenn auch manchmal von reizender Unbestimmtheit.

267 *Die Freuden des Weines (Karte S. 64)*

Dieses Fresko befindet sich in einem kleinen Raum des Tschehel-Sotûn-Palastes in Esfahân. Es drückt dasselbe aus wie Hâfez, wenn er in seinen Versen sagt:

> Trinke Wein,
> denn die einzige Quelle ewigen Lebens
> auf dieser Welt
> ist der Wein des Paradieses!

❀

Bemerkungen zur Anthologie und Kalligraphie

Es war nicht leicht, zur Vervollständigung dieses Buches eine Anthologie ausgewählter Gedichte und Prosa aus dem reichen Schatz der persischen Kultur zusammenzustellen. Die persische Literatur ist zu groß und vielfältig, um leicht in einer «typischen» Auswahl oder «repräsentativen» Anthologie vorgestellt zu werden. Bei der Auswahl der in diesem Buch übersetzten Gedichte haben wir verschiedene Prinzipien angewandt. Wir haben unter den größten wie auch unter den weniger bekannten Dichtern, aus verschiedenen Epochen der persischen Literatur und verschiedenen Stilen und Typen ausgelesen. Zudem wurden Ausschnitte gewählt, die die Bilder in der Stimmung, in der Aussage oder sogar in ihrem metaphysischen oder religiösen Gehalt ergänzen. Andere wieder sind historische Beschreibungen ohne direkten inneren oder äußeren Bezug. Wir hoffen, daß der Leser auf diese Weise ein wenn auch nur skizzenhaftes Bild der reichen persischen Literatur erhält, die die Seele des persischen Volkes auf geistiger Ebene widerspiegelt, wie es die Aufnahmen auf der visuellen Ebene tun.

Was die Kalligraphie anbelangt, ist es wichtig, zu erwähnen, daß diese bei allen muselmanischen Völkern eine wichtige und zentrale Kunstform ist, und gerade die Perser haben einen Großteil ihrer künstlerischen Schaffenskraft dieser abstrakten und doch konkreten Kunst gewidmet. Die Verwendung persischer Titel und Originaltexte in verschiedenen Kalligraphiestilen entsprach dem Wunsch, dem Leser eine der wichtigsten Kunstformen näherzubringen, eine Kunstform, in der die höchste Spiritualität in subtilster Weise, in fließender und zugleich statischer Form, ausgedrückt wird.

Für dieses Buch wurden die in Persien gebräuchlichsten Kalligraphiestile verwendet: der *nasta'alîq,* der *schekasteh* oder «gebrochene» *nasta'alîq,* der *ßolß* und der *nas-ch.* Diese entwickelten sich alle in den frühen islamischen Jahrhunderten. Der erste ist rein persisch und wird im täglichen Leben häufiger gebraucht als die formalen Stile des *ßolß* und *nas-ch.*

All die verschiedenen Stile sind nicht einfach voneinander abweichende Schriftbilder, sondern sind Ausdruck einer ganz bestimmten geistigen Haltung. Die Kalligraphie war in der ganzen Geschichte der persischen Sprache nicht nur mit der Dichtkunst, sondern auch mit der Architektur und den bildenden Künsten verbunden. Die verschiedenen Stile stellen so viele Kristallisierungen des Wortes Gott dar wie die verschiedenen Stimmen, die die himmlische Litanei zelebrieren.

Transkriptionstafel

Konsonanten

ء	(im Anlaut weggelassen)
ب	b
پ	p
ت	t
ث	ß (wie englisch th)
ج	dsch
چ	tsch
ح	h
خ	ch
د	d
ذ	z
ر	r
ز	z
ژ	zh
س	s
ش	sch
ص	s
ض	z
ط	t
ظ	z
ع	'
غ	gh
ف	f
ق	q
ك	k
گ	g
ل	l
م	m
ن	n
و	w
ه	h
ى	j

Vokale

اَ	a
اُ	o
اِ	e
آ	â
اى	î
اُو	û

Diphthonge

اَى	ai
اَو	au

Endung	يّه	ijje
Endung	ه	e
bestimmter Artikel	ال	al- oder 'l-

Die persischen Begriffe wurden nach nebenstehendem Schema transkribiert, um die richtige Aussprache möglichst annähernd wiederzugeben, ohne den Anspruch auf Allgemeinverständlichkeit aufzugeben. Die Vokale â î û sind betont auszusprechen. In einigen Fällen wurde die eingebürgerte deutsche Schreibweise beibehalten.

(S.H. Nasr)

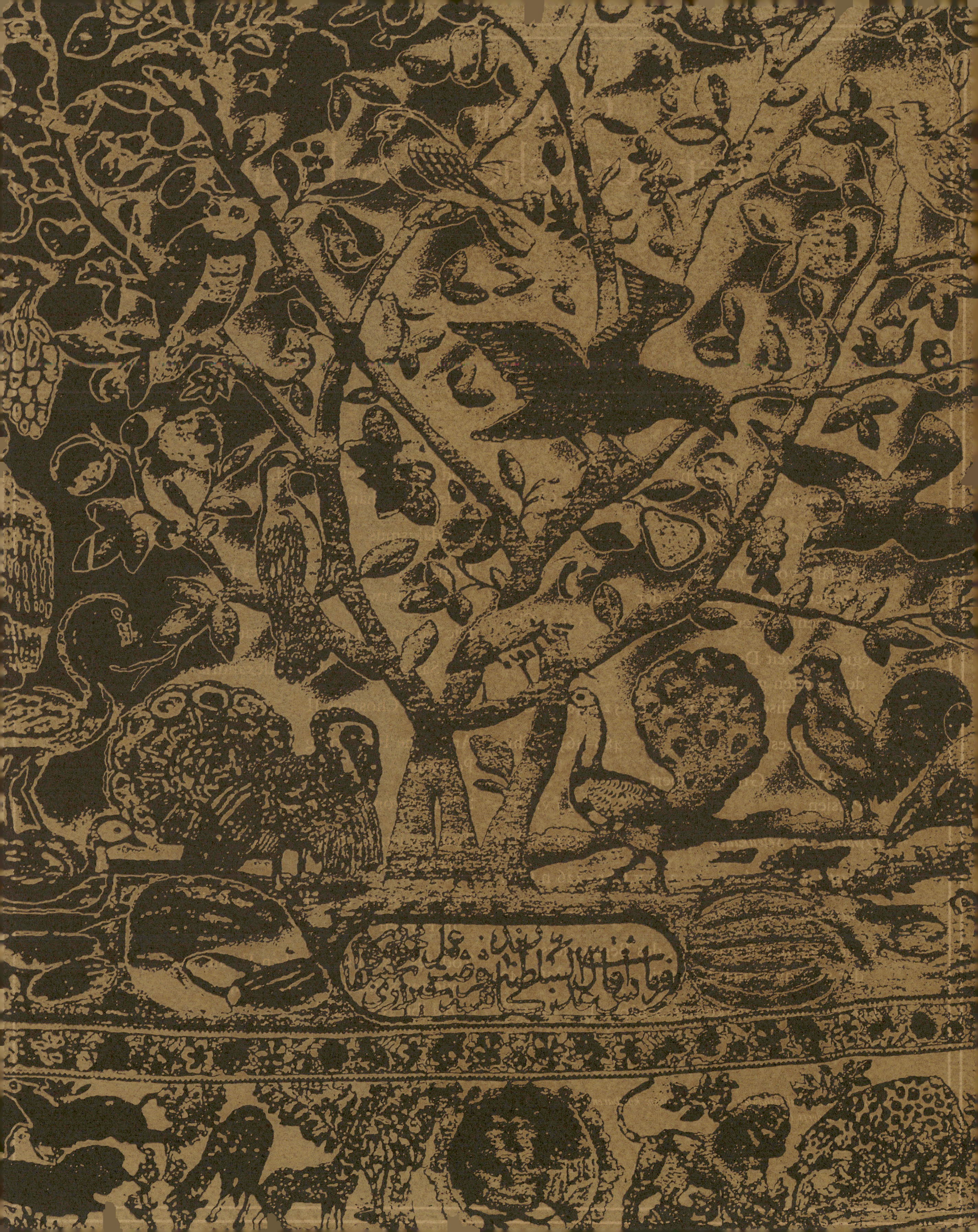

Chronologie der persischen Geschichte

Lebenszeit des Propheten Zarathustra	628–551 v.Chr.(?)
Dynastie der Achämeniden	
Todesjahr von Kyros II. dem Großen, dem Begründer der achämenidischen Herrschaft	529 v.Chr.
Regierungszeit Dareios' I., des zweiten großen achämenidischen Herrschers	522–486 v.Chr.
König Xerxes	486–465 v.Chr.
Alexander der Große erobert Persien	330 v.Chr.
Dynastie der Seleukiden	312–247 v.Chr.
Dynastie der Parther	247 v.Chr.–226 n.Chr.
Dynastie der Sassaniden	226–651 n.Chr.
Regierungszeit Ardaschirs, des Begründers der sassanidischen Dynastie	226–240
Tod des Sassanidenkönigs Schâpur I.	272(?)
Tod des Propheten Mani, des Begründers des Manichäismus	274(?)
Mazdakismus	Ende 5. und 6. Jh.
Regierungszeit von Chosroes I. Anoscharwan	531–597
Die Sassaniden erobern Byzanz	603
Die Sassaniden erobern Alexandria	619
Tod von Chosroes II.	628
Arabische Eroberung Persiens	637–651
Schlacht von Nahawand	642
Tod des letzten Sassanidenkönigs Jasdegerd	651
Regierungszeit der Omajjaden-Kalifate in Persien	642–750
Tod des ersten schiitischen Emâms und vierten sunnitischen Kalifen, Alî ibn Abu Tâleb	661

◁ *Ein fröhlicher Lebensbaum: Detail aus einem kostbaren Teppich des 19. Jahrhunderts (↑ Abb. 249).*

Tod des dritten schiitischen Emâms, Hossein, in Karbalâ	680
Aufstand des persischen Generals Abu Moslem im Chorâsân gegen die Omajjaden	747
Kalifate der Abbasiden	750–1258
Tod des sechsten schiitischen Emâms, Dscha'far as-Sâdeq	765
Tod des achten schiitischen Emâms, Rezâ	818
Dynastie der Tahiriden	821–873
Dynastie der Saffâriden	867–1163
Entrückung des zwölften schiitischen Emâms	874
Dynastie der Sâmâniden	892–999
Dynastie der Bujiden	945–1055
Tod des Philosophen Fârâbî	950
Dynastie der Ghaznawiden	977–1186
Entstehung des größten Epos in persischer Sprache, des *Schâhnâme* von Ferdausî	994
Tod des Philosophen und Naturwissenschaftlers Avicenna (Ibn Sînâ)	1037
Dynastie der Seldschuken	1040–1220
Reise des Philosophen und Poeten Nâser-e Chosrou durch den Osten	1045–1052
Tod des Wissenschaftlers und Historikers Birûnî	1050
Tod des Theologen und Sûfî Ghazzâlî	1111
Einfall der Mongolen in Persien	1219–1258
Dynastie der Ilchane	1256–1336
Tod des sufitischen Poeten Dschalâl ad-Dîn Rûmî	1273
Tod des Dichters und Moralisten Sa'dî	1291
Herrschaft lokaler Dynastien in Persien	1336–1380
Herrscherzeit des Welteroberers Timur Lang	1380–1404
Tod des größten lyrischen Dichters Persiens, Hâfez	1389
Die Timuriden und lokale Dynastien	1405–1500
Tod des sufitischen Dichters Dschâmî	1492
Dynastie der Safawiden	1500–1722
Tod des Philosophen und Gnostikers Mollâ Sadrâ	1640
Afghanische Invasion und Herrscherzeit in Persien	1722–1732
Regierungszeit des Königs Nâder Schâh	1736–1747
Dynastie der Zand	1747–1787
Dynastie der Qâdschâren	1787–1925
Tod des Premierministers und Reformators Amîr Kabîr	1852
Die persische konstitutionelle Revolution	1905
Gründung der *Pahlawî-Dynastie* durch Rezâ Schâh den Großen	1925
Invasion der Alliierten in Persien	1941
Beginn der Herrschaft Seiner Kaiserlichen Majestät Mohammad Rezâ Schâh Pahlawî Arjamehr	1941
Die weiße Revolution Eine von der Staatsführung ausgehende Evolution, um das soziale, ökonomische und kulturelle Leben des Landes zu reformieren	1962

Register zur Anthologie

Abd al-Dschalil Qazwini 238
Abd ar-Rahûn Darrâbi 276
Abû Nasr Schaibâni 258
Abû Sa'îd ibn Abi'l-Chair 208
Agha Dschamâl Chwânsâri 231
Anonym 146, 171
Ansâri, Chwâdsche Abdallâh 226
Anwari 145
Arbâb Schirâni 123
Awesta (Chôrsched Yast) 100
Âwi, Hosain ibn Mohammad 232

Bahâ' ad-Din Âmeli 190
Bahâr 84, 196, 223, 251, 257
Bal'ami 139
Beheschti Rezâ 263
Bisotûn, Inschrift von 152

Châqâni 207, 287
Chajjâm, Omar 180, 288, 305
Chardin, J 89
Chwâdsche Abdallâh Ansâri 226

Chwânsâri, Agha Dschamâl 231
Darrâbi, Abd ar-Rahûn 276
Dschâmi 69, 99, 157

Ebrat-e Nâ'ini 83

Fachr ad-Din Râzi 180, 245
Farrochi 174, 264, 293
Ferdausi 134, 140, 269

Ghazzâli 158, 245

Hâfez 45, 173, 202, 213, 243, 307, 331
Hamdallâh Mostaufi 124
Hâtef 201
Hosain ibn Mohammad Âwi 232

Ibn Battûta 171
Ibn Chaldûn 133
Ibn Moqaffa' 307

Kai Kâ'ûs ibn Eskandar 207
Kamâl ad-Din Esmâ'il 299

Koran (Sure 24, 35) 69
Koran (Sure 2, 164/159) 106

Manûtschehri 145
Mir Mo'ezzi 105
Mohammad ibn Ahmad Tûsi 275
Mohtaschem-e Kâschâni 195

Nâsir ad-Din Tûsi 90, 117
Nezâm al-Molk 300
Nezami 270

Omar Chajjâm 180, 288, 305

Persepolis, Inschrift in 282

Qazwini, Abd ad-Dschalil 238

Râbe'e bint Ka'b 314
Râzi, Fachr ad-Din 180, 245
Rûdaki 157
Rûmi 16, 46, 179, 225, 275

Sabzewâri 189
Sa'di 16, 67, 237, 252, 281, 293

Sâm Mirza 294
Schabestari 115
Schâh Ne'matallâh Wali 84, 117
Schâh Tahmâsp, Dekret von 313
Schaibâni, Abû Nasr, 258
Schaida, Mohammad Birjâ-je Gilâni 223
Scheich Abû Sa'îd ibn Abi'l-Chair 208
Scheich Bahâ' ad-Din Âmeli 190
Schirâni, Arbâb 123
Sohrawardi 100, 117
Sorûsch Esfahâni 214

Tâleb Âmoli 314
Tûsi, Nâsir ad-Din 90, 117
Tûsi, Mohammad ibn Ahmad 275

Wâ'ez-e Kâschefi 151
Wahschi 173
Wali, Schâh Ne'matallâh 84, 117

Ausgewählte Bibliographie

Alavi, B., *Geschichte und Entwicklung der modernen persischen Literatur,* Berlin 1964.
Algar, H., *Religion and State in Iran, 1785–1906,* Berkeley 1970.
Ansari, H., *Deutsch–iranische Beziehungen nach dem Zweiten Weltkrieg,* Diss., München 1967.
Arasteh, R., *Man and Society in Iran,* Leiden 1964.
Arberry, A.J., *Classical Persian Literature,* London 1958.
Arberry, A.J. *Immortal Rose, An Anthology of Persian Lyrics,* London 1948.
Arberry, A.J. (Hrsg.), *The Legacy of Persia,* Oxford 1968.
Arnold, T.W., und Guillaume, A. (Hrsg.), *The Legacy of Islam,* Oxford 1931.
Avery, P., *Modern Iran,* London 1965.

Bailey, H.W., *Zoroastrian Problems in the Ninth-century Books,* Oxford 1943.
Baldwin, G.B., *Planning and Development in Iran,* Baltimore 1967.
Barthold, W., *Turkestan down to the Mongol Invasion,* London 1968.
Bausani, A., *Die Perser. Von den Anfängen bis zur Gegenwart,* Stuttgart 1965.
Bayne, E.A., *Persian Kingship in Transition. Conversations with a monarch whose office is traditional and whose goal is modernization,* New York 1968.
Benveniste, E., *Les Mages dans l'Ancien Iran,* Paris 1938.
Bharier, J., *Economic Development in Iran 1900–1970,* London 1971.
Bikerman, E., *Institutions des Séleucides,* Paris 1938.
Bill, J.A., *The Politics of Iran. Groups, Classes, and Modernization,* Columbus (Ohio) 1972.
Binder, L., *Iran: Political Development in a Changing Society,* Berkeley 1962.
Bobek, H., *Die Verbreitung des Regenfeldbaues in Iran,* Wien 1951.
Bobek, H., *Die natürlichen Wälder und Gehölzfluren Irans,* Bonn 1951.
Bosworth, C.E., *The Ghaznavids. Their Empire in Afghanistan and Eastern Iran,* Edinburgh 1963.
Bosworth, C.E., *The Islamic Dynasties: A Chronological and Genealogical Handbook,* Edinburgh 1970.
Browne, E.G., *A Literary History of Persia,* 4 Bde., London 1908–1924.
Burckhardt, T., *Vom Sufitum,* München 1953.

Cameron, G., *Early History of Iran,* Chicago 1936.
Christensen, A., *L'Iran sous les Sassanides,* Kopenhagen 1944.
Civilisation iranienne, La (Perse, Afghanistan, Iran extérieur), Paris 1952.
Coon, C.S., *Caravan, The Story of the Middle East,* London 1952.
Corbin, H. (mit S.H. Nasr und O. Yahya), *Histoire de la Philosophie islamique,* Paris 1964.
Culican, W., *The Medes and Persians,* New York, Washington, London 1965.

Debevoise, N., *A Political History of Parthia,* Chicago 1938.
Diez, E., *Iranische Kunst,* Wien 1944.
Djirsarai, Y., *Bodenreform im Iran als zentrales Problem der Agrarpolitik,* Diss., Bonn 1967.
Donaldson, B.A., *The Wild Rue,* London 1938.
Duchesne-Guillemin, J., *La Religion de l'Iran ancien,* Paris 1962.

Elgood, C., *A Medical History of Persia and the Eastern Caliphate,* Cambridge 1951.
Elwell-Sutton, L.P., *Modern Iran,* London 1941.
Elwell-Sutton, L.P., *A Guide to Iranian Area Study,* Ann Arbor (Mich.) 1952.
Erdmann, K., *Die Kunst Irans zur Zeit der Sassaniden,* Berlin 1943.
Erdmann, K., *Der orientalische Knüpfteppich. Versuch einer Darstellung seiner Geschichte,* Tübingen ²1960.

Field, H., *Contributions to the Anthropology of Iran,* 2 Bde., Chicago 1939.
Fisher, W.B. (Hrsg.), *The Cambridge History of Iran, 1,* Cambridge 1968.
Fouchécour, C.-H. de, *La Description de la Nature dans la Poésie persane lyrique du XIe Siècle. Inventaire et analyse des thèmes,* Paris 1969.
Frère, J.-C., *L'Ordre des Assassins,* Paris 1973.
Frye, R.N., *The Heritage of Persia,* London 1962.
Frye, R.N., *Persien bis zum Einbruch des Islams,* Zürich 1962.

Gabriel, A., *Durch Persiens Wüsten*, Stuttgart 1935.
Gabriel, A., *Die Erforschung Persiens*, Wien 1952.
Gehrke, U., und H. Mehner (Hrsg.), *Iran: Natur, Bevölkerung, Geschichte, Kultur, Staat, Wirtschaft*, Tübingen und Basel 1975.
Gelpke, R., *Die iranische Prosaliteratur im 20. Jahrhundert*, 1. Teil, Wiesbaden 1962.
Gelpke, R. (Übers.), *Persische Meistererzähler der Gegenwart*, Zürich 1961.
Gelpke, R., *Persisches Schatzkästlein*, Basel 1957.
Gelpke, R., *Vom Rausch im Orient und Okzident*, Stuttgart 1966.
Ghirshman, R., *Perse: Proto-Iraniens, Mèdes, Achéménides*, Paris 1963.
Ghirshman, R., *Iran: Parthes et Sassanides*, Paris 1962.
Gray, B., *Persian Painting*, Bern 1947.
Grousset, R., u.a., *L'Ame de l'Iran*, Paris 1951.

Hafis, *Gedichte aus dem Diwan*, ausg. u. übers. von J.Chr. Bürgel, Stuttgart 1972.
Hanna, B., *Der Kampf gegen das Analphabetentum im Iran*, Opladen 1966.
Herzfeld, E., *Archaeological History of Iran*, London 1935.
Hinnels, J., *Persian Mythology*, London 1973.
Hoeppner, R.-R., *Zur Entwicklung der Erdölwirtschaft Irans von 1954 bis 1973*, Hamburg 1973.
Hodgson, M.G.S., *The Order of Assassins*, 's-Gravenhage 1955.
Horn, P., *Geschichte der persischen Literatur*, Leipzig 1909.

Ivanow, W., *Studies in Early Persian Ismailism*, Bombay 1955.

Kamshad, H., *Modern Persian Prose Literature*, London 1966.
Keddie, N., *Religion and Rebellion in Iran: The Iranian Tobacco Protest of 1891–1892*, London 1966.
Klíma, O., *Manis Zeit und Leben*, Prag 1972.
Kochwasser, F., *Iran und wir. Geschichte der deutsch-iranischen Handels- und Wirtschaftsbeziehungen*, Herrenalb 1961.
Kühnel, E., *Persische Miniaturmalerei*, Berlin 1959.

Lambton, A.K.S., *Landlord and Peasant in Persia*, London 1953.
Lambton, A.K.S., *The Persian Land Reform 1962–1966*, London 1969.
LeStrange, G., *Lands of the Eastern Caliphate*, Cambridge 1958.
Levy, R., *Persian Literature: an Introduction*, London 1923.
Lockhart, L., *The Fall of the Safavid Dynasty*, Cambridge 1958.
Lockhart, L., *Persian Cities*, London 1960.
Lorimer, D.L.R., und Lorimer, E.O. *Persian Tales*, London 1919.

Massé, H., *Anthologie persane*, Paris 1950.
Massé, H., *Persian Beliefs and Customs*, New Haven 1954.
Mazahéri, A., *Les Trésors de l'Iran*, Genf 1970.
Meyerovitch, E., *Mystique et Poésie en Islam: Djalâl ad-Dîn Rûmi et l'ordre des derviches tourneurs*, Paris 1972.
Moschtagi, A., *Das Erziehungswesen in Iran zwischen Tradition und Modernität*, Diss., Freiburg 1969.

Nasr, S.H., u.a., *Historical Atlas of Iran*, Teheran 1971.
Nasr, S.H., *Ideals and Realities of Islam*, London 1971; Boston 1972.
Nasr, S.H., *Science and Civilisation in Islam*, Cambridge (Mass.) 1968; New York 1970.
Nicholson, R.A., *Selected Poems from the Divani Shamsi Tabriz*, Cambridge 1898.
Nizami, *Leila und Madschnun*, aus dem Pers. verdeutscht von R. Gelpke, Zürich 1963.
Nyberg, H.S., *Die Religionen des alten Iran*, Leipzig 1938; Osnabrück 1966.

Pagliaro, A., und Bausani, A., *Storia della Letteratura persiana*, Mailand 1960.
Pearson, J.D., (Hrsg.), *A Bibliography of Pre-Islamic Persia*, London 1975.
Planhol, X. de, *Le Monde islamique, essai de géographie religieuse*, Paris 1957.
Pope, A.U., *Survey of Persian Art*, 14 Bde., Tokio 1964–1967.
Porada, E., u.a., *Alt-Iran. Die Kunst in vorislamischer Zeit*, Baden-Baden 1962.
Puech, H.C., *Le Manichéisme*, Paris 1949.

Redard, G., *Persien*, Zürich 1966.
Rehatsek, E. (Übers.), *The Gulistan, or Rose Garden, of Sa'di*, London 1964.
Rezvani, M., *Le Théâtre et la Danse en Iran*, Paris 1962.
Rosenthal, F., *Das Fortleben der Antike im Islam*, Zürich–Stuttgart 1965.
Ruckert, F., *Übersetzungen persischer Poesie*. Ausgewählt und eingeleitet von A. Schimmel, Wiesbaden 1966.
Rûmî, Dschalaluddin, *Licht und Reigen. Gedichte aus dem Diwan...* ausg., übertr. u. erläut. von J.Chr. Bürgel, Bern u. Frankfurt/Main 1974.
Rypka, J., *Iranische Literaturgeschichte*, Leipzig 1959 (*History of Iranian Literature*, Dordrecht, Holland 1968).

Safâ, Z., *Anthologie de la Poésie persane*, übers. von G. Lazard, R. Lescot und H. Massé, Paris 1964.
Satur, A., *The Operation of Land Reform in Iran*, Teheran 1965.
Schwarz, P., *Iran im Mittelalter*, 9 Bde., Leipzig–Stuttgart 1896–1935.
Sharif, M.M. (Hrsg.), *A History of Muslim Philosophy*, 2 Bde., Wiesbaden 1963–1966.
Spuler, O., *Iran in frühislamischer Zeit*, Wiesbaden 1952.
Storey, C.A., *Persian Literature: a Bio-bibliographical Survey*, 2 Bde., London 1927–1958.

Talbot Rice, D., *Die Kunst des Islam*, München u. Zürich 1967.
Tavadia, J., *Die mittelpersische Sprache und Literatur der Zarathustrier*, Leipzig 1956.
Tehrani, A., *Iran*, Berlin 1943 (Kleine Auslandskunde, 21).
Troeller, Ch.G., *Persien ohne Maske*, Berlin 1958.

Upton, J., *The History of Modern Iran: an Interpretation*, Harvard 1960.

Van den Berghe, L., *Archéologie de l'Iran ancien*, Leiden 1959.
Virolleaud, Ch., *Le Théâtre persan*, Paris 1950.
von der Osten, H.H., *Die Welt der Perser*, Stuttgart 1956.

Widengren, G., *Die Religionen Irans*, Stuttgart 1965.
Wilber, D.N., *Architecture of Islamic Iran*, Princeton 1955.
Wilber, D.N., *Contemporary Iran*, New York 1963.
Wilber, D.N., *Iran – Past and Present*, Princeton (N.J.) 1967.
Wilson, A.T., *A Bibliography of Persia*, Oxford 1930.
Wörz, J.G.F., *Die Auswirkungen der Bodenreform auf die Sozialstruktur im Iran*, Bonn 1963.
Wulff, H., *The Traditional Crafts in Persia*, Cambridge (Mass.) und London 1966.

Zaehner, R.C., *The Dawn and Twilight of Zoroastrianism*, London 1961.
Zaehner, R.C., *Zurvan, a Zoroastrian Dilemma*, Oxford 1955.

Dank

Ohne den Weitblick und den steten Beistand Ihrer Majestät, der Kaiserin Farah, wäre es nicht möglich gewesen, dieses Buch zu vollenden. Wir hofften, einen lyrischen Dialog zwischen der Poesie der Bilder und der Poesie des Volkes, ein Buch, das auf manche Weise und auf verschiedenen Stufen genossen werden kann, zu schaffen.

Für ihre Förderung und Unterstützung möchte ich dem Premierminister, Dr. Abbâs Howeida, und dem kaiserlichen Hofminister, Asadollah Alam, danken. Für ihre Hilfe und Beratung bin ich vielen Mitgliedern des Ministeriums für Information und Tourismus, besonders dem Minister, Dr. Gholamrezâ Kianpour, und dem Chef des Privatkabinetts Ihrer Majestät, Karim Pascha Bahâdori, und seinem Assistenten, Cyrus Tadschbachsch, zu Dank verpflichtet. Auch Cyrus Farzaneh, der sich für die Vorarbeiten im Einvernehmen mit dem kanadischen Botschafter im Iran, James George, und seiner Frau, so tatkräftig eingesetzt hat, möchte ich danken.

In jedem Bezirk und in jeder Provinzhauptstadt wurde ich herzlich begrüßt und unterstützt. Ganz besonders möchte ich jedoch die Hilfe des Generalgouverneurs von Sistân-Balutschestân, Abbâs Ali Mani'i, erwähnen. David Stronach, der Direktor des British Institute of Persian Studies in Teherân, und sein Assistent, A. H. Morton, haben mich gut beraten und geleitet. Der Iranian National Geographic Organization danke ich dafür, daß sie mir die Karten zur Verfügung stellte, und Dr. Sadegh Mobajen vom botanischen Institut der Universität Teherân für die Pflanzenbestimmung.

An der Universität Toronto haben die Professoren Roger Savory und Glyn M. Meredith-Owens der Abteilung für Islamwissenschaften großzügig ihre Zeit zur Verfügung gestellt.

In Rom war Franco Bugionovi für die Laborarbeiten verantwortlich und half bei der Herstellung der Duotone-Bilder und der Solarisationen mit; während Judy Allen, Patricia Mitchell und Sallie Marcucci mich in meinem Studio am Tiber mit Talent unterstützten. In Teherân haben Babak Sassan, Schamsi Naderzad und andere viele Stunden für die Vorbereitung und Durchführung der sieben größeren Photoreisen durch den Iran aufgewendet. Auch meinen unternehmungslustigen Chauffeur, Hossein Jawari, der mich sicher in alle vier Ecken Persiens geführt hat, werde ich nicht vergessen.

Endlich möchte ich Mitchell Crites, der auf meinen Reisen mein ständiger Begleiter und Helfer war und mir wertvolle Anregungen für die Gestaltung des Buches gab, danken.

Ich bitte die vielen neuen Freunde, die ich in Persien gewonnen habe, um Entschuldigung, wenn ihr Name nicht erwähnt worden ist. Ich habe sie nicht vergessen und hoffe, daß das Buch selbst meinen Dank ausdrückt.

Roloff Beny

Bildregister

Zahlen in Klammern beziehen sich auf die Abbildungen, die andern auf die Seitenzahl.

Abarqu
 Freitagsmoschee (194), 241
Ahar
 Kirschenverkäufer (119), 164
 Wasserpfeifenraucher (94), 147
Ahwâz
 Abfackeln von Erdgas (204), 256
Âmol
 Basarladen (124), 166
 Grabturm (149), 187
 Takje Nijâkî (163), 188
Anâhitâ, Göttin des Wassers, sassanidische Silberplatte (163), 204
 Tempel in Kangâwar (164), 205
Ardabîl
 Grabmal von Scheich Safî (52), 109; (180), 229; Zeichnung 244.
Ardestân
 Freitagsmoschee (182), 230
 Grab von Amîr Oweis (152), 187
Attâr
 Grab in Neischâpur (3), 8

Bâbâ Tâher
 Grab in Hamadân (145), 183
Bâbolsar
 Frau an der kaspischen Küste (264), 327
 Wasserballett (263), 327
Bâm
 Eishaus (40), 92
 Ruinen der Festung (65), 120–121; (70), 127
Bandar-e Kong
 Fischerboote (73), 130
 Knabe mit Seemöwe (74), 131
 Schiffbau (75), 131
Bandar-e Pahlawî
 Seidenraupenzucht (82), 136; (199), 249
Bandar-e Schâh
 Kaviarfabrik
 Störwaschen (197), 248
Banjan-Baum (19), 61
Berg Damâwand (4), 17

Berg Sahand (89), 138
Bergformationen (20), 62; (61), 112

Chajjâm, Omar
 Grab in Neischâpur (143), 183
Charraqân
 Grabtürme (138), 181
Chorâsân
 Wüstenpflanze (17), 59
Chorramâbâd
 Schwarze Burg (78), 132
Chwâf
 Windmühlen (67), 125
Chwâdsche Rabî (150), 187

Damâwand, Ort (↗ Berg)
 Grab von Scheich Scheblî (11), 52
Dâmghân
 Târî-Châne-Moschee (193), 241
Dareios der Große
 Statue (211–212), 266–267
Dattelpalmenoase (247), 318
Dez
 Schlucht (49), 104
 Mohammad-Rezâ-Schâh-Stausee (209), 262
Dschiroft
 Zitrusgarten (18), 60

Erdgas
 Abfackeln von… (204), 256
Esfahân
 Alî Qâpû (38), 88
 Basardecke (23), 71
 Basardach (63), 114
 Charrâzi-Haus (87), 137
 Chwâdschû-Brücke (228), 291
 Freitagsmoschee (185–187), 233–235
 Hâdschî Mosawwir al-Molk (254), 321
 Hascht Behescht (38), 88
 Königinmutter-Madrase (178), 227
 Meidân-e Schâh (77), 132
 Schâh-Abbâs-Hotel (66), 122
 Schâh-Moschee (191), 241
 Schahrestân-Brücke (202), 254
 Scheich-Lotf-ollâh-Moschee (29), 77
 Taubentürme (200), 250
 Tschehel Sotûn (241), 312; (267), 330

Fahradsch
 Persischer Knabe (107), 156
Farûmad
 Freitagsmoschee (188), 236
Ferdausî
 Statue in Tûs (158), 197
Feuerwerk (234), 301
Firûzâbâd
 Felsrelief (213), 268
 Feueraltar (162), 203
Flußüberquerung (33), 81
Frau an Küste (264), 327

Gazme (71), 127
Globus (205), 259
Gonbad-e Alawijjân (155), 192
Gonbad-e Kabûd (146), 183
Gonbad-e Qâbûs (165), 206
Granatäpfel (16), 58; (118), 163
Gräser und Schilf (246), 318

Hâdschî Mosawwir al-Molk (254), 321
Hâfezijje (266), 329
Haft Tappe (210), 265
Hamadân
 Gandsch-Nâme (12), 53
 Gonbad-e Alawijjân (155), 192
 Grab von Bâbâ Tâher (145), 183
Hammâm (Bad)
 Ebrâhîm-Chân-Hammâm (250), 319; (262), 327
Hormoz
 Drei Männer am Strand (45), 98
 Indische Matrosen (44), 97
 Sonnenuntergang (7), 20
Horzechun (89), 138

Irisblüte (248), 318

Jazd
 Dächer (76), 132
 Freitagsmoschee (195), 242
 Junge mit Wolle (126), 167

Kameltreiber (93), 144
Kamelstall (42), 94–95
Kangâwar
 Tempel von Anâhitâ (164), 205
Karadsch
 Bergstraße (14), 55
Karawanserei
 Mahjâr (39), 91
 Mehr (196), 247

Karten
 Iran 44–45
 Nordosten 49
 Nordwesten 64
 Südosten 50
 Südwesten 63

Kârwândar
 Felsformation (61), 112
Kâschân
 Basardecke (31), 79
 Fîn-Garten (218), 277
Kelârdascht-Tal
 Nebelbank (260), 326
 Beim Weizenworfeln (201), 253
Kermân
 Ebrâhîm-Chân-Hammâm (250), 319; (262), 327
 Ebrâhîm-Chân-Madrase (244), 317
 Passionsspiel *(ta'zijeh)* (184), 230
Kermânschâh
 Radieschenverkäufer (112), 162
 Seilladen (111), 162
 Stoffhändler (113), 162
 Takje Mo'âwen al-Molk (154), 191; (157), 194
 Tâq-e Bûstân (215–216), 272–273
 Zuckerrübenröster (114), 162
Kirschenverkäufer (119), 164
Kîsch
 Bogengang des Palastes (221), 280
 Muscheln (59), 111
Krönung (235–236), 302–303
Krugladen (117), 163
Kûh-e Chwâdsche
 Frau vor Schilfhütte (92), 143
 Partherburg (137), 178
Kyros der Große
 Grabmal in Pasargadai (159–160), 198–199

Mädchen mit wilden Blumen (242), 315
Mahân (41), 93; (144), 183; (147), 184–185
Mahjâr
 Dorfhäuser (84), 136
 Karawanserei (39), 91
 Trocknen von Ziegeln (46), 101

Mâku
  Haus des Sardâr, rosenbestickte Gardine (1), 5
  Bemalte Decke (239–240), 310–311
Mandschil
  Schâhbânu-Farah-Stausee (207), 260
Marâghe
  Gonbad-e Kabûd (146), 183
  Beim Wollewickeln (101), 149
Maschhad
  Bahnhof, Skulptur (208), 261
  Gowhar-Schâd-Moschee (173–174), 218–219; (183), 230
  Grabmal von Emâm Rezâ (175–177), 220–222; (181), 230; 172
Maskierte Frau (90), 141
Mâsule
  Dorf (80), 135
  Strickende Frau (100), 149
Mehr
  Karawanserei (196), 247
Mijândascht
  Karawansereibrunnen (30), 78
Mijâne
  Brücke (203), 255
Minâb
  Basar
  Karottenverkäufer (128), 167
Mohammad-Rezâ-Schâh-Stausee (209), 262
Mohammadijje
  Teppichweben (99), 149
Mordâb (Totwasser)
  Bootsfahrt (261), 327
  Frosch (245), 318
  Fischer (105), 154
  Rosa Lotos (256), 324
  Wasservogel (257), 325
Murtschechort (69), 126
Muscheln (59), 111

Nägel (60), 111
Nâ'in
  Decke eines Hauses (219), 278
Naqsch-e Radschab (214), 271
Naqsch-e Rostam (161), 200
Naschtifân
  Windmühlen (206), 260
Natanz
  Emâm-zâde Roqijje Bânû (68), 126
  Grabmal (56), 110; (148), 186; (166), 209
  Nau Rûz (237), 304; (238), 309
Neischâpur
  Grab von Attâr (3), 8
  Grab von Omar Chajjâm (143), 183
  Türkisminen (198), 248

Nomadenwanderung (255), 322–323

Osku
  Kind (97), 148

Pahlawî Dezh
  Basar (130), 168
  Schafverkauf (125), 166
  Teppichhändler (131), 169
Pasargadai
  Grabmal von Kyros dem Großen (159–160), 198–199
Passionsspiel (ta'zijeh) (184), 230
Persepolis (222–224), 283–285; Zeichnung 2
Persischer Knabe (107), 156
Persischer Teppich (249), 319; Zeichnung 358
Picknick in Wakilâbâd (253), 320
Pîr-e Bakrân (167–168), 210–211
Pischin
  Alter Mann in Schilfhütte (34), 82
  Schilfdecke, Zeichnung 68
  Dorfhaus (72), 128–129; (85), 137
Prähistorisches Gefäß (220), 279

Qahrmanlu
  Mann mit Hund (8), 47
  Dorf und Störche (21), 65; (43), 96
Qale je Sâm (226), 289
Qasr-e Schîrin
  Dattelpalmenhain (247), 318
  Sandschâbî-Kurden (91), 142
Qazwin
  Basar (123), 166
  Hosseinijje Amîni (28), 76
  Stadtmuseum (26), 74
Qom
  Basardecke (36–37), 86–87
  Hazrat-e Ma'sume (170–172), 215–217
  Seilbasar (110), 161

Raj
  Felsrelief (217), 274
Râjen
  Tschenâr-Baum (13), 54
  Dorf (81), 136
Rascht
  Basar (120), 164; (122), 166
Rebât-e Scharaf
  Karawanserei (62), 113
Reisanbau (9), 48
Rezâijje
  Freitagsmoschee (179), 228
  Geschirrladen (129), 167
  Radieschenverkäufer (121), 165
Ringe, Tabriz
  Basar (55), 110

Rosengarten (243), 316
Roter Mohn (15), 56–57

Sand mit Reif (5), 18
Sand mit Salzkruste (57), 111
Sangbast
  Grab von Arslân Dschazib (48), 103
St. Thaddäus (141), 182
Schafe (22), 66
Schâhâbâd
  Emâm-zâde Ja-qûb (151), 187
  Schafe (22), 66
Schâhâbâd-e Gharb
  Bergformation (20), 62
Schâhbânu-Farah-Stausee (207), 260
Schâhrezâ
  Kunsttöpferei (115), 163
Schilfmatten (47), 102
Schirâz
  Bâgh-e Eram (229), 292
  Freitagsmoschee (190), 240
  Granatapfelverkäufer (118), 163
  Hâfezijje (266), 329
  Mixed-pickles-Laden (116), 163
  Nârendscheschtân (54), 110; (86), 137
  Nasîr-al-Molk-Haus (88), 137
  Nasîr-al-Molk-Moschee (27), 75
  Teppichweben (102), 149
  Schâh-Tscherâgh-Grabmal (25), 73; (140), 182
  Wakil-Basar (132), 170
  Wakil-Moschee (251), 319
Schlickbank, Sîstân (58), 111
Schûschtar-Stausee (83), 136
Seemöwen (53), 110
Sefid Rud (33), 81
Seidenraupen (82), 136; (199), 249
Seidenstraße (35), 85
Semnân
  Emâm-zâde Jahjâ (6), 19
Sirâf
  Emâm-Hassan-Moschee (192), 241
Soltânijje
  Kuppel (139), 182
  Türkisstern (2), 6–7
  Zeichnungen 22, 43, 332
Störwaschen (197), 248
Susa
  Stierkopfkapitell (225), 286

Tabriz
  Basar (55), 110; (127), 167
  Blaue Moschee (32), 80; (51), 108
  Flugaufnahme (79), 132
  Sâheb-al-Amr-Moschee (156), 193
  Schâhgolî-See (265), 328

Tacht-e Soleimân
  Flugaufnahme (134), 176
  Heiliger See (135), 177
Tadschân-Fluß
  Reisanbau (9), 48
  Mit Viehfutter beladenes Pferd (106), 155
Tâjebâd
  Maulânâ-Moschee (50), 107
Takje Mo'âwen al-Molk (154), 191; (157), 194
Takje Nijâki (153), 188
Tâq-e Bûstân (215–216), 272–273
Taubentürme (200), 250
Teherân
  Basar (108), 159
  Emâm-zâde Sâle (169), 212
  Feuerwerk (234), 301
  Golestân-Palast (104), 153; (231), 296; (252), 319
  Krönung (235–236), 302–303
  Mädchen am Lesen (98), 148
  Marmorpalast (230), 295
  Nau Rûz (237), 304
  Schâhjâd-Turm (64), 119; Zeichnung 1
  Schâhwand-Palast (232), 297
  Stadtpark (96), 148
  Stadttheater (258), 326
Teppichweben
  Mohammadijje (99), 149
  Schirâz (102), 149
Torbat-e Dschâm (142), 182
Trocknen von Lehmziegeln (46), 101
Tschâh Bahâr
  Chezr-Grabmal (10), 51
Tschoga Zanbil (133), 175
Türgriffe (Haus in Dscholfâ) Zeichnung 116
Türkismine (198), 248
Tûs
  Ruinen (227), 290
  Statue von Ferdausî (158), 197

Warâmin
  Freitagsmoschee (189), 239
Wassermelonenverkäufer (120), 164
Wasserpfeife
  Raucher (94), 147
  Zeichnung 306
Weizenworfeln (201), 253
Windmühlen
  Chwâf (67), 125
  Naschtifân (206), 260

Zahak
  Kind mit Turban (95), 148
Zâhedân
  Zurchâne (103), 150
Zendân-e Soleimân
  Luftansicht (136), 177
Zitrusgarten (18), 60
Zurchâne (103), 150